国家创新调查制度系列报告
Guojia Chuangxin Diaocha Zhidu Xilie Baogao

U0820190

中国区域科技创新评价报告2022

中国科学技术发展战略研究院　著

科学技术文献出版社
SCIENTIFIC AND TECHNICAL DOCUMENTATION PRESS
·北京·

图书在版编目（CIP）数据

中国区域科技创新评价报告. 2022 / 中国科学技术发展战略研究院著. —北京：科学技术文献出版社，2022. 11
ISBN 978-7-5189-9782-4

Ⅰ. ①中…　Ⅱ. ①中…　Ⅲ. ①技术革新—研究报告—中国—2022　Ⅳ. ① F124.3

中国版本图书馆 CIP 数据核字（2022）第 211785 号

中国区域科技创新评价报告2022

策划编辑：李　蕊　刘文文　　责任编辑：王　培　　责任校对：张永霞　　责任出版：张志平

出　版　者　科学技术文献出版社
地　　　址　北京市复兴路15号　邮编 100038
编　务　部　（010）58882938，58882087（传真）
发　行　部　（010）58882868，58882870（传真）
邮　购　部　（010）58882873
官 方 网 址　www.stdp.com.cn
发　行　者　科学技术文献出版社发行　全国各地新华书店经销
印　刷　者　北京时尚印佳彩色印刷有限公司
版　　　次　2022 年 11 月第 1 版　2022 年 11 月第 1 次印刷
开　　　本　889 × 1194　1/16
字　　　数　264千
印　　　张　16
书　　　号　ISBN 978-7-5189-9782-4
定　　　价　106.00元

2022

G 国家创新调查制度系列报告
Guojia Chuangxin Diaocha Zhidu Xilie Baogao

中国区域科技创新评价报告

前 言

党的十八大以来，中国特色社会主义进入新时代，以习近平同志为核心的党中央对我国科技创新事业进行了战略性、全局性谋划，发出向世界科技创新强国进军的号召，科技创新实现了历史性、整体性、格局性重大变化，我国进入创新型国家行列。近年来，科技创新在防控疫情、推动高质量发展、构建新发展格局和保障国家安全中发挥了重要作用，为应对风险挑战提供了坚实有力的支撑。科技创新从来没有像今天这样深刻影响着国家前途和区域发展。

区域创新是国家创新的基石，对加快建设世界科技强国具有重要意义。近年来，在国家区域创新发展战略的指引下，众多创新高地引领带动作用持续增强，京津冀、长三角、粤港澳大湾区、长江经济带的协同创新逐步形成，东西部科技合作创新凝聚力初步显现，国家自创区和高新区加快高质量发展，区域科技创新已成为科技强国建设的重要支撑。

区域科技创新评价缘起于国家创新调查制度的建立和完善，也是在推进新时代高质量发展中科技管理制度创新的重要实践。近年来，科技部、国家统计局会同有关部门，按照党中央、国务院关于建立国家创新调查制度的要求，逐步开展了国家、区域、企业、典型创新密集区等创新能力的监测评价工作，并陆续发布了国家、区域、国家重点园区等创新监测报告和评价报告，《中国区域科技创新评价报告》是国家创新调查制度系列报告之一。

《中国区域科技创新评价报告》是迄今国内持续时间最长的评价报告之一。经过多年专业经验积累，在区域可比性上付出很大努力。评价指标体系、评价方法和评价标准的运用十分适合我国地域辽阔、人口众多、区域发展存在明显差异的特点，与区域科技管理、科技规划制定、科技发展目标密切联系，基本囊括了区域科技规划和发展目标的主要指标，这些指标的趋势和走向可以敏感地反映出各地区在科技创新主要方面的水平和不足。特别是采用了一套与中国国情相适应的评价标准，不仅可以进行不同地区位次的动态比较，还可以进行不同地区各级指数值的动态比较。在与位次相邻地区的比较中，能够明确指出与提升或落后关联的定性定量变化。

持续稳定和系统创新的完美结合是研究项目生命力之所在。《中国区域科技创新评价报告2022》在遵循评价结果动态可比的原则下，为了与“十四五”规划重点突出的高质量发展相衔接，对评价指标进行了部分调整。一是增加了反映高价值专利的指标：“每万人口高价值发明专利拥有量”；二是为了反映基础研究投入情况，增加了“基础研究人员投入强度指数”和“基础研究经费投入强度指数”两个指标；三是增加了反映上市公司研发经费投入的指标：“上市公司R&D经费投入强度指数”。

为了与国家创新调查制度系列报告保持一致，今年报告标题中的“2022”指的是报告发布年份，报告所用数据标注为“当年”的均为2020年数据；标注为“上年”的均为2019年数据。在评价指标中，有些是与人口和就业规模相联系的相对指标，如“万人R&D研究人员数”“万人发明专利拥有量”“万名就业人员专利申请数”等。为了在评价中尽可能避免一般年份人口抽样调查误差的影响，考虑到数据获取的可得性和可比性，采用了统计指数的“同度量”技术，即“十二五”至“十三五”期间，报告中使用的人口和就业人员数均采用2010年（普查年份）数据。

区域评价需要社会各界的广泛关注和努力，需要各地区及有关部门的大力支持和重视。希望社会各界在本报告基础上，进行更加深入而具体的分析研究，共同为加快国家和区域科技创新能力建设，保持经济高质量发展，建成创新型强国做出贡献！

《中国区域科技创新评价报告2022》编辑委员会

2022年8月

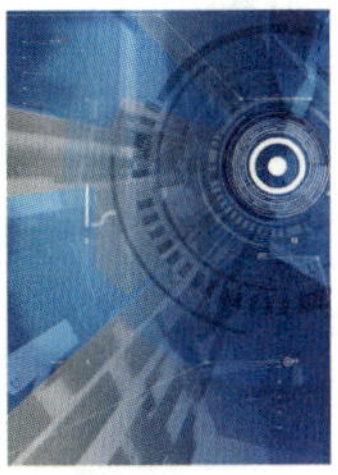

目　录　CONTENTS

2022

国家创新调查制度系列报告
Guojia Chuangxin Diaocha Zhidu Xilie Baogao

中国区域科技创新评价报告

第一部分
全国及区域科技创新基本状况评价

一、全国科技创新基本状况评价

党的十九大以来，党中央全面分析国际科技创新竞争态势，深入研判国内外发展形势，针对我国科技事业面临的突出问题和挑战，坚持把科技创新摆在国家发展全局的核心位置，全面提高科技创新能力。

（一）研发经费投入继续保持较快增长

2020年，全国共投入研究与试验发展（R&D）经费24393.11亿元，比上年增加2249.53亿元，增长10.2%（图1-1）；研究与试验发展（R&D）经费投入强度（与国内生产总值之比）为2.41%，比上年提高0.17个百分点。按研究与试验发展（R&D）人员全时工作量计算的人均经费为46.6万元，比上年增加0.5万元。

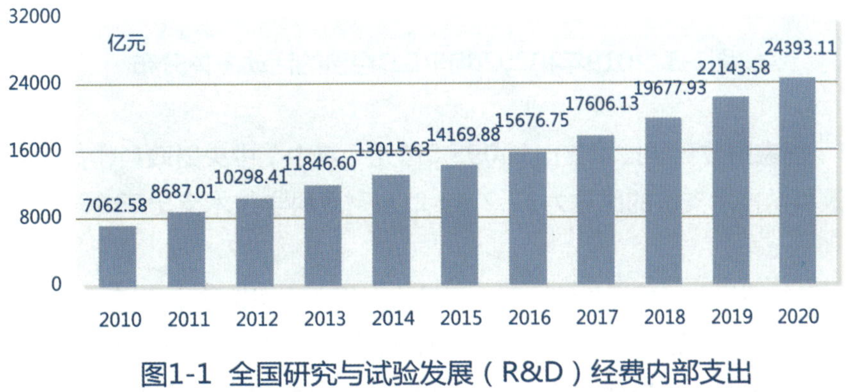

图1-1 全国研究与试验发展（R&D）经费内部支出

分活动类型看，全国基础研究经费1467.0亿元，比上年增长9.8%；应用研究经费2757.2亿元，增长10.4%；试验发展经费20168.9亿元，增长10.2%。基础研究、应用研究和试验发展经费所占比重分别为6.0%、11.3%和82.7%（图1-2）。

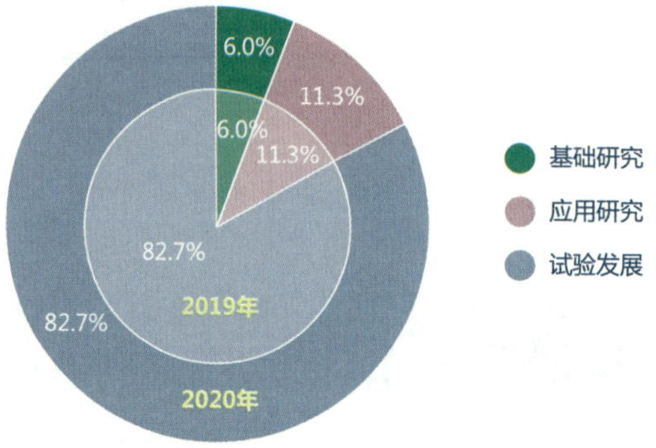

图1-2 2019年和2020年R&D经费的活动类型分布

分活动主体看，各类企业研究与试验发展（R&D）经费支出18673.8亿元，比上年增长10.4%；政府属研究机构经费支出3408.8亿元，增长10.6%；高等学校经费支出1882.5亿元，增长4.8%。企业、政府属研究机构、高等学校经费支出所占比重分别为76.6%、14.0%和7.7%（图1-3）。

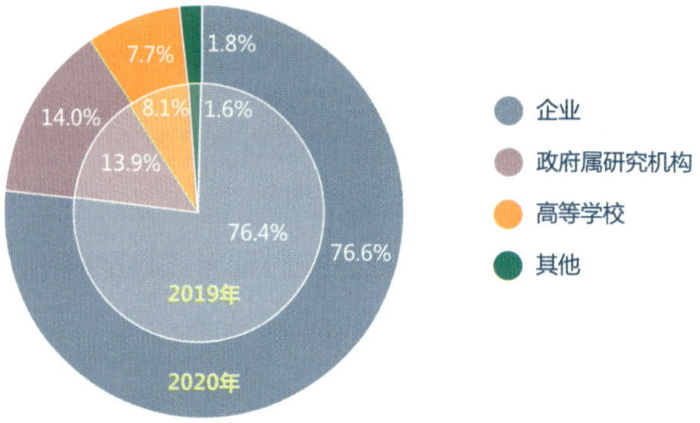

图1-3 2019年和2020年R&D经费的活动主体分布

2020年，国家财政科学技术支出10095.0亿元，其中，中央财政科学技术支出3758.2亿元，占财政科学技术支出的比重为37.2%；地方财政科学技术支出6336.8亿元，占比为62.8%。

在科技活动经费投入显著增长的同时，科技人力投入也保持着稳步增长。据统计，R&D活动人员折合全时工作量达到523.45万人年，比上年增长了9.0%（图1-4）。其中，研究人员228.1万人年，占43.6%。按活动类型分，基础研究人员全时当量42.7万人年，占8.2%；应用研究人员64.3万人年，占12.3%；试验发展人员416.5万人年，占79.6%。企业R&D研究人员占全社会R&D研究人员比重为58.5%。

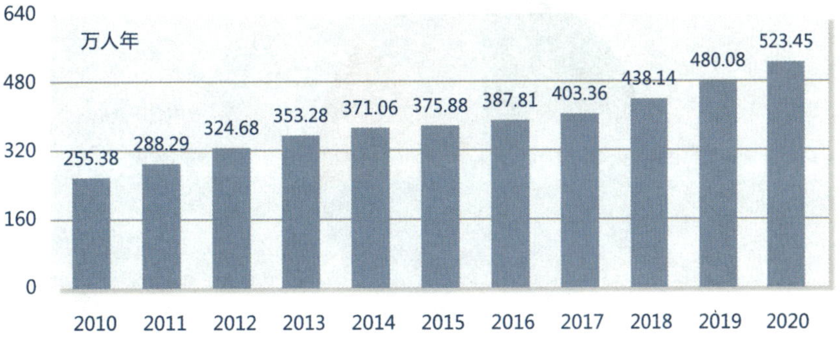

图1-4 全国研究与试验发展（R&D）人员全时当量

（二）各项创新产出进一步增加

专利战略的实施促进了专利活动规模的持续扩大。专利申请数达到519.4万件，比上年增长了18.6%；专利授权数达到363.9万件，比上年增长了40.4%；专利拥有量达到1219.3万件，比上年增长了25.4%。其中，发明专利授权数53.0万件，比上年增长了17.1%；发明专利拥有量305.8万件，比上年增长了14.5%。

SCI收录中国科技论文55.26万篇，占世界科技论文总数的23.7%，比上年提升了1.4个百分点，连续12年排在世界第2位（图1-5）；EI收录中国科技论文36.48万篇，占世界科技论文总数的36.6%，数量比上年增长了21.8%，仍排在世界第1位；CPCI-S收录中国作者科技论文5.24万篇，占世界科技论文总数的14.2%，仍排在世界第2位。

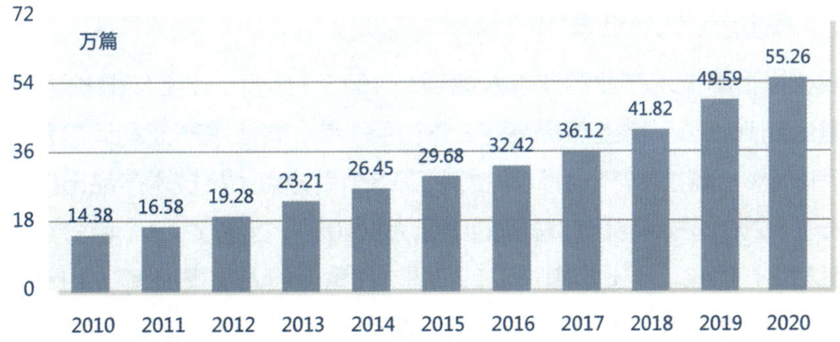

图1-5 国外主要检索工具SCI收录我国科技论文总数

全国共登记重大科技成果76521项，比上年增长了11.6%。从完成单位的类型看，企业完成40642项，占53.1%，是主要的重大科技成果完成单位（图1-6）。从应用技术成果的行业看，排名前四的行业与上年一致，制造业仍排在第1位，占35.2%；农林牧渔业仍排第2位，占12.2%；卫生和社会工作仍排第3位，占9.8%；科学研究和技术服务业排在第4位，占7.4%。

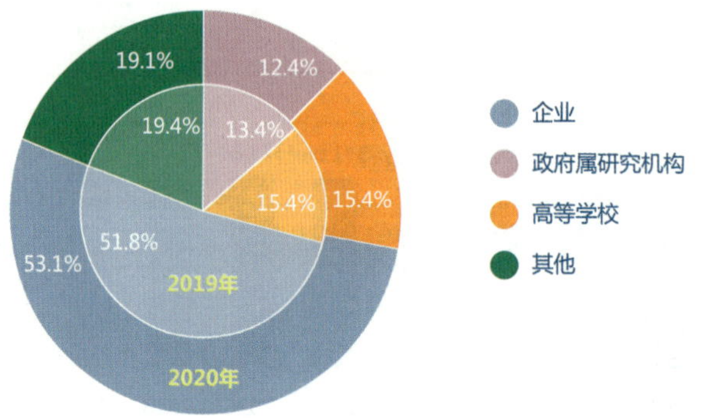

图1-6 2019年和2020年科技成果按完成单位类型分布

全国各省（自治区、直辖市）技术市场共签订技术合同54.9万项，比上年增长了13.5%。合同成交金额28251.5亿元，比上年增长了26.1%，平均每份技术合同成交金额增长迅速，达到514.3万元，比上年增长了11.1%。

（三）创新环境持续优化

创新人力资源保持增长态势，万人高等学校在校学生数由上年的285.7人提高到312.6人；高等学校（机构）博士毕业生数达到6.6万人，比上年增长了5.7%。全国科技企业孵化器数由上年的5206个增加到5843个，增长了12.2%，科技企业孵化器累计毕业企业数18.9万个，比上年增长了17.3%。科学研究和技术服务业人均工资已达到14.0万元，比上年增长了4.8%。有R&D活动的企业数达到14.7万个，比上年增长了13.5%。

（四）高新技术产业稳步发展

我国规模以上高技术产业营业收入达到174613.1亿元，比上年增长了9.9%，占工业营业收入比重达到16.1%，比上年提高了1.2个百分点；高技术产业利润总额达到12394.0亿元，增长了18.0%，高技术产业利润率提高了0.5个百分点；高技术产品出口额达到7762.5亿美元，增长了6.2%，占商品出口总额的比重为30.0%，提高了0.7个百分点；新产品销售收入总额达到23.8万亿元，比上年增长了12.3%，占营业收入比重提高了2.1个百分点；知识密集型服务业增加值增长了9.7%，知识密集型服务业劳动生产率由上年的51.9万元/人提高到55.8万元/人（2010年价格）。

（五）经济发展质量进一步提升

劳动效率进一步提高。全社会劳动生产率达到10.1万元/人，比上年提高了0.2万元/人（2010年价格）。能源利用效率进一步改善。综合能耗产出率为18.2元/千克标准煤，比上年提高了0.7元/千克标准煤。

社会生活信息化水平不断提高。移动互联网用户数13.5亿户，万人移动互联网用户数比上年增加了224户；电子商务销售额达到189334.7亿元，比上年增长了11.8%，与GDP比值提高了0.02亿元/亿元。

在取得以上进步的同时，科技创新评价也反映出一些值得重视的问题。

一是有12个地区的地方财政科技支出低于上年，其占地方财政支出比重低于上年的地区有16个，包括北京、广东、江苏、浙江、山东。

二是有9个地区开展创新活动的企业数少于上年，包括北京和江苏。有8个地区的企业创新费用支出低于上年，包括上海。

三是有16个地区的企业技术获取和技术改造经费支出下降。其中，有17个地区企业消化吸收经费支出下降；有18个地区企业技术改造经费支出下降；有21个地区企业引进技术经费支出下降；有17个地区企业购买国内技术经费支出下降。

四是有9个地区的高技术产品出口额低于上年，占商品出口额比重低于上年的地区有12个，包括广东、天津。

五是有9个地区的高技术产业利润总额下降，有11个地区的高技术产业利润率低于上年。

六是科学研究和技术服务业就业人员待遇在区域间差距明显。有25个地区低于全国平均水平，有13个地区的科学研究和技术服务业平均工资比较系数出现下降，包括北京、天津、浙江。

附表1　全国科技创新评价主要指标比较

指标	2019年	2020年
万人研究与发展（R&D）人员数（人年）	35.80	39.04
万人大专以上学历人数（人）	1457.77	1651.46
万人R&D研究人员数（人年）	15.73	17.01
企业R&D研究人员占比重（%）	46.04	63.31
R&D经费支出与GDP比值（%）	2.23	2.41
国家财政科技支出占国家财政支出比重（%）	4.49	4.11
地方财政科技支出占地方财政支出比重（%）	2.92	2.76
企业R&D经费支出占营业收入比重（%）	1.31	1.41
科学研究和技术服务业固定资产占比重（%）	1.28	1.32
万人科技论文数（篇）	3.59	3.67
获国家级科技成果奖项数（项）①	296.00	264.00
万名就业人员专利申请数（件）	54.83	65.64
万名就业人员发明专利授权数（件）	4.65	5.70
万人发明专利拥有量（件）	13.89	16.50
万人输出技术成交额（万元）	1268.69	1597.29
万元生产总值技术国际收入（美元）	5.91	6.36
高技术产业营业收入占工业营业收入比重（%）②	14.88	16.11
知识密集型服务业增加值占生产总值比重（%）	16.39	17.54
高技术产品出口额占商品出口额比重（%）	29.23	29.97
新产品销售收入占营业收入比重（%）	19.87	21.97
高技术产业劳动生产率（万元/人）	93.67	95.47
高技术产业利润率（%）	6.61	7.10
知识密集型服务业劳动生产率（万元/人）	51.93	55.79
劳动生产率（万元/人）	9.89	10.12
资本生产率（万元/万元）	0.30	0.30
综合能耗产出率（元/千克标准煤）	17.45	18.20
生活垃圾无害化处理率（%）	99.20	99.75
固体废物综合利用率（%）	53.12	55.45
废水中氨氮排放量（万吨）③	46.25	98.40
废水中化学需氧量排放量（万吨）	567.14	2564.76
废气中二氧化硫排放量（万吨）	457.29	318.22
万人移动互联网用户数（户）	9833.07	10056.75
信息传输、软件和信息技术服务业增加值占生产总值比重（%）	3.30	3.74

注：① 包括国家自然科学奖、国家技术发明奖和国家科学技术进步奖。

② 高技术产业营业收入和工业营业收入均为"规模以上"数据。

③ 2020年生态环境部对排放源统计调查的部分调查范围进行了修订，废水污染物农业源由大型畜禽养殖场扩展至种植业、畜禽养殖业（含规模养殖场及规模以下养殖户）和水产养殖业；生活源由第三产业及城镇居民生活源扩展至第三产业及城镇、农村居民生活源，下同。

附表2 区域科技创新评价指标体系和评价标准

一级指标	二级指标	三级指标	标准
科技创新环境	科技人力资源	万人研究与发展（R&D）人员数（人年）	40.0
		十万人博士毕业生数（人）	5.0
		万人大专以上学历人数（人）	1000.0
		万人高等学校在校学生数（人）	350.0
		十万人创新中介从业人员数（人）	3.0
	科研物质条件	每名R&D人员研发仪器和设备支出（万元）	6.0
		科学研究和技术服务业固定资产占比重（%）	3.0
		十万人累计孵化企业数（个）	10.0
	科技意识	万名就业人员专利申请数（件）	100.0
		科学研究和技术服务业平均工资比较系数（%）	200.0
		万人吸纳技术成交额（万元）	200.0
		有R&D活动的企业占比重（%）	100.0
科技活动投入	科技活动人力投入	万人R&D研究人员数（人年）	7.0
		基础研究人员投入强度指数（%）	1.0
		企业R&D研究人员占比重（%）	70.0
	科技活动财力投入	R&D经费支出与GDP比值（%）	2.5
		基础研究经费投入强度指数（%）	1.0
		地方财政科技支出占地方财政支出比重（%）	5.0
		企业R&D经费支出占营业收入比重（%）	2.5
		企业技术获取和技术改造经费支出占企业营业收入比重（%）	2.5
		上市公司R&D经费投入强度指数（%）	1.0
科技活动产出	科技活动产出水平	万人科技论文数（篇）	10.0
		获国家级科技成果奖系数（项当量/万人）	5.0
		万人发明专利拥有量（件）	5.5
		每万人口高价值发明专利拥有量（件）	12.0
	技术成果市场化	万人输出技术成交额（万元）	200.0
		万元生产总值技术国际收入（美元）	10.0
高新技术产业化	高新技术产业化水平	高技术产业营业收入占工业营业收入比重（%）	30.0
		知识密集型服务业增加值占生产总值比重（%）	30.0
		高技术产品出口额占商品出口额比重（%）	40.0
		新产品销售收入占营业收入比重（%）	40.0
	高新技术产业化效益	高技术产业劳动生产率（万元/人）	120.0
		高技术产业利润率（%）	15.0
		知识密集型服务业劳动生产率（万元/人）	60.0
科技促进经济社会发展	经济发展方式转变	劳动生产率（万元/人）	8.0
		资本生产率（万元/万元）	1.0
		综合能耗产出率（元/千克标准煤）	42.0
		装备制造业区位熵（%）	200.0
	环境改善	环境质量指数（%）	100.0
		环境污染治理指数（%）	100.0
	社会生活信息化	万人移动互联网用户数（户）	10000.0
		信息传输、软件和信息技术服务业增加值占生产总值比重（%）	3.5
		电子商务销售额与GDP比值（亿元/亿元）	0.3

二、区域综合科技创新水平评价

随着创新驱动发展战略深入实施，全国科技创新水平进一步提升。根据综合科技创新水平指数显示，全国综合科技创新指数比上年提高了2.98个百分点，达到75.42%。从各地区科技创新水平看，可将全国31个地区划分为三类（图1-7、图1-8）：

第一类是综合科技创新水平指数值高于全国平均水平（75.42%）的地区，包括上海、北京、天津、广东、江苏和浙江，均属于我国沿海发达地区。

第二类是综合科技创新水平指数值低于全国平均水平（75.42%），但指数值高于50%的地区，包括重庆、湖北、陕西、安徽、山东、四川、湖南、辽宁、福建、江西、河南、宁夏、吉林、河北、黑龙江、山西、甘肃、广西、贵州、海南和内蒙古。

第三类是综合科技创新水平指数值在50%以下的地区，包括青海、云南、新疆和西藏。

位次上升较快的地区是河南、湖南和宁夏，均比上年上升2位；天津、安徽和青海均比上年上升1位。位次下降最快的地区是河北、吉林和福建，均比上年下降2位；山东、广东和云南均比上年下降1位。

与上年比较，全国31个地区均有不同程度的提高，其中，新疆、青海、贵州、河南等11个地区高于全国平均增幅（2.98个百分点）（图1-9）。

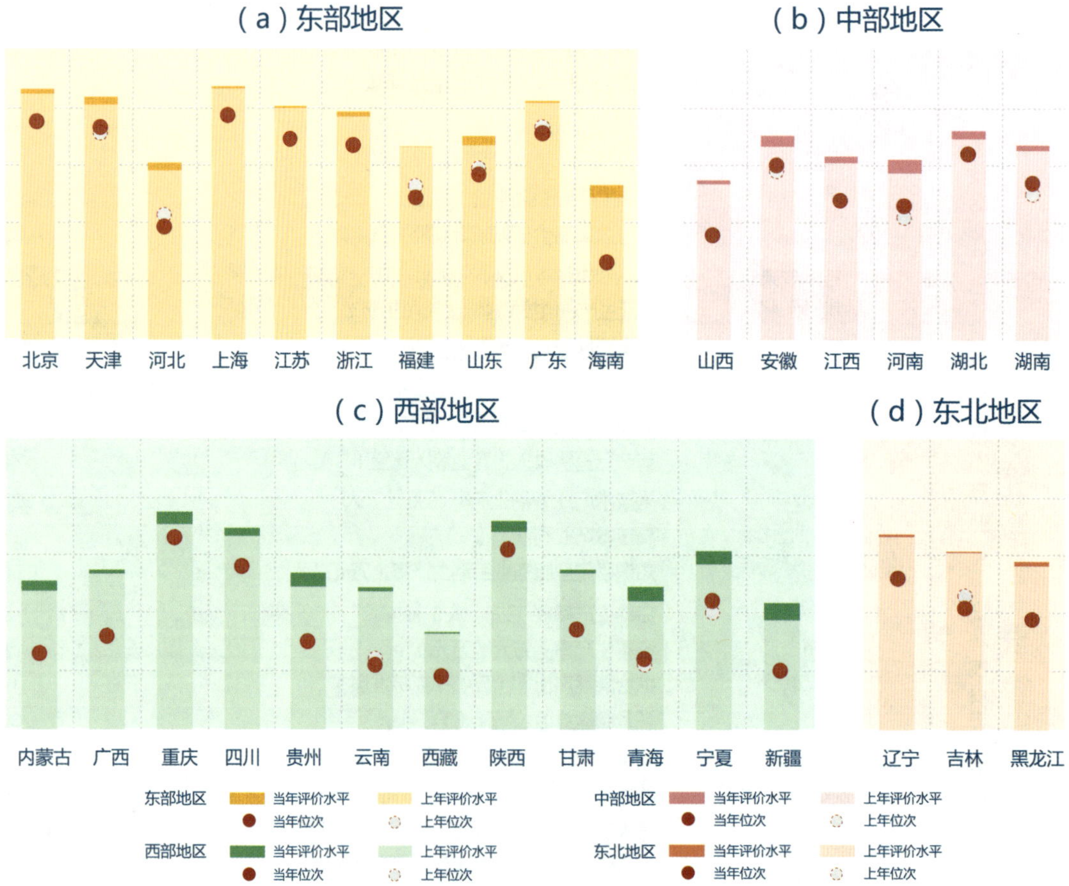

图1-7 综合科技创新水平区域分类

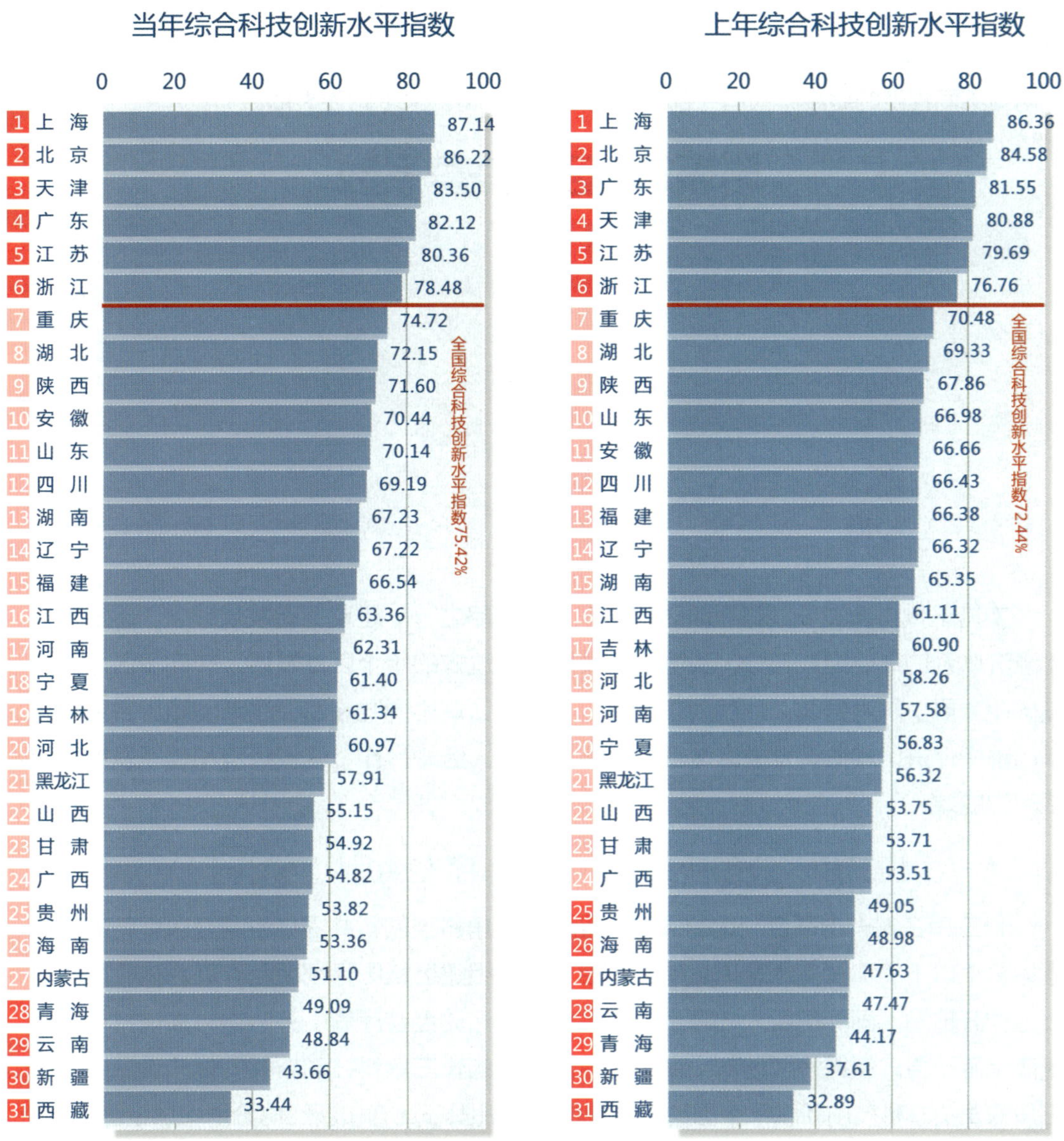

图1-8 区域综合科技创新水平指数排序

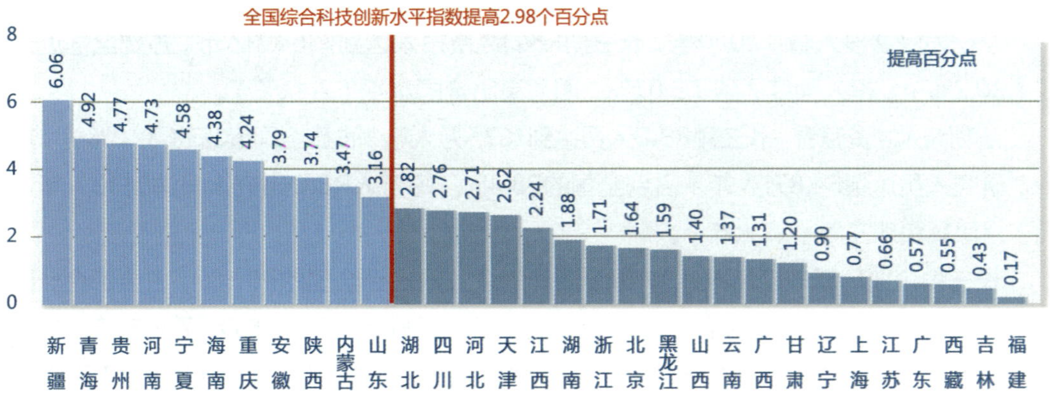

图1-9 区域综合科技创新水平指数提高百分点排序

从区域综合创新水平的发展变化看，各地区之间的差距较上年有所缩小。经测算，各地区之间的差异系数为22.50%，较上年下降了1.00个百分点。东、西、东北地区内部差异均有不同程度的缩小，只有中部地区内部差异略有扩大（附表3）。

附表3 区域差异系数

地区	差异系数（%）	
	当年	上年
各地区间	22.50	23.50
东部内	14.61	16.09
中部内	8.70	8.66
西部内	20.70	21.45
东北内	6.19	6.68
区域间	10.75	11.60

实施区域协调发展战略是新时代国家重大战略之一，是贯彻新发展理念、建设现代化经济体系的重要组成部分。我国区域发展已从过去的单个区域发展，转向多区域跨区域协调发展，从南到北、从西到东全方位覆盖，区域协调发展路径逐渐清晰。各地区各部门围绕促进区域协调发展区域互助、区域互补、区域合作，区域经济和创新发展取得了一定成效。

（一）长三角科技创新共同体建设有序推动

长三角三省一市联合制定的《关于推进长三角科技创新共同体协同开放创新的实施意见》（以下简称《实施意见》）发布后，共同组建区域国际创新合作联合体、国际科技合作开放站、国际创新人才蓄水池、国际科创活动会客厅等，齐心协力加快打造具有更高水平、更广领域开放创新，具有全球影响力的长三角科技创新共同体。上海作为长三角的龙头，科技创新水平全国第一的地位愈发巩固，江苏和浙江也分别稳居全国第5位和第6位，安徽上升至全国第10位。长三角在上海的引领下已成为国内最具竞争力的区域共同体。

从研发经费投入看，2020年，长三角R&D经费投入达到7364.7亿元，占到全国近三成（30.2%），投入强度达到了3.01%，明显高出全国水平（2.41%）。

从创新人才资源看，长三角R&D人员达到167.5万人年，占到全国近1/3（32.0%），其中，研究人员达到64.8万人年，占到全国的28.4%。每万人R&D研究人员达到30人年，高于京津冀和珠三角（17人年）。

长三角企业创新表现活跃。有R&D活动的企业数占到全国的40.5%，占全部企业比重达到47.4%，比全国平均水平（36.7%）高出10.7个百分点。企业R&D经费内部支出达到5052.0亿元，占到全国近1/3（33.1%），投入强度（占企业营业收入比重）达到了1.79%，也明显高出全国水平（1.41%）。企业技术引进经费支出、消化吸收经费支出、技术改造经费支出、购买国内技术经费支出合计达到1294.9亿元，占到全国的26.5%。

从创新产出看，长三角发明专利拥有量达到73.5万件，占全国的32.2%，每万人发明专利拥有量达到34件，是全国平均水平（17件）的2倍。

随着长三角一体化战略的不断深化，技术国际竞争力进一步增强。长三角技术国际收入达到283.3亿美元，接近全国的一半（43.8%），每万元生产总值技术国际收入达到11.6美元，接近全国水平（6.4美元）的2倍。高技术产品出口额达到2733.3亿美元，也占到全国近40%（35.2%）。

（二）粤港澳大湾区建设成效显著

近年来，粤港澳大湾区建设领导小组办公室会同有关部门，与粤港澳三地一道，建立健全统筹协调机制，全面推进科技创新。逐步搭建起“两廊”（广深港科技创新走廊、广珠澳科技创新走廊）、“两点”（深港河套创新极点、粤澳横琴创新极点）的框架体系，启动建设大湾区综合性国家科学中心先行启动区，集中谋划布局一批重大科技基础设施和科研平台。

广东把习近平总书记关于粤港澳大湾区建设的重要论述贯彻到推进大湾区建设全过程各环节，启动超30个粤港和粤澳科技合作资助项目，已初步构建起以广州实验室为引领，10家省级实验室、20家粤港澳联合实验室等组成的高水平实验室体系，吸引了近200位院士和40多位港澳科学家，扎实推进国际科技创新中心建设。在今年的区域科技创新评价中，广东综合科技创新水平指数达到82.12%，排在全国第4位。其中，科技活动投入指数和科技促进经济社会发展指数保持在全国首位。

广东是国内研发经费规模最大的省份。2020年，R&D经费内部支出达到了3479.9亿元，一省即占到全国的1/7。R&D经费支出与GDP比值达到3.14%，高出全国水平（2.41%）0.73个百分点。

广东企业创新显示出超强的实力。有近四成（39.5%）企业有R&D活动，企业R&D经费内部支出占到全国的16.4%，企业R&D经费支出占营业收入的比重达1.67%，比全国水平高出0.26个百分点。广东企业技术引进经费高达211.1亿元，占到全国近1/2（45.9%）。

创新人才集聚也是广东科技创新的重要特色之一。广东的R&D人员达到87.2万人年，排全国第1位，占到全国近1/5（16.7%）。企业R&D研究人员占全国份额高达17.1%。每万人R&D人员达到84人年，比全国平均水平（39人年）高出1倍多。

从技术国际竞争力看，广东2020年技术国际收入达到153.1亿美元，占到全国的23.7%，万元生产总值技术国际收入达到13.8美元，比全国平均水平（6.4美元）高出1倍多。

（三）京津冀协同创新共同体建设有序推进

在京津冀协同发展中，北京发挥了科技创新资源对津冀的辐射带动作用。北京输出到津冀的技术合同成交额达到347.5亿元，比上年增长了22.9%，尤其是天津，吸纳北京技术合同成交额占到全部技术合同成交额的1/4（25.1%），比上年增长了125.6%，天津综合科技创新水平位次上升了1位，重回三甲行列。

企业协同进一步发力。截至2021年年末，河北累计承接京津转入法人单位2.9万个、产业活动单位1.1万个。天津滨海—中关村科技园挂牌成立5年来，紧密推进与北京中关村示范区的合作发展，累计注册企业突破3000家，其中北京企业占全部新注册企业的1/3，科技型企业占40%，已成为京津两市重要合作平台，科技创新链加快形成。

同时，河北企业创新意识进一步提升，有R&D活动的企业数增长了33.4%。政府对科技投入的力度进一步加大，地方财政科技支出比上年增长了12.2%。

（四）长江经济带创新效能进一步提高

推动长江经济带发展是党中央、国务院做出的重大决策，是关系国家发展全局的重大战略。长江经济带覆盖沿江11个省市，横跨我国东中西三大板块，人口规模和经济总量占据全国"半壁江山"，生态地位突出，发展潜力巨大，在践行新发展理念、构建新发展格局、推动高质量发展中发挥重要作用。目前，共建成国家自主创新示范区10个，沿线11个省市的产业结构进一步优化，科研物质条件改善明显，创新人力大量增加，科技创新水平不断提升。

创新人力储备持续增加。安徽万人高等学校在校学生数比上年上升5位，浙江上升3位，安徽科技活动人力投入指数位次上升8位。江西十万人博士毕业生数和企业R&D研究人员占比重均比上年上升3位，科技活动人力投入指数位次上升3位。

科研物质条件改善明显。重庆每名R&D人员研发仪器和设备支出比上年上升7位，江西上升5位，湖北上升3位。浙江科学研究和技术服务业固定资产占比重上升4位，湖北上升3位。

高新技术产业化水平不断提高。浙江、安徽和云南的高技术产业营业收入占工业营业收入比重均比上年上升3位。云南知识密集型服务业增加值占生产总值比重比上年上升5位，四川上升4位。贵州的高技术产品出口额占商品出口额比重比上年上升5位，浙江上升2位。重庆新产品销售收入占营业收入比重比上年上升3位。

高新技术产业化效益大幅提升。云南高技术产业劳动生产率位次比上年上升11位，浙江上升8位，江西上升6位，江苏上升5位，安徽上升3位。贵州的高技术产业利润率位次上升5位，江苏和湖南均比上年上升3位。云南知识密集型服务业劳动生产率位次比上年上升3位。

科技产出水平不断提高。贵州获国家级科技成果奖系数比上年上升4位，云南上升3位。

（五）"一带一路"高质量发展继续推进

尽管受到疫情等因素的冲击，共建"一带一路"仍保持良好势头。共建"一带一路"大家庭成员达到180个，成功举办"一带一路"亚太区域国际合作高级别会议。"一带一路"疫苗合作和绿色发展伙伴关系倡议得到广泛支持。

自2017年共建“一带一路”科技创新行动计划启动以来，中国与共建“一带一路”国家在科技人文交流、共建联合实验室、科技园区合作、技术转移等方面开展合作，共同迎接新一轮科技革命和产业变革，推动创新之路建设。截至去年年底，中国已和84个共建国家建立科技合作关系，支持联合研究项目1118项，在农业、新能源、卫生健康等领域启动建设53家联合实验室。

福建省积极拓展对外科技交流合作层次和水平，主动融入“一带一路”建设，开展21世纪海上丝绸之路核心区创新驱动发展试验，目前已与近80个国家和地区建立了稳定的科技合作关系，将联合共建4家研发中心、 4家实验室、1家科技合作交流平台。科技活动人力投入指数大幅上涨，位次比上年上升了5位。

海南积极参与“一带一路”国际合作高峰论坛，大力引进国际机构、国际会议和行业组织，打造国际组织集聚区，设立海南国际科技创新合作论坛，强化与“一带一路”沿线国家和地区的合作，技术国际收入比上年增长了40.9%，技术市场输出技术成交额增长了121.7%，技术成果市场化指数上升了10位。

广西充分利用中国—东盟博览会、中国—东盟商务与投资峰会等“一带一路”建设的重要支撑平台，高水平共建西部陆海新通道，进一步扩大对外开放力度。通过积极参与中国—中南半岛经济走廊建设、孟中印缅国际经济走廊建设、中越“两廊一圈”合作、大湄公河次区域合作、澜湄合作等次区域合作机制建设，促进中国—东盟高水平开放合作。技术市场吸纳技术成交额比上年增长了49.7%，万人吸纳技术成交额位次上升了5位。研发仪器和设备支出增长了1倍多，科技创新环境指数上升了3位。

新疆积极响应《推动共建丝绸之路经济带和21世纪海上丝绸之路的愿景与行动》，加强政策协调，完善对接机制，不断深化政策沟通，研究制定了参与中哈、中塔合作及中蒙俄经济走廊建设的实施方案，累计缔结国际友好城市45对，与中亚区域经济合作学院、周边国家有关机构签署合作协议、备忘录11份，不断拓展国际交流合作的空间，不断提升贸易投资便利化水平，技术市场输出技术成交额比上年增长了93.2%，技术市场吸纳技术成交额增长了55.6%。

贵州主动融入“一带一路”国家发展战略，积极参与西部陆海新通道建设，“1+8”国家级开放创新平台加快建设，建成贵州科学城，国家重点实验室达到5家，国家质检中心达到10家。吸引大批创新人才，科技活动人力投入指数比上年上升8位，技术成果市场化指数上升4位。

西部地区作为我国“一带一路”的源头，西南的重庆和四川、西北的陕西已成为国家重要区域科技创新高地，并构成彼此相连的地带，在区域科技与经济发展中发挥着创新引领、带动和示范的作用。重庆技术成果市场化指数比上年上升12位，四川上升1位；陕西科技活动财力投入指数上升2位，高新技术产业化效益指数上升11位，社会生活信息化指数上升4位。

（六）国家自主创新示范区在区域科技创新发展中发挥着重要作用

国家自主创新示范区是由国务院批准，在推进自主创新和高技术产业发展方面先行先试、探索经验、做出示范的区域（附表4）。

自2009年3月北京中关村国家自主创新示范区成为第一个国家自主创新示范区以来，至2022年5月9日，国务院发文同意哈尔滨、大庆、齐齐哈尔3个高新技术产业开发区建设国家自主创新示范区，全国已建成23个国家自主创新示范区。

建设国家自主创新示范区对于进一步完善科技创新的体制机制，加快发展战略性新兴产业，推进创新驱动发展，加快转变经济发展方式将发挥重要的引领、辐射、带动作用。

国家自主创新示范区已成为我国创新发展、转型升级的重要引擎。形成了系统布局、多点辐射、全面带动、引领发展的良好态势，已经成为支撑引领区域发展的创新高地，培育壮大新产业新动能的重要引擎，汇聚高端创新资源和要素的重要载体，开展国际科技竞争与创新合作的前沿阵地。

附表4 国家自主创新示范区名单

批复时间	国家自主创新示范区	所在省、市
2009年3月	中关村国家自主创新示范区	北京市
2009年12月	武汉东湖国家自主创新示范区	湖北省武汉市
2011年3月	上海张江国家自主创新示范区	上海市
2014年6月	深圳国家自主创新示范区	广东省深圳市
2014年11月	苏南国家自主创新示范区	江苏省南京市、苏州市、无锡市、常州市、镇江市
2015年1月	长株潭国家自主创新示范区	湖南省长沙市、株洲市、湘潭市
2015年2月	天津国家自主创新示范区	天津市
2015年6月	成都国家自主创新示范区	四川省成都市
2015年9月	西安国家自主创新示范区	陕西省西安市
2015年9月	杭州国家自主创新示范区	浙江省杭州市
2015年9月	珠三角国家自主创新示范区	广东省广州市、深圳市、珠海市、佛山市、惠州市、东莞市、中山市、江门市、肇庆市
2016年4月	郑洛新国家自主创新示范区	河南省郑州市、洛阳市、新乡市
2016年4月	山东半岛国家自主创新示范区	山东省济南市、青岛市、淄博市、潍坊市、烟台市、威海市
2016年4月	沈大国家自主创新示范区	辽宁省沈阳市、大连市
2016年6月	福厦泉国家自主创新示范区	福建省福州市、厦门市、泉州市
2016年6月	合芜蚌国家自主创新示范区	安徽省合肥市、芜湖市、蚌埠市
2016年7月	重庆国家自主创新示范区	重庆市
2018年2月	宁波、温州国家自主创新示范区	浙江省宁波市、温州市
2018年2月	兰白国家自主创新示范区	甘肃省兰州市、白银市
2018年11月	乌昌石国家自主创新示范区	新疆维吾尔自治区乌鲁木齐市、昌吉市、石河子市
2019年8月	鄱阳湖国家自主创新示范区	江西省南昌市、新余市、景德镇市、鹰潭市、抚州市、吉安市、赣州市
2022年4月	长春国家自主创新示范区	吉林省长春市
2022年5月	哈大齐国家自主创新示范区	黑龙江省哈尔滨市、齐齐哈尔市、大庆市

注：资料截至2022年5月。

第二部分
区域科技创新各级指标评价

一、区域科技创新一级指标评价

（一）科技创新环境评价

从科技创新环境指数看，天津、北京、江苏、上海、广东、浙江、山东排在前7位，同时也是高于全国平均水平（全国科技创新环境指数为75.55%）的地区（图2-1、图2-2）。

与上年比较，全国科技创新环境指数比上年提高了3.65个百分点，宁夏、广西、河南、重庆等12个地区高于这一增幅，天津、辽宁、甘肃3个地区低于上年水平（图2-3）。

位次上升最快的地区是宁夏，比上年上升4位，主要因为科研物质条件快速提升；湖北和广西均比上年上升3位；重庆比上年上升2位；辽宁比上年下降3位；河北、山西、内蒙古、黑龙江、陕西、甘肃均比上年下降2位。

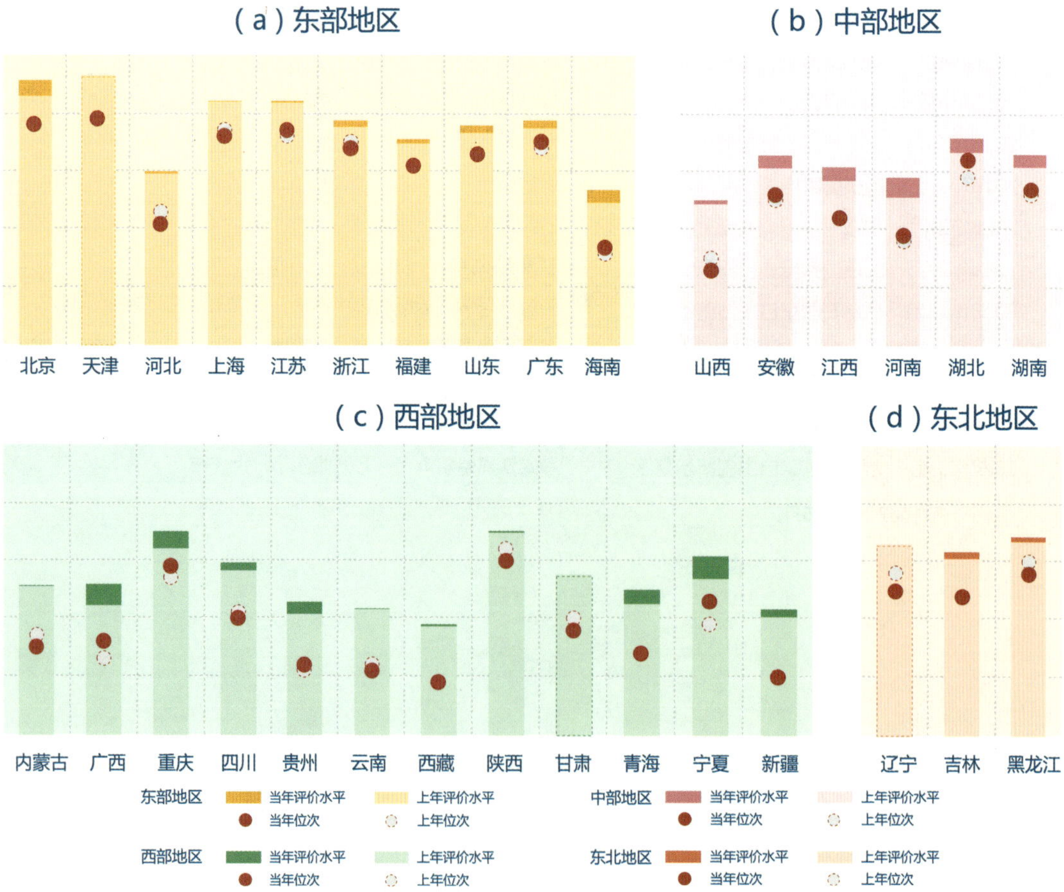

图2-1 科技创新环境区域分类

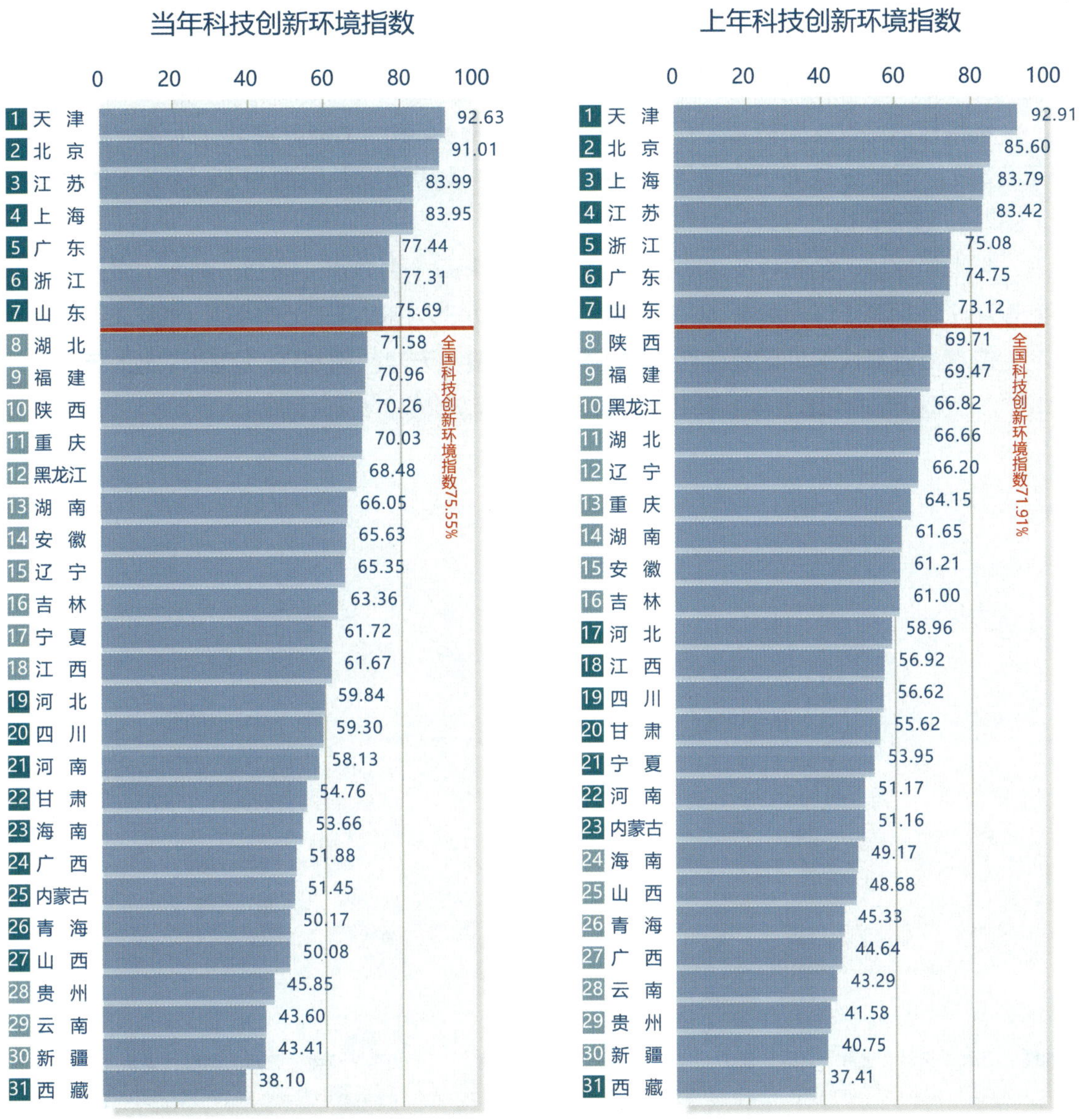

图2-2 区域科技创新环境指数排序

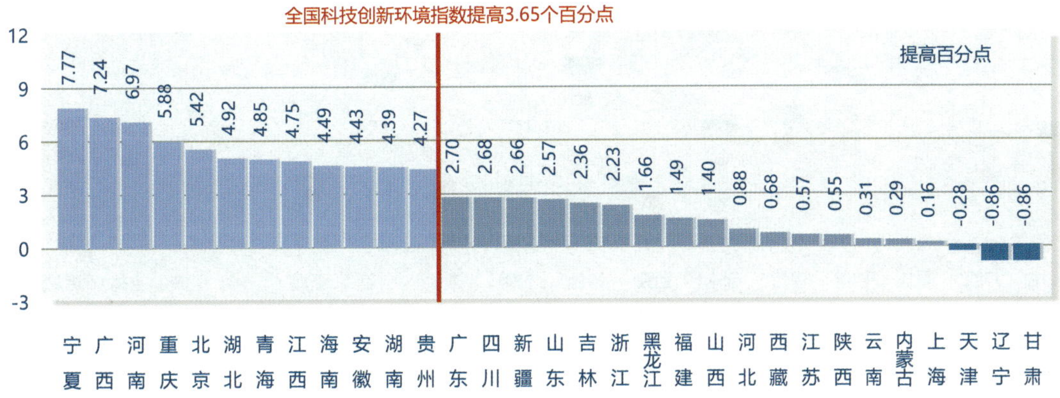

图2-3 区域科技创新环境指数提高百分点排序

（二）科技活动投入评价

从科技活动投入指数看，广东、浙江、江苏、安徽、上海、湖北、天津、山东排在前8位，同时也是高于全国平均水平（全国科技活动投入指数为76.50%）的地区（图2-4、图2-5）。

与上年比较，全国科技活动投入指数提高了4.92个百分点，陕西、湖南、贵州、安徽等14个地区高于这一增幅，只有吉林的科技活动投入指数低于上年水平（图2-6）。

位次上升最快的地区是陕西，比上年上升3位；天津、黑龙江、贵州均比上年上升2位；北京和吉林均比上年下降4位；江西比上年下降2位。

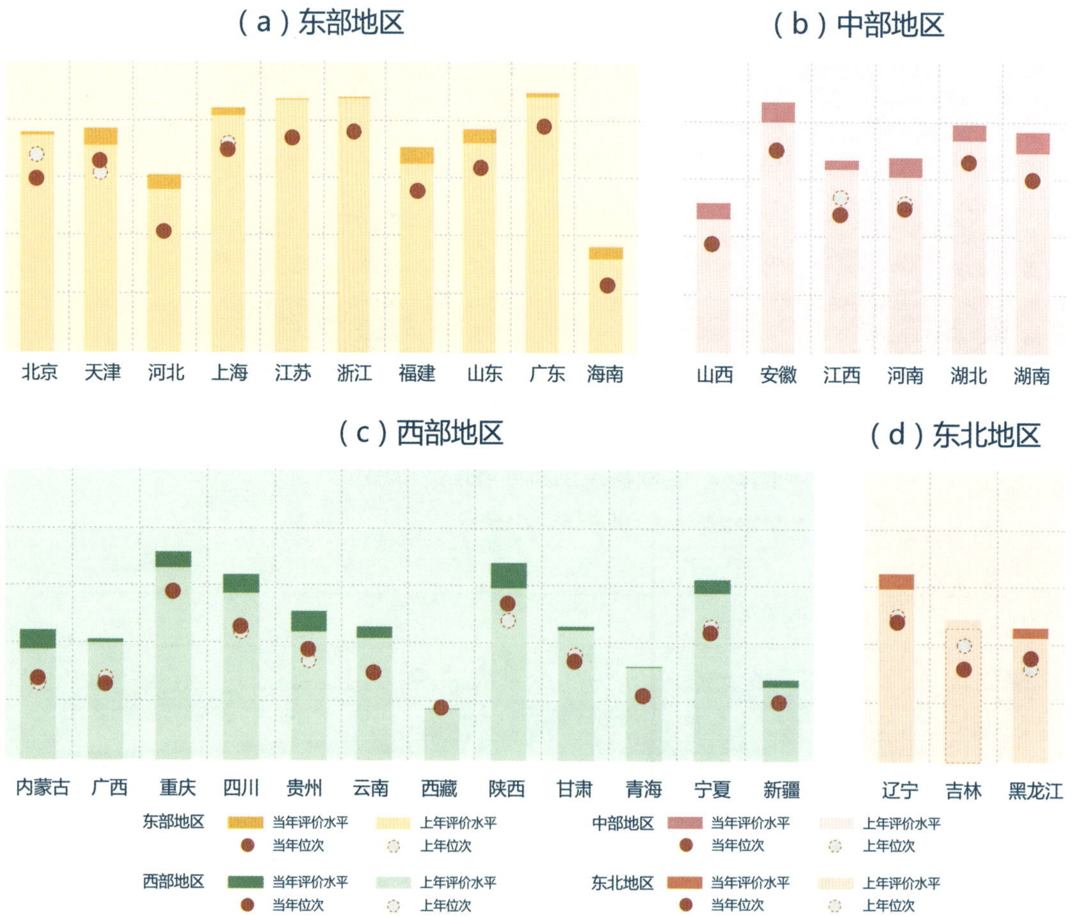

图2-4 科技活动投入区域分类

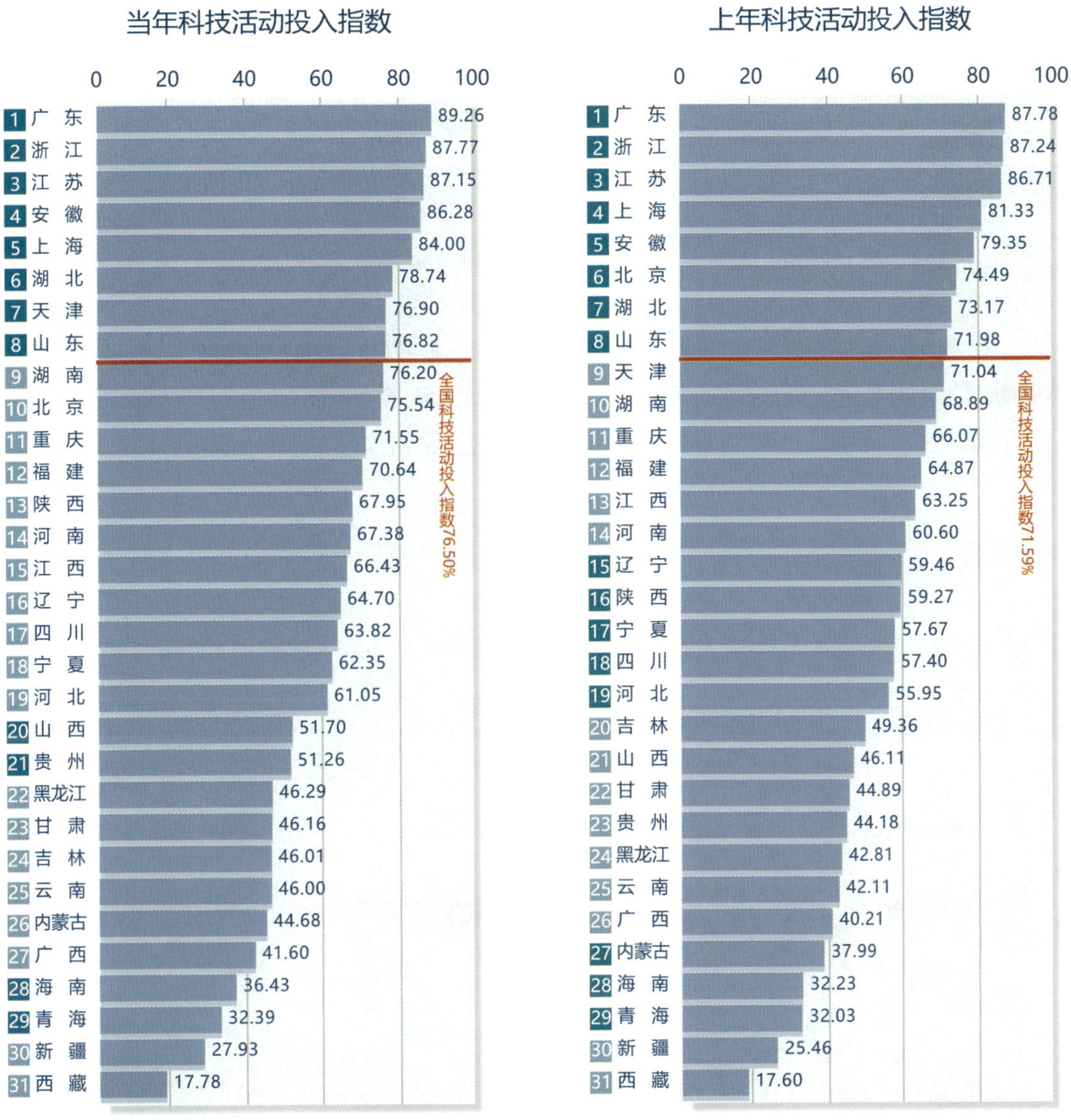

图2-5 区域科技活动投入指数排序

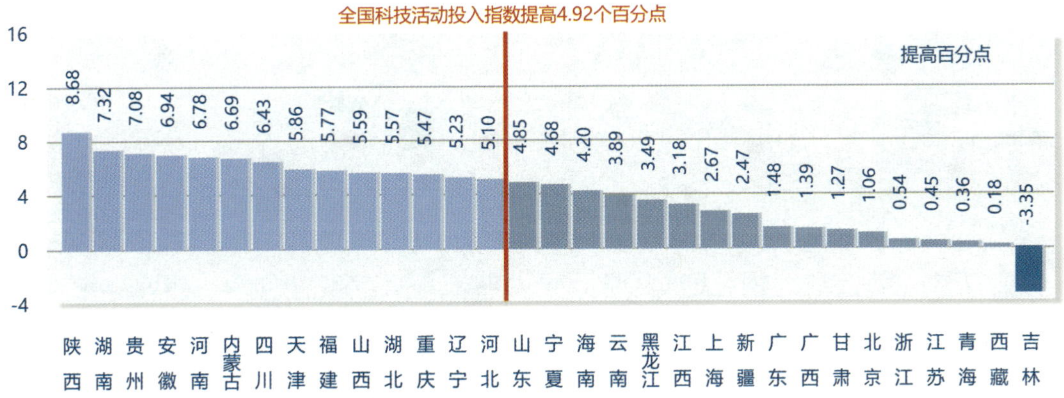

图2-6 区域科技活动投入指数提高百分点排序

（三）科技活动产出评价

从科技活动产出指数看，北京、上海、天津排在前3位，同时也是高于全国平均水平（全国科技活动产出指数为77.53%）的地区（图2-7、图2-8）。

与上年比较，全国科技活动产出指数提高了1.11个百分点，有16个地区的科技活动产出指数高于这一增幅，其中，海南和青海的增幅均超过了10个百分点。陕西、湖南、云南和广东等7个地区的科技活动产出指数低于上年水平（图2-9）。

位次上升最快的地区是海南，比上年上升7位，主要因为技术成果市场化快速提升；青海比上年上升5位；辽宁比上年上升2位；广西比上年下降7位，原因是科技活动产出水平下降较快；云南比上年下降3位；江苏、福建、江西均比上年下降2位。

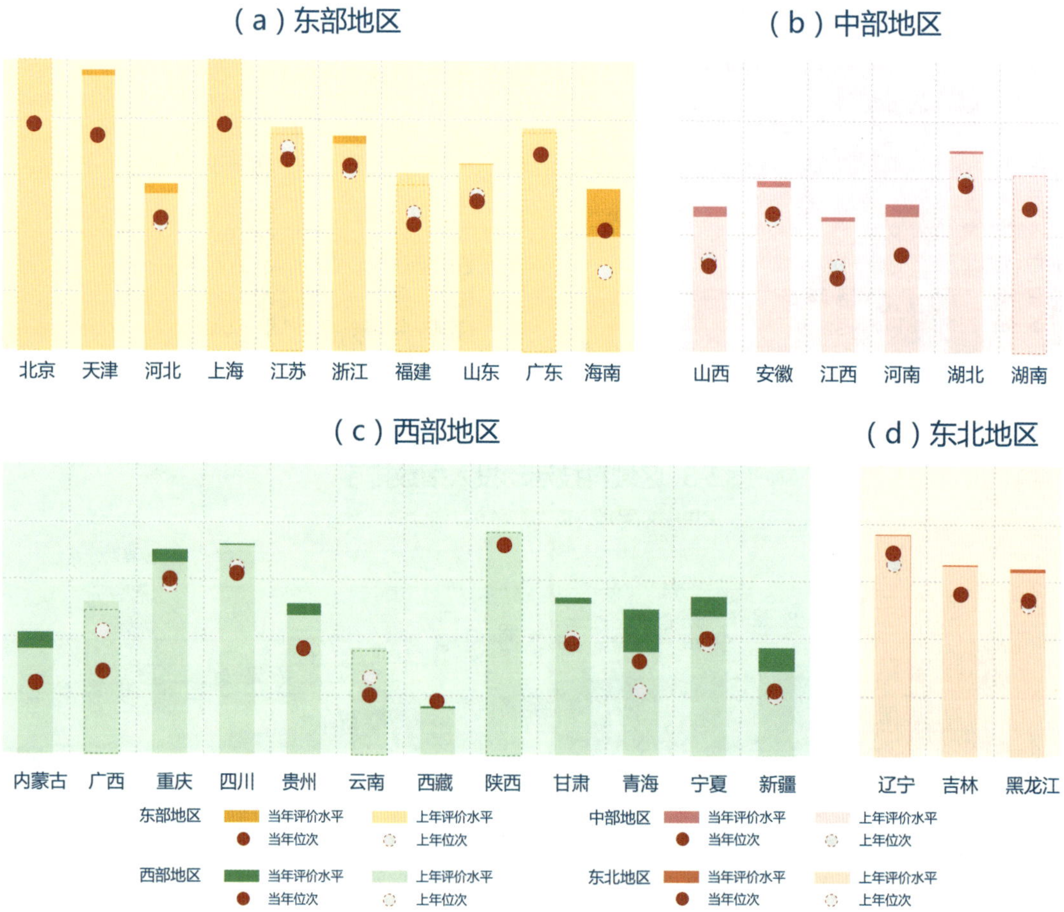

图2-7 科技活动产出区域分类

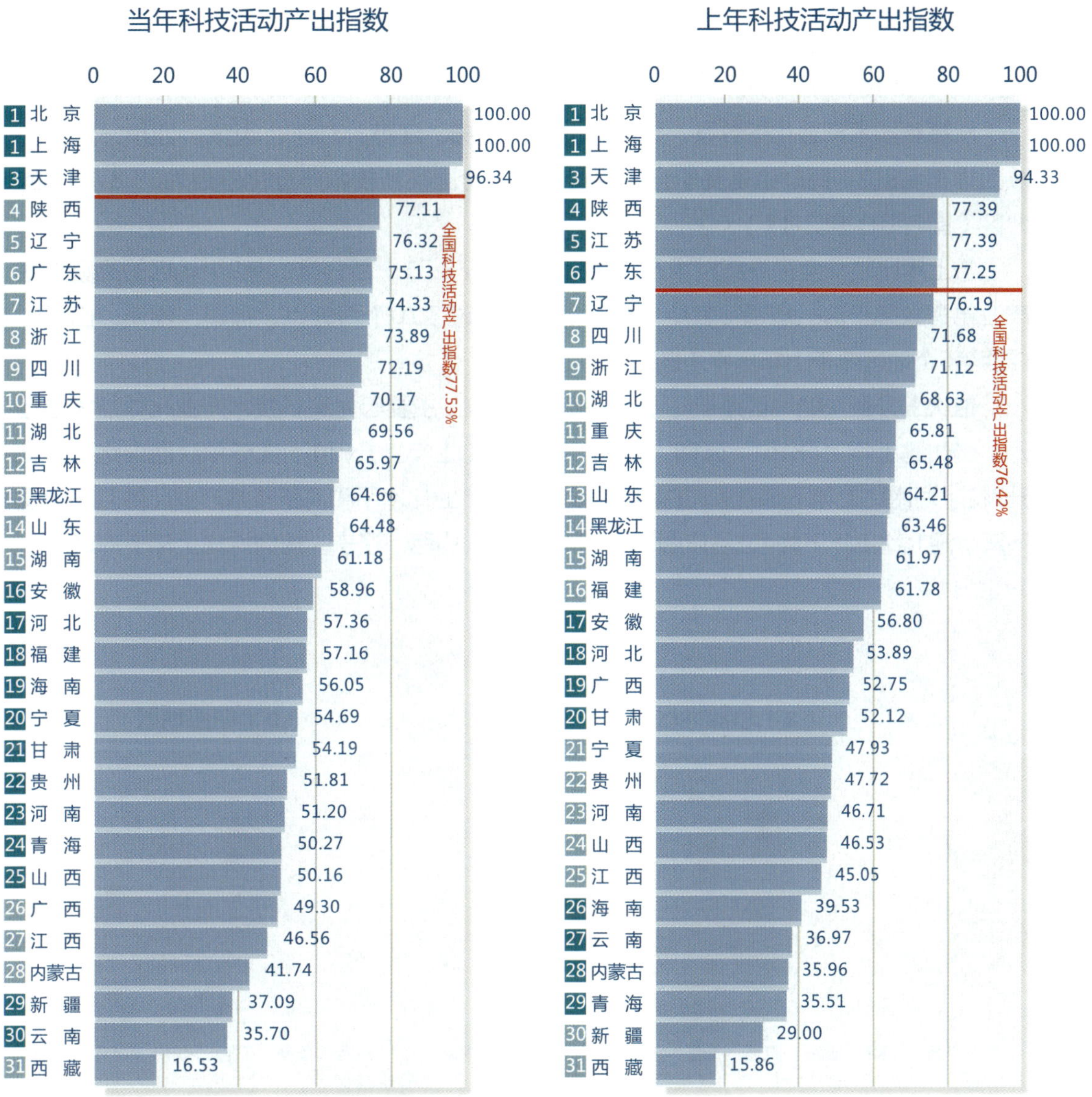

图2-8 区域科技活动产出指数排序

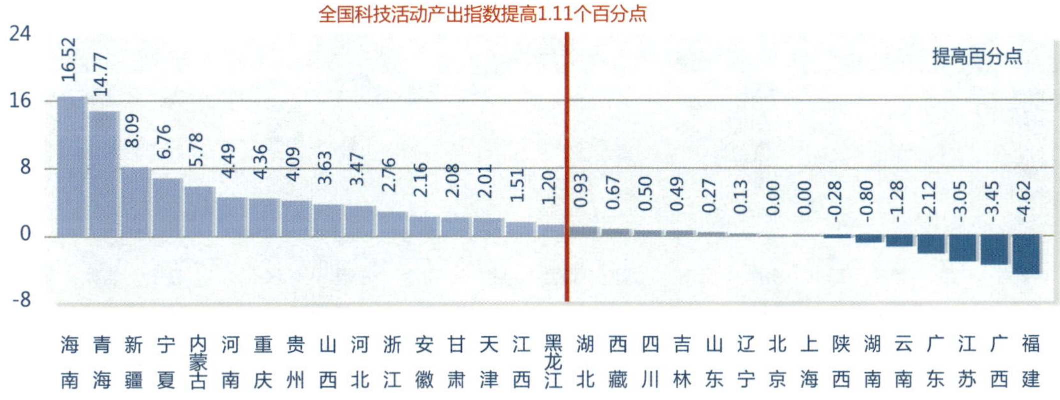

图2-9 区域科技活动产出指数提高百分点排序

（四）高新技术产业化评价

从高新技术产业化指数看，北京、上海、重庆、江苏、广东、天津、四川、江西、陕西排在前9位，同时也是高于全国平均水平（全国高新技术产业化指数为69.87%）的地区（图2-10、图2-11）。

与上年比较，全国高新技术产业化指数提高了3.71个百分点，有9个地区的高新技术产业化指数高于这一增幅，其中，新疆的增幅超过了10个百分点。福建、湖南、山西、广西等6个地区低于上年水平（图2-12）。

位次上升最快的地区是浙江，比上年上升5位，主要因为高新技术产业化效益大幅提升；贵州比上年上升4位；云南、青海、宁夏均比上年上升3位；江苏和陕西均比上年上升2位；海南比上年下降7位，主要因为高新技术产业化水平和高新技术产业化效益均出现下滑；湖北比上年下降4位；广西比上年下降3位；山西、辽宁、福建均比上年下降2位。

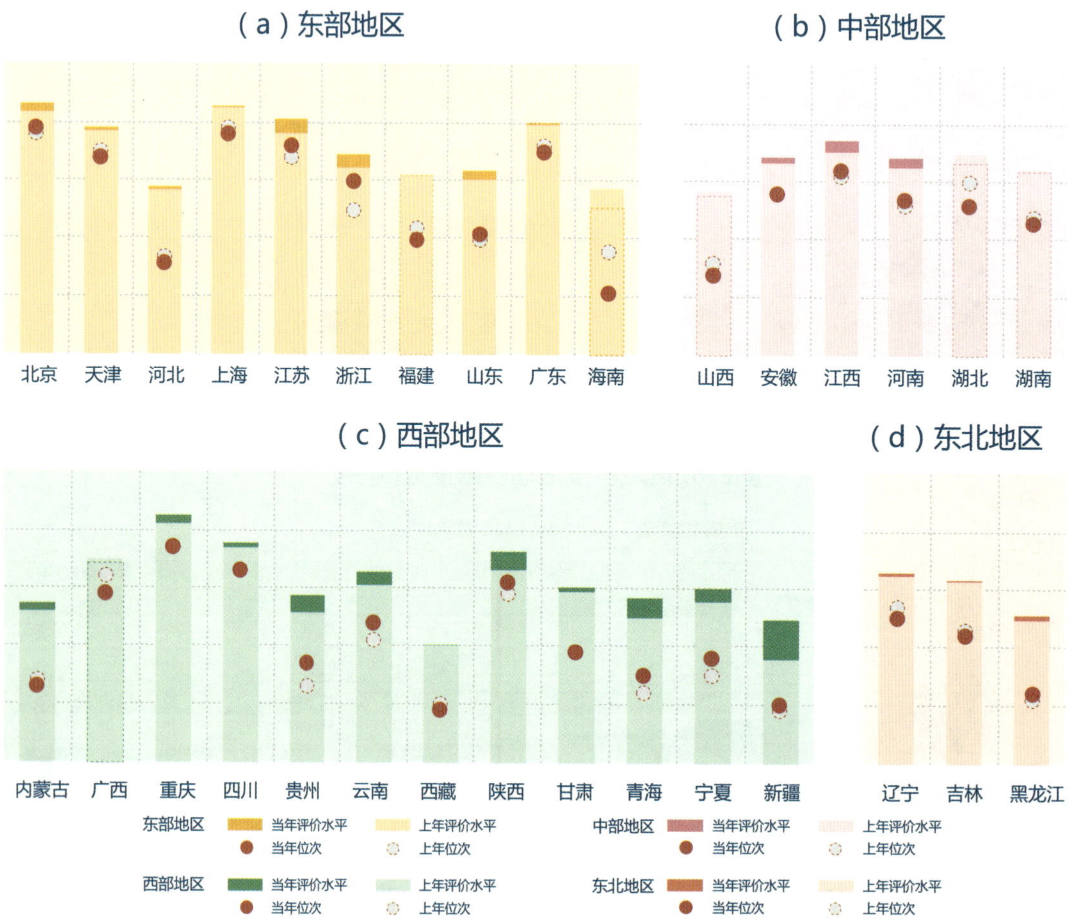

图2-10 高新技术产业化区域分类

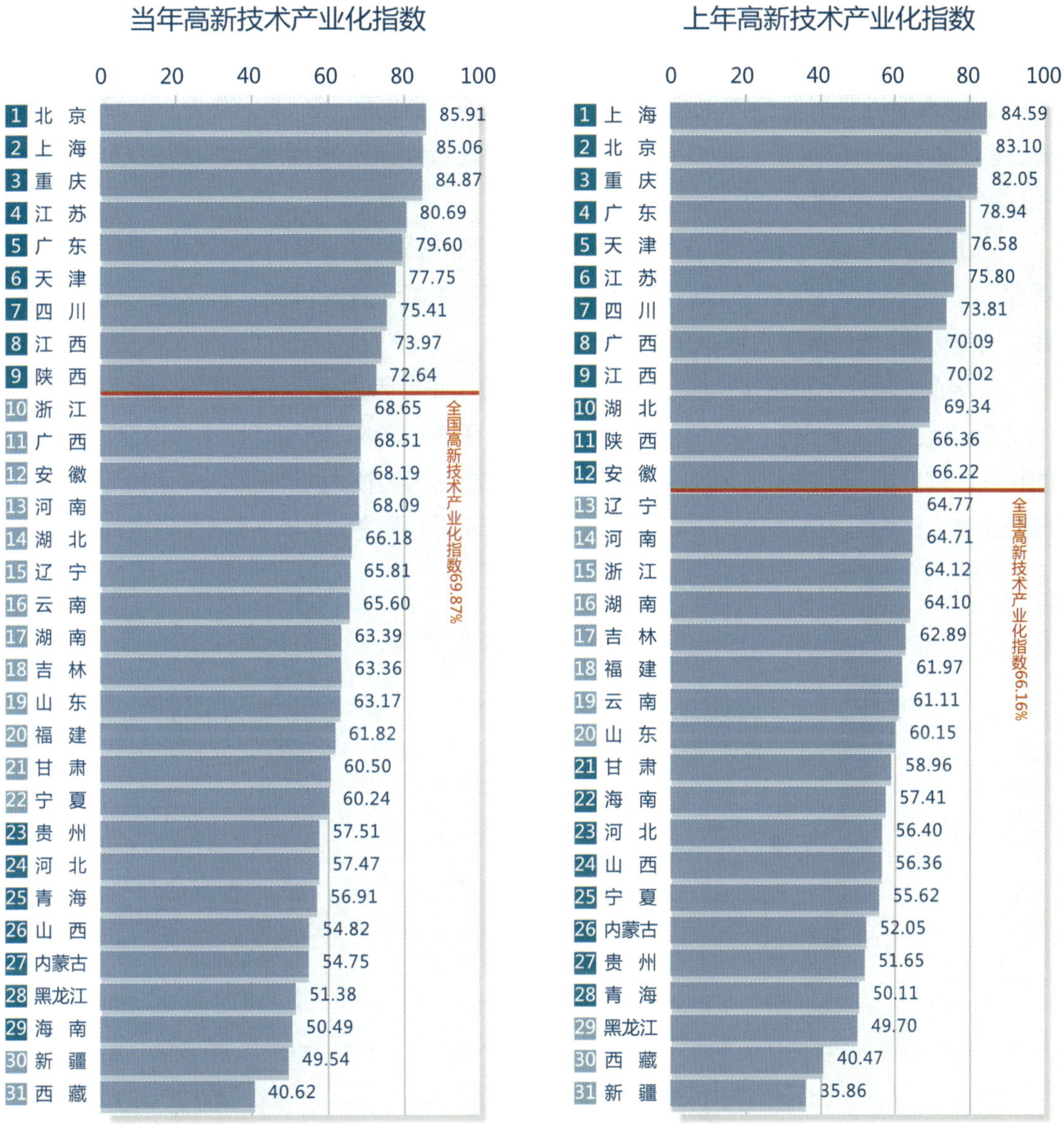

图2-11 区域高新技术产业化指数排序

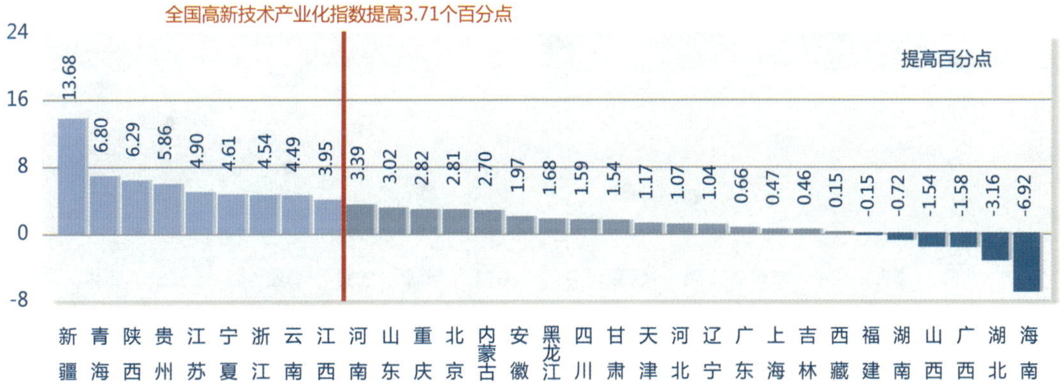

图2-12 区域高新技术产业化指数提高百分点排序

（五）科技促进经济社会发展评价

从科技促进经济社会发展指数看，广东、北京、上海、浙江、重庆、天津、江苏排在前7位，同时也是高于全国平均水平（全国科技促进经济社会发展指数为75.90%）的地区（图2-13、图2-14）。

与上年比较，全国科技促进经济社会发展指数提高了1.69个百分点，新疆、山东、湖北、广西等12个地区的科技促进经济社会发展指数高于这一增幅。黑龙江、云南、江西、湖南等6个地区低于上年水平（图2-15）。

位次上升最快的地区是山东，比上年上升7位，主要因为社会生活信息化水平大幅提升；湖北比上年上升5位；吉林比上年上升4位；河北、安徽、新疆均比上年上升3位；广西和陕西均比上年上升2位；山西比上年下降11位，主要因为社会生活信息化和环境改善表现较差；江西比上年下降5位；湖南比上年下降4位；福建比上年下降3位；青海比上年下降2位。

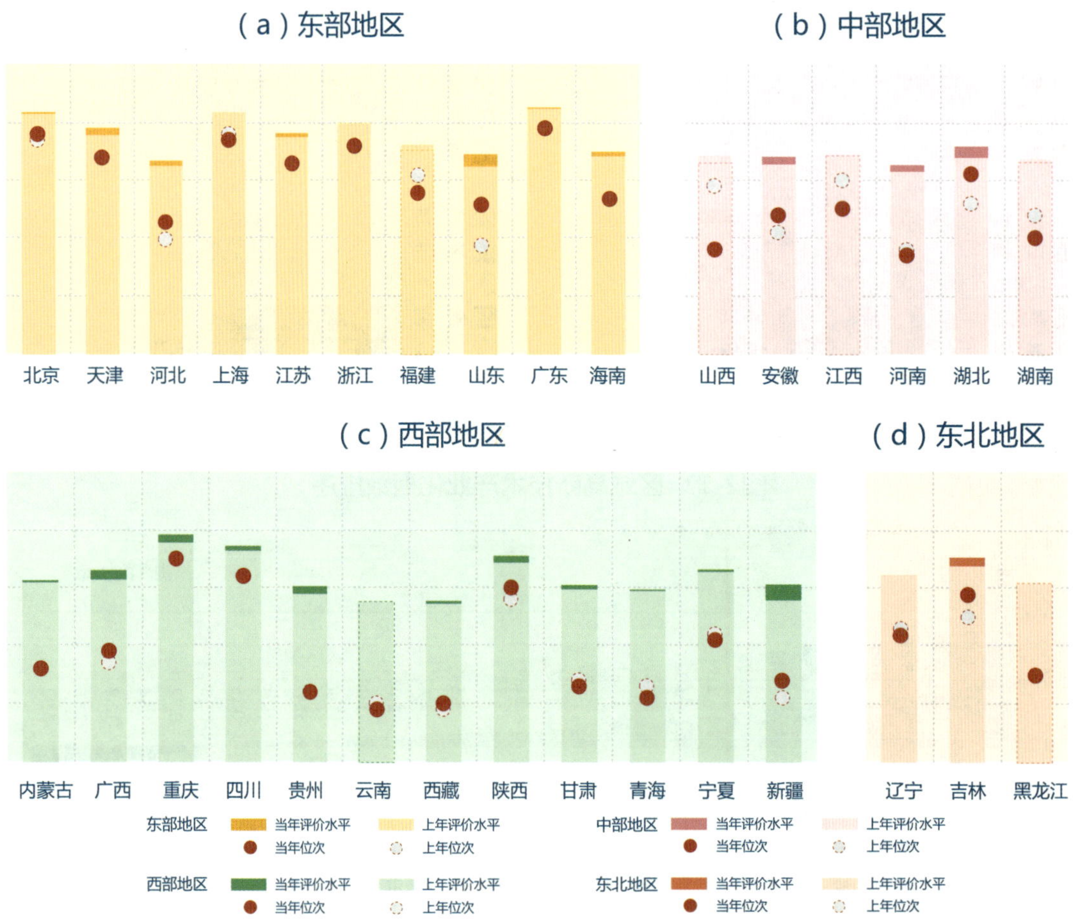

图2-13 科技促进经济社会发展区域分类

图2-14 区域科技促进经济社会发展指数排序

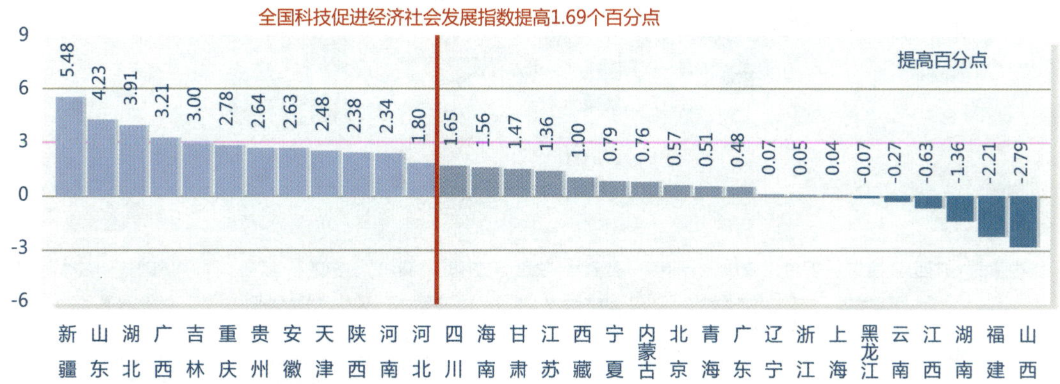

图2-15 区域科技促进经济社会发展指数提高百分点排序

二、区域科技创新二级指标评价

（一）科技人力资源评价

从科技人力资源指数看，北京、天津、上海和江苏排在前4位，高于全国平均水平（全国科技人力资源指数为97.46%）（图2-16、图2-17）。

与上年比较，有26个地区高于上年水平，其中，贵州、山东、西藏和江西高于全国平均增幅（全国科技人力资源指数比上年提高了4.25个百分点）。黑龙江和青海低于上年水平（图2-18）。

位次上升最快的地区是江苏和贵州，均比上年上升3位；江西、山东、河南和重庆均比上年上升2位；位次下降最快的地区是青海，比上年下降4位；吉林、黑龙江和陕西均比上年下降2位。

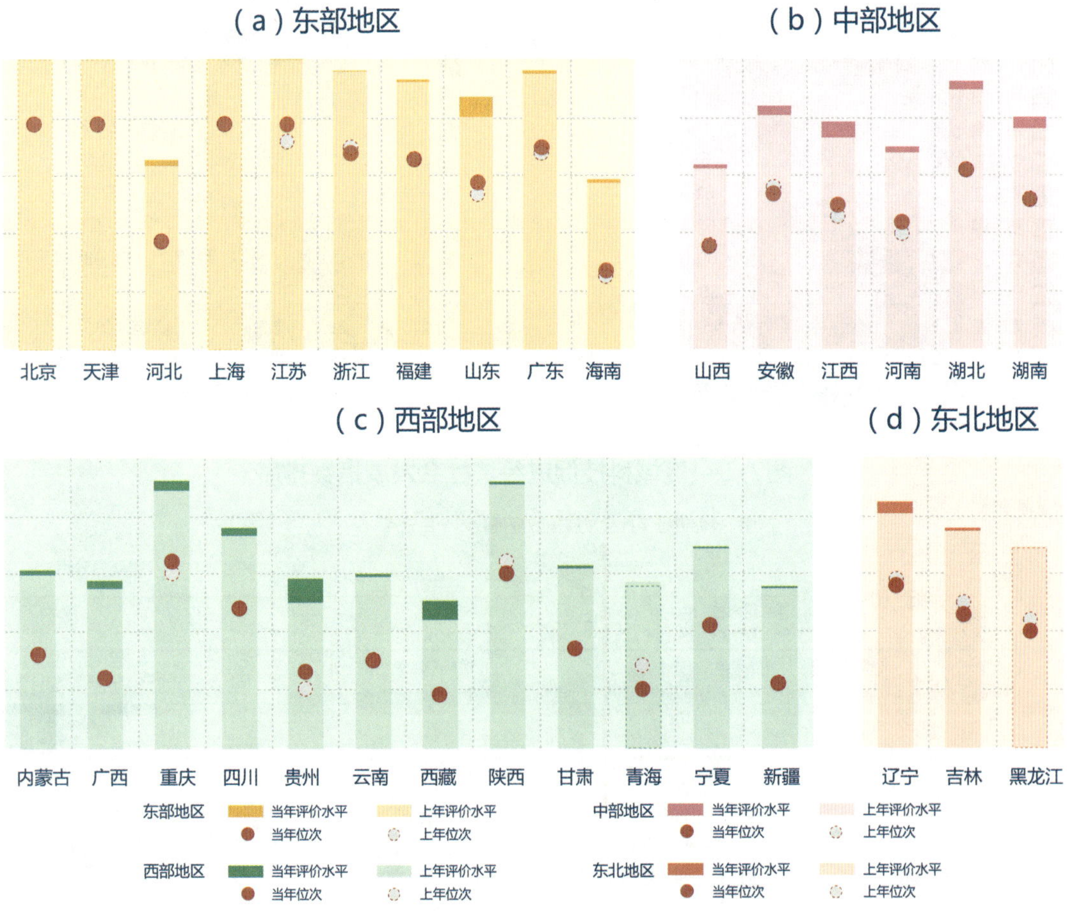

图2-16 科技人力资源区域分类

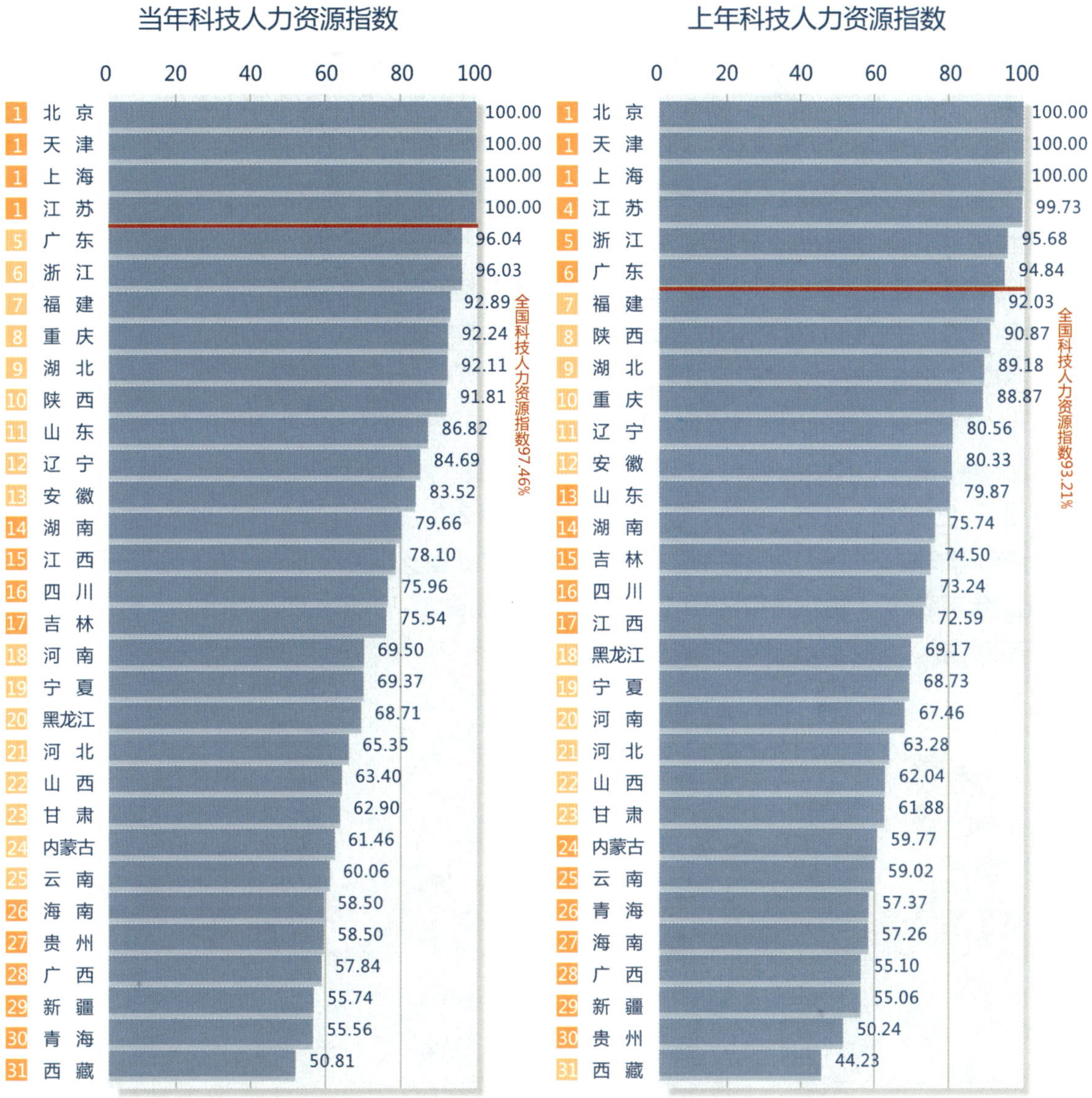

图2-17 区域科技人力资源指数排序

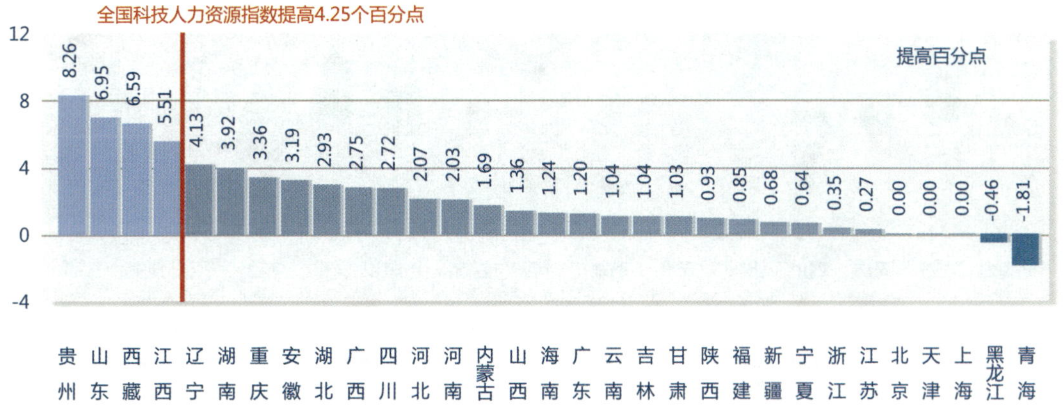

图2-18 区域科技人力资源指数提高百分点排序

（二）科研物质条件评价

从科研物质条件指数看，天津、黑龙江、北京、山东、吉林、上海、江苏、河北、宁夏、湖南、陕西、广西、海南和河南等14个地区高于全国平均水平（全国科研物质条件指数为57.19%）（图2-19、图2-20）。

与上年比较，有21个地区高于上年水平，其中，有17个地区高于全国平均增幅（全国科研物质条件指数比上年提高了2.87个百分点），宁夏、河南、广西、北京、青海和重庆的增幅均超过了10个百分点。有10个地区低于上年水平，辽宁的降幅最大，超过了10个百分点，主要因为每名R&D人员研发仪器和设备支出、科学研究和技术服务业新增固定资产占比重下降较快（图2-21）。

位次上升最快的地区是河南和广西，均比上年上升12位，主要因为每名R&D人员研发仪器和设备支出大幅提升；宁夏比上年上升11位；青海比上年上升9位；吉林、重庆均比上年上升3位；江苏、湖南、新疆均比上年上升2位；位次下降最快的地区是福建，比上年下降9位，主要因为每名R&D人员研发仪器和设备支出位次下降较快；山西和辽宁均比上年下降8位；内蒙古和甘肃均比上年下降6位；安徽、广东和四川均比上年下降3位；河北、浙江和江西均比上年下降2位。

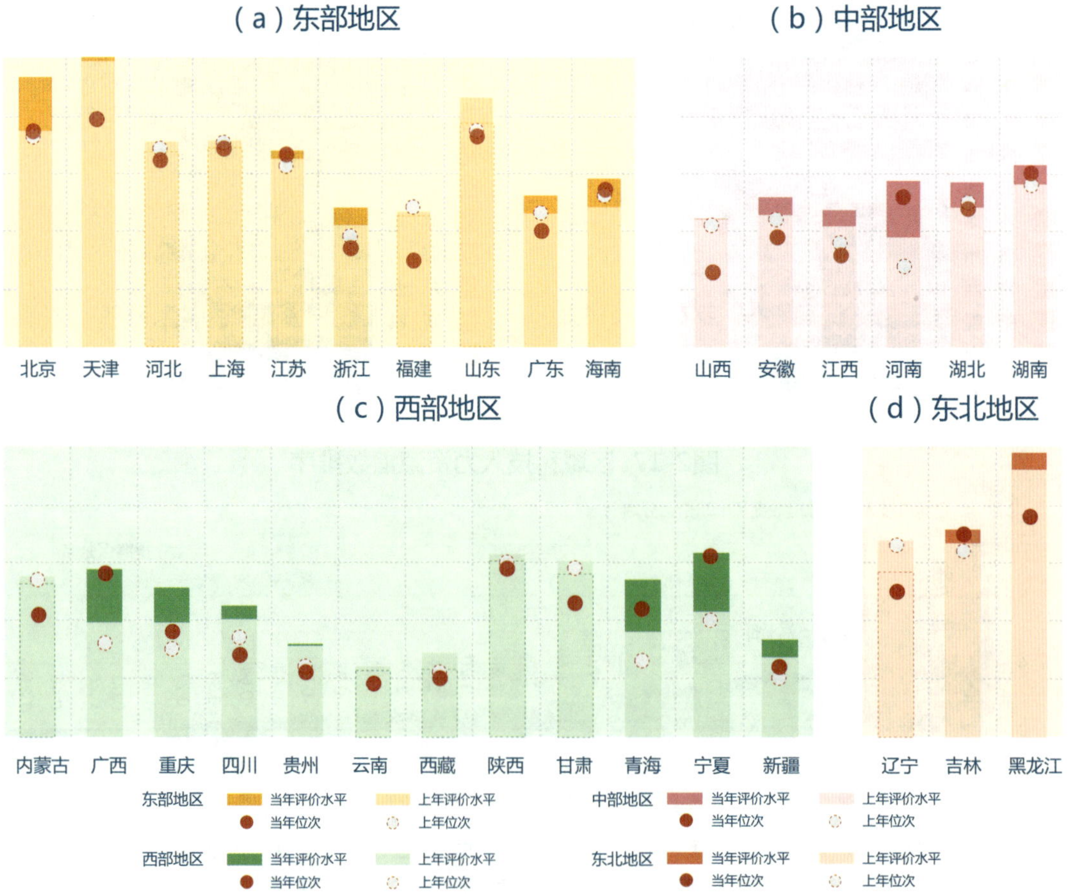

图2-19 科研物质条件区域分类

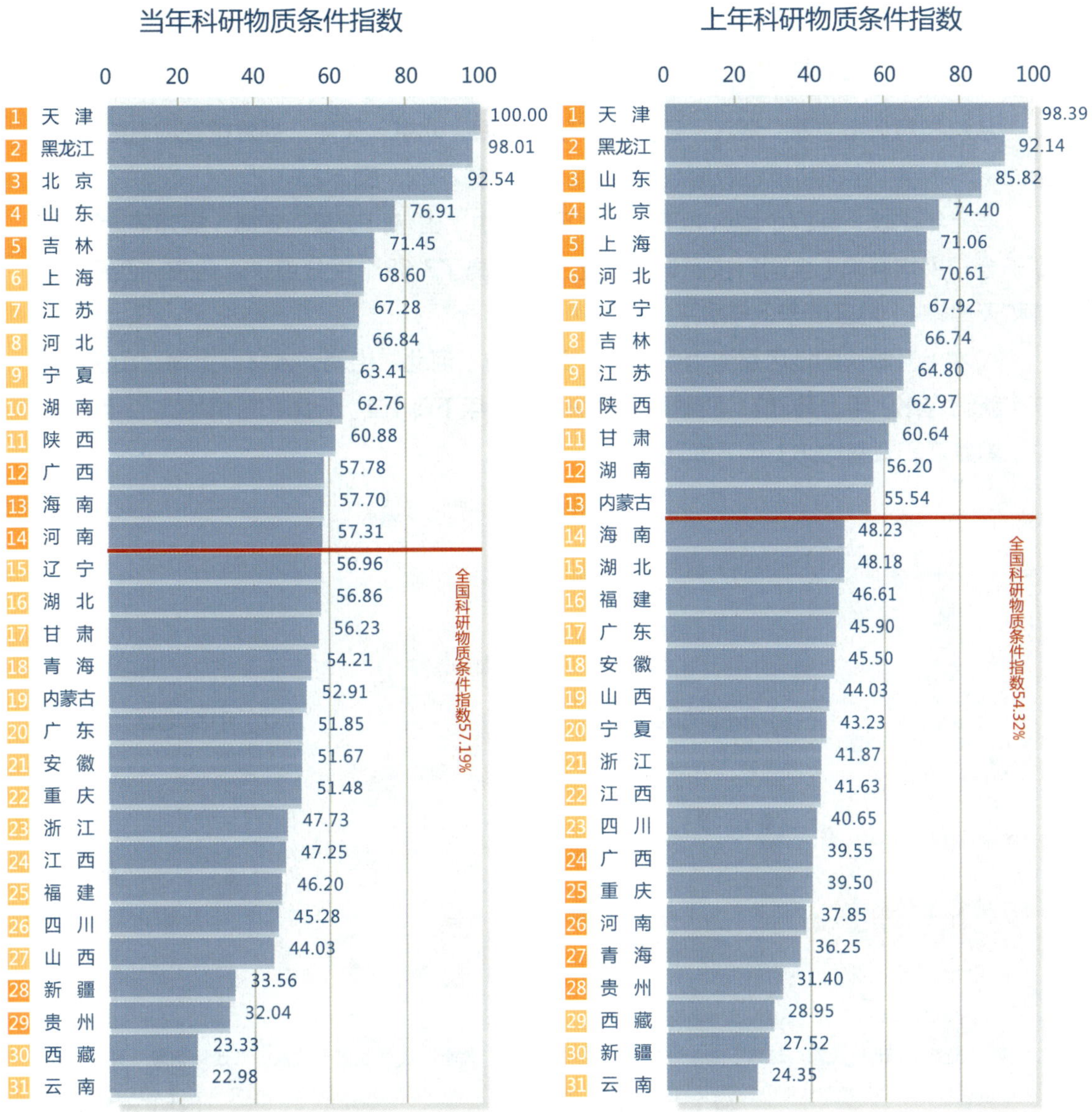

图2-20 区域科研物质条件指数排序

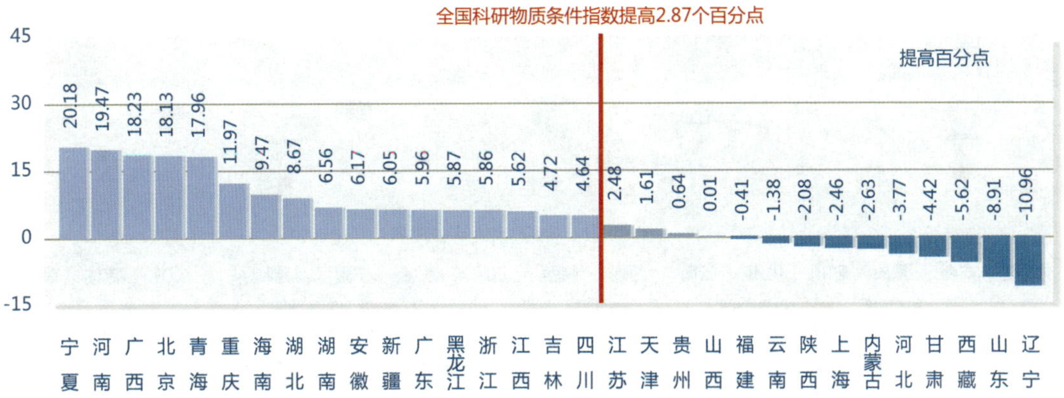

图2-21 区域科研物质条件指数提高百分点排序

（三）科技意识评价

从科技意识指数看，浙江、江苏、广东、上海、北京、天津、福建排在前7位，高于全国平均水平（全国科技意识指数为64.71%）（图2-22、图2-23）。

与上年比较，有27个地区高于上年水平，其中，山东、宁夏、安徽、福建等7个地区高于全国平均增幅（全国科技意识指数比上年提高了3.62个百分点）。北京、西藏、江苏和天津等4个地区低于上年水平（图2-24）。

位次上升最快的地区是海南，比上年上升3位；河北、山西、吉林、上海、山东、广东和新疆均比上年上升2位；西藏下降最快，比上年下降4位；天津和甘肃均比上年下降3位；黑龙江和云南均比上年下降2位。

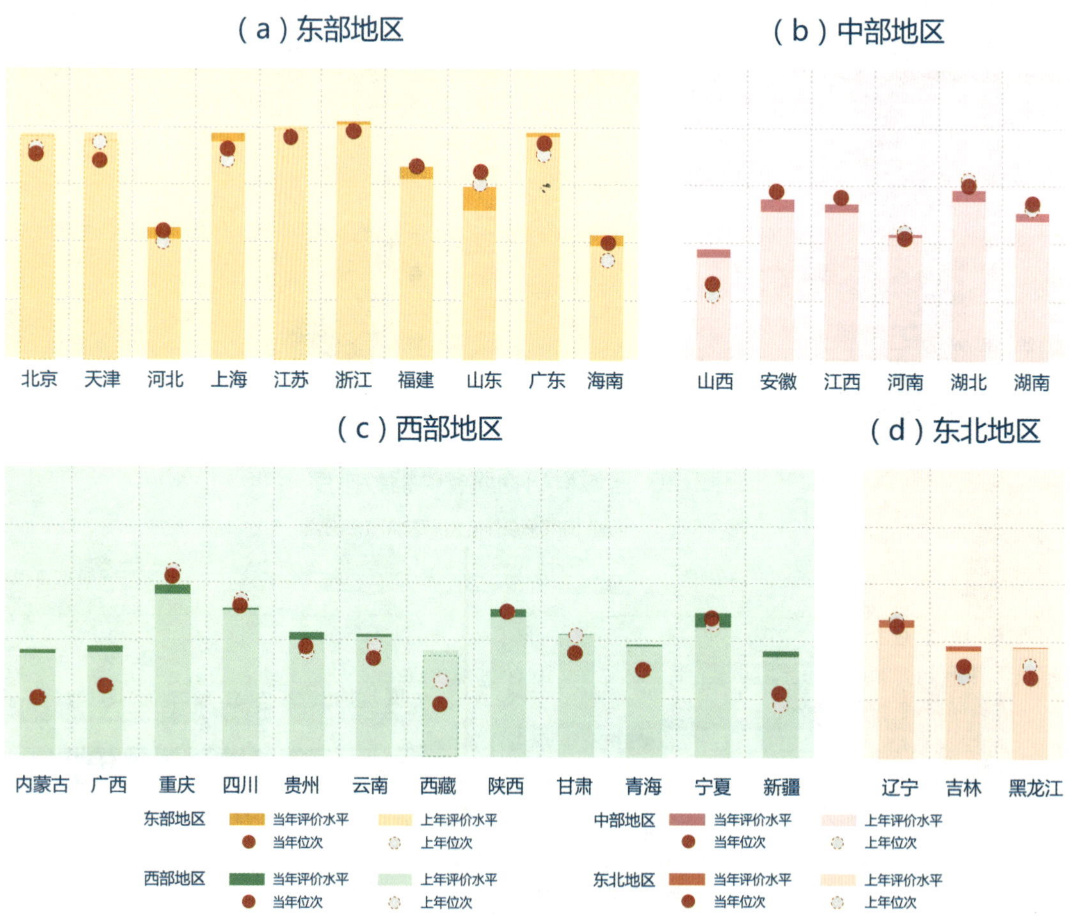

图2-22 科技意识区域分类

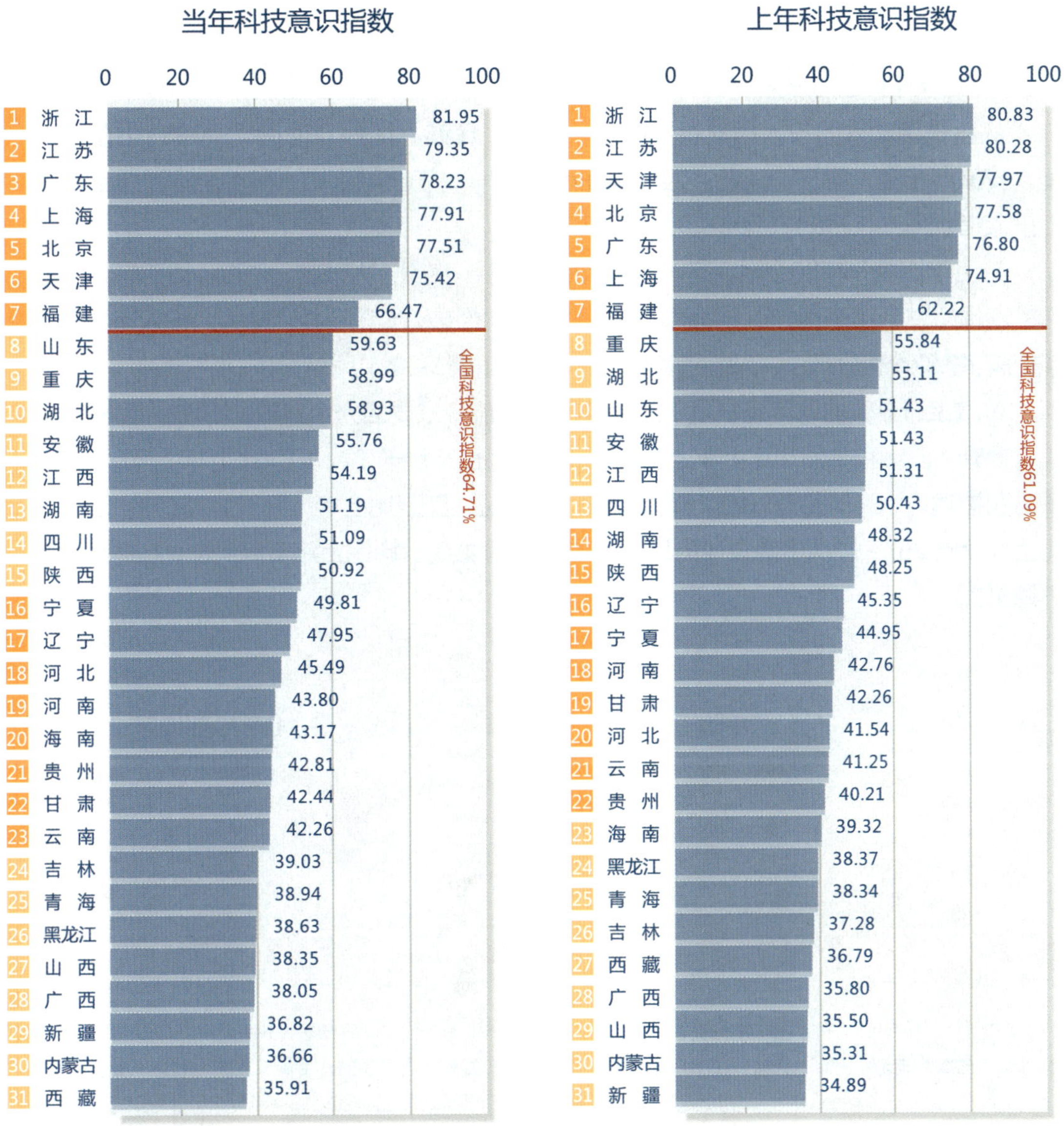

图2-23 区域科技意识指数排序

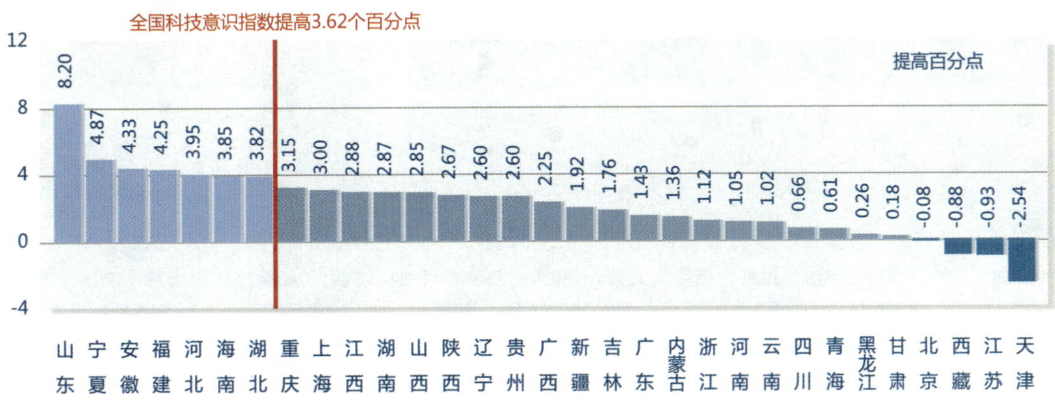

图2-24 区域科技意识指数提高百分点排序

（四）科技活动人力投入评价

从科技活动人力投入指数看，广东、浙江、江苏、江西、河南、福建、山东、湖南、安徽、宁夏、重庆、湖北、河北排在前13位，高于全国平均水平（全国科技活动人力投入指数为96.17%）（图2-25、图2-26）。

与上年比较，有30个地区高于上年水平，其中，贵州、内蒙古、宁夏、山西等12个地区的增幅超过了10个百分点，同时也高于全国平均增幅（全国科技活动人力投入指数比上年提高了9.87个百分点）。只有西藏低于上年水平（图2-27）。

位次上升最快的地区是宁夏，比上年上升12位，主要因为企业R&D研究人员占比重大幅提升；安徽和贵州均比上年上升8位；湖南比上年上升7位；山东比上年上升6位；内蒙古和福建均比上年上升5位；河南比上年上升4位；江西比上年上升3位；江苏和云南均比上年上升2位；位次下降较快的地区是吉林和黑龙江，均比上年下降4位；上海比上年下降3位。

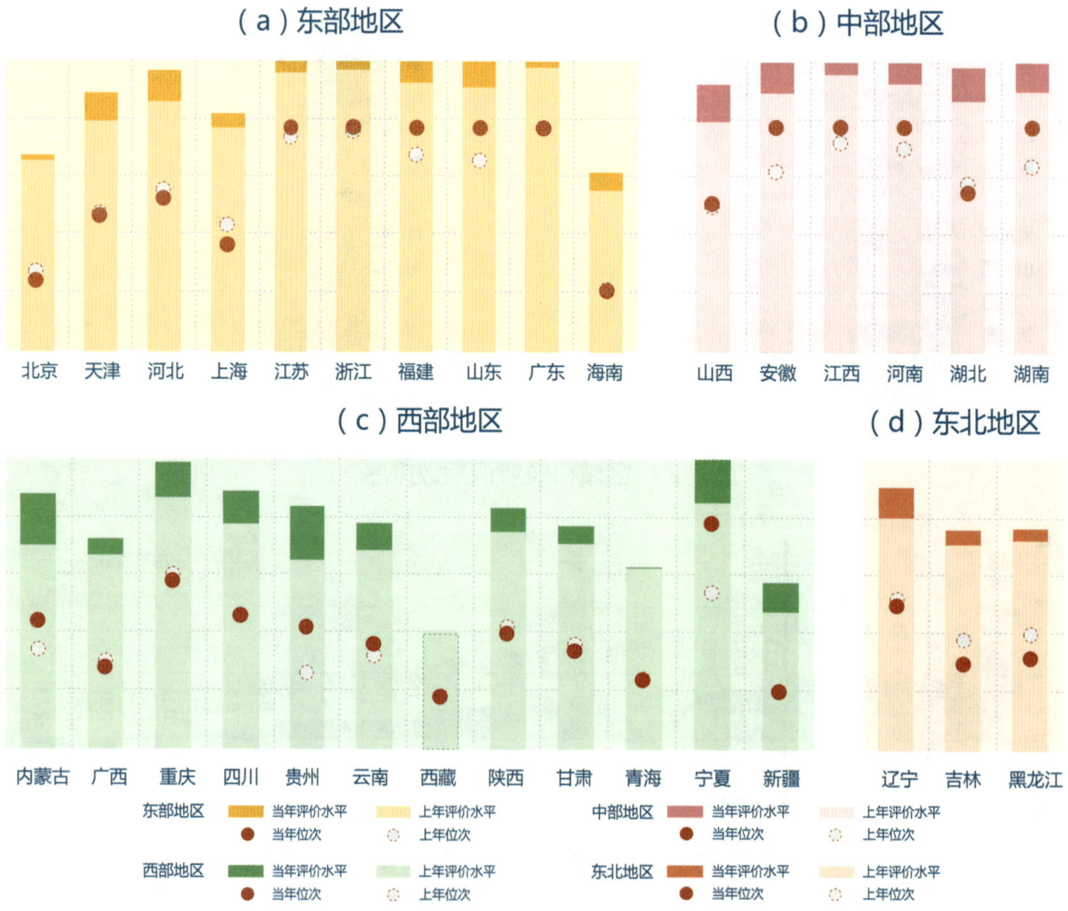

图2-25 科技活动人力投入区域分类

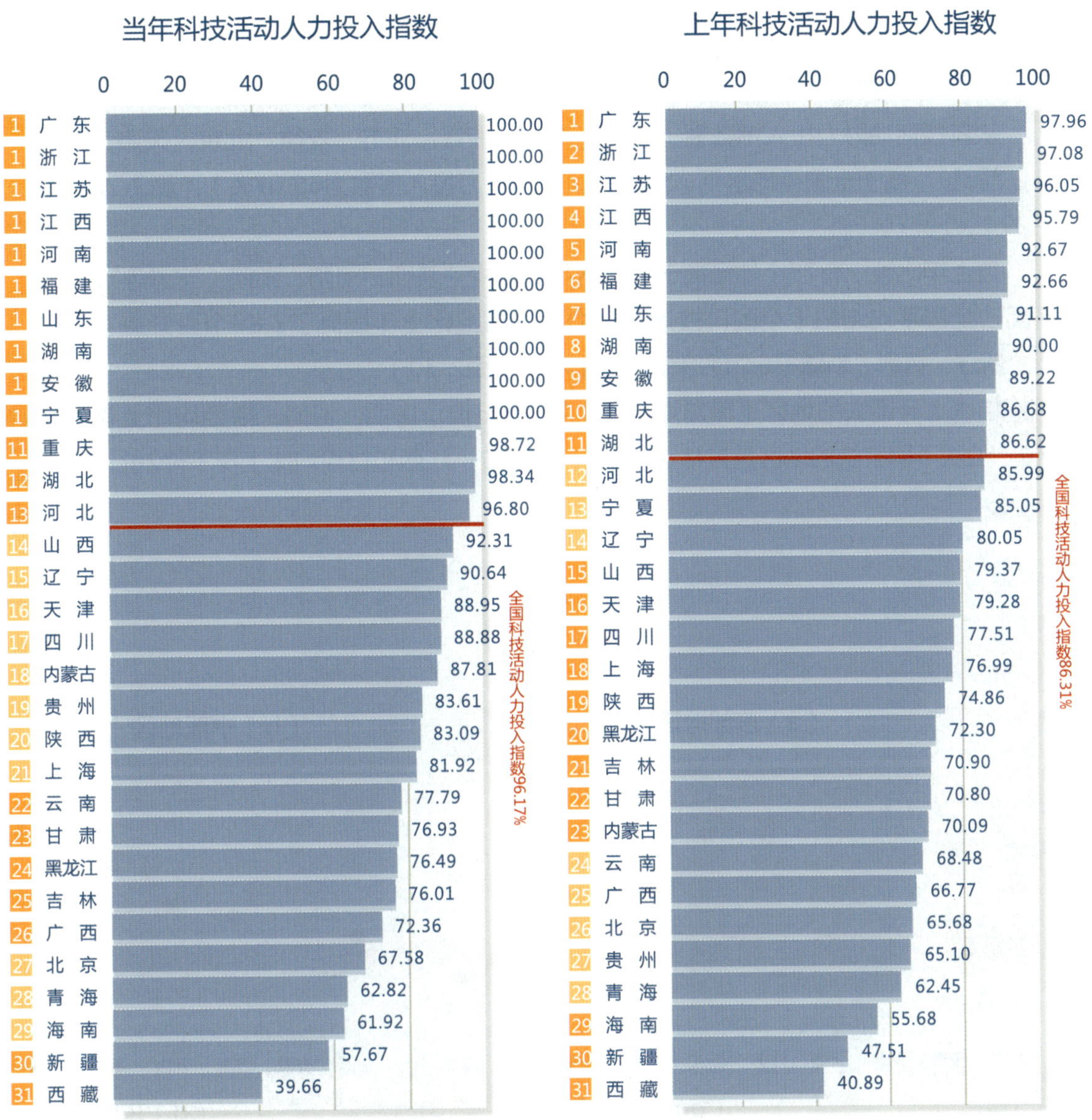

图2-26 区域科技活动人力投入指数排序

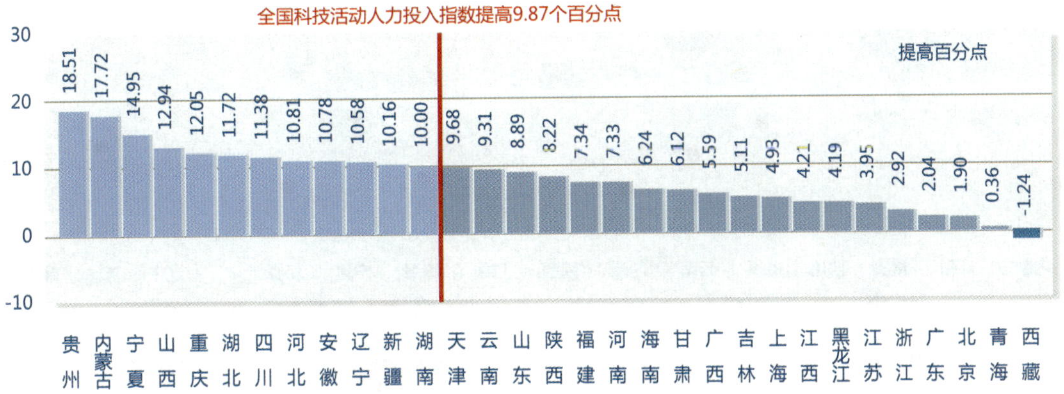

图2-27 区域科技活动人力投入指数提高百分点排序

（五）科技活动财力投入评价

从科技活动财力投入指数看，上海、广东、浙江、江苏、安徽、北京、天津、湖北排在前8位，高于全国平均水平（全国科技活动财力投入指数为68.07%）（图2-28、图2-29）。

与上年比较，有25个地区高于上年水平，其中，陕西、河南、湖南、安徽等12个地区高于全国平均增幅（全国科技活动财力投入指数比上年提高了2.80个百分点）。广西、浙江、甘肃、新疆等6个地区低于上年水平（图2-30）。

位次上升最快的地区是黑龙江，比上年上升3位；山西、河南、陕西均比上年上升2位；位次下降较快的地区是吉林，比上年下降3位；江西和甘肃均比上年下降2位。

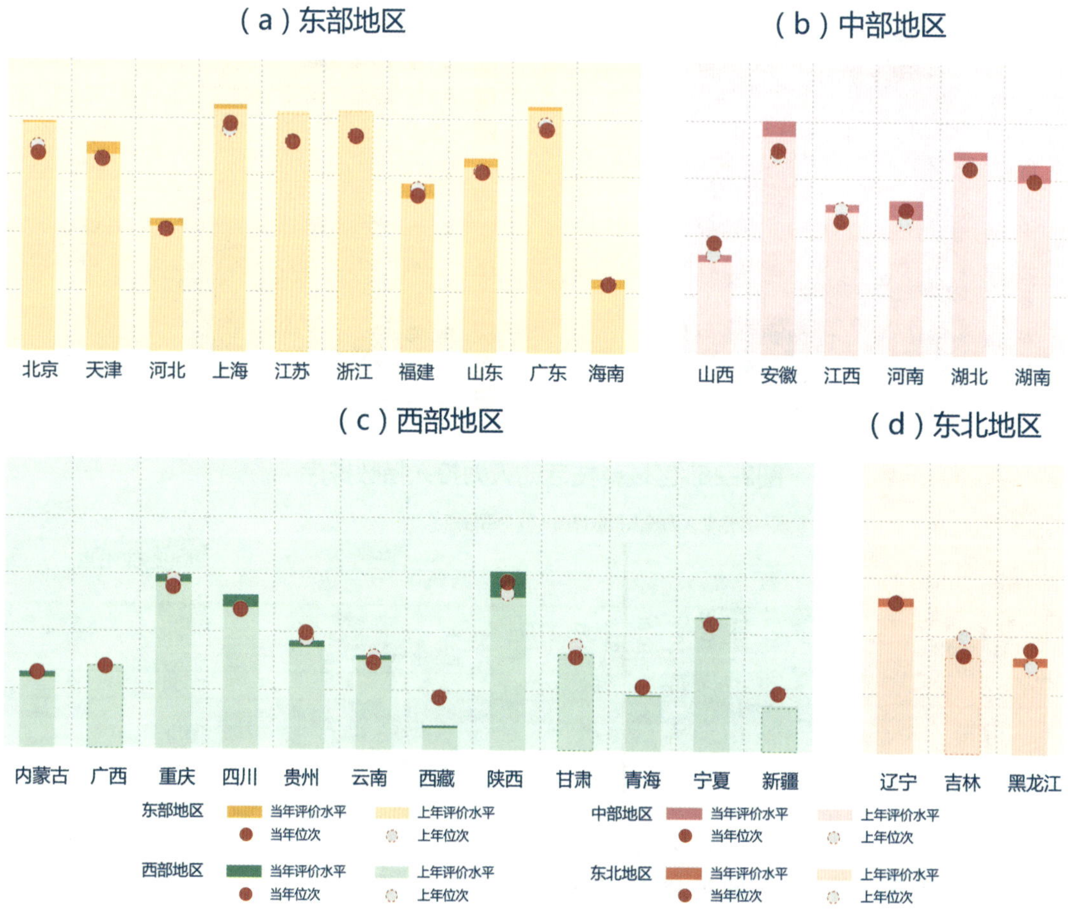

图2-28 科技活动财力投入区域分类

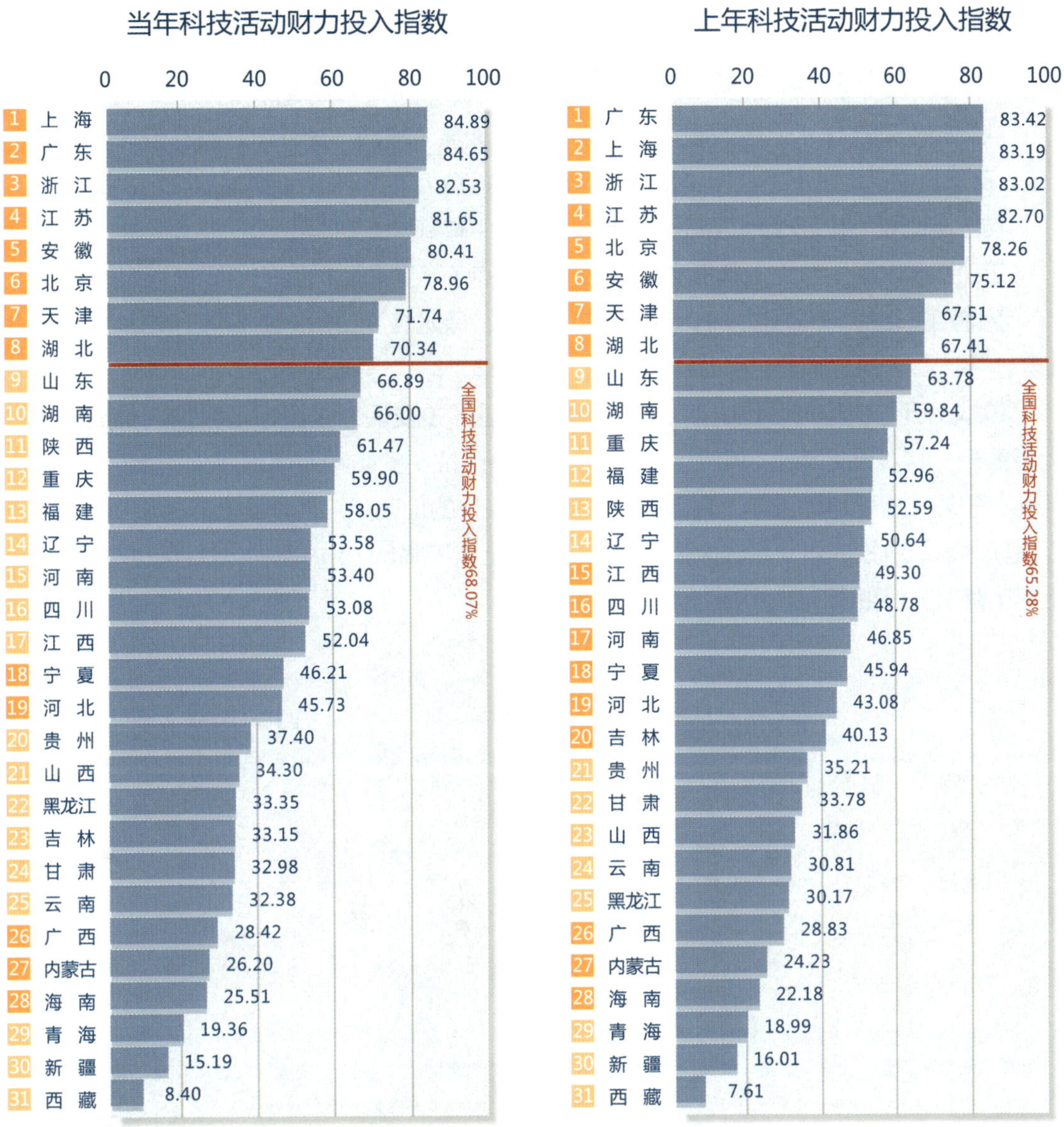

图2-29 区域科技活动财力投入指数排序

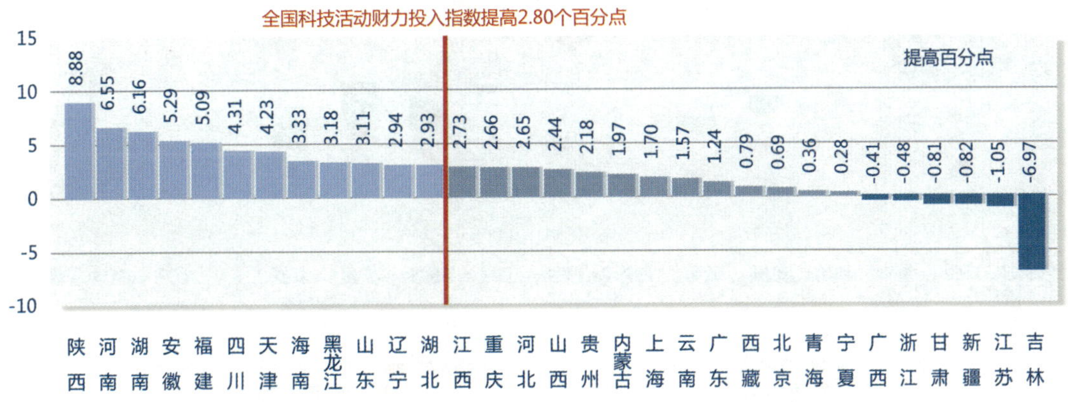

图2-30 区域科技活动财力投入指数提高百分点排序

（六）科技活动产出水平评价

从科技活动产出水平指数看，北京、上海、天津、陕西、湖北、江苏、辽宁排在前7位，高于全国平均水平（全国科技活动产出水平指数为74.68%）（图2-31、图2-32）。

与上年比较，有18个地区高于上年水平，其中有16个地区高于全国平均增幅（全国科技活动产出水平指数比上年提高了0.34个百分点），青海、山西的增幅接近20个百分点，新疆和宁夏的增幅超过了10个百分点。陕西、黑龙江、四川、湖南等10个地区低于上年水平，广西的降幅超过了10个百分点（图2-33）。

位次上升最快的地区是山西，比上年上升8位，主要因为获国家级科技成果奖系数大幅提升；青海比上年上升6位；浙江比上年上升4位；安徽和海南均比上年上升3位；河北、宁夏和新疆均比上年上升2位；位次下降最快的地区是广西，比上年下降9位，原因是获国家级科技成果奖系数大幅下降；福建比上年下降6位；内蒙古、江西、广东均比上年下降3位；四川和甘肃均比上年下降2位。

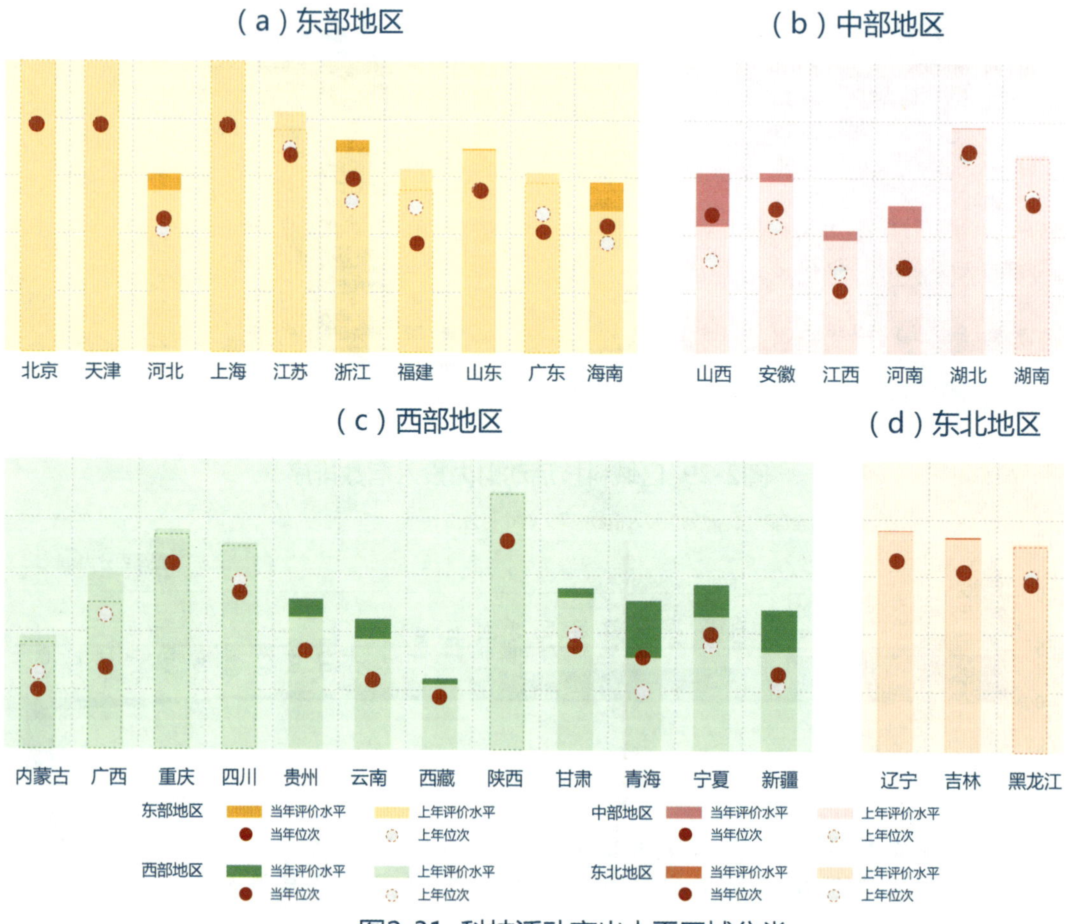

图2-31 科技活动产出水平区域分类

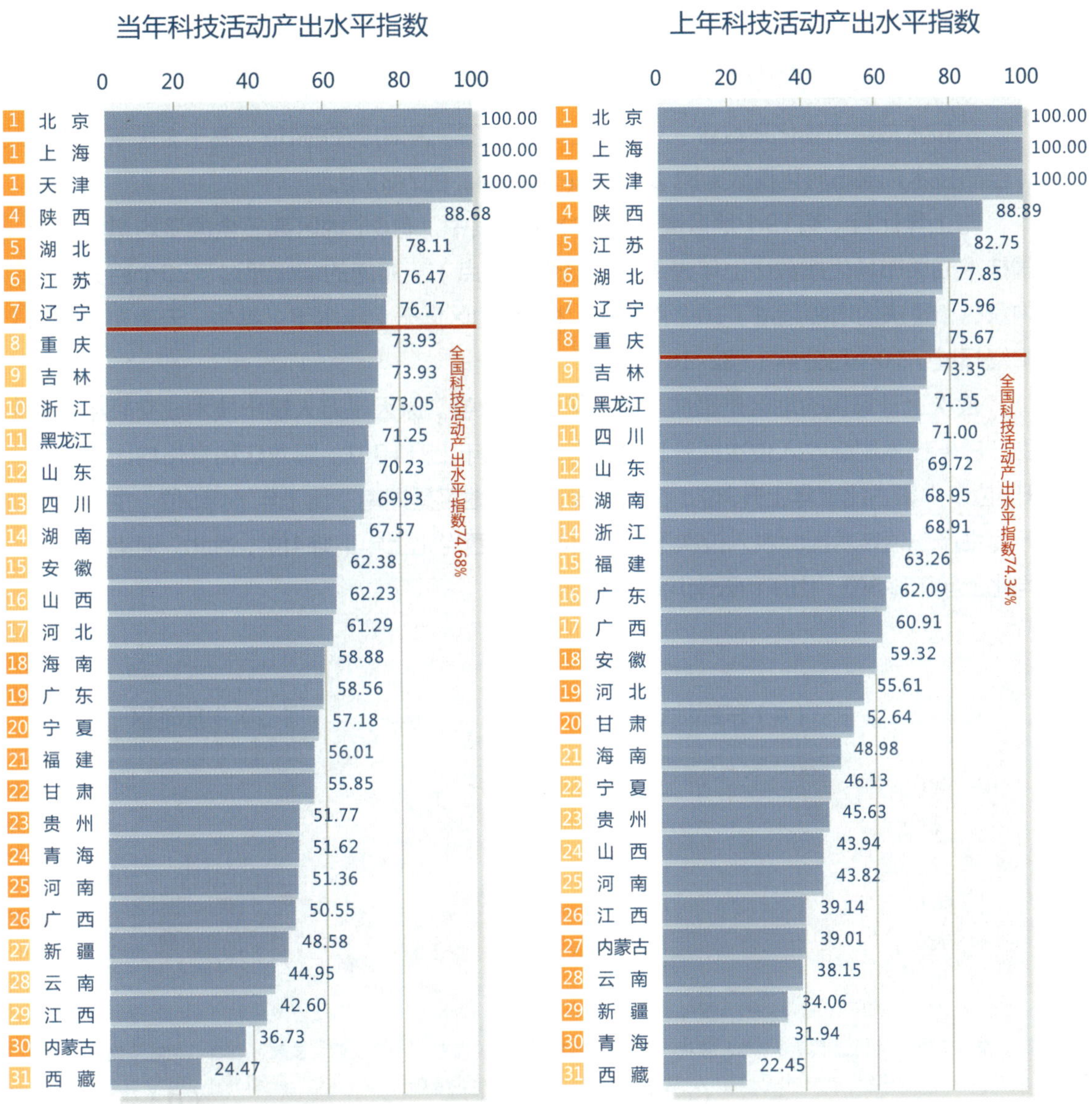

图2-32 区域科技活动产出水平指数排序

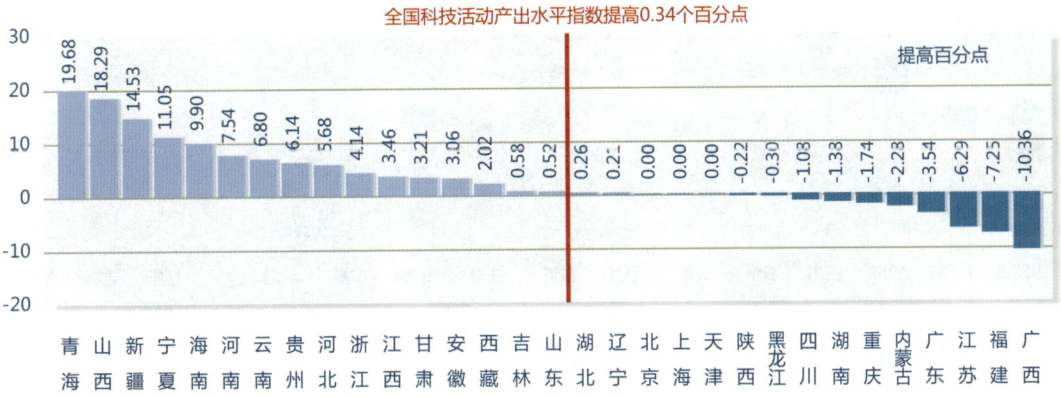

图2-33 区域科技活动产出水平指数提高百分点排序

（七）技术成果市场化评价

从技术成果市场化指数看，北京、上海、广东、天津排在前4位，高于全国平均水平（全国技术成果市场化指数为81.80%）（图2-34、图2-35）。

与上年比较，有19个地区高于上年水平，其中，有8个地区高于全国平均增幅（全国技术成果市场化指数比上年提高了2.27个百分点），海南的增幅超过了20个百分点，内蒙古和重庆的增幅超过了10个百分点。有9个地区低于上年水平，其中，云南和山西的降幅超过了10个百分点（图2-36）。

位次上升最快的地区是重庆，比上年上升12位，原因是万人输出技术成交额和万元生产总值技术国际收入位次提升较快；海南比上年上升10位；黑龙江和贵州均比上年上升4位；内蒙古比上年上升3位；位次下降最快的地区是湖南，比上年下降5位，主要因为万元生产总值技术国际收入位次下降；山西和江西均比上年下降4位；河北、河南和甘肃均比上年下降3位；山东和云南均比上年下降2位。

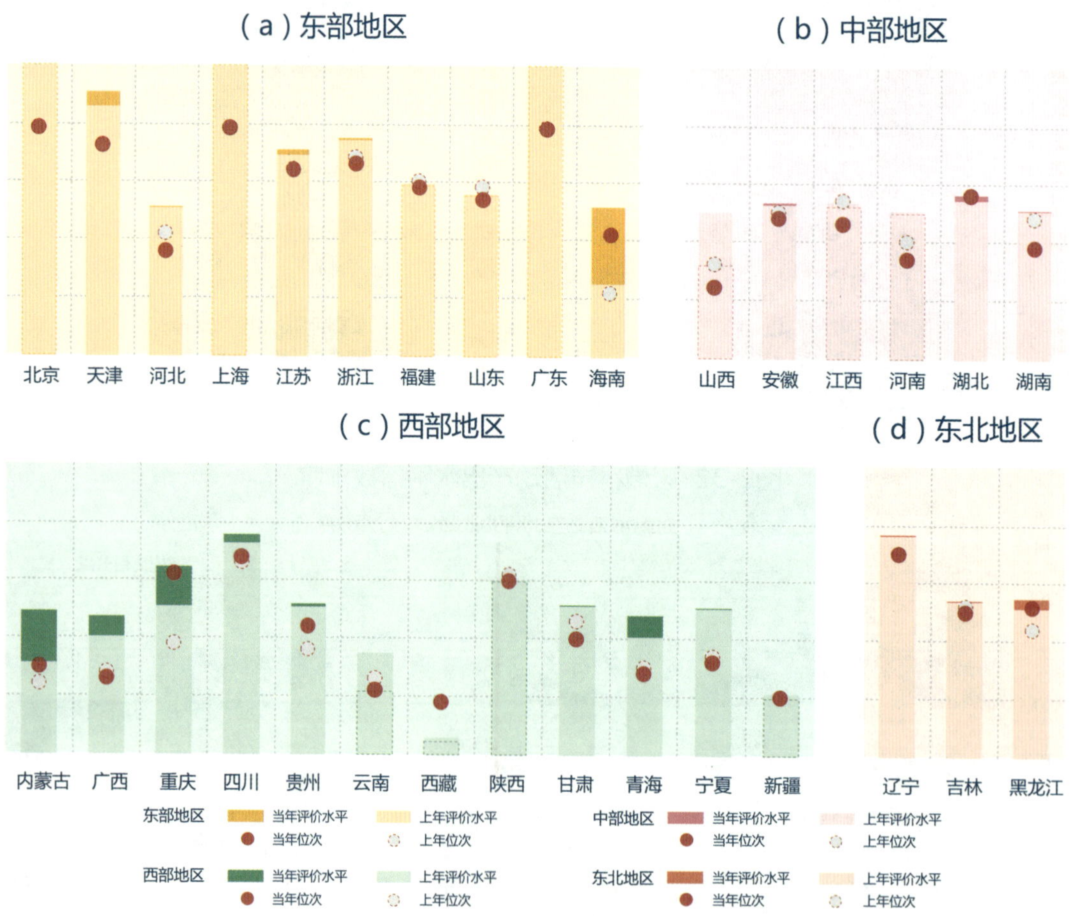

图2-34 技术成果市场化区域分类

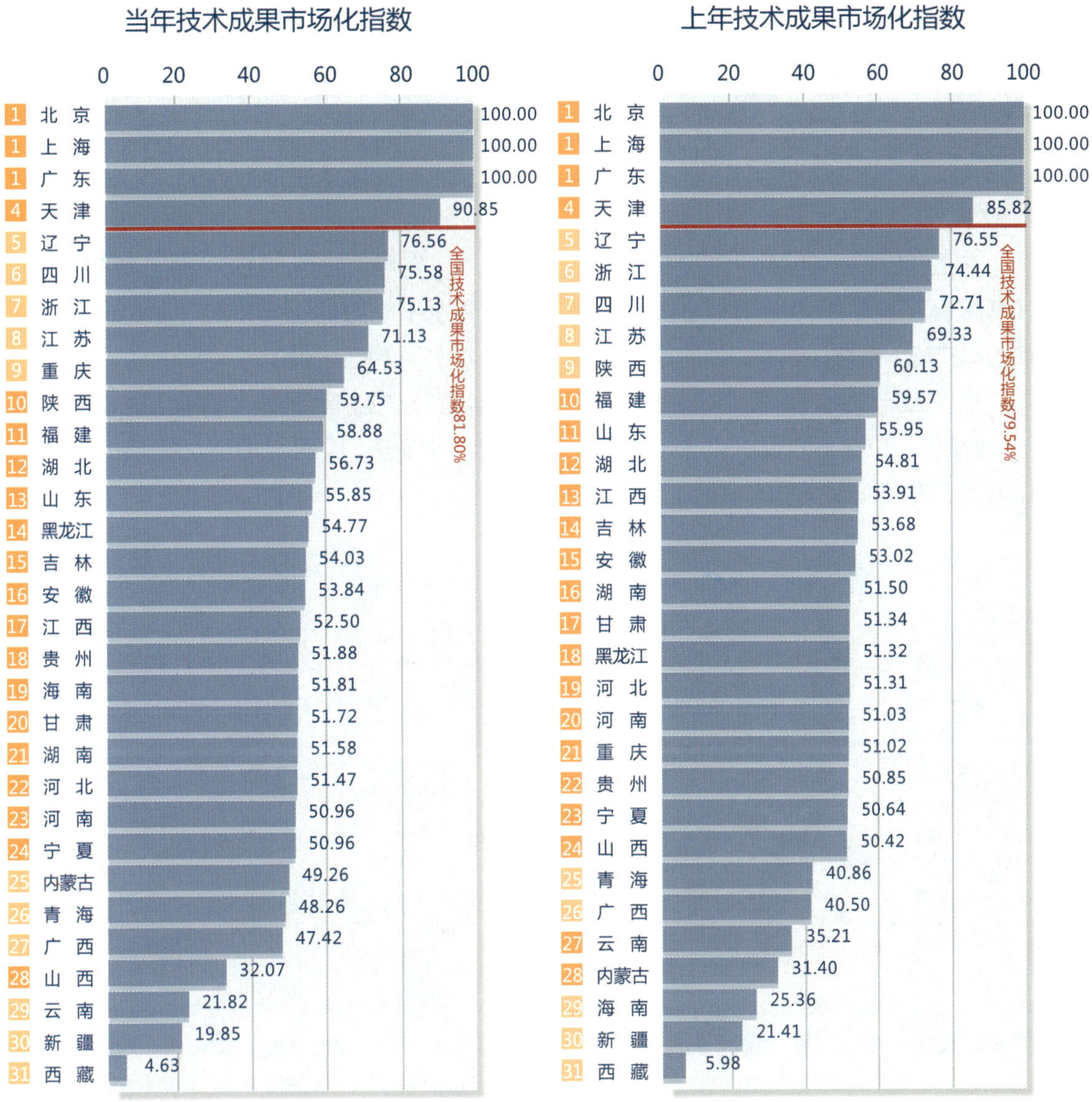

图2-35 区域技术成果市场化指数排序

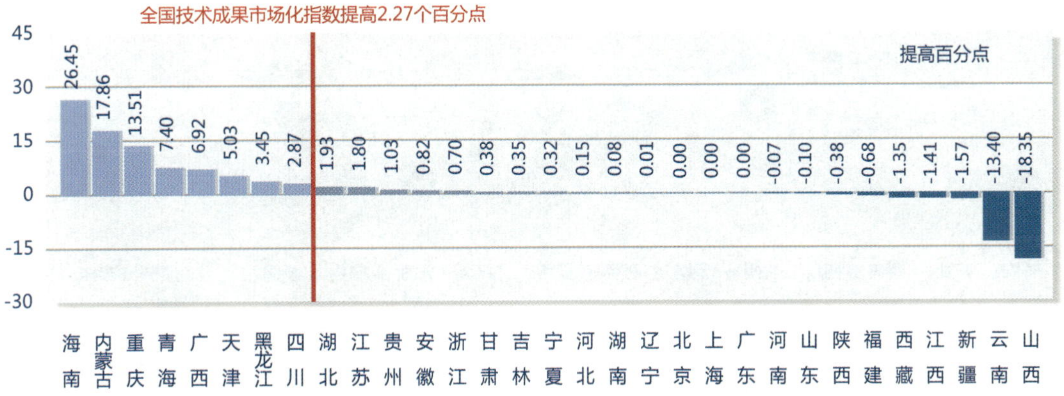

图2-36 区域技术成果市场化指数提高百分点排序

（八）高新技术产业化水平评价

从高新技术产业化水平指数看，北京、重庆、上海、广东、江苏、天津、江西、四川排在前8位，高于全国平均水平（全国高新技术产业化水平指数为61.27%）（图2-37、图2-38）。

与上年比较，有24个地区高于上年水平，其中，贵州、江西、江苏、浙江等11个地区增幅高于全国平均增幅（全国高新技术产业化水平指数比上年提高了3.60个百分点）。广东、吉林、云南、湖南等7个地区低于上年水平（图2-39）。

位次上升较快的地区是贵州和甘肃，均比上年上升3位；黑龙江、河南和重庆均比上年上升2位；位次下降较快的地区是湖北，比上年下降3位；山西、湖南、海南和云南均比上年下降2位。

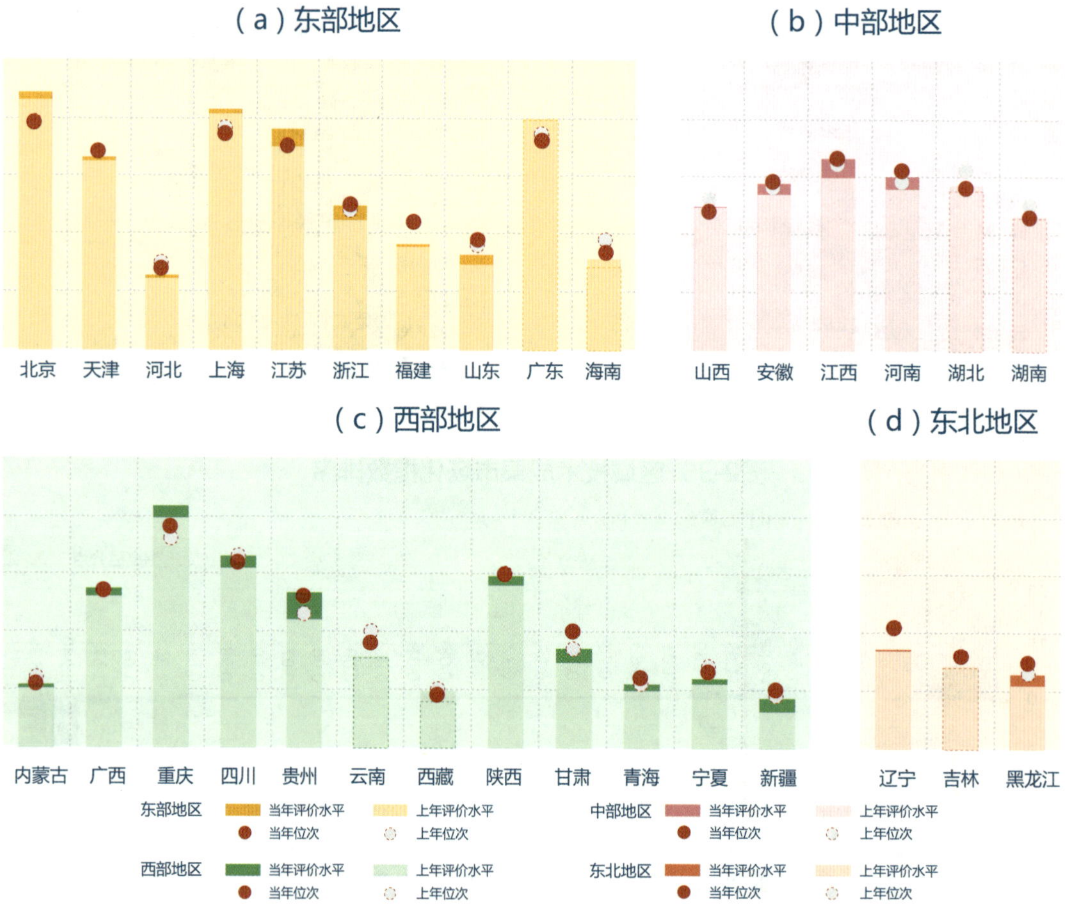

图2-37 高新技术产业化水平区域分类

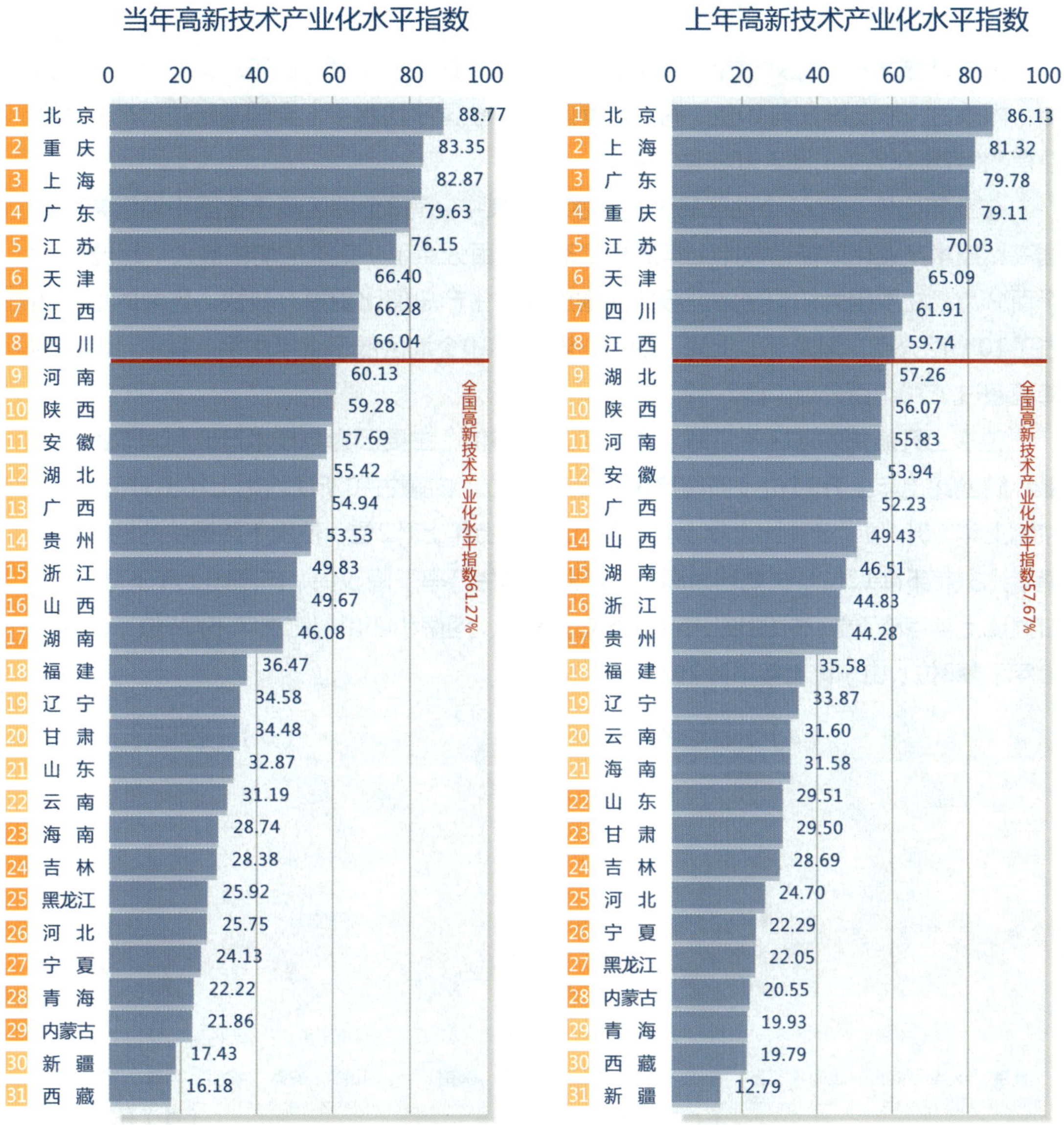

图2-38 区域高新技术产业化水平指数排序

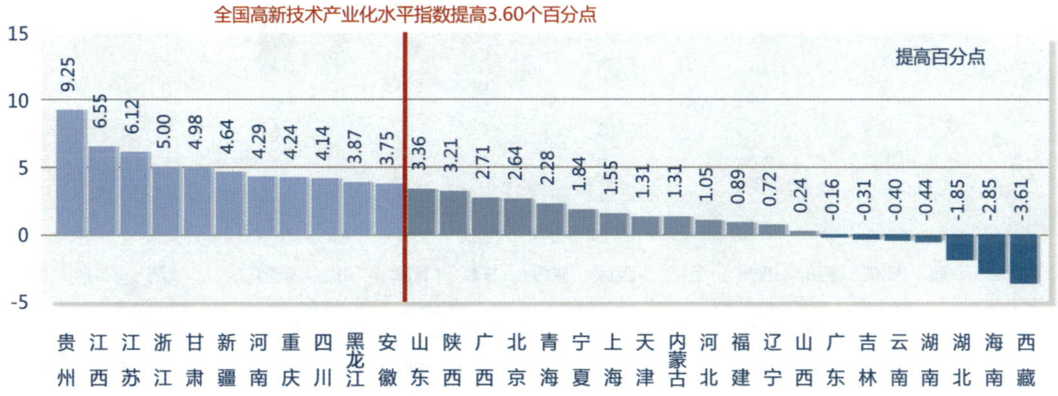

图2-39 区域高新技术产业化水平指数提高百分点排序

（九）高新技术产业化效益评价

从高新技术产业化效益指数看，云南、吉林、辽宁、宁夏、山东、青海、河北、天津、内蒙古、浙江排在前10位，有24个地区高于全国平均水平（全国高新技术产业化效益指数为78.48%）（图2-40、图2-41）。

与上年比较，有21个地区高于上年水平，其中，有8个地区高于全国平均增幅（全国高新技术产业化效益指数比上年提高了3.82个百分点），新疆的增幅最大，超过了20个百分点，主要因为知识密集型服务业增加值占生产总值比重提升较快。青海的增幅超过了10个百分点。黑龙江、上海、四川、湖南等10个地区低于上年水平，其中，海南的降幅超过了10个百分点（图2-42）。

位次上升最快的地区是青海，比上年上升15位，主要因为高技术产业利润率大幅上涨；陕西比上年上升11位；新疆比上年上升10位；内蒙古和浙江均比上年上升5位；北京比上年上升4位；云南比上年上升3位；江苏比上年上升2位；位次下降最快的地区是海南，比上年下降12位，主要因为高技术产业劳动生产率下降较快；广西比上年下降9位；甘肃比上年下降7位；湖北比上年下降6位；福建、湖南和四川均比上年下降5位；山西比上年下降3位；山东比上年下降2位。

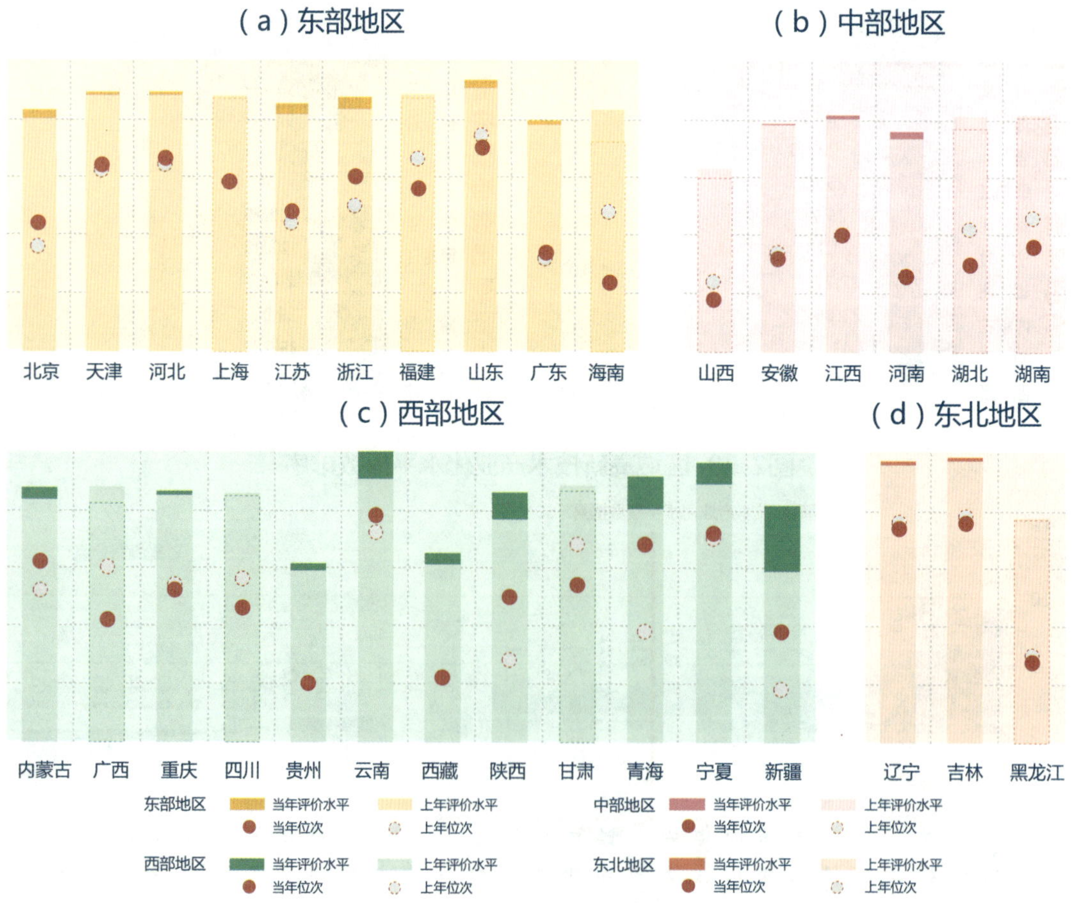

图2-40 高新技术产业化效益区域分类

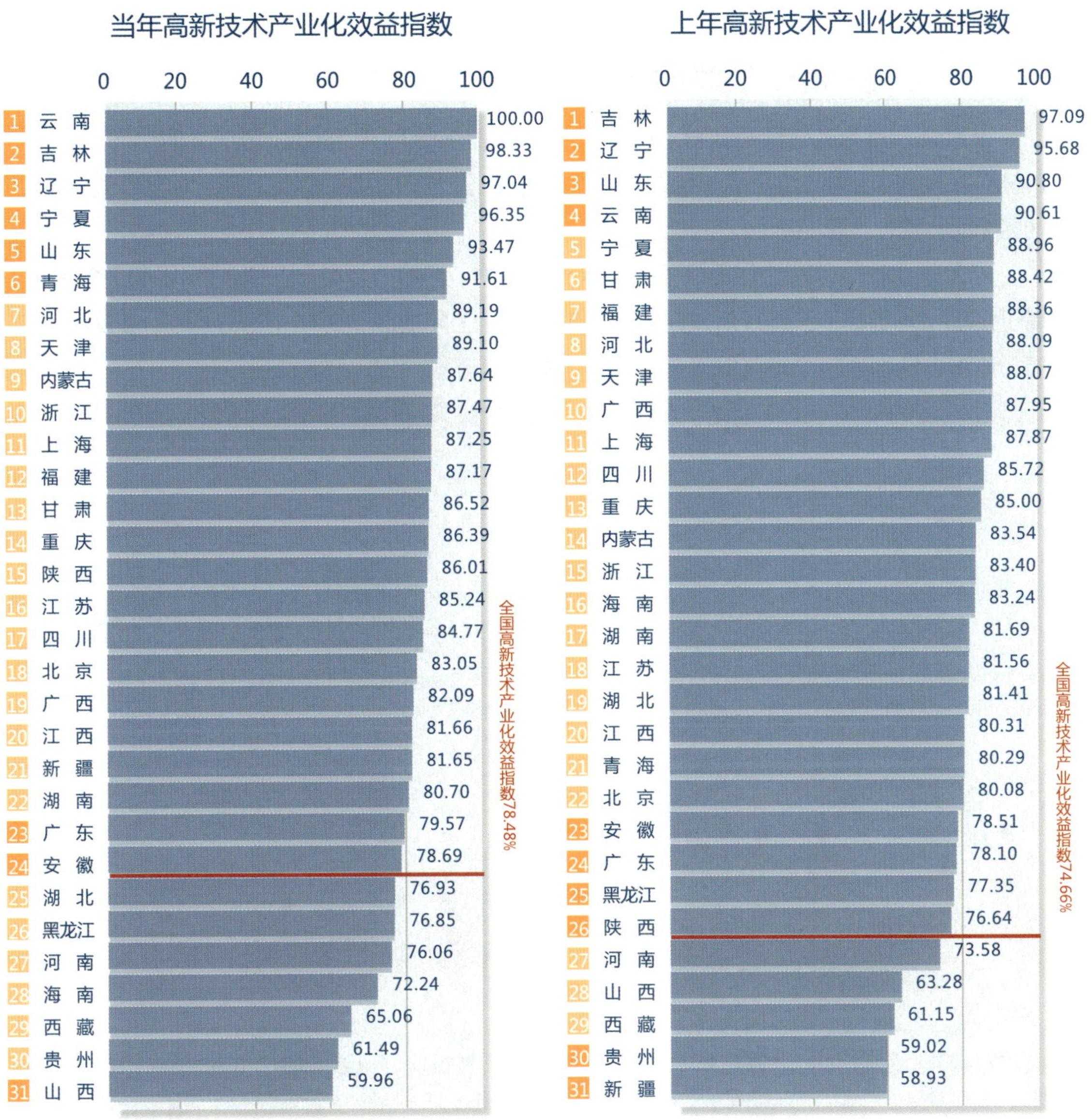

图2-41 区域高新技术产业化效益指数排序

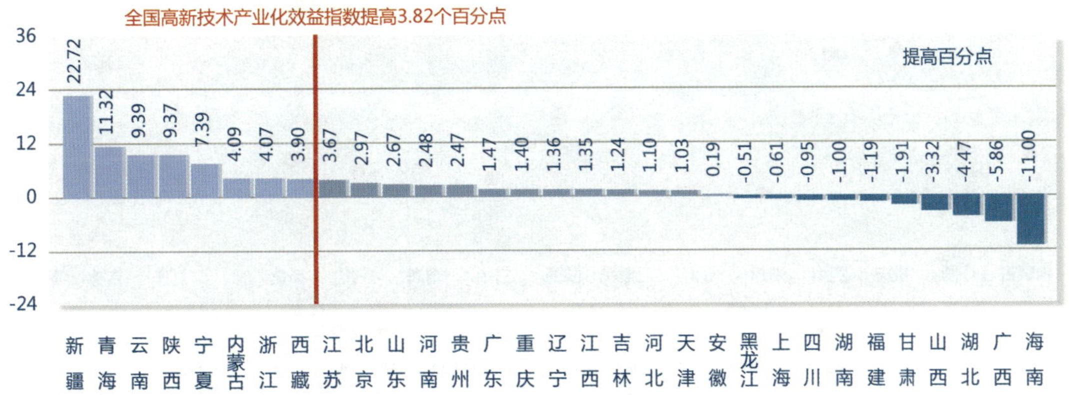

图2-42 区域高新技术产业化效益指数提高百分点排序

（十）经济发展方式转变评价

从经济发展方式转变指数看，广东、北京、上海、江苏、浙江、重庆、四川、江西、吉林排在前9位，同时也是高于全国平均水平（全国经济发展方式转变指数为61.45%）的地区（图2-43、图2-44）。

与上年比较，有20个地区高于上年水平，其中，西藏、甘肃、云南、四川等17个地区高于全国平均增幅（全国经济发展方式转变指数比上年提高了0.14个百分点）。河北、上海、青海、江西等11个地区低于上年水平（图2-45）。

各地区的位次与上年相比，没有太大变化。

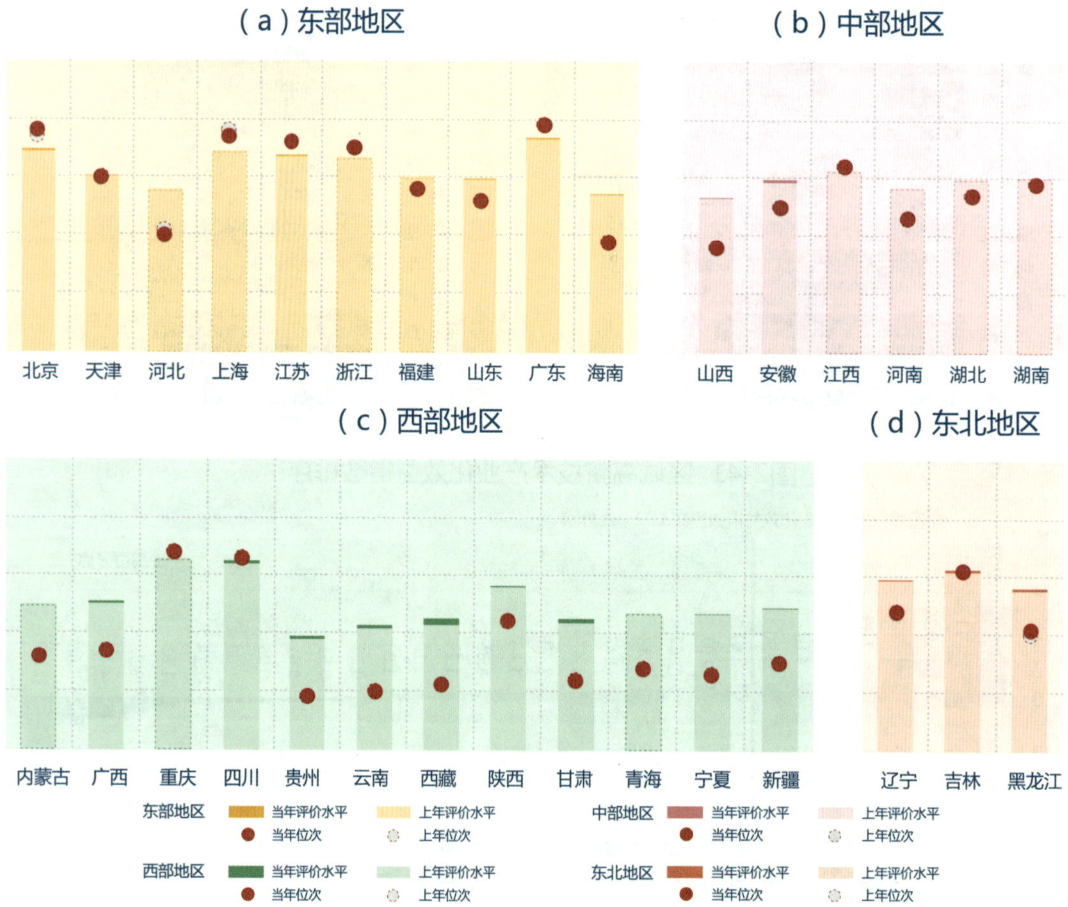

图2-43 经济发展方式转变区域分类

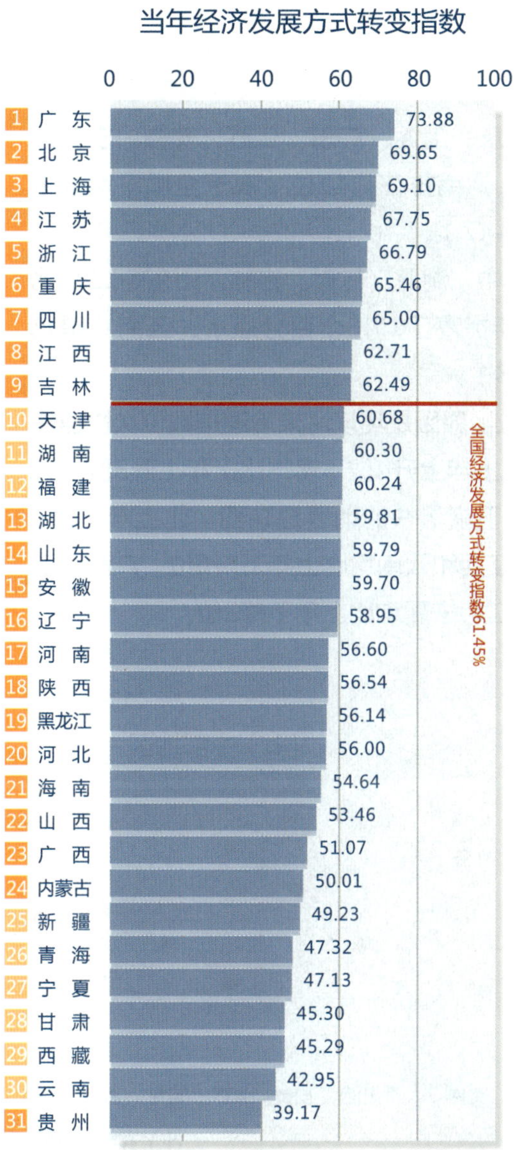

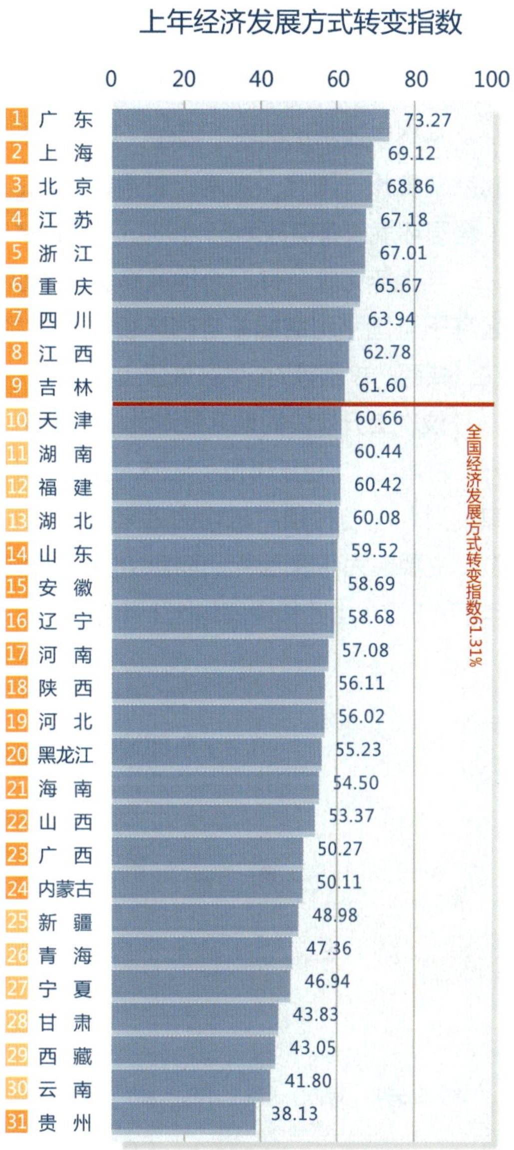

图2-44 区域经济发展方式转变指数排序

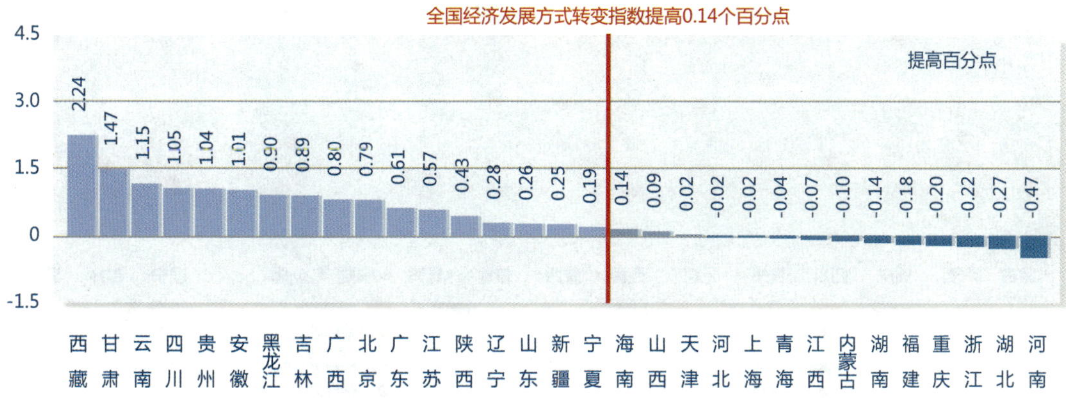

图2-45 区域经济发展方式转变指数提高百分点排序

（十一）环境改善评价

从环境改善指数看，福建、海南、浙江、重庆、上海、广东、江苏、安徽、宁夏、北京、贵州、湖北、湖南、甘肃、陕西、云南、河南排在前17位，高于全国平均水平（全国环境改善指数为85.49%）（图2-46、图2-47）。

与上年比较，有24个地区高于上年水平，其中，湖北、甘肃、吉林、山东等13个地区高于全国平均增幅（全国环境改善指数比上年提高了1.48个百分点）。云南、黑龙江、陕西、广西等7个地区低于上年水平（图2-48）。

位次上升较快的地区是湖北，比上年上升7位，原因是环境污染治理指数位次快速提升；甘肃比上年上升6位；江苏、安徽和山东均比上年上升4位；贵州比上年上升3位；天津、河北、吉林和广东均比上年上升2位；位次下降最快的地区是陕西，比上年下降9位，主要因为环境污染治理指数位次下降较快；江西和云南均比上年下降6位；广西比上年下降5位；山西和青海均比上年下降3位；黑龙江和宁夏均比上年下降2位。

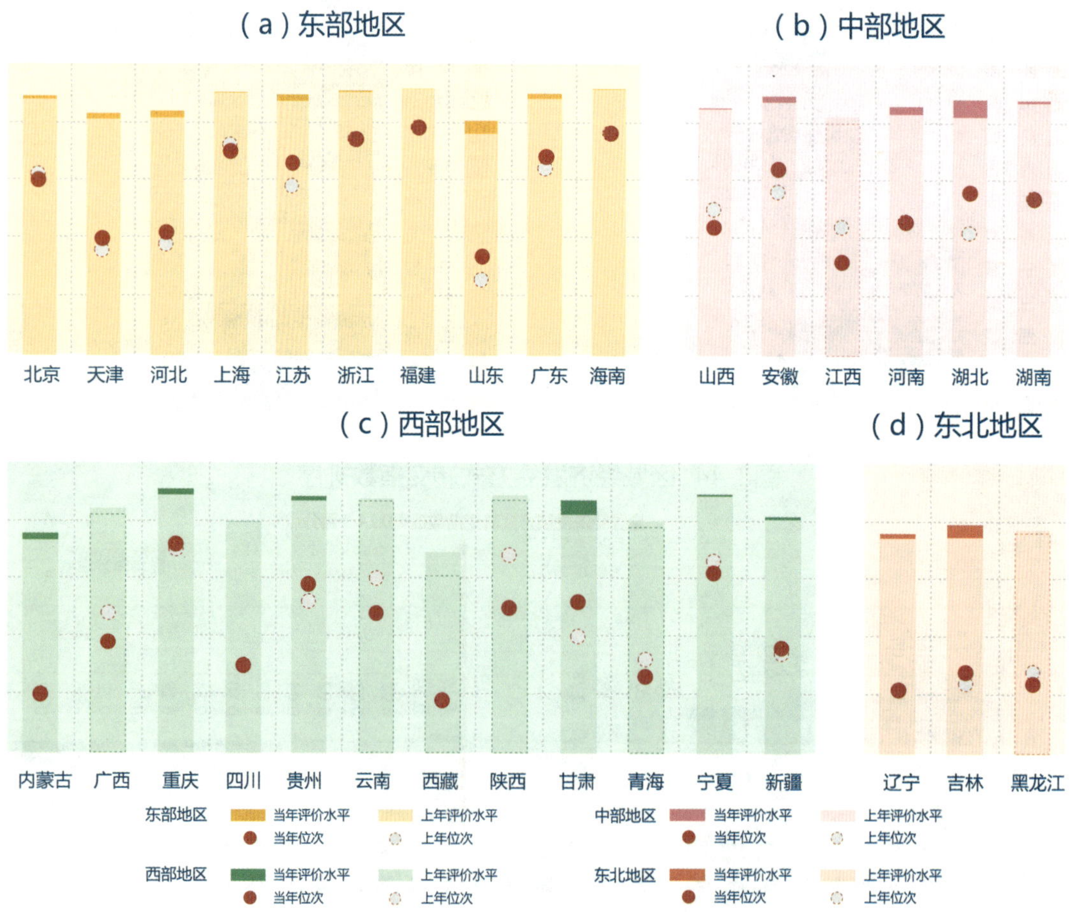

图2-46 环境改善区域分类

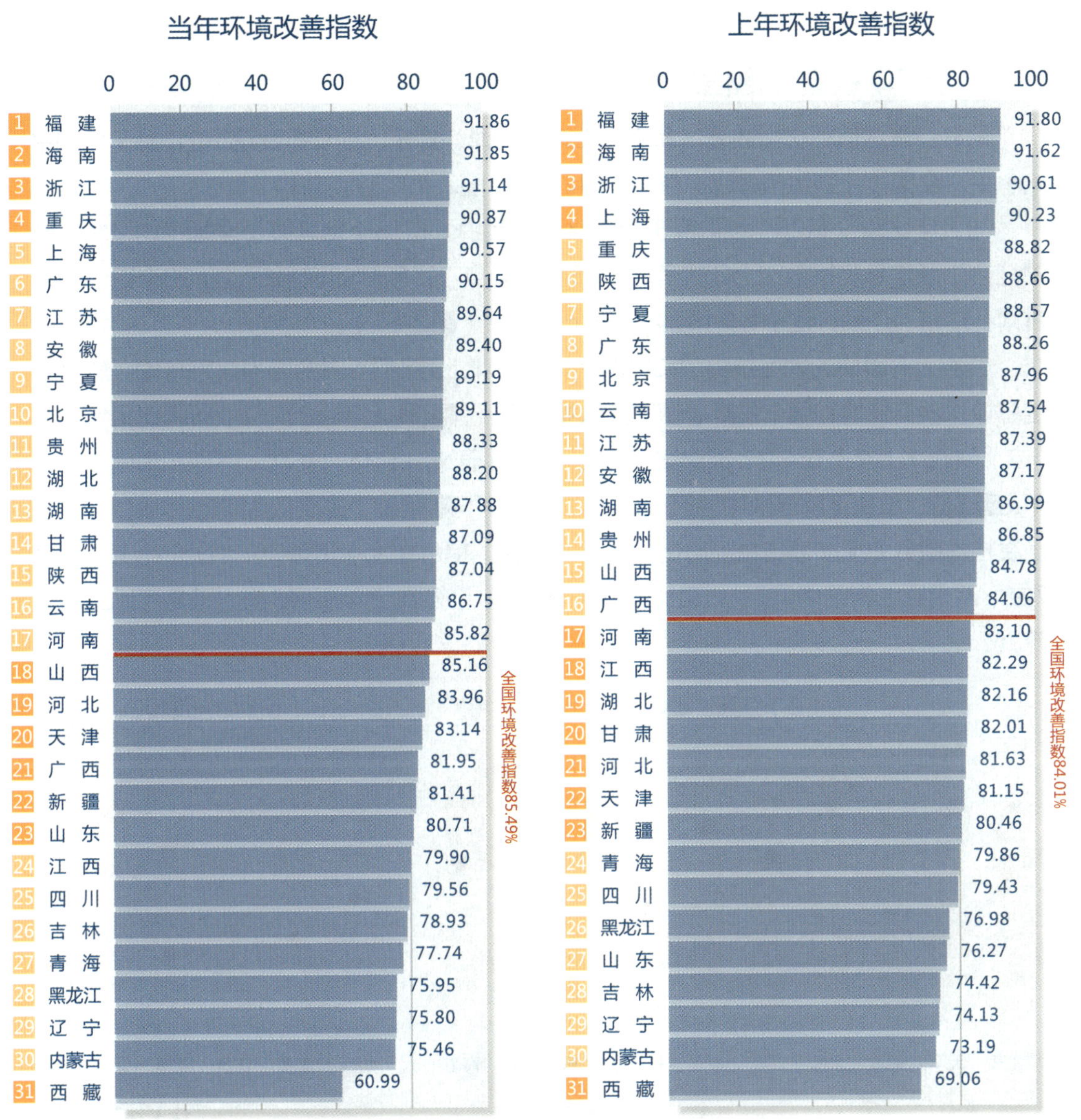

图2-47 区域环境改善指数排序

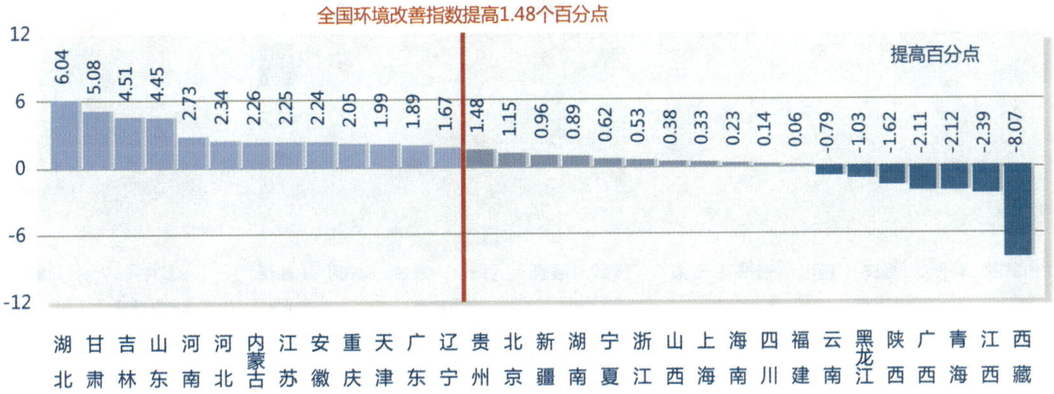

图2-48 区域环境改善指数提高百分点排序

（十二）社会生活信息化评价

从社会生活信息化指数看，北京、上海、天津、广东、浙江排在前5位，高于全国平均水平（全国社会生活信息化指数为92.42%）（图2-49、图2-50）。

与上年比较，有20个地区高于上年水平，其中，有13个地区高于全国平均增幅（全国社会生活信息化指数比上年提高了3.99个百分点），新疆的增幅超过了10个百分点。甘肃、广东、江西、辽宁等9个地区低于上年水平（图2-51）。

位次上升最快的地区是山东和广西，均比上年上升8位，主要因为信息传输、软件和信息技术服务业增加值占生产总值比重大幅提升；湖北比上年上升7位；新疆比上年上升6位；陕西比上年上升4位；天津比上年上升3位；河北、吉林、安徽、河南和海南均比上年上升2位；位次下降最快的地区是山西，比上年下降10位，主要因为信息传输、软件和信息技术服务业增加值占生产总值比重下降较快；福建比上年下降9位；辽宁比上年下降7位；湖南比上年下降6位；甘肃比上年下降4位；江西比上年下降3位；黑龙江比上年下降2位。

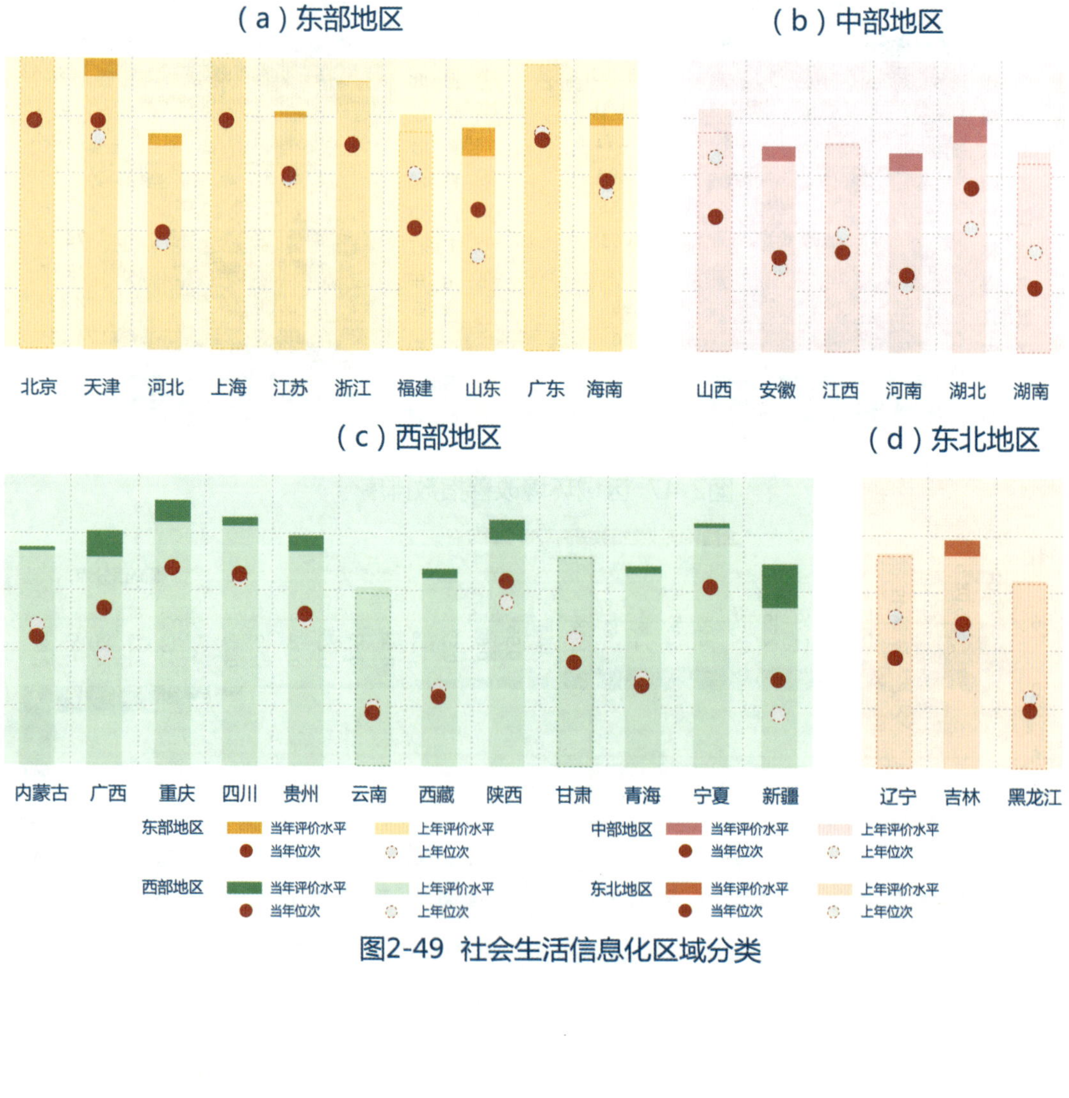

图2-49 社会生活信息化区域分类

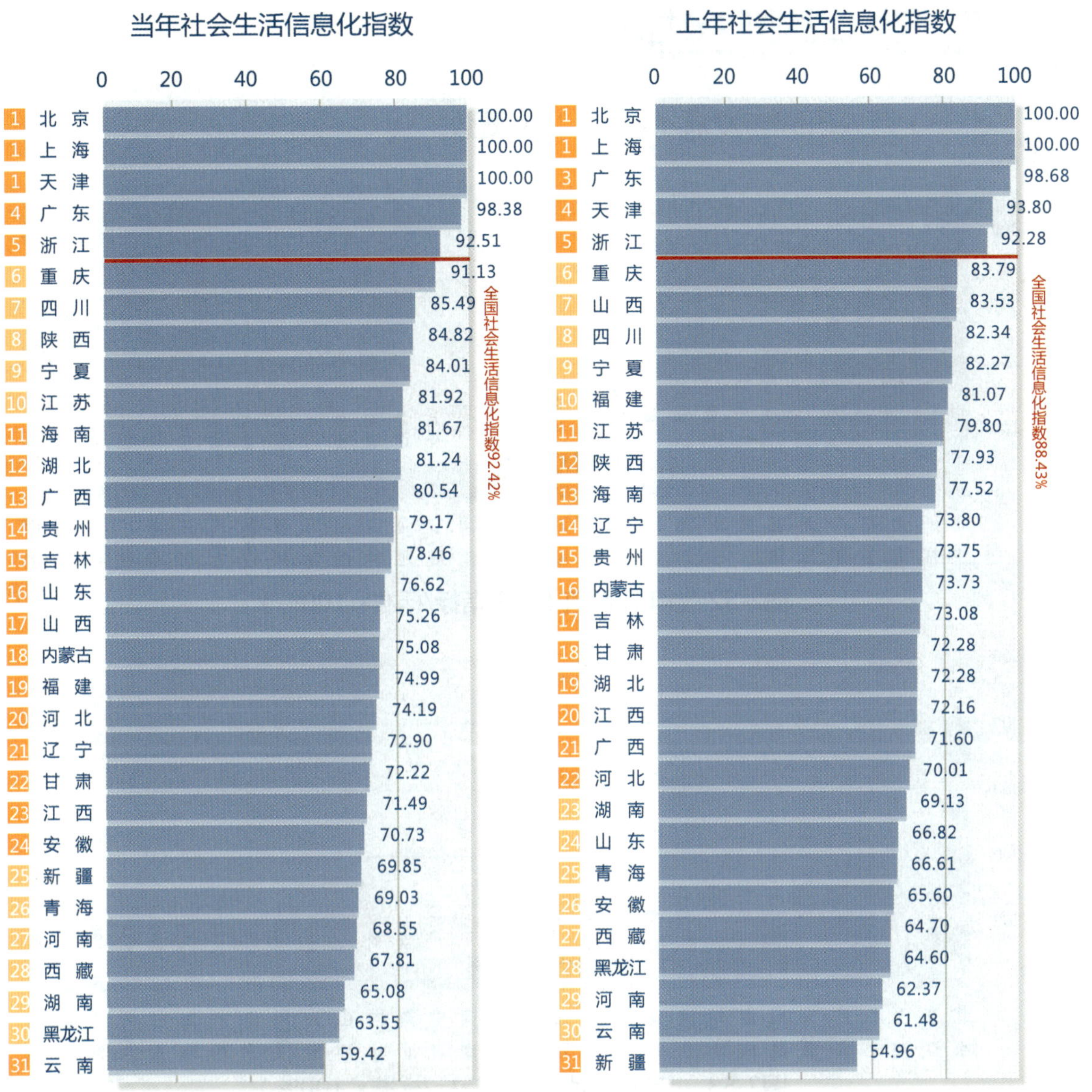

图2-50 区域社会生活信息化指数排序

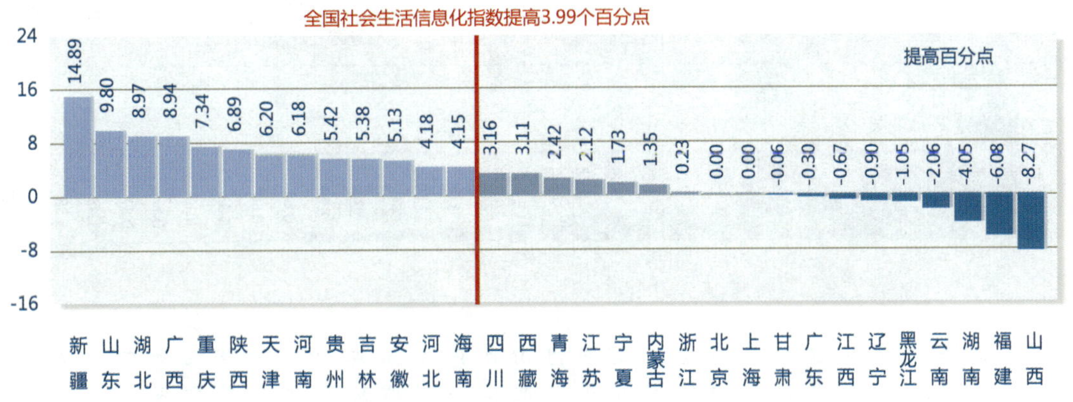

图2-51 区域社会生活信息化指数提高百分点排序

三、区域科技创新三级指标评价

（一）万人研究与发展（R&D）人员数

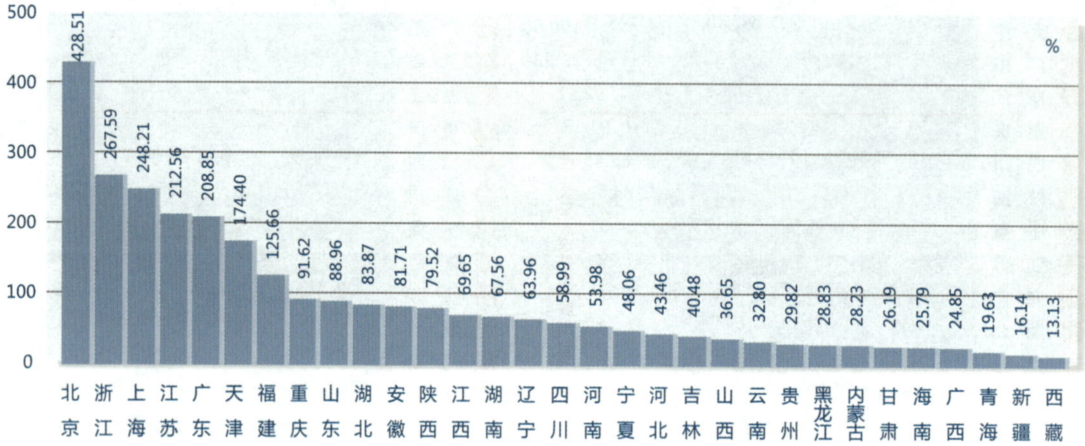

图2-52 当年评价值（三级指标/标准× 100%）

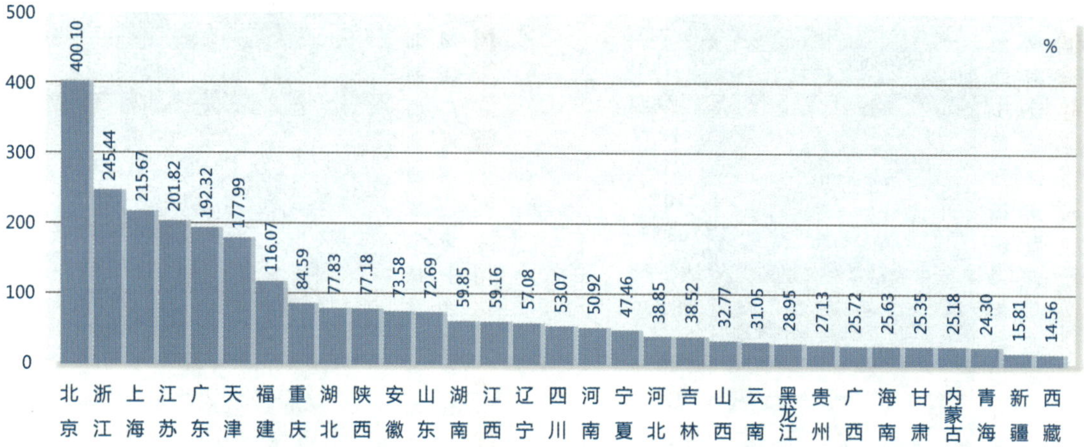

图2-53 上年评价值（三级指标/标准× 100%）

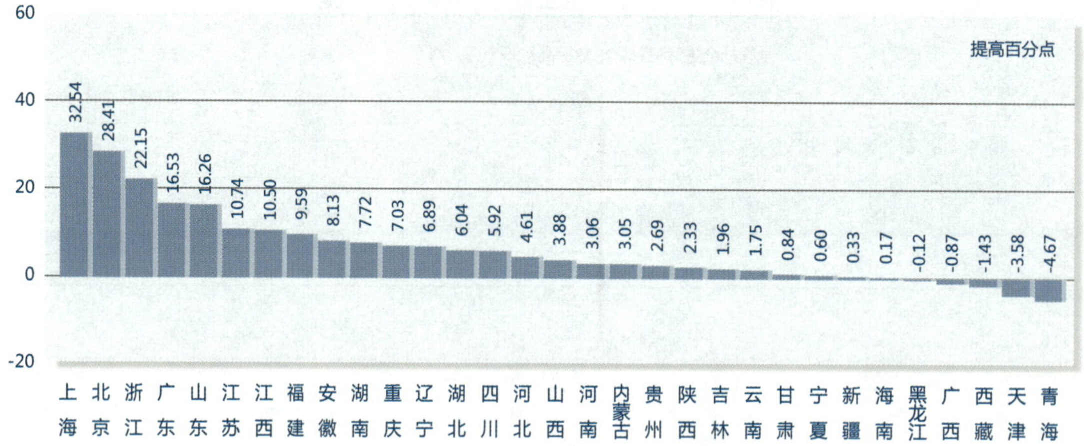

图2-54 当年评价值比上年评价值提高百分点

（二）十万人博士毕业生数

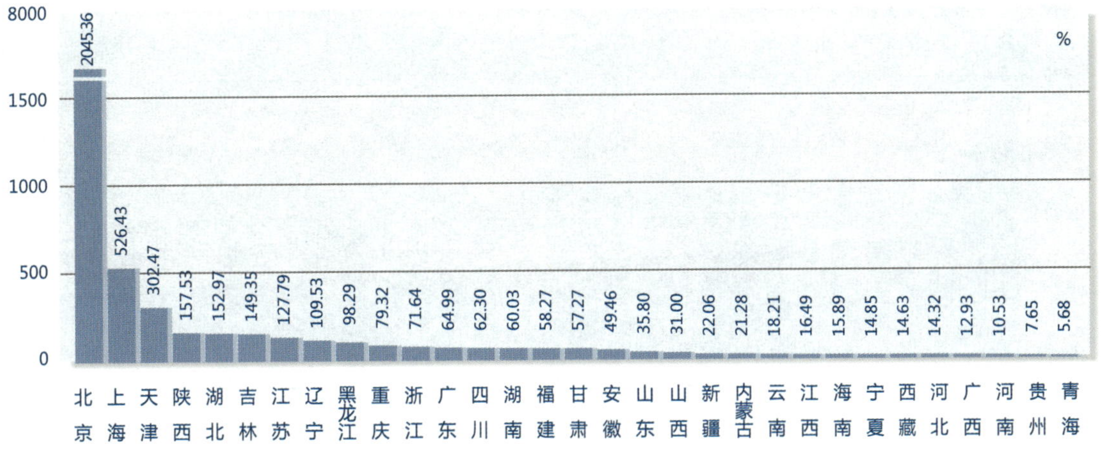

图2-55 当年评价值（三级指标/标准× 100%）

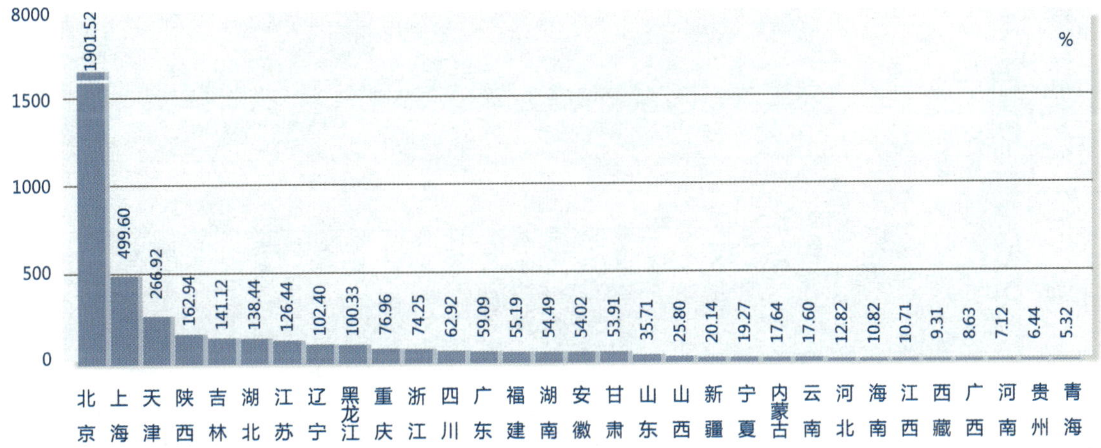

图2-56 上年评价值（三级指标/标准× 100%）

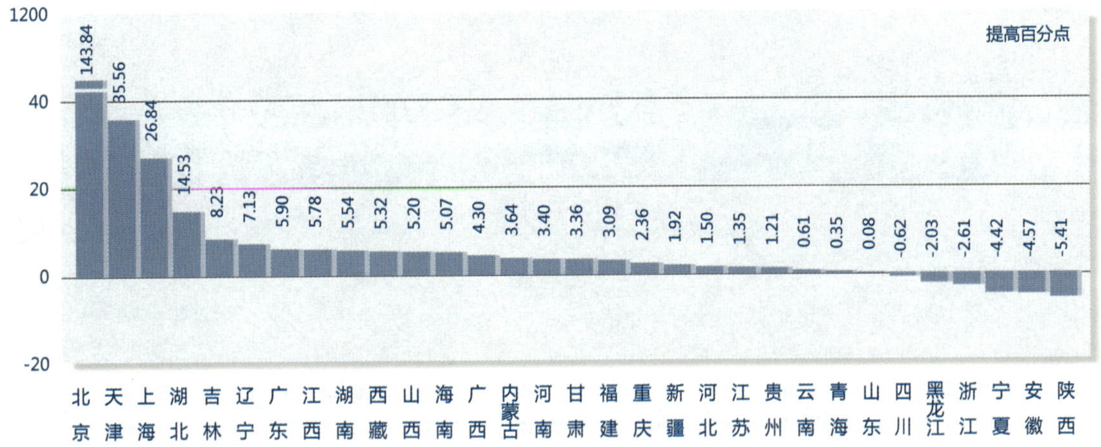

图2-57 当年评价值比上年评价值提高百分点

（三）万人大专以上学历人数

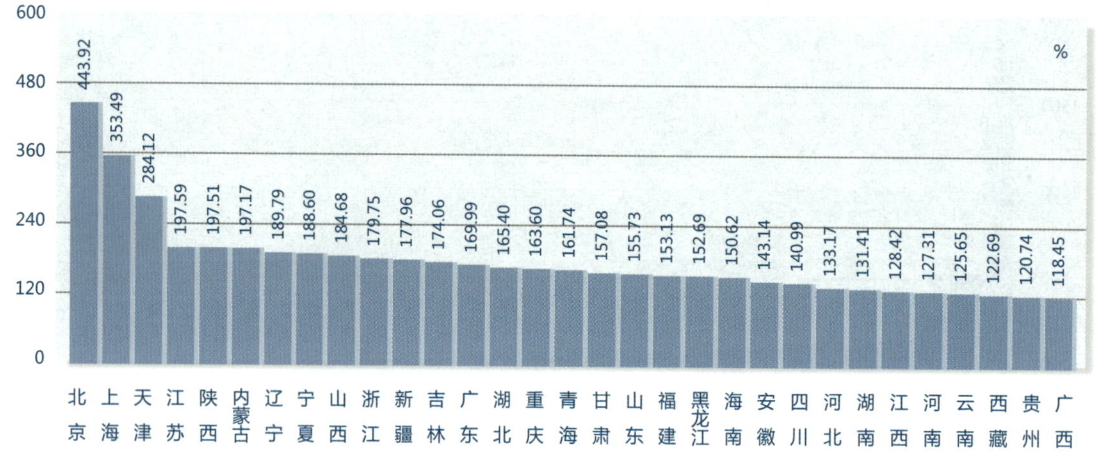

图2-58 当年评价值（三级指标/标准× 100%）

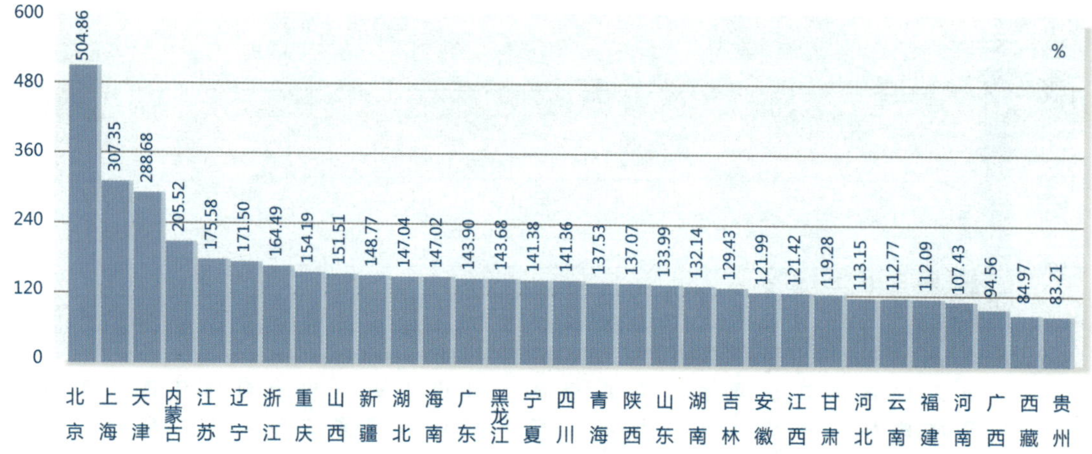

图2-59 上年评价值（三级指标/标准× 100%）

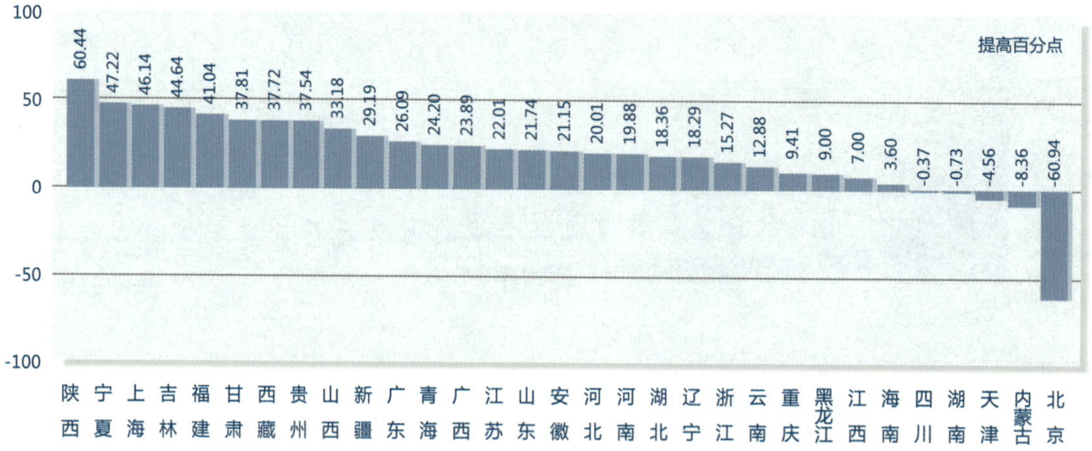

图2-60 当年评价值比上年评价值提高百分点

（四）万人高等学校在校学生数

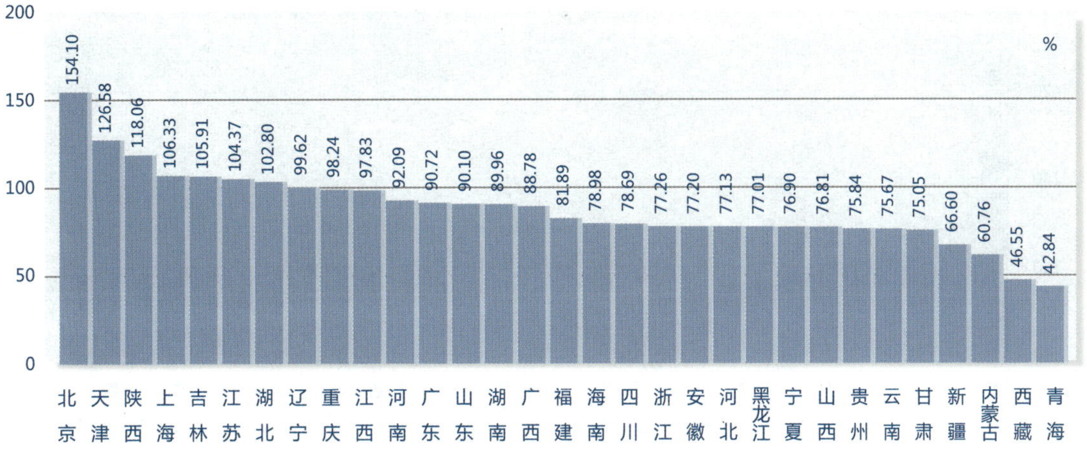

图2-61 当年评价值（三级指标/标准× 100%）

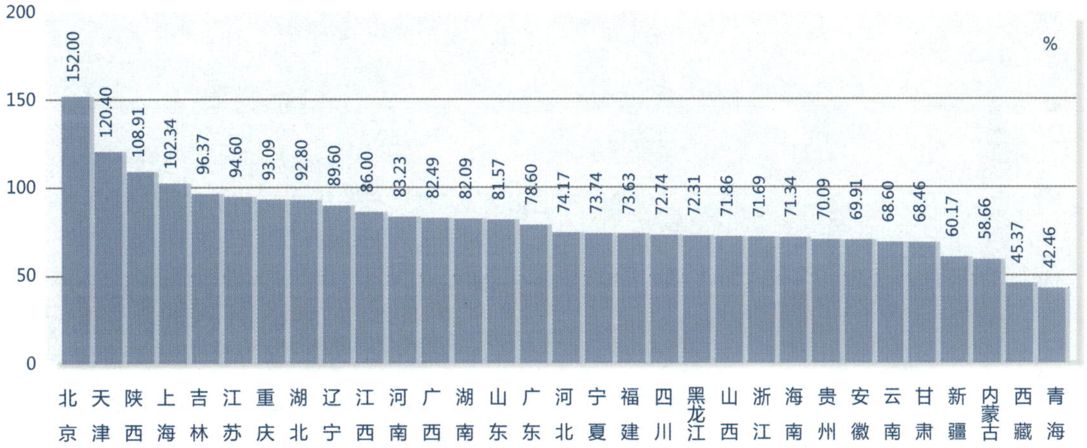

图2-62 上年评价值（三级指标/标准× 100%）

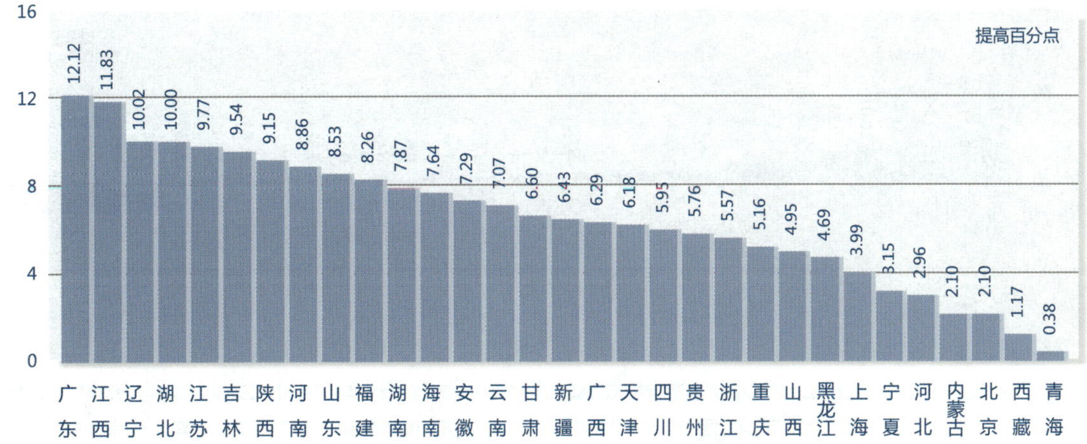

图2-63 当年评价值比上年评价值提高百分点

（五）十万人创新中介从业人员数

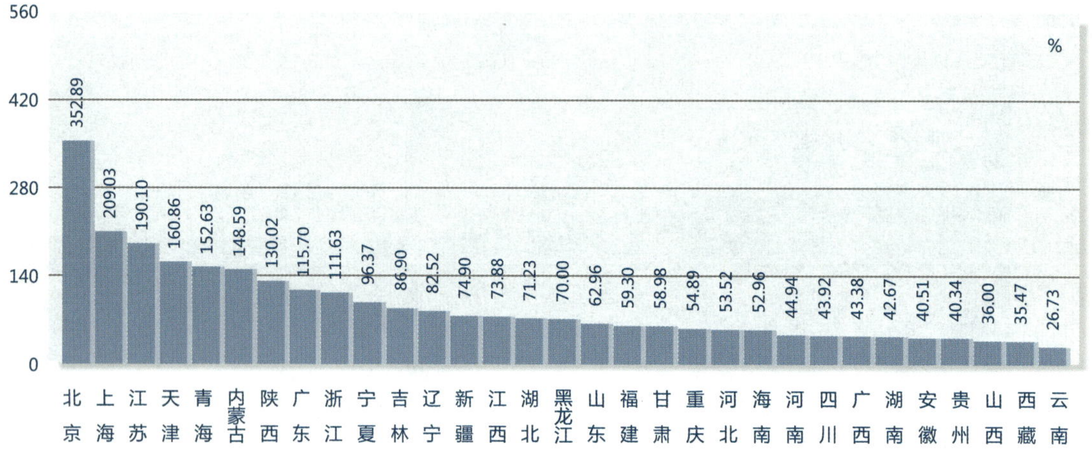

图2-64 当年评价值（三级指标/标准× 100%）

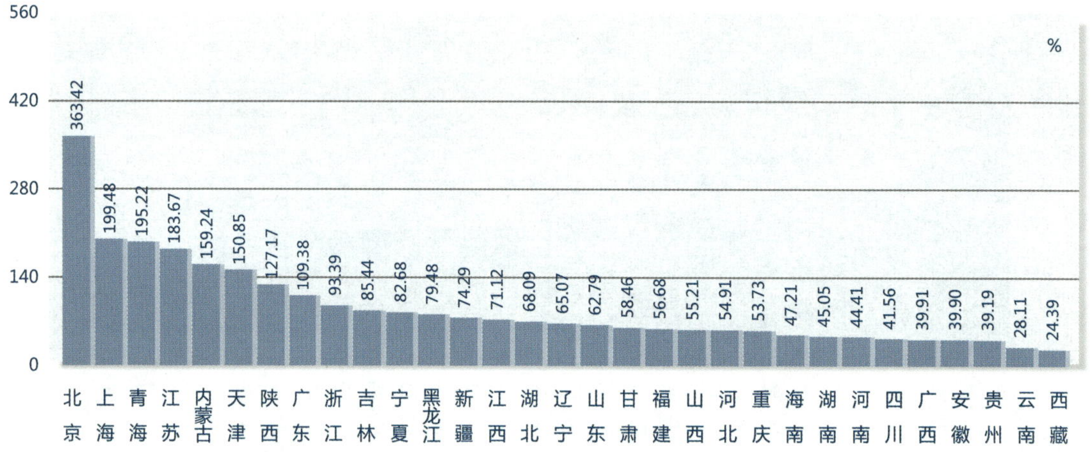

图2-65 上年评价值（三级指标/标准× 100%）

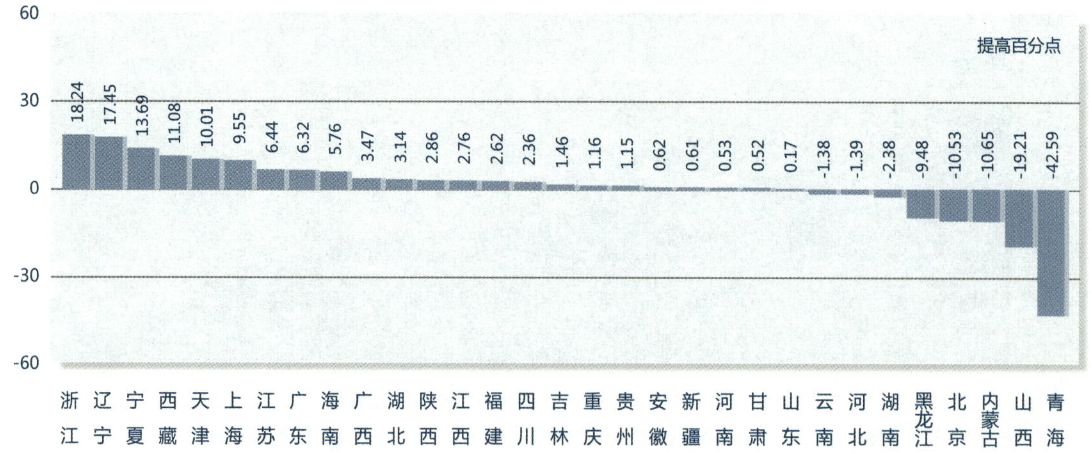

图2-66 当年评价值比上年评价值提高百分点

（六）每名R&D人员研发仪器和设备支出

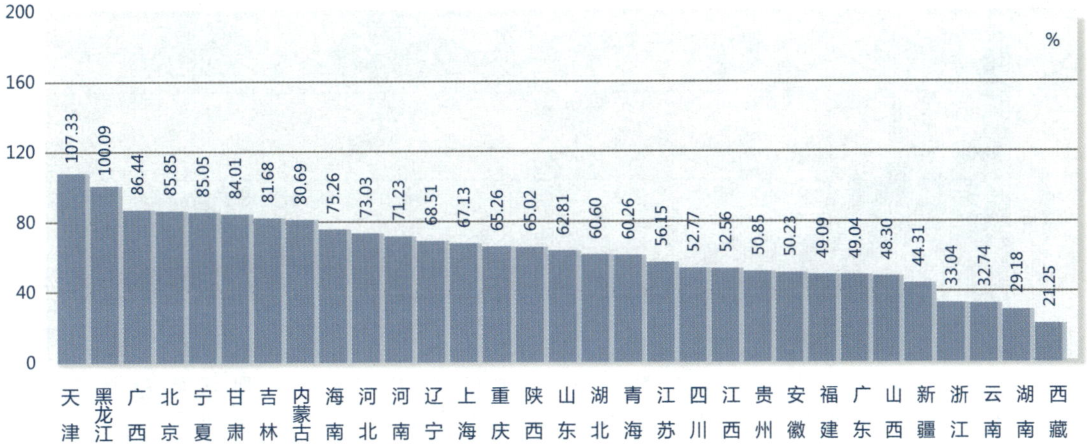

图2-67 当年评价值（三级指标/标准× 100%）

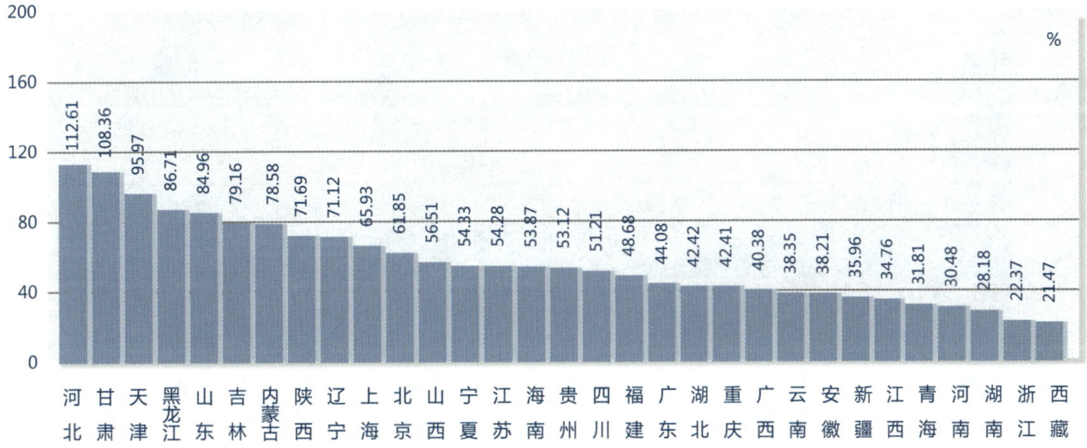

图2-68 上年评价值（三级指标/标准× 100%）

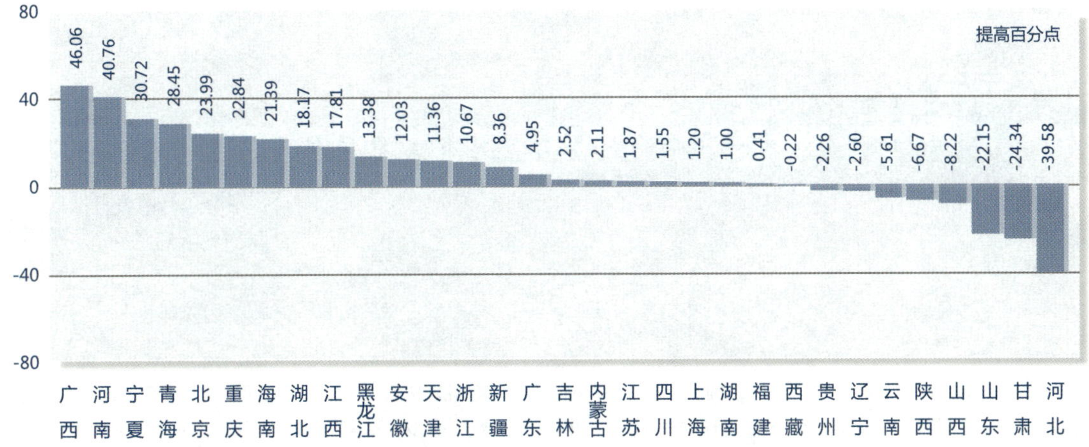

图2-69 当年评价值比上年评价值提高百分点

（七）科学研究和技术服务业固定资产占比重

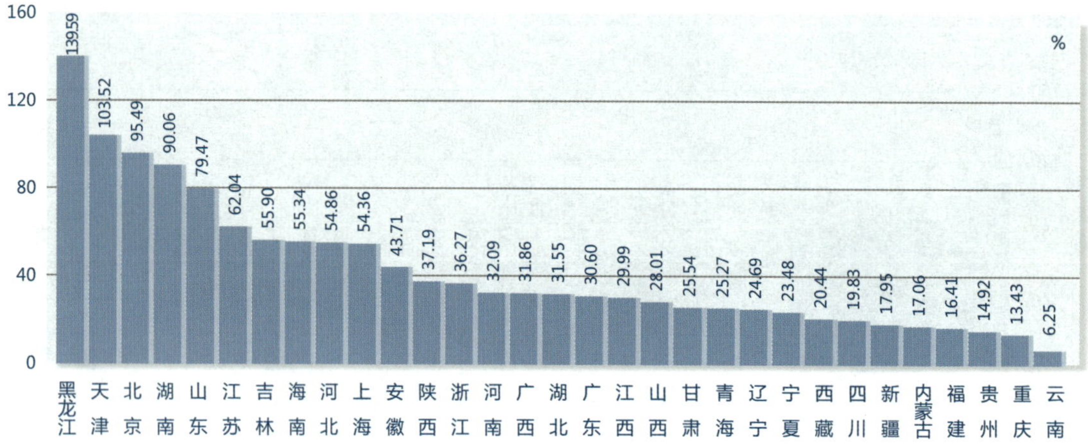

图2-70 当年评价值（三级指标/标准× 100%）

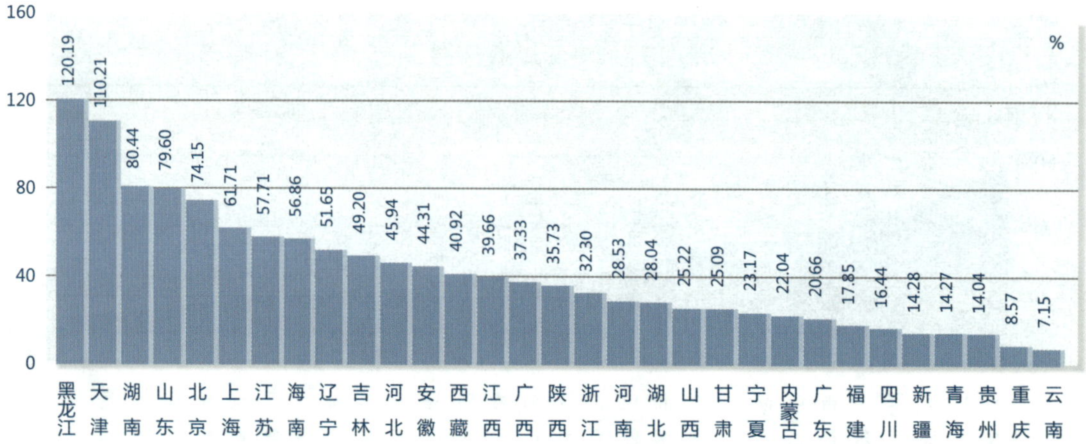

图2-71 上年评价值（三级指标/标准× 100%）

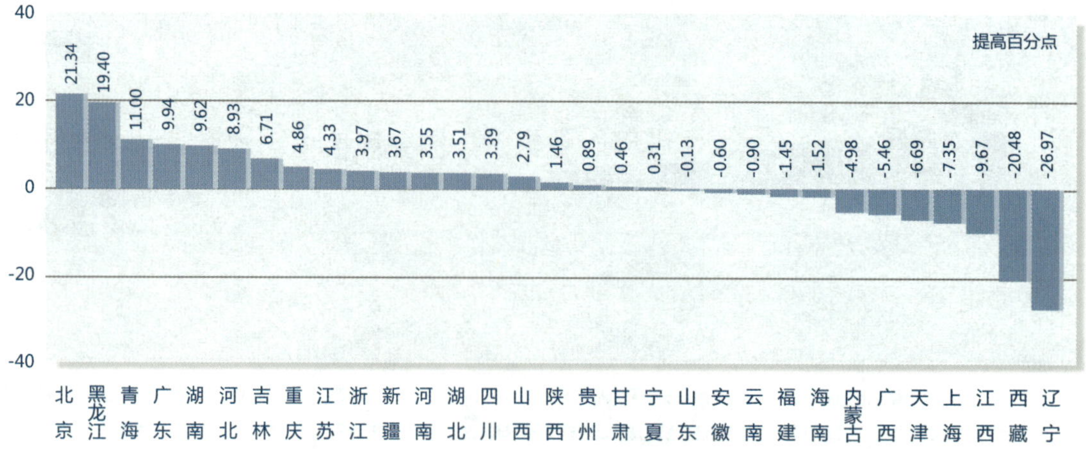

图2-72 当年评价值比上年评价值提高百分点

（八）十万人累计孵化企业数

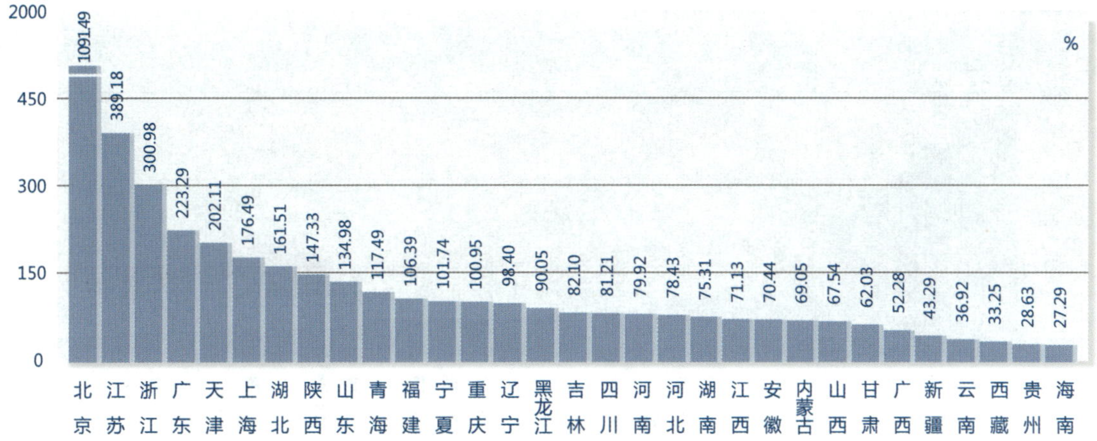

图2-73 当年评价值（三级指标/标准× 100%）

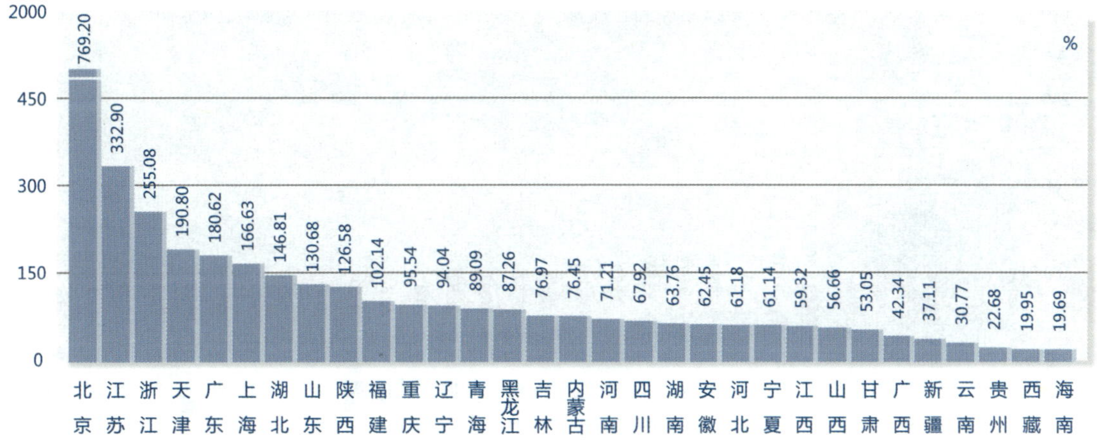

图2-74 上年评价值（三级指标/标准× 100%）

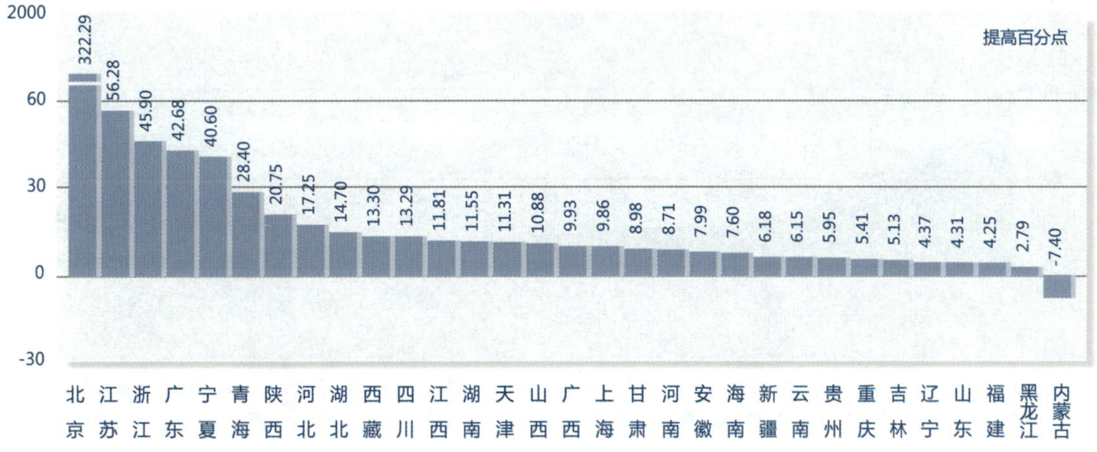

图2-75 当年评价值比上年评价值提高百分点

（九）万名就业人员专利申请数

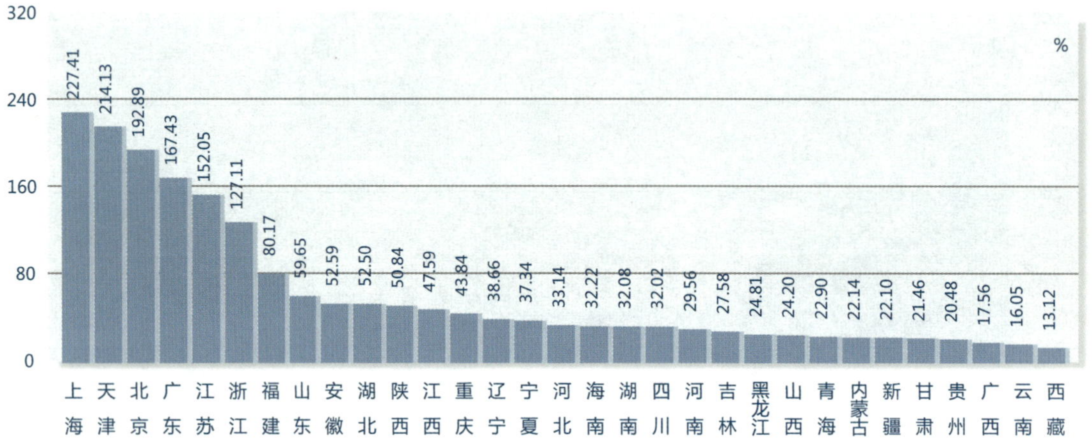

图2-76 当年评价值（三级指标/标准× 100%）

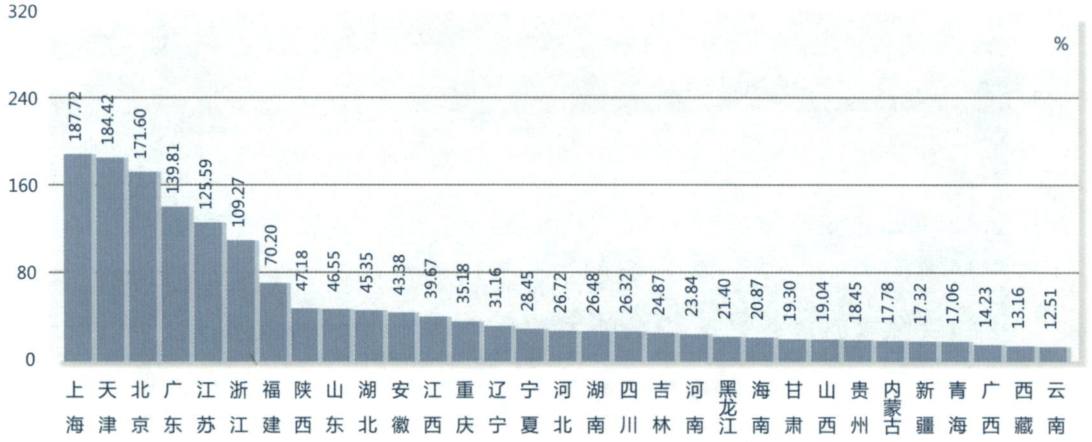

图2-77 上年评价值（三级指标/标准× 100%）

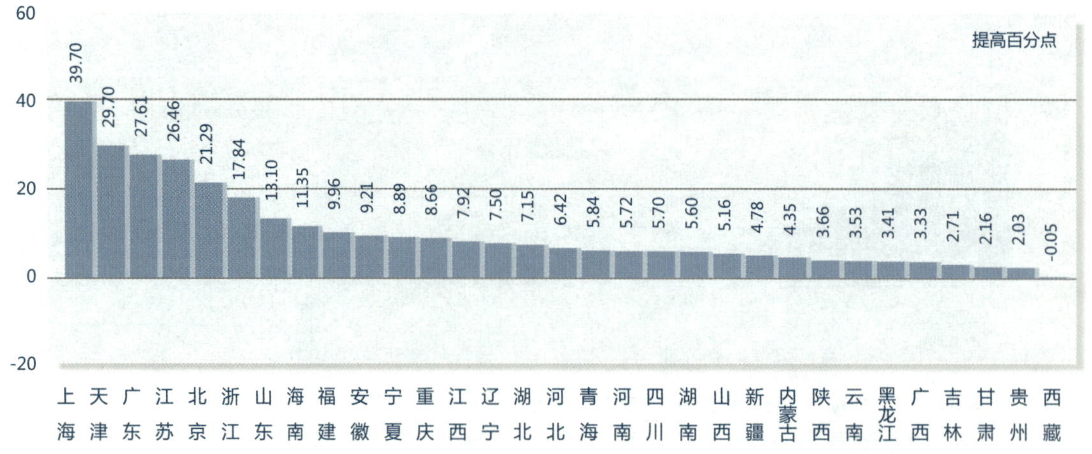

图2-78 当年评价值比上年评价值提高百分点

（十）科学研究和技术服务业平均工资比较系数

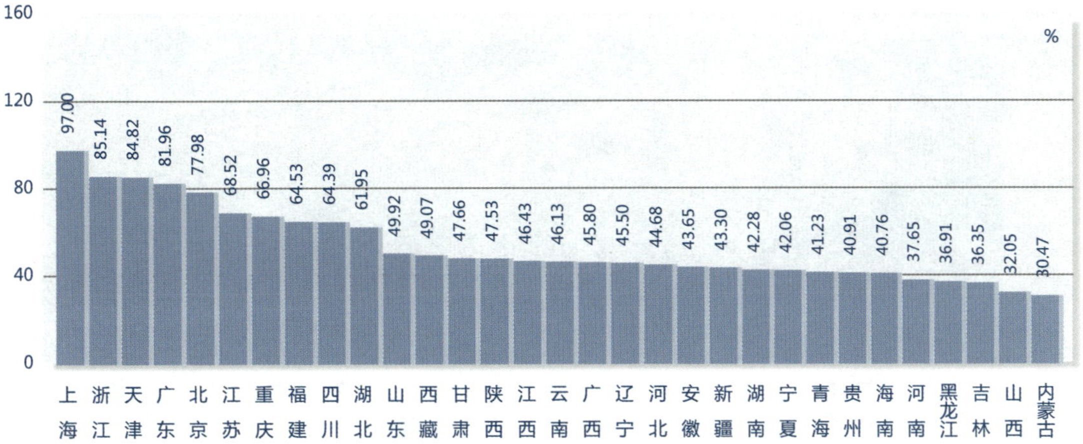

图2-79 当年评价值（三级指标/标准× 100%）

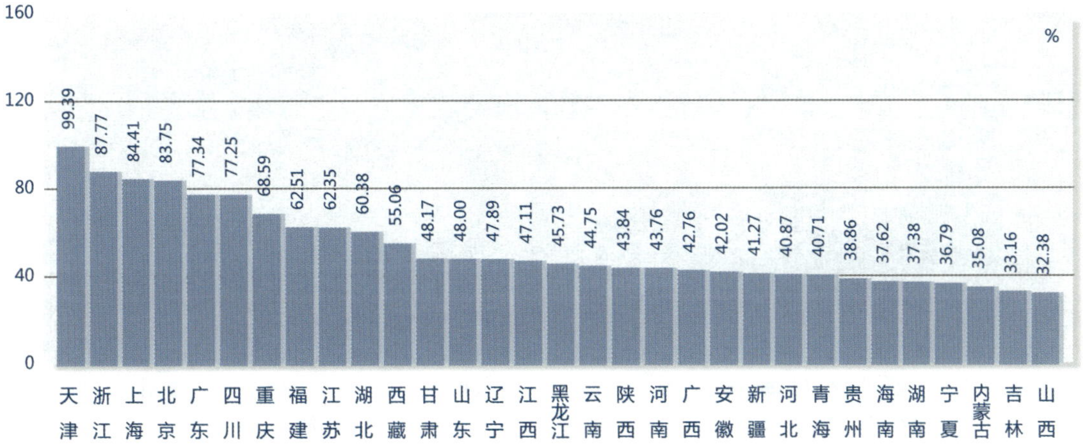

图2-80 上年评价值（三级指标/标准× 100%）

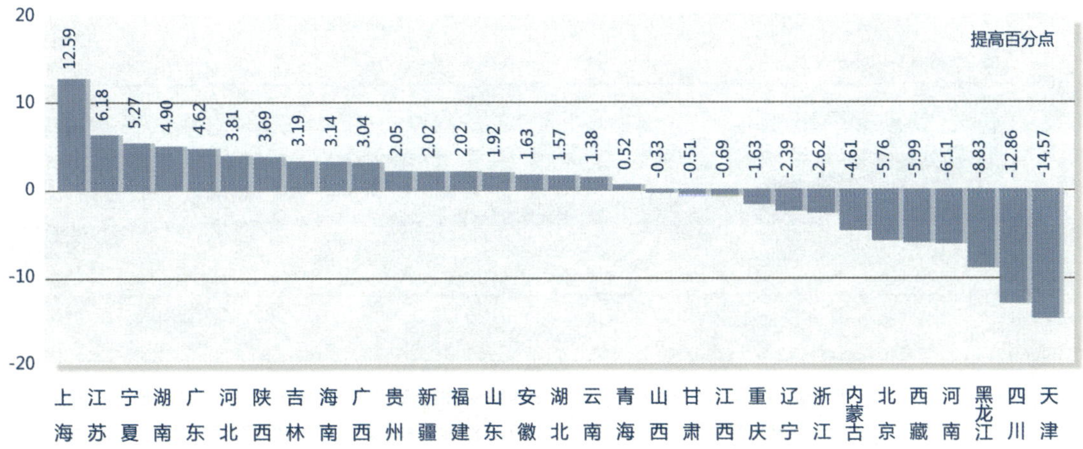

图2-81 当年评价值比上年评价值提高百分点

（十一）万人吸纳技术成交额

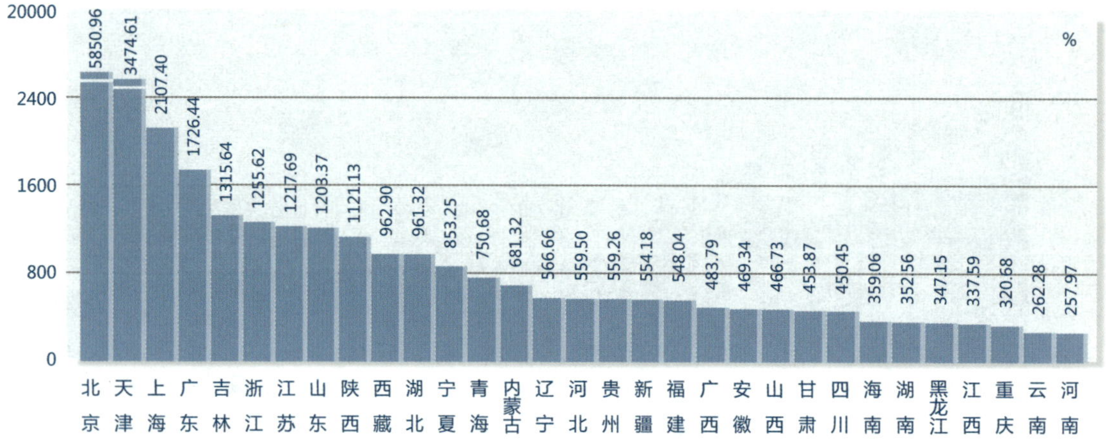

图2-82 当年评价值（三级指标/标准× 100%）

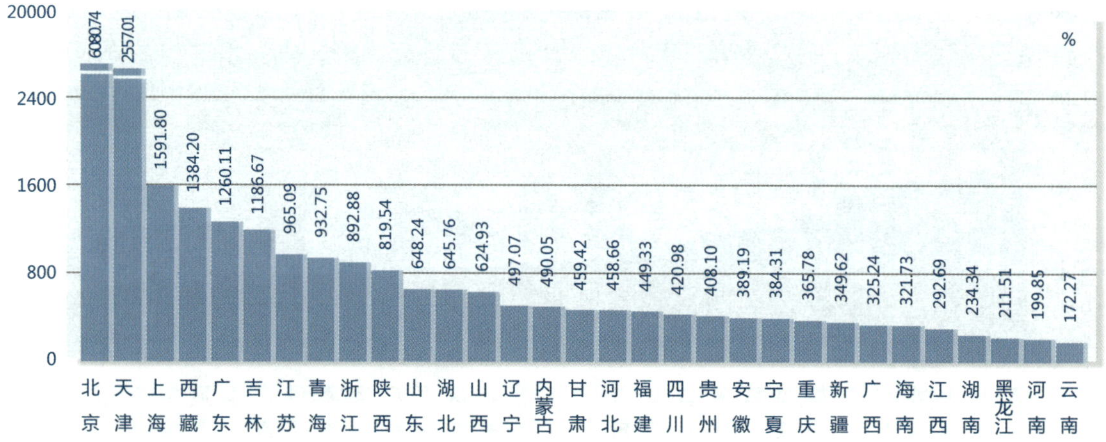

图2-83 上年评价值（三级指标/标准× 100%）

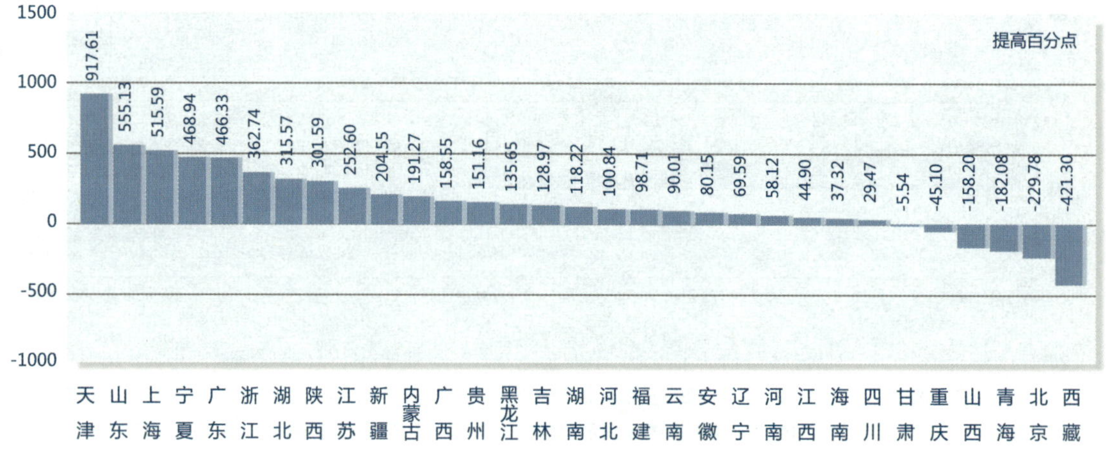

图2-84 当年评价值比上年评价值提高百分点

（十二）有R&D活动的企业占比重

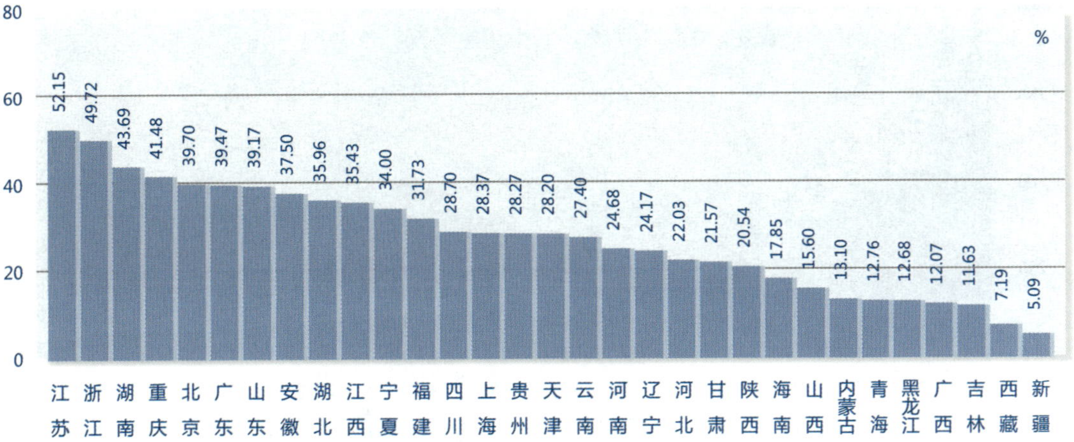

图2-85 当年评价值（三级指标/标准× 100%）

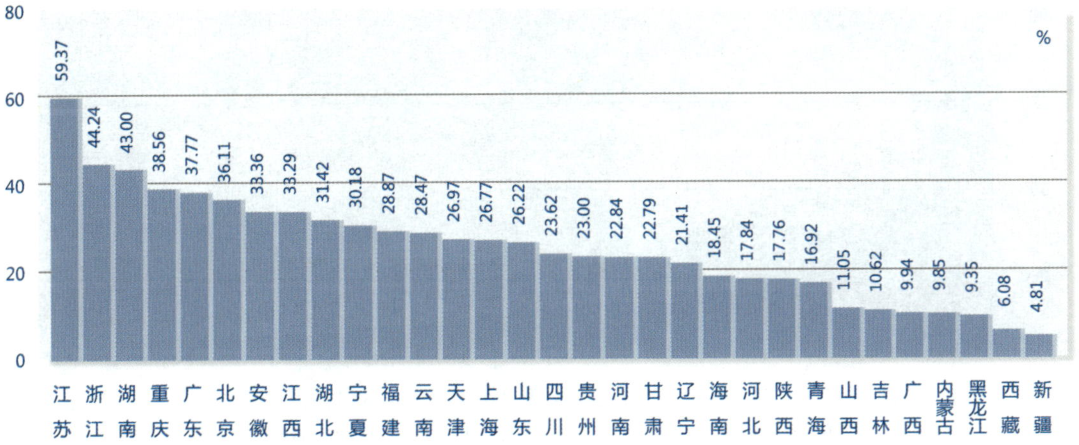

图2-86 上年评价值（三级指标/标准× 100%）

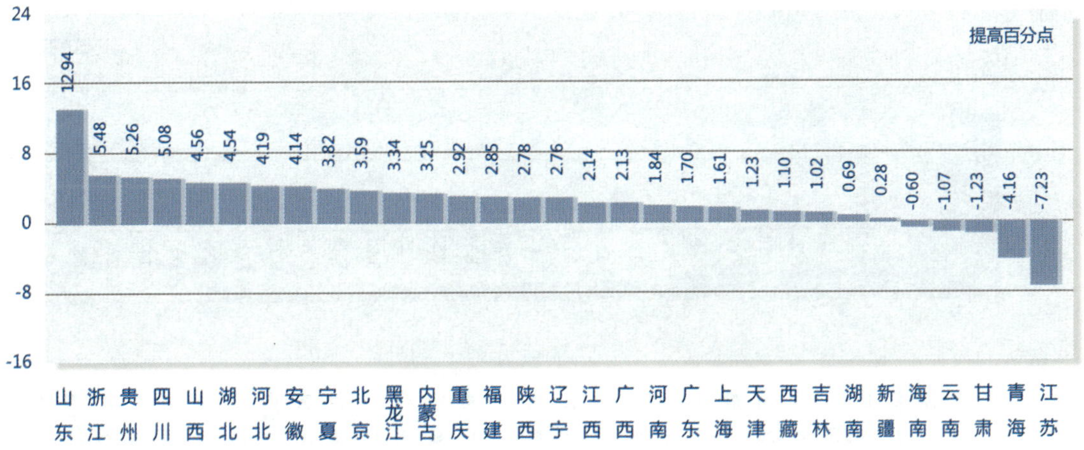

图2-87 当年评价值比上年评价值提高百分点

（十三）万人R&D研究人员数

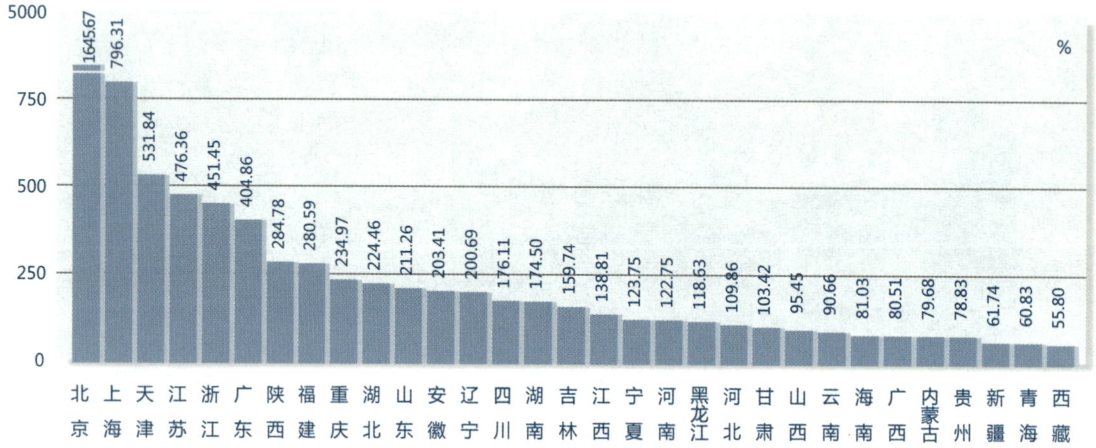

图2-88 当年评价值（三级指标/标准× 100%）

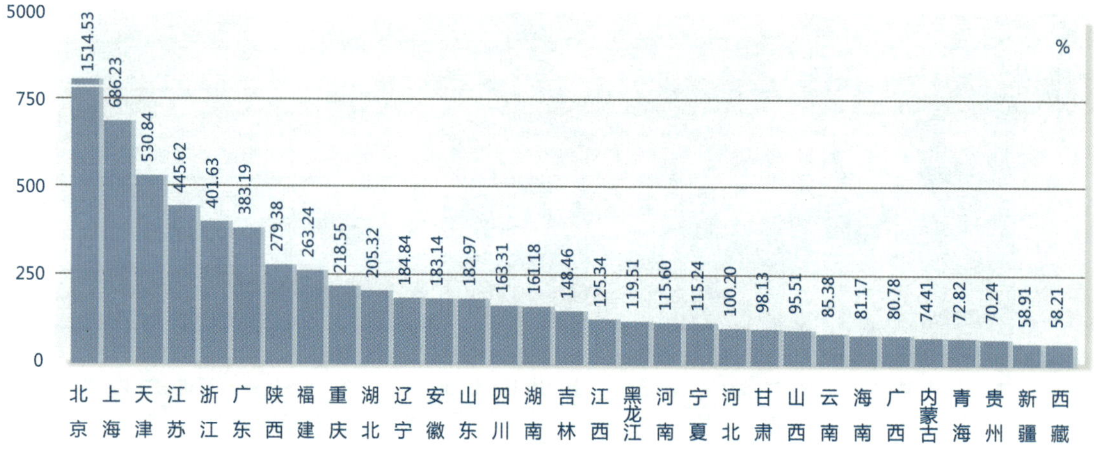

图2-89 上年评价值（三级指标/标准× 100%）

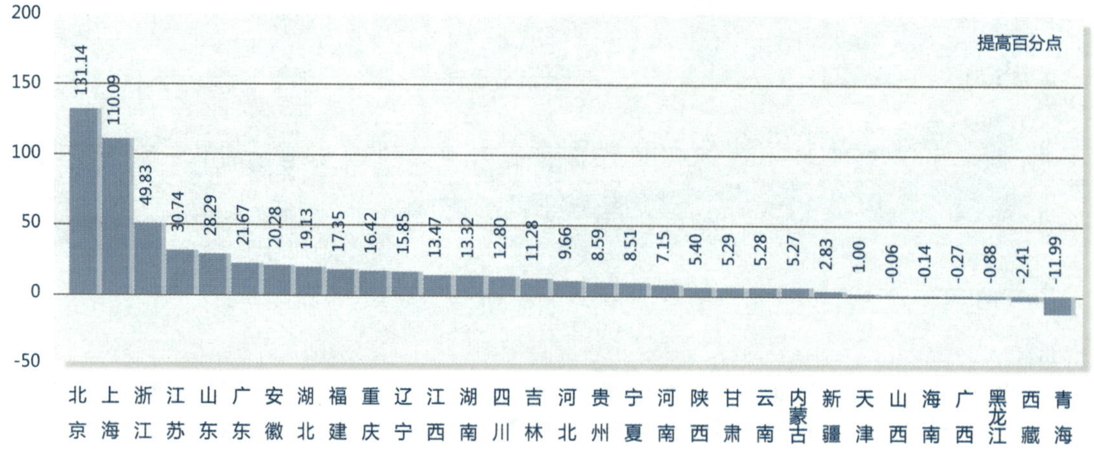

图2-90 当年评价值比上年评价值提高百分点

（十四）基础研究人员投入强度指数

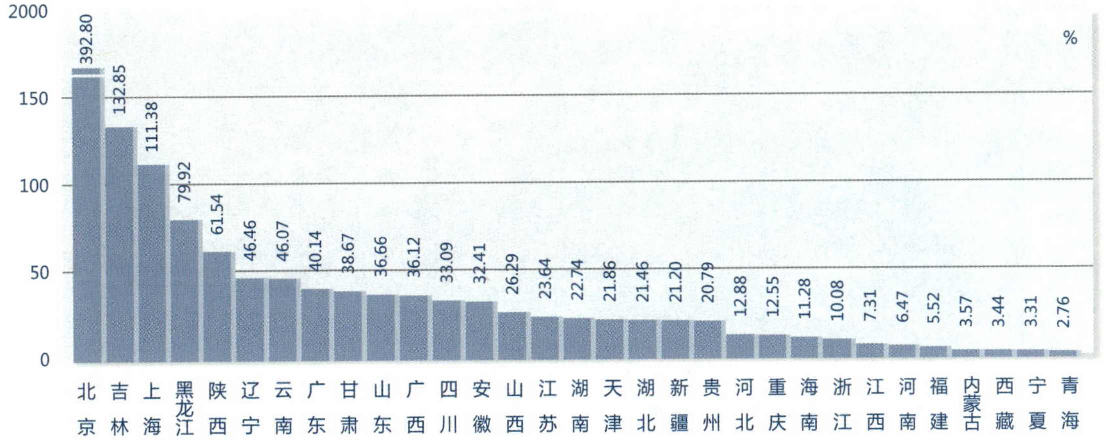

图2-91 当年评价值（三级指标/标准× 100%）

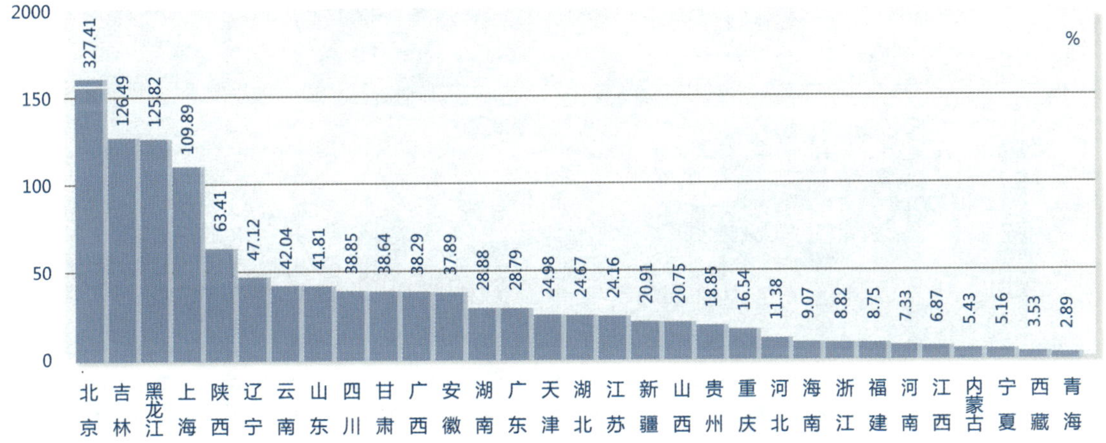

图2-92 上年评价值（三级指标/标准× 100%）

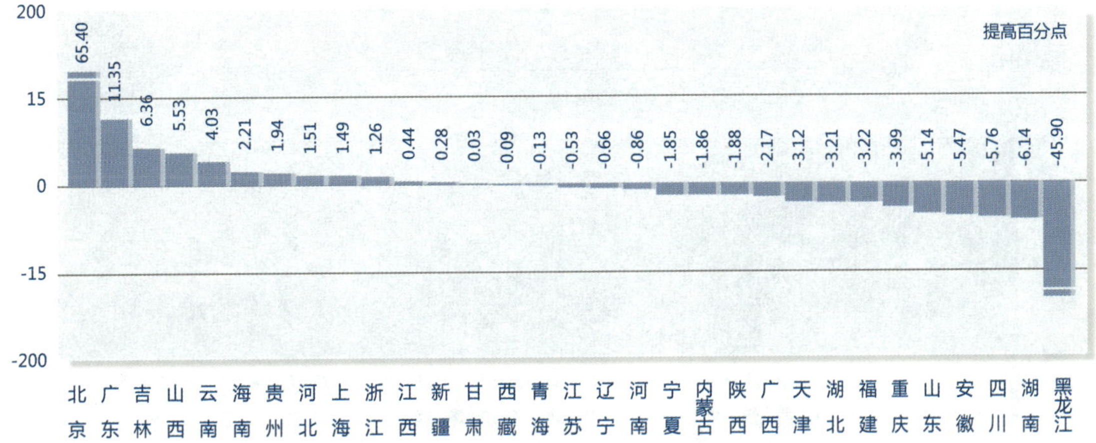

图2-93 当年评价值比上年评价值提高百分点

（十五）企业R&D研究人员占比重

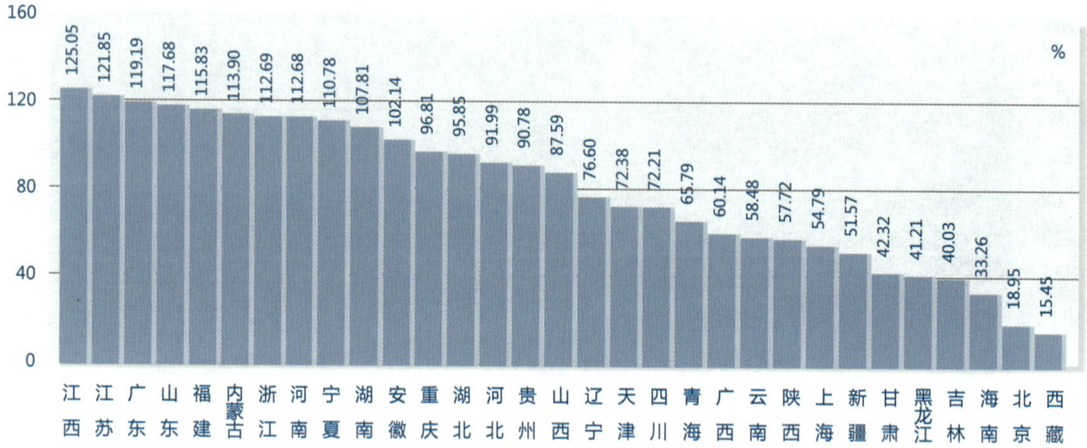

图2-94 当年评价值（三级指标/标准× 100%）

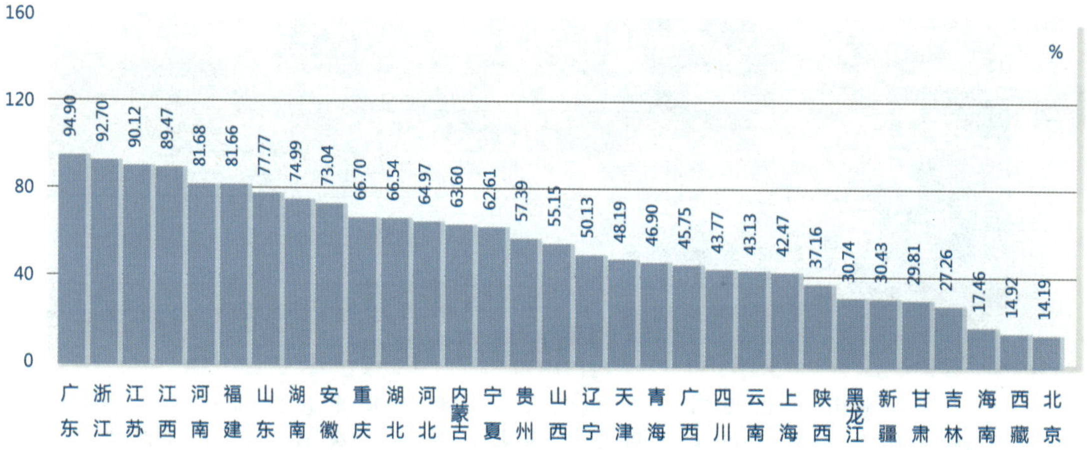

图2-95 上年评价值（三级指标/标准× 100%）

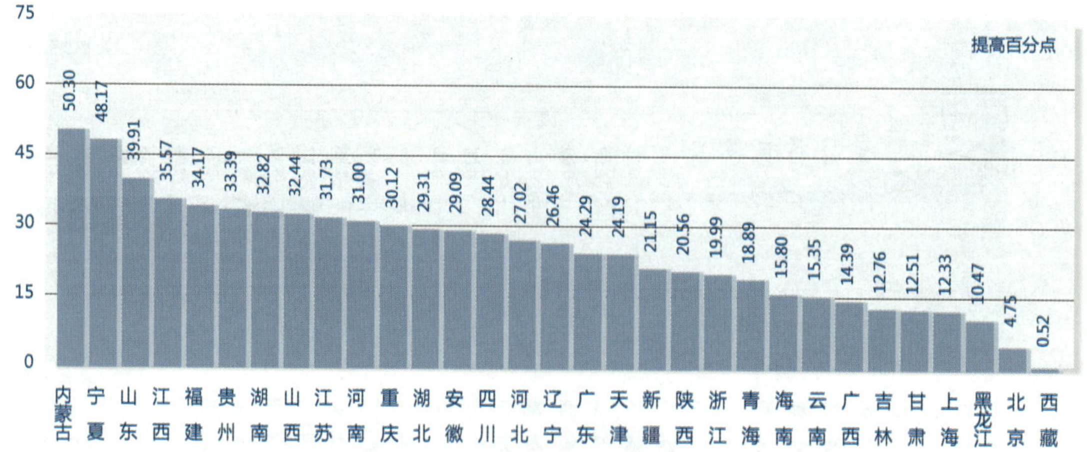

图2-96 当年评价值比上年评价值提高百分点

（十六）R&D经费支出与GDP比值

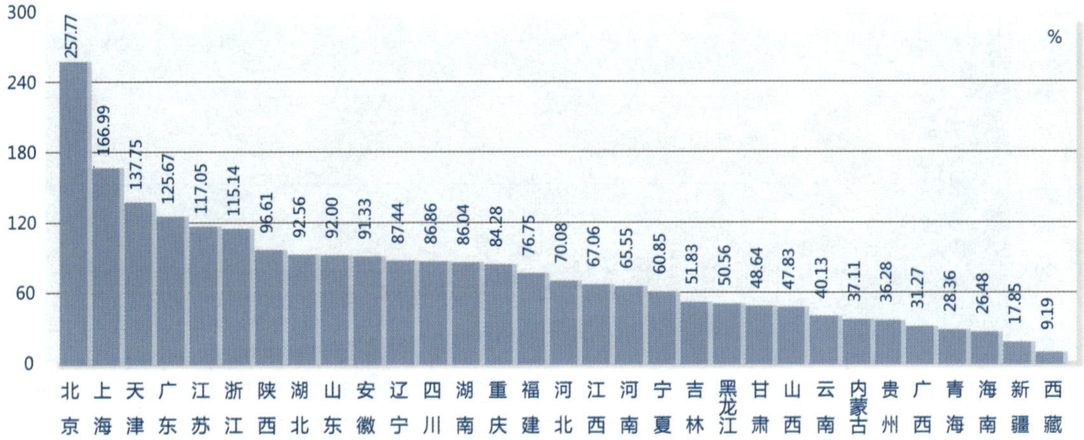

图2-97 当年评价值（三级指标/标准× 100%）

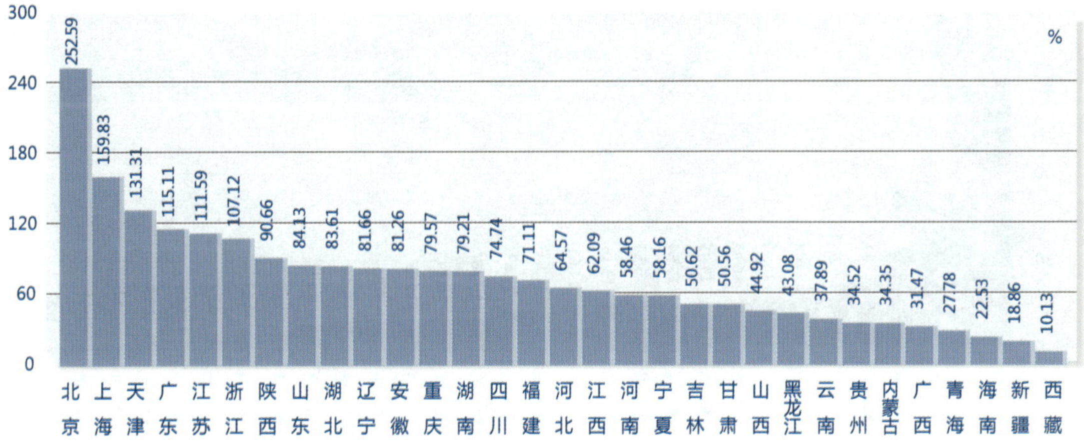

图2-98 上年评价值（三级指标/标准× 100%）

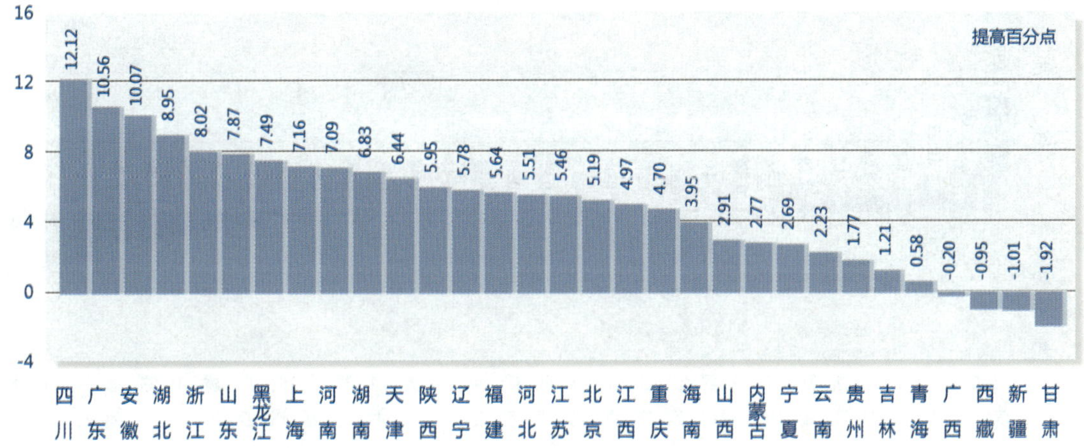

图2-99 当年评价值比上年评价值提高百分点

（十七）基础研究经费投入强度指数

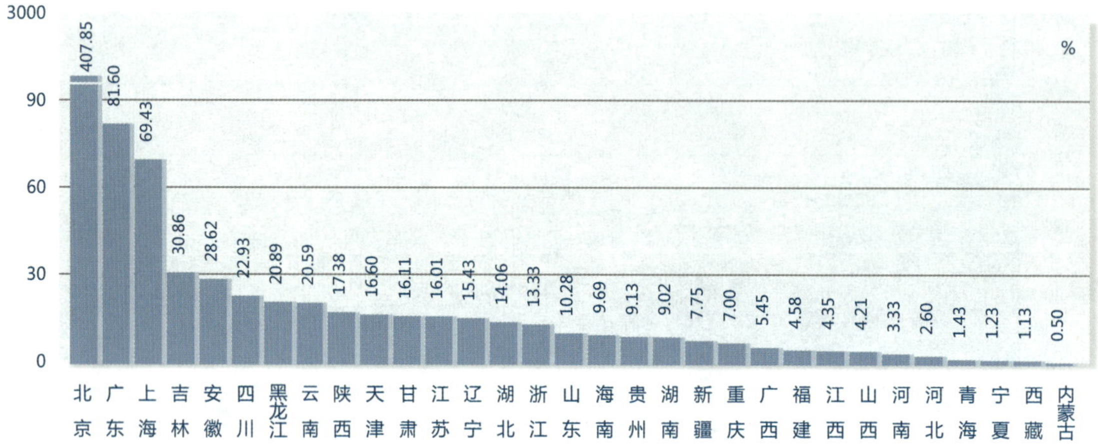

图2-100 当年评价值（三级指标/标准× 100%）

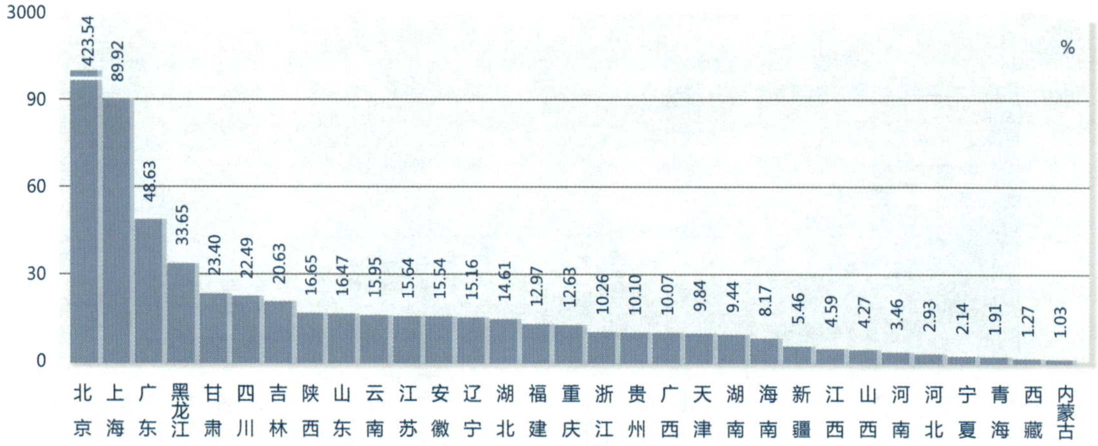

图2-101 上年评价值（三级指标/标准× 100%）

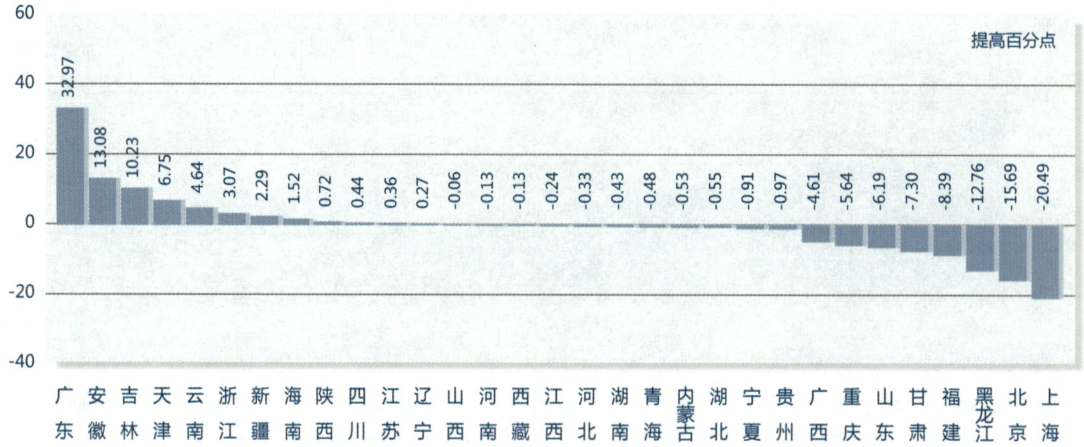

图2-102 当年评价值比上年评价值提高百分点

（十八）地方财政科技支出占地方财政支出比重

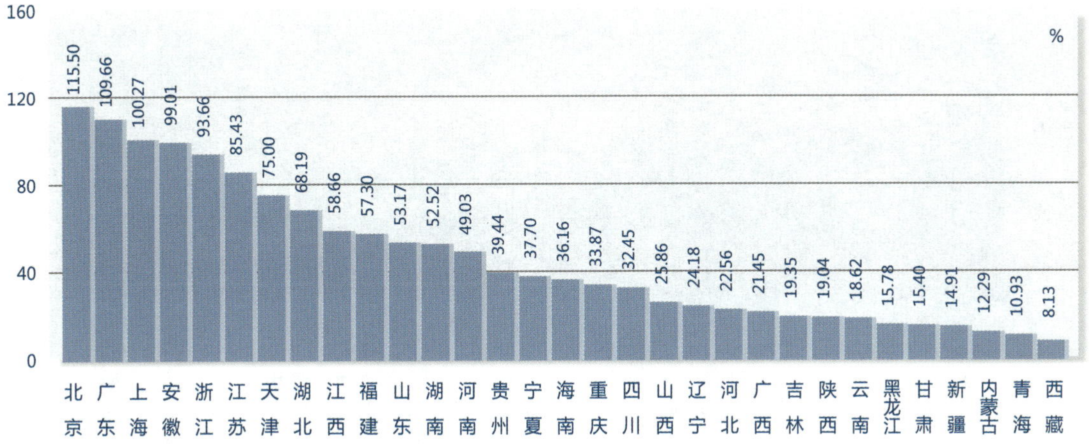

图2-103 当年评价值（三级指标/标准× 100%）

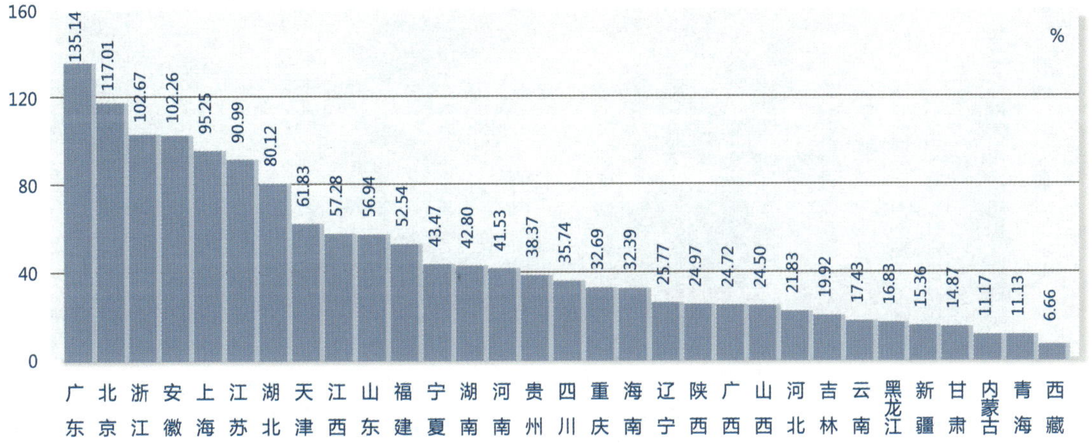

图2-104 上年评价值（三级指标/标准× 100%）

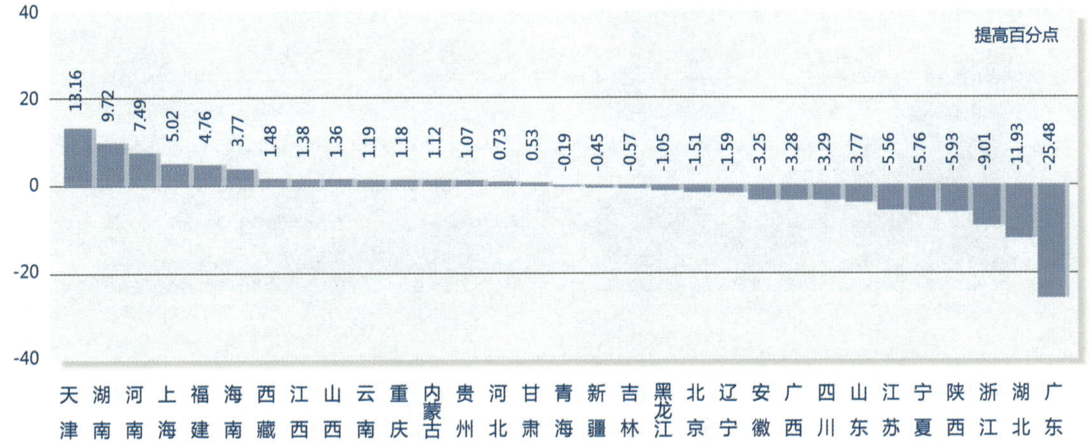

图2-105 当年评价值比上年评价值提高百分点

（十九）企业R&D经费支出占营业收入比重

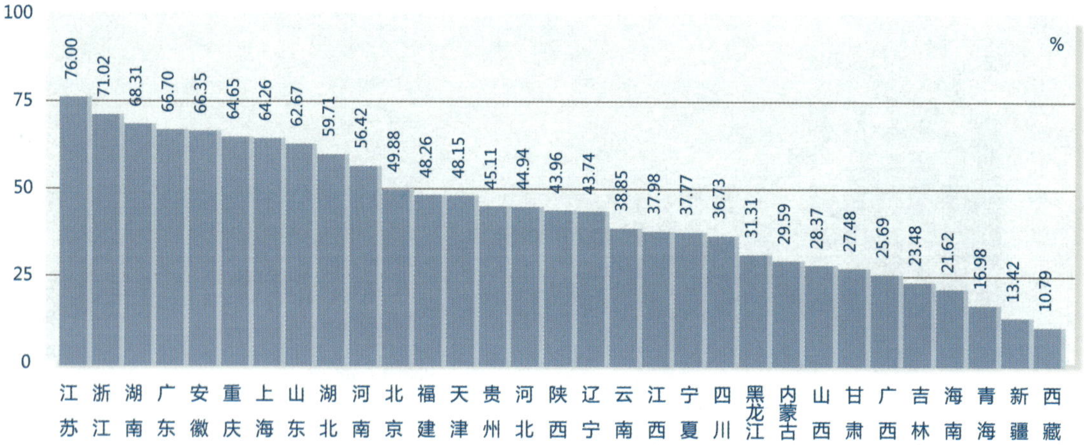

图2-106 当年评价值（三级指标/标准× 100%）

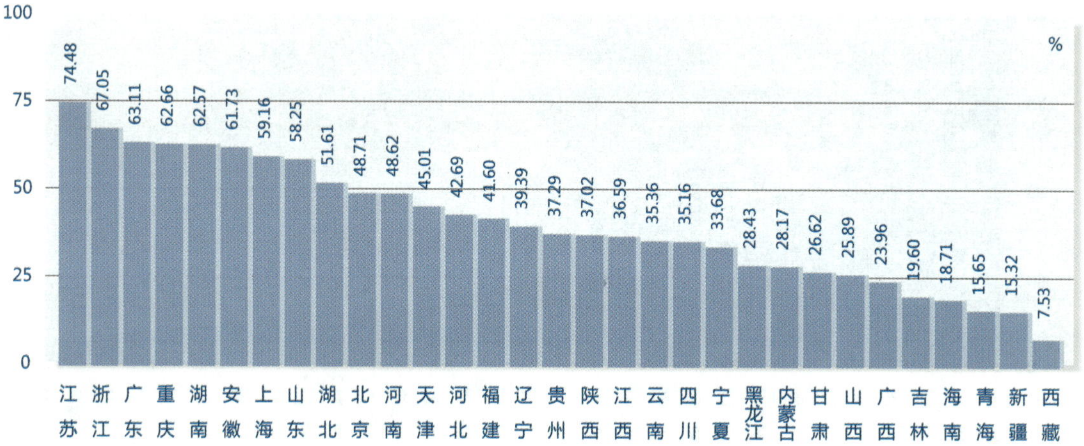

图2-107 上年评价值（三级指标/标准× 100%）

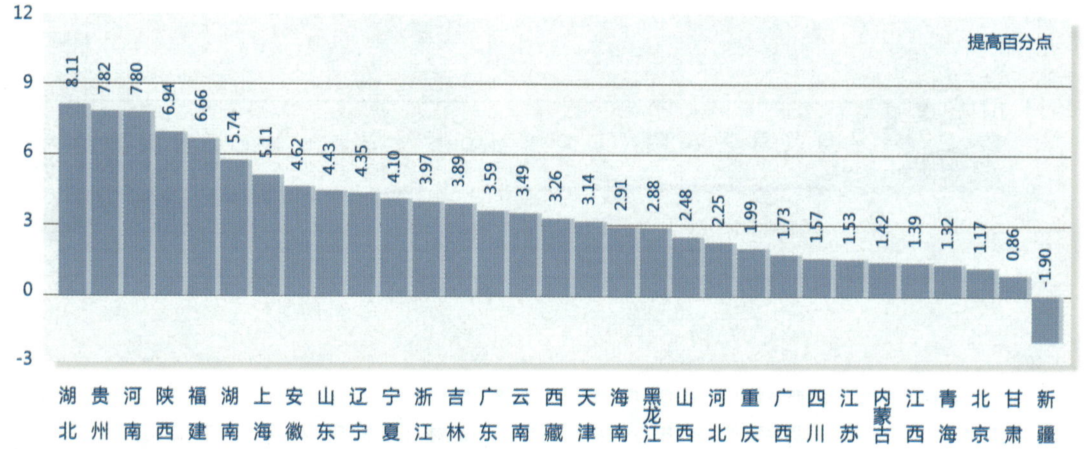

图2-108 当年评价值比上年评价值提高百分点

（二十）企业技术获取和技术改造经费支出占企业营业收入比重

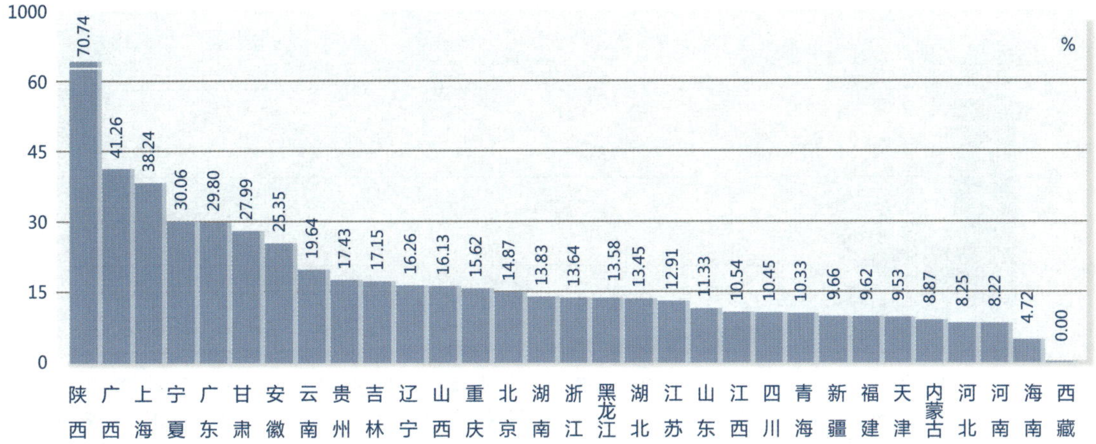

图2-109 当年评价值（三级指标/标准× 100%）

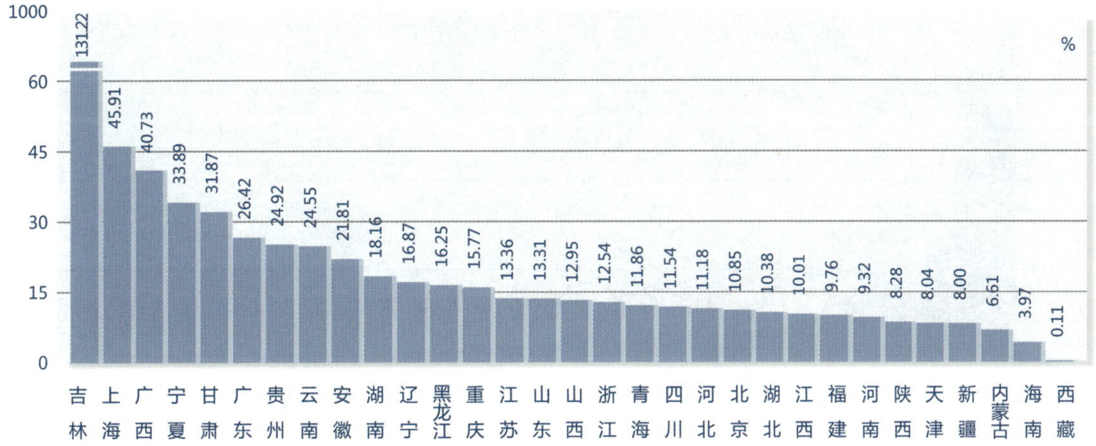

图2-110 上年评价值（三级指标/标准× 100%）

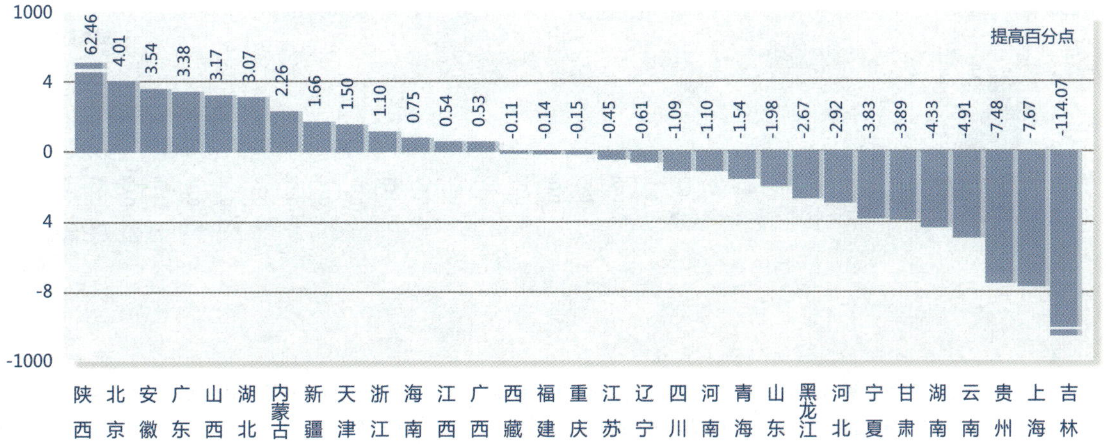

图2-111 当年评价值比上年评价值提高百分点

（二十一）上市公司R&D经费投入强度指数

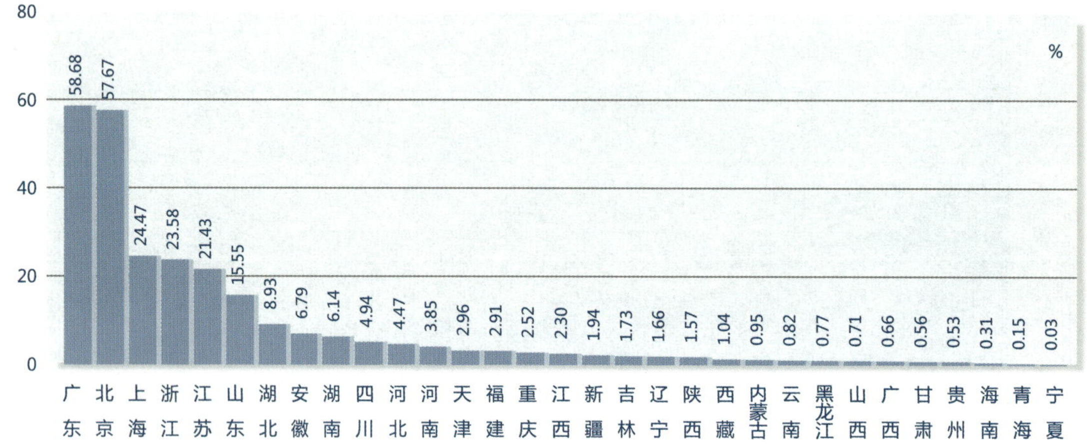

图2-112 当年评价值（三级指标/标准× 100%）

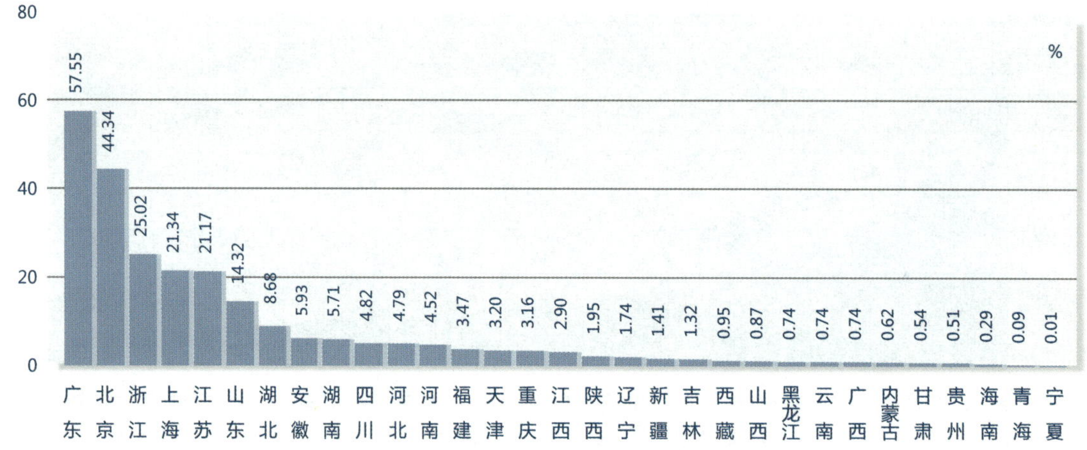

图2-113 上年评价值（三级指标/标准× 100%）

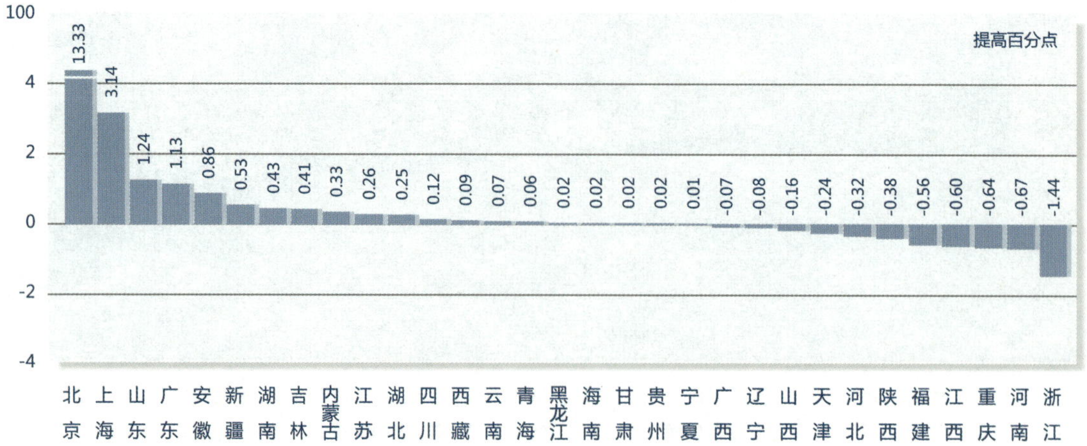

图2-114 当年评价值比上年评价值提高百分点

（二十二）万人科技论文数

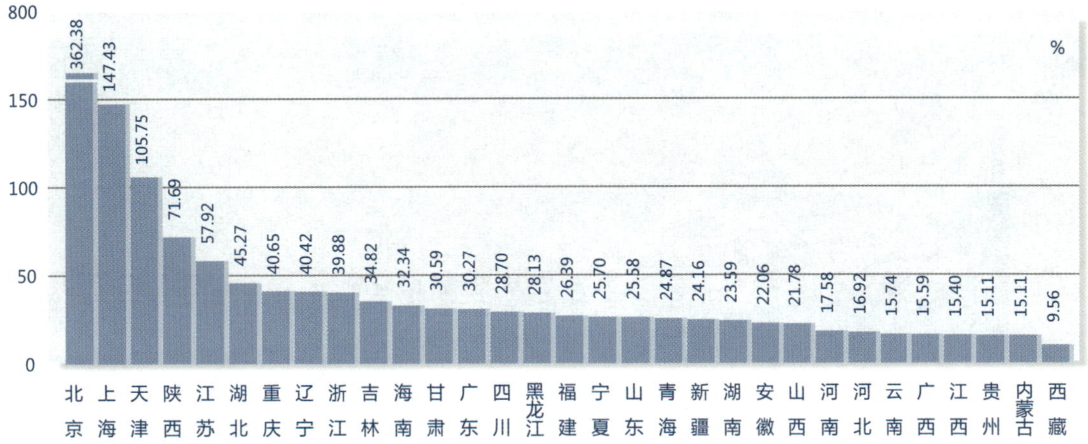

图2-115 当年评价值（三级指标/标准× 100%）

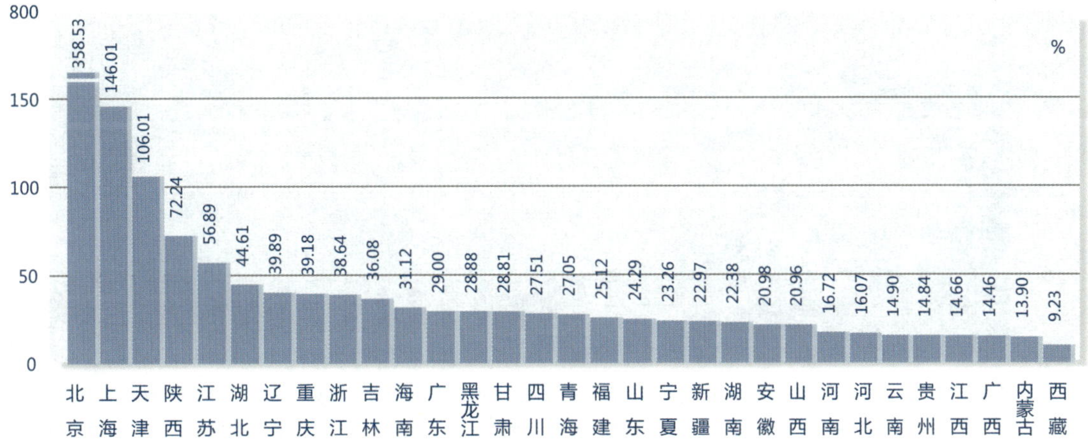

图2-116 上年评价值（三级指标/标准× 100%）

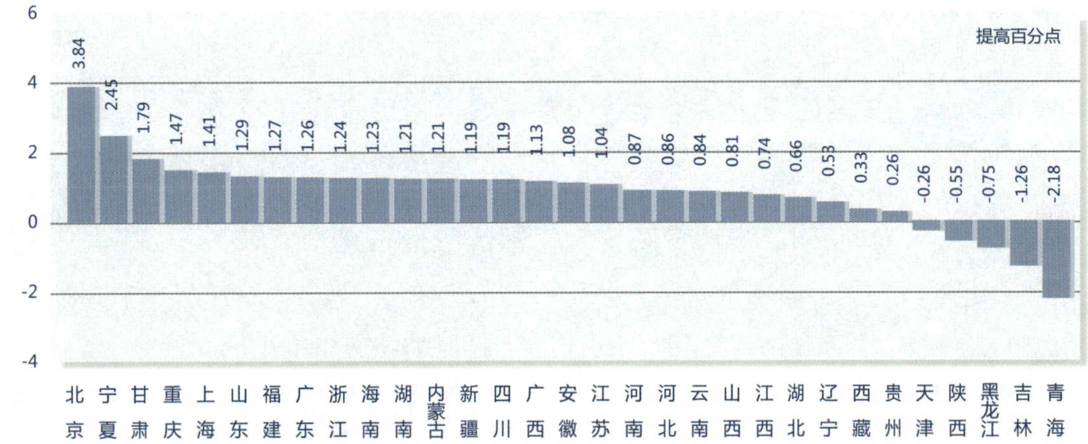

图2-117 当年评价值比上年评价值提高百分点

（二十三）获国家级科技成果奖系数

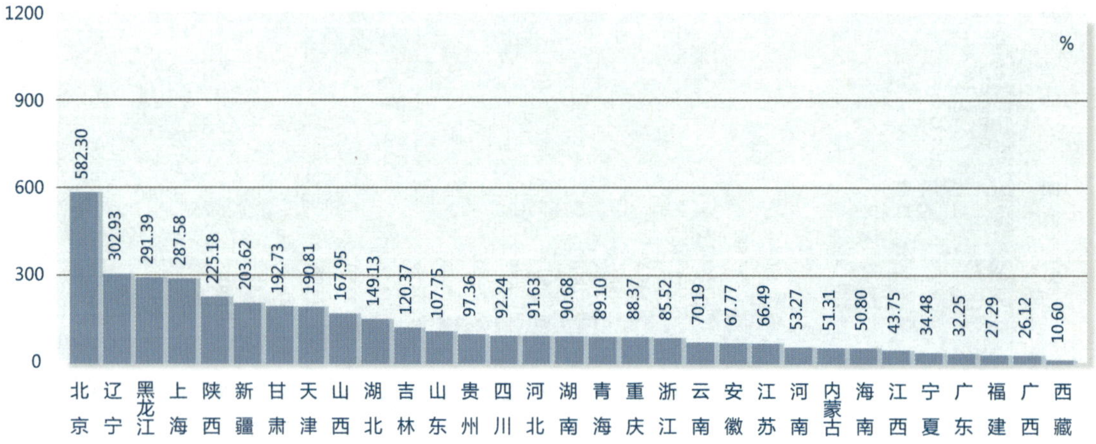

图2-118 当年评价值（三级指标/标准× 100%）

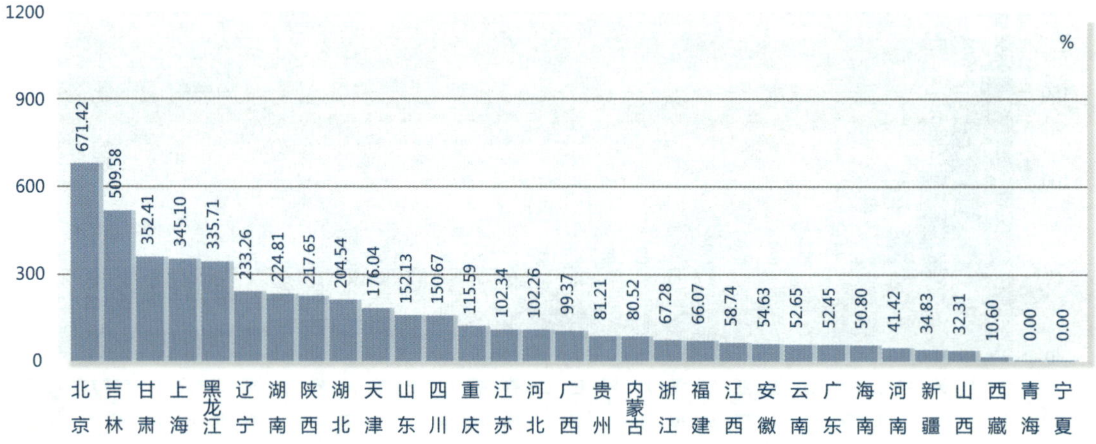

图2-119 上年评价值（三级指标/标准× 100%）

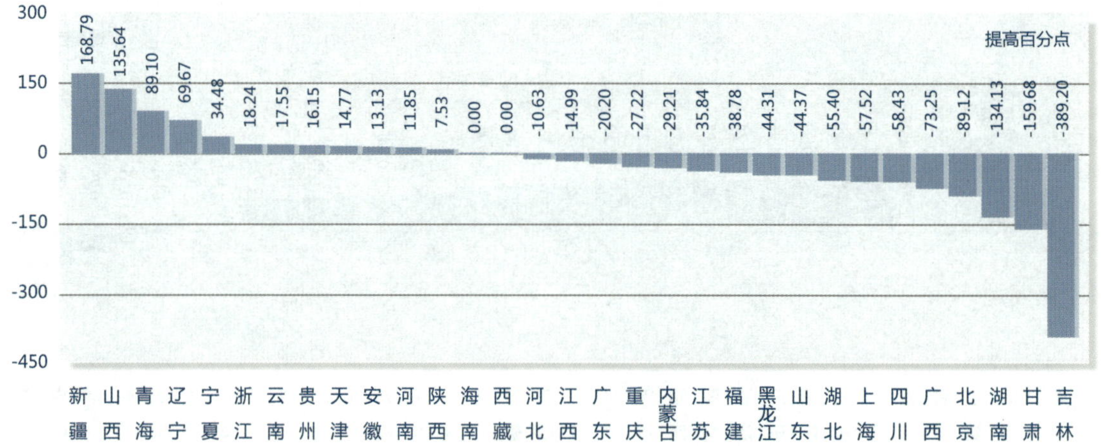

图2-120 当年评价值比上年评价值提高百分点

（二十四）万人发明专利拥有量

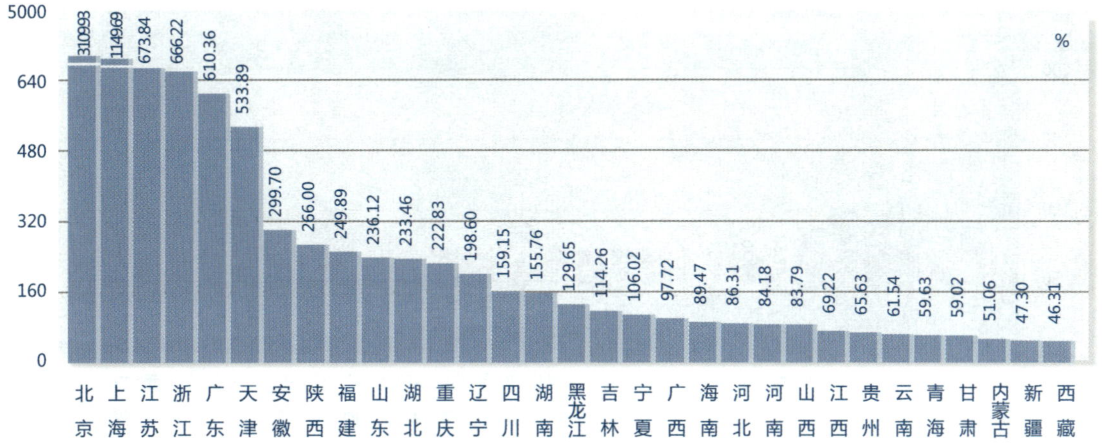

图2-121 当年评价值（三级指标/标准× 100%）

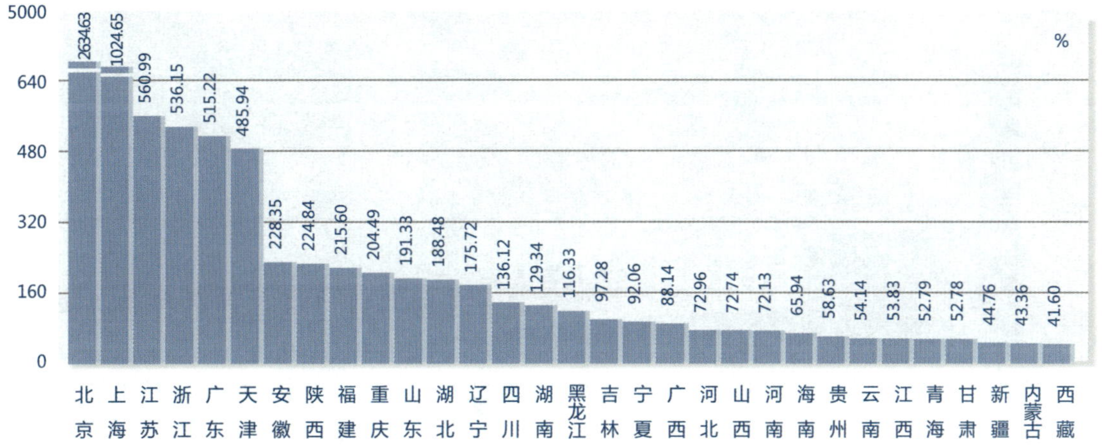

图2-122 上年评价值（三级指标/标准× 100%）

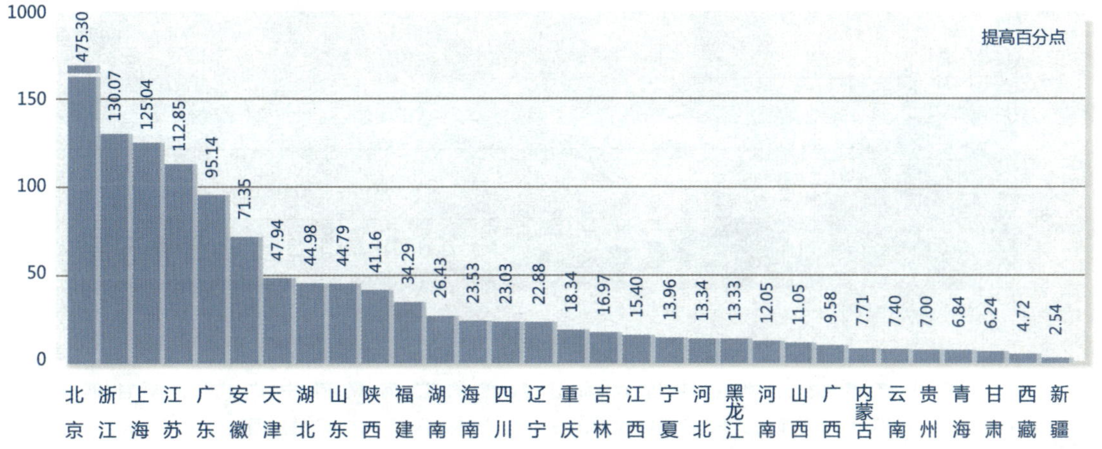

图2-123 当年评价值比上年评价值提高百分点

（二十五）每万人口高价值发明专利拥有量

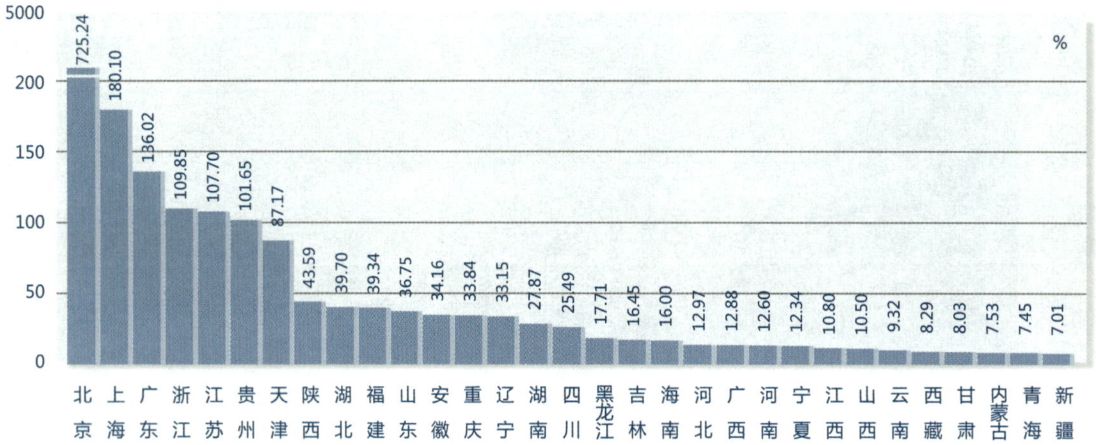

图2-124 当年评价值（三级指标/标准× 100%）

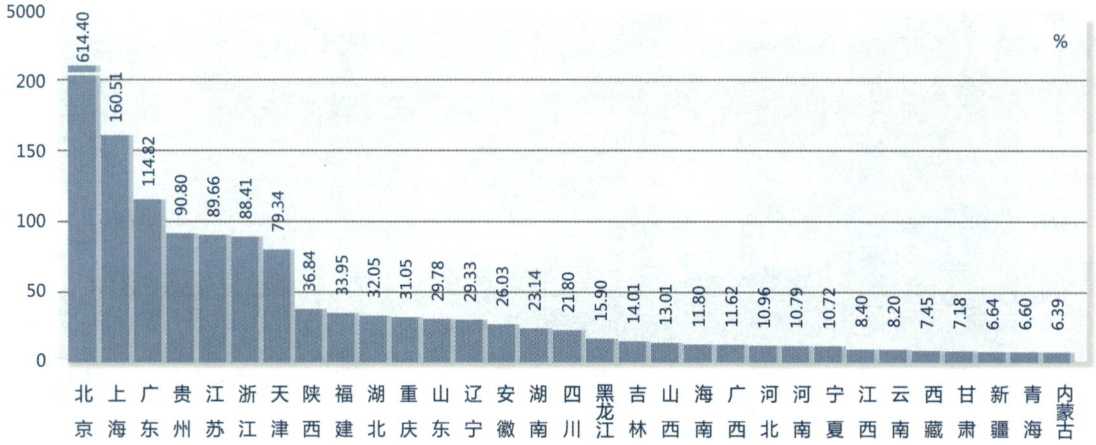

图2-125 上年评价值（三级指标/标准× 100%）

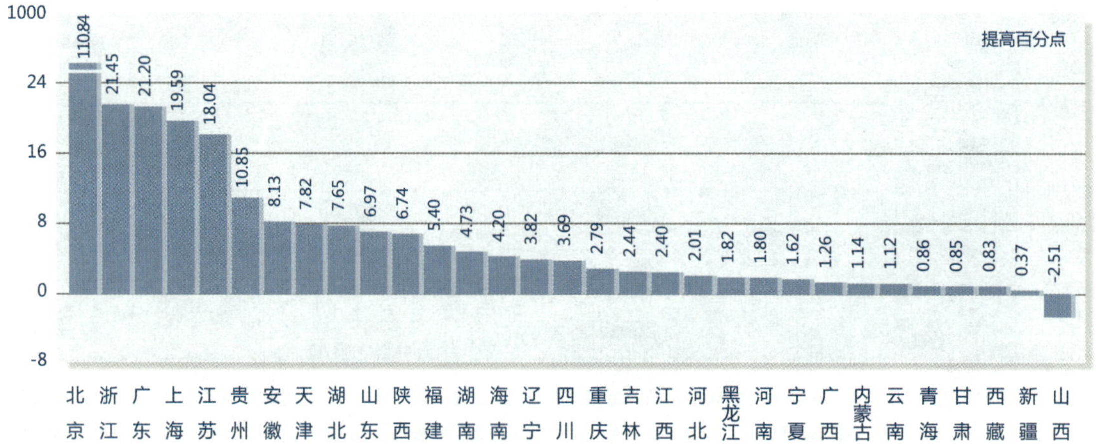

图2-126 当年评价值比上年评价值提高百分点

（二十六）万人输出技术成交额

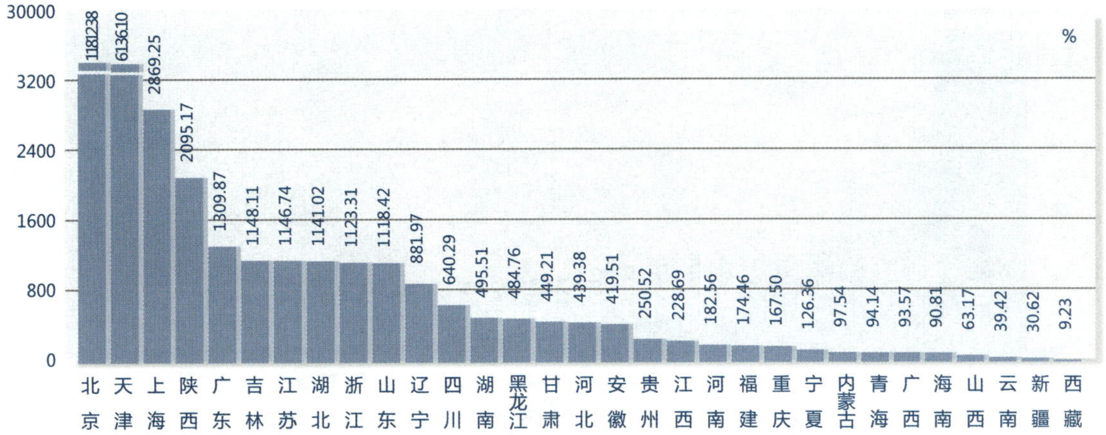

图2-127 当年评价值（三级指标/标准× 100%）

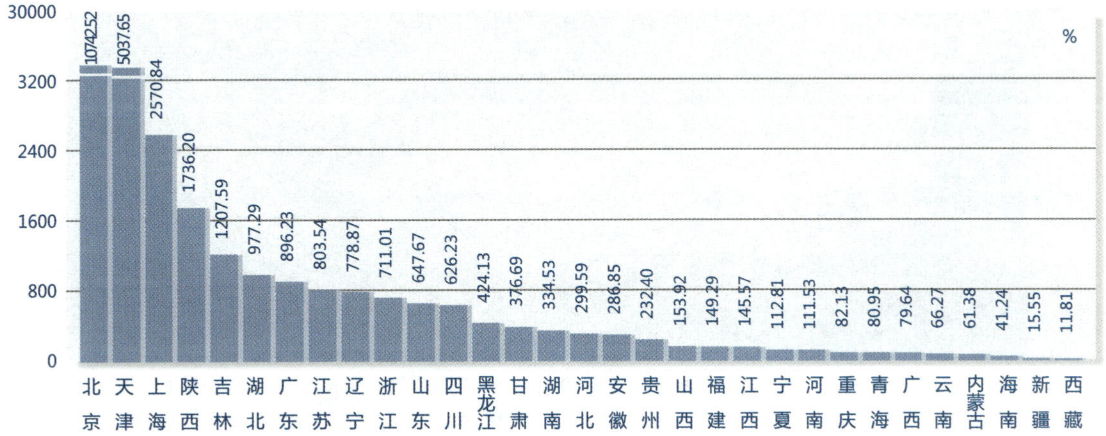

图2-128 上年评价值（三级指标/标准× 100%）

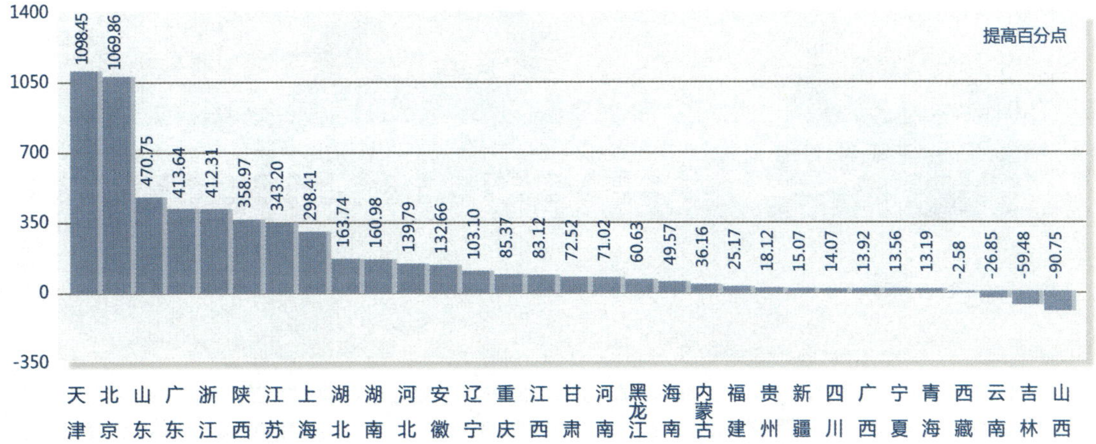

图2-129 当年评价值比上年评价值提高百分点

（二十七）万元生产总值技术国际收入

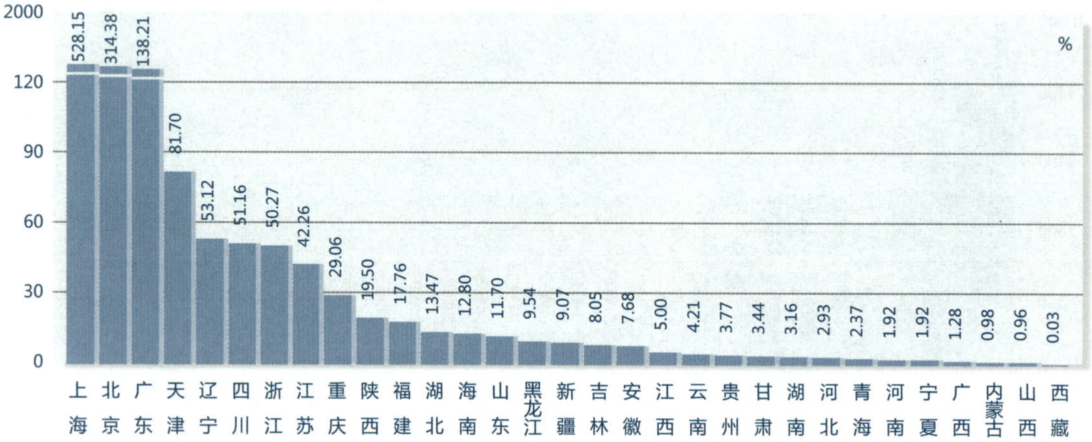

图2-130 当年评价值（三级指标/标准× 100%）

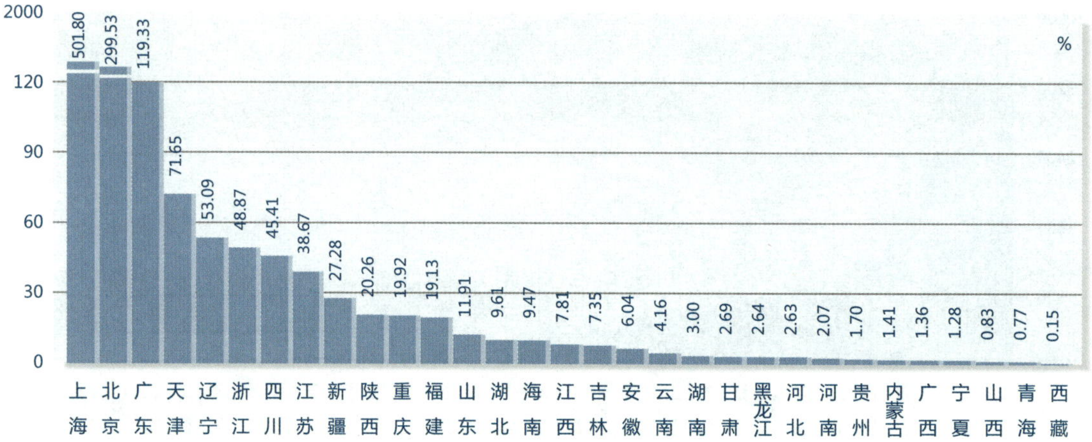

图2-131 上年评价值（三级指标/标准× 100%）

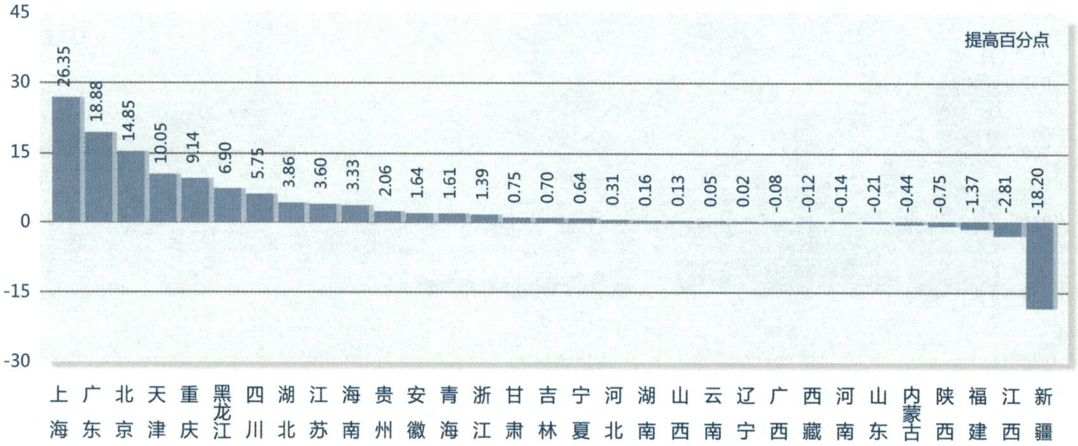

图2-132 当年评价值比上年评价值提高百分点

（二十八）高技术产业营业收入占工业营业收入比重

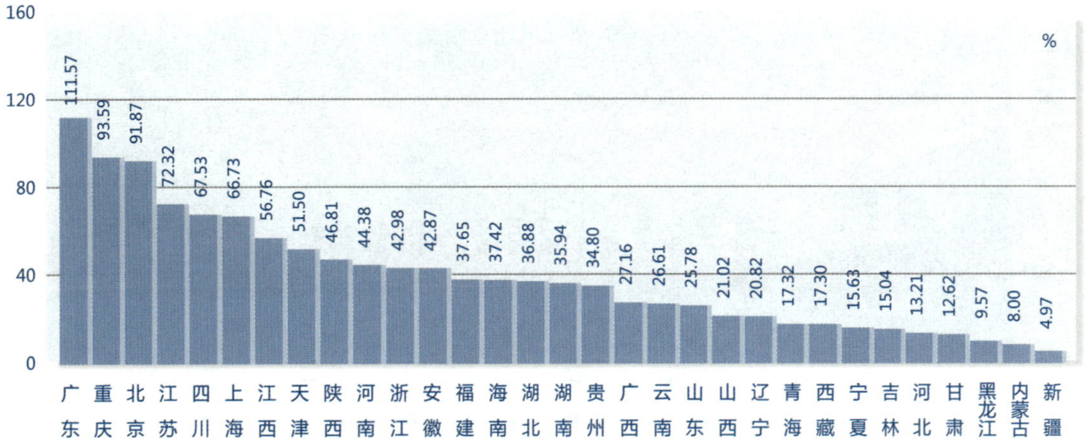

图2-133 当年评价值（三级指标/标准× 100%）

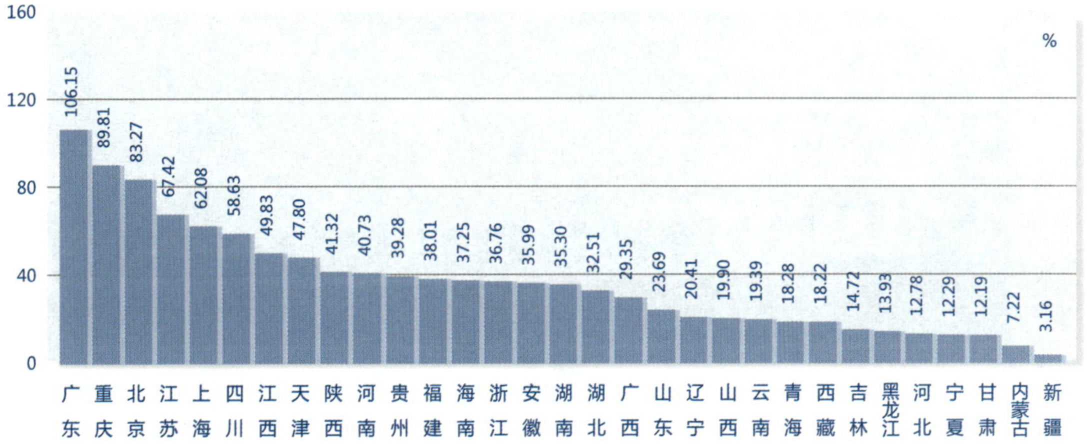

图2-134 上年评价值（三级指标/标准× 100%）

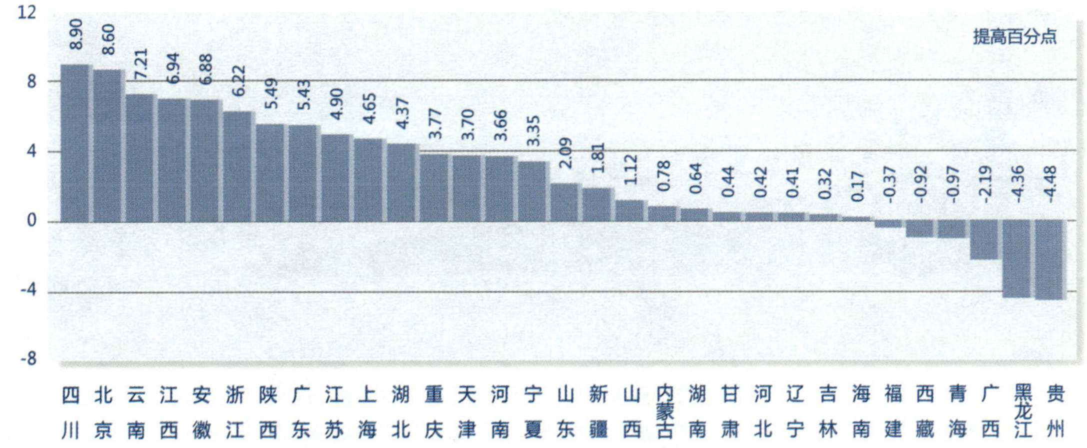

图2-135 当年评价值比上年评价值提高百分点

（二十九）知识密集型服务业增加值占生产总值比重

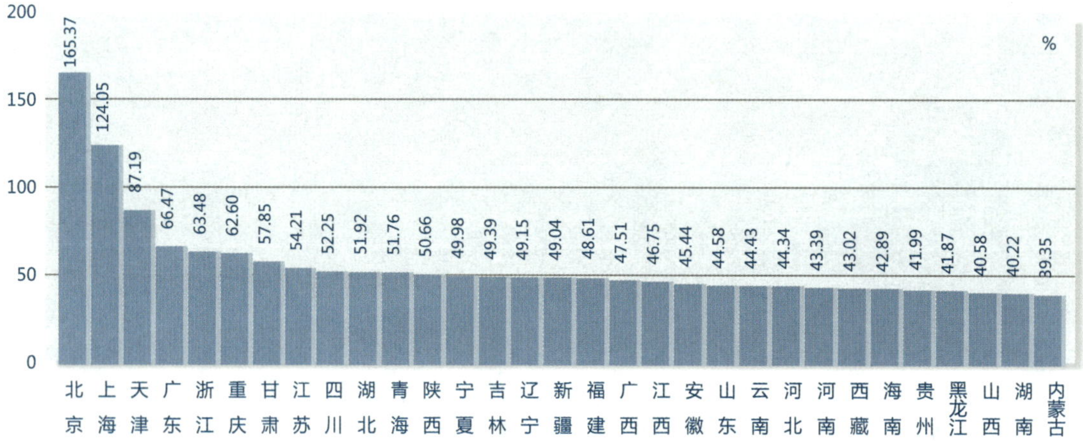

图2-136 当年评价值（三级指标/标准× 100%）

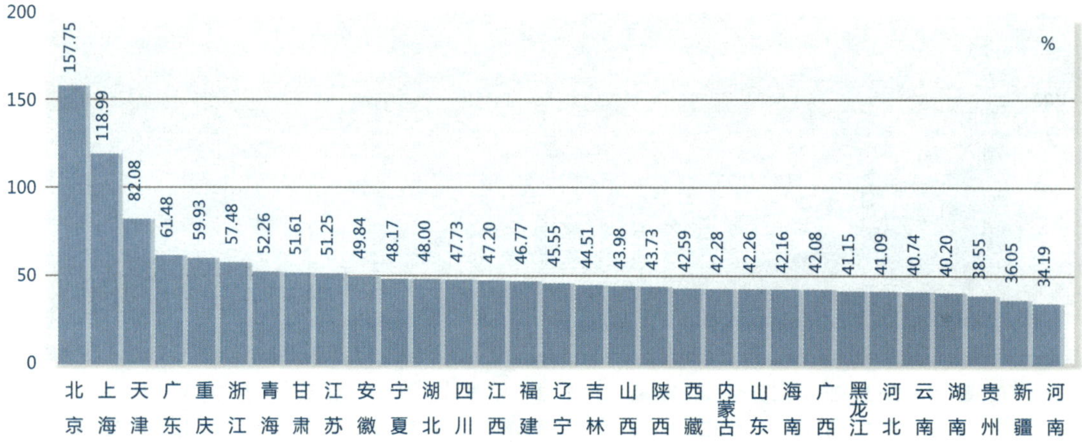

图2-137 上年评价值（三级指标/标准× 100%）

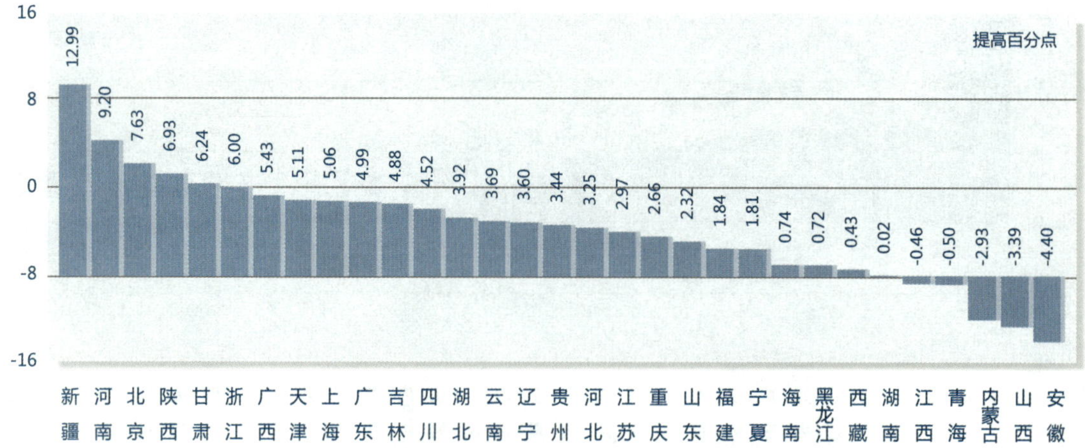

图2-138 当年评价值比上年评价值提高百分点

（三十）高技术产品出口额占商品出口额比重

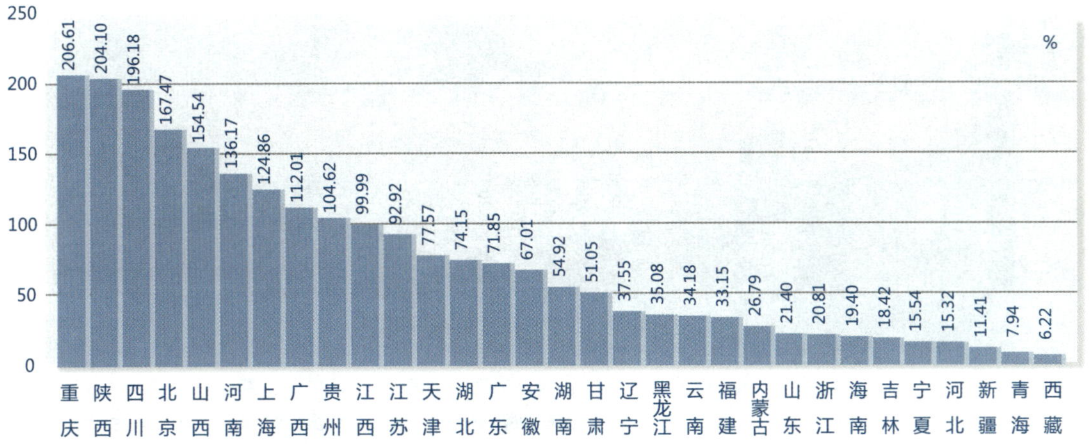

图2-139 当年评价值（三级指标/标准× 100%）

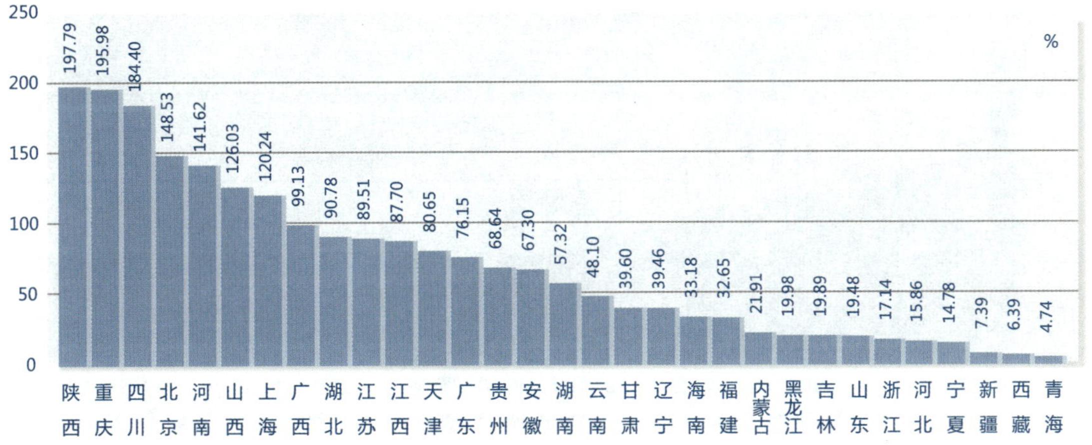

图2-140 上年评价值（三级指标/标准× 100%）

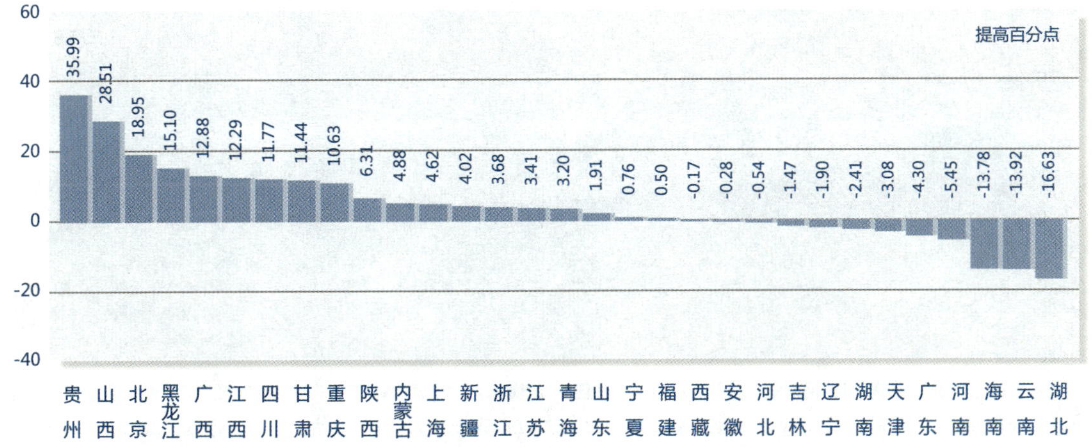

图2-141 当年评价值比上年评价值提高百分点

（三十一）新产品销售收入占营业收入比重

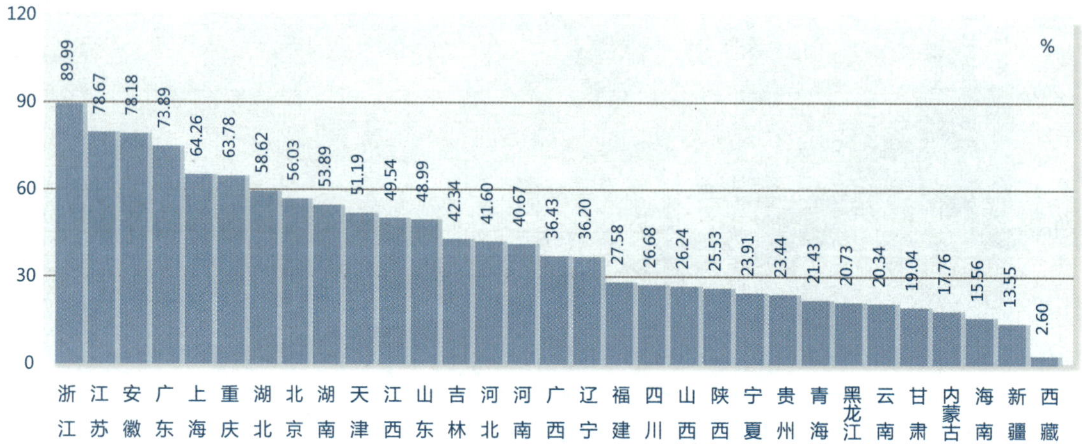

图2-142 当年评价值（三级指标/标准× 100%）

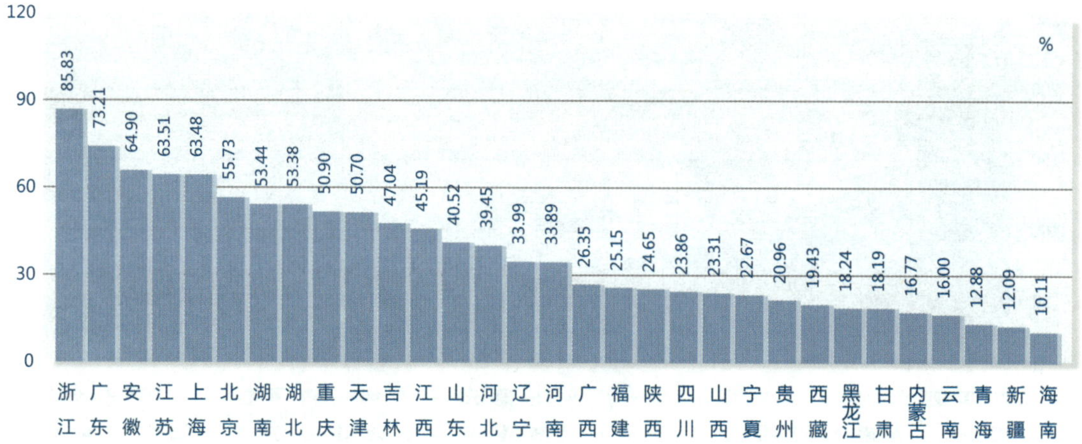

图2-143 上年评价值（三级指标/标准× 100%）

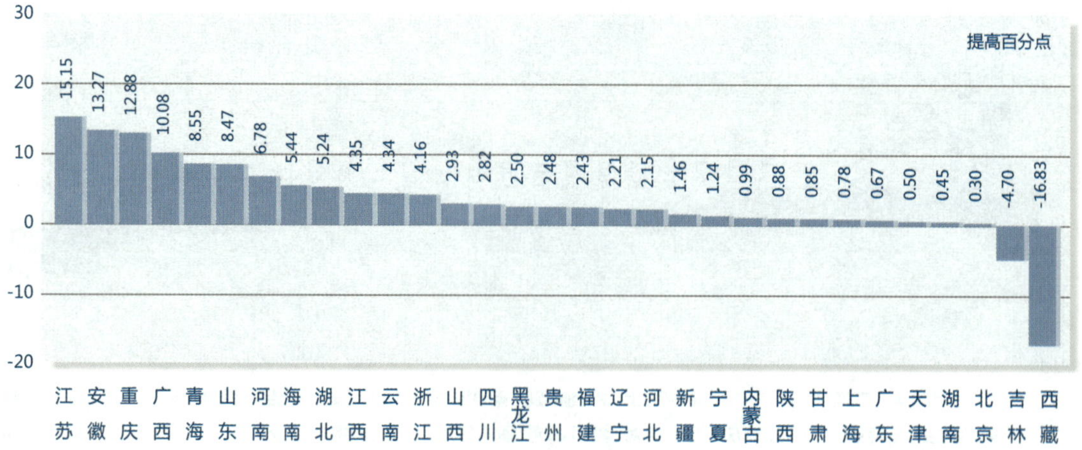

图2-144 当年评价值比上年评价值提高百分点

（三十二）高技术产业劳动生产率

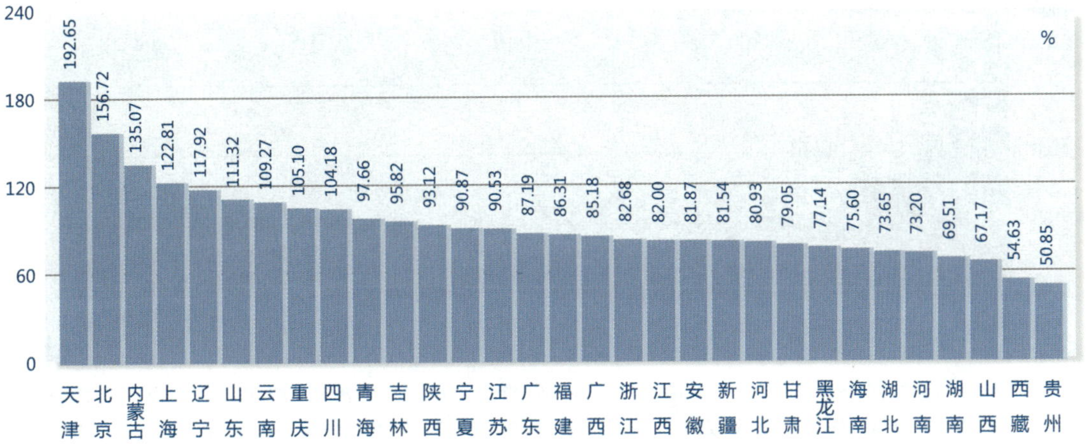

图2-145 当年评价值（三级指标/标准× 100%）

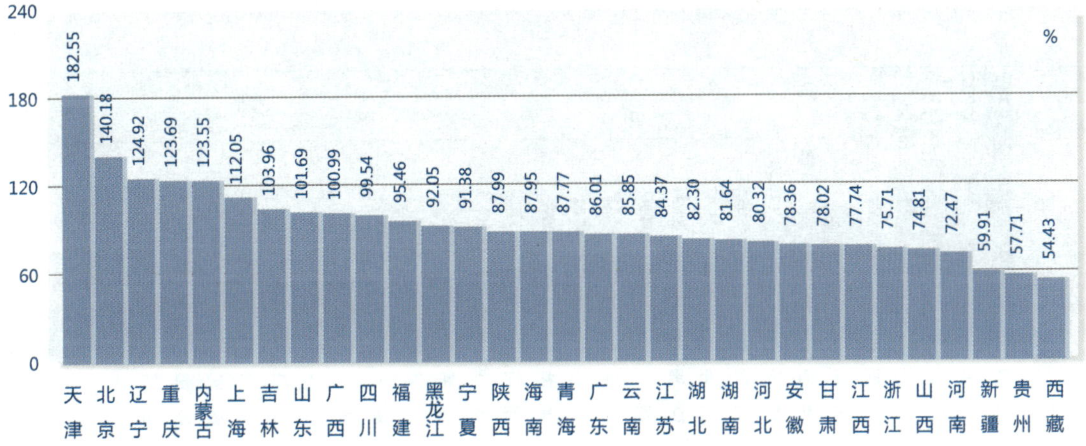

图2-146 上年评价值（三级指标/标准× 100%）

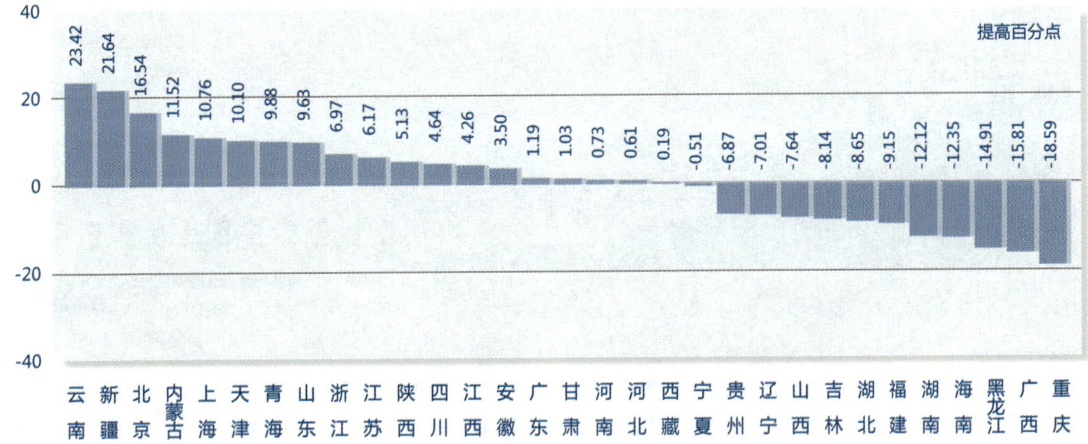

图2-147 当年评价值比上年评价值提高百分点

（三十三）高技术产业利润率

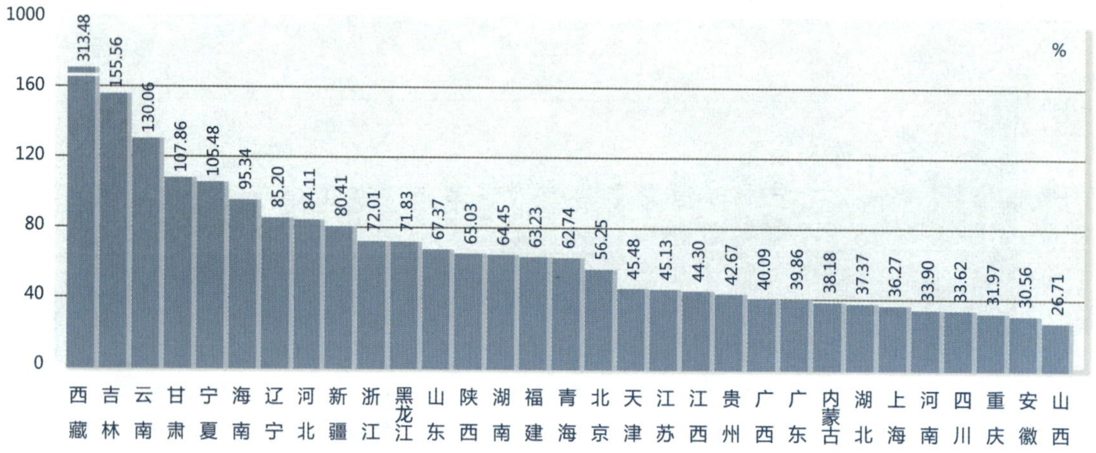

图2-148 当年评价值（三级指标/标准× 100%）

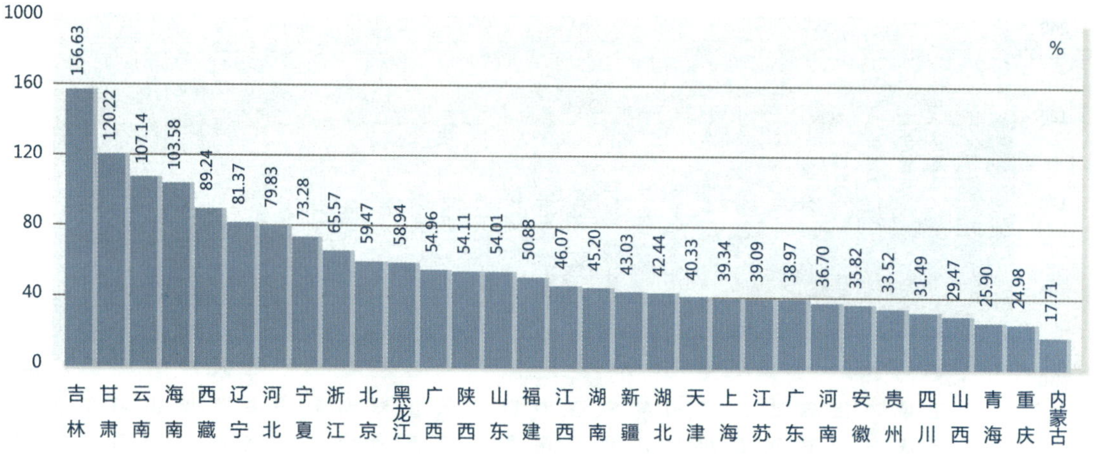

图2-149 上年评价值（三级指标/标准× 100%）

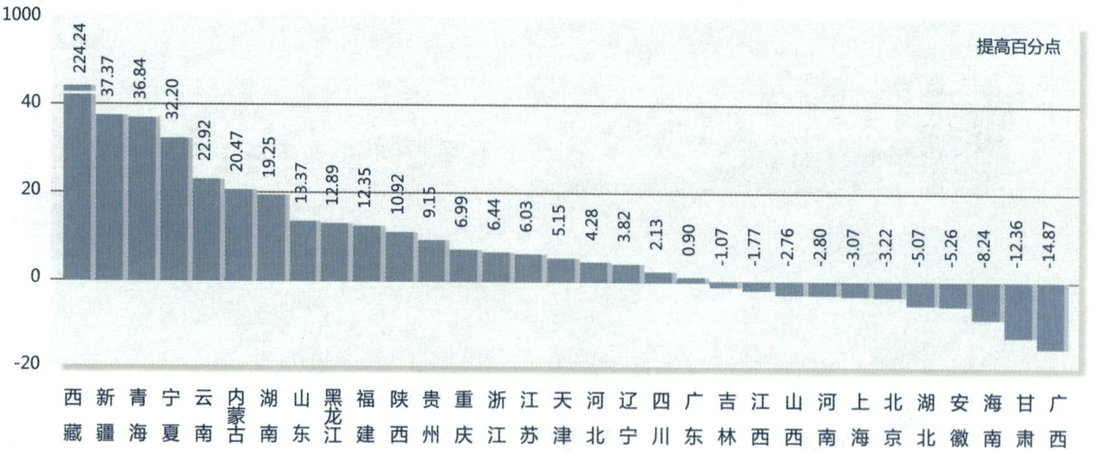

图2-150 当年评价值比上年评价值提高百分点

（三十四）知识密集型服务业劳动生产率

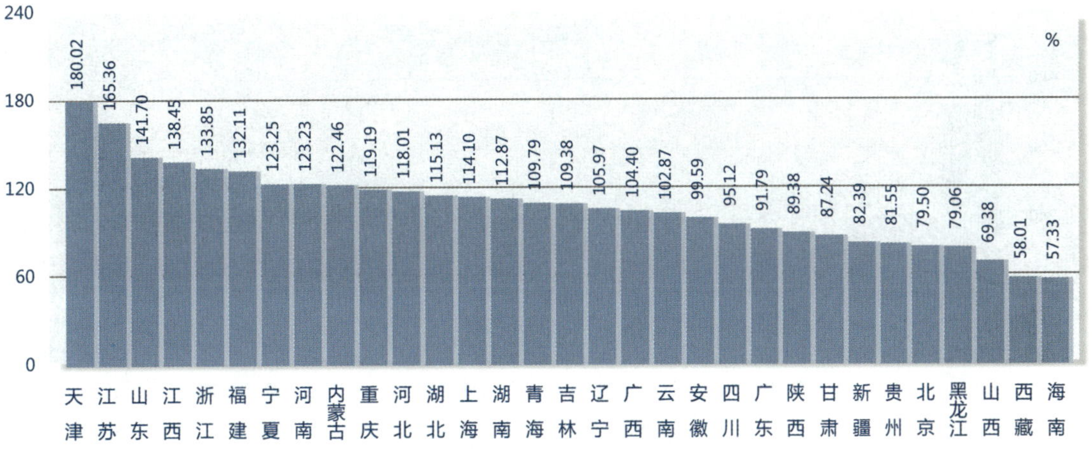

图2-151 当年评价值（三级指标/标准× 100%）

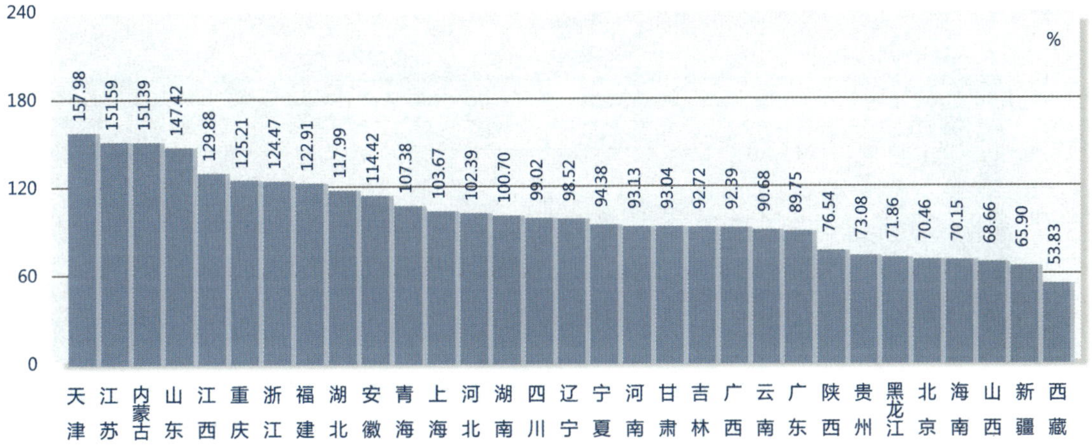

图2-152 上年评价值（三级指标/标准× 100%）

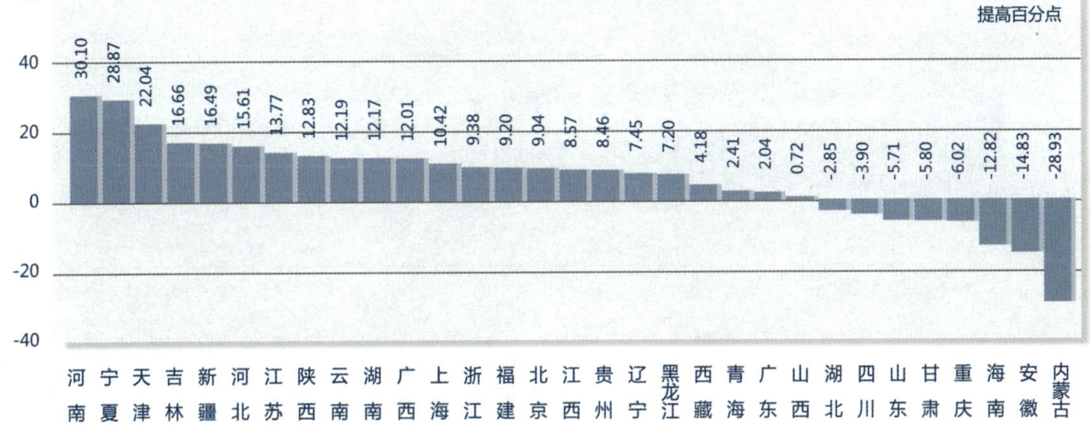

图2-153 当年评价值比上年评价值提高百分点

（三十五）劳动生产率

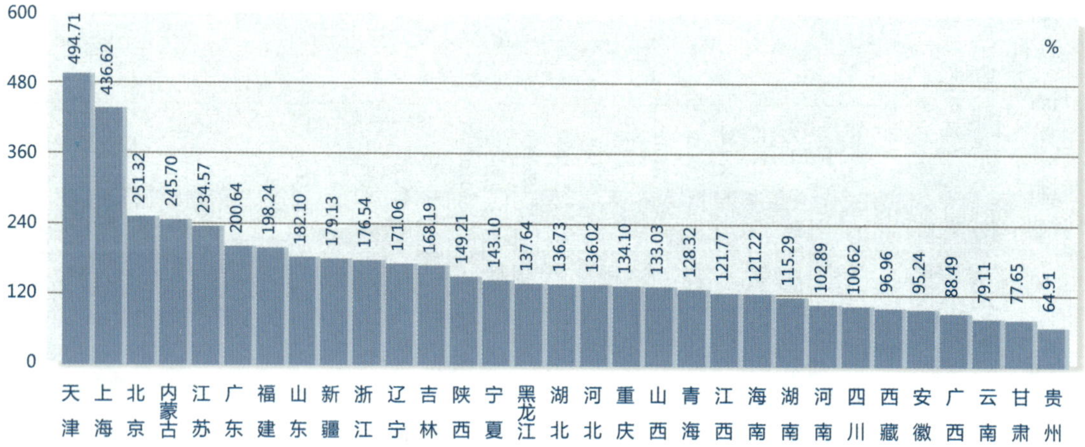

图2-154 当年评价值（三级指标/标准× 100%）

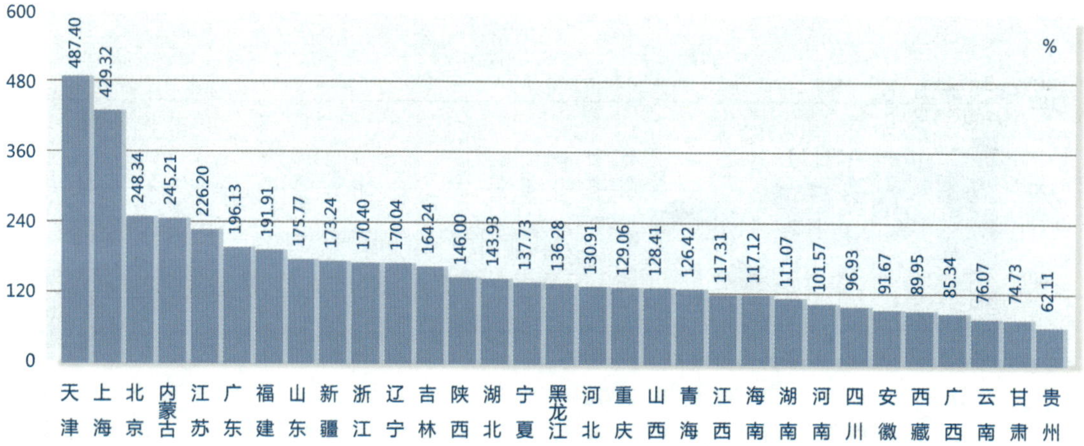

图2-155 上年评价值（三级指标/标准× 100%）

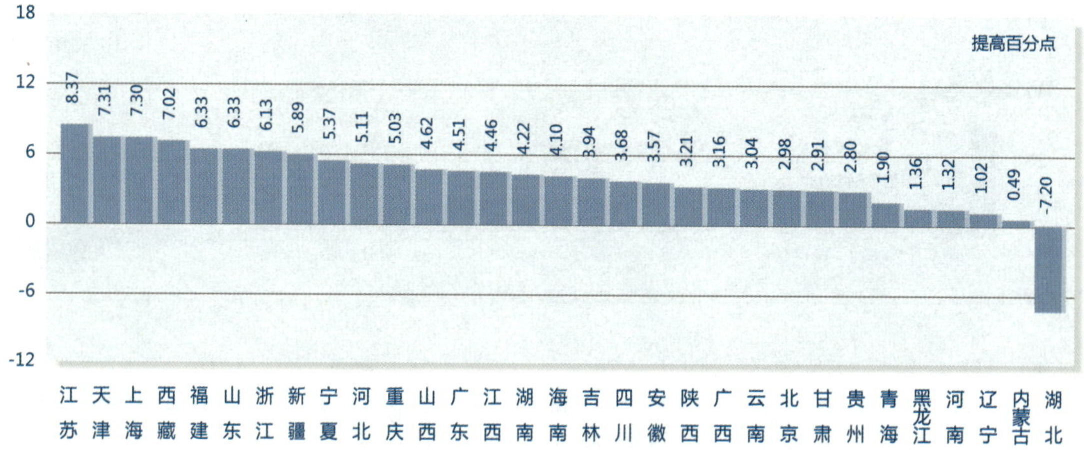

图2-156 当年评价值比上年评价值提高百分点

（三十六）资本生产率

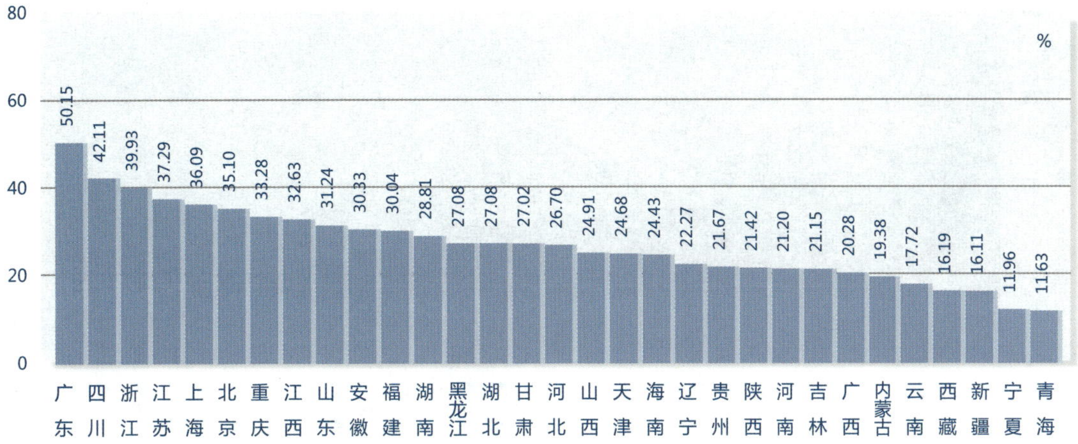

图2-157 当年评价值（三级指标/标准× 100%）

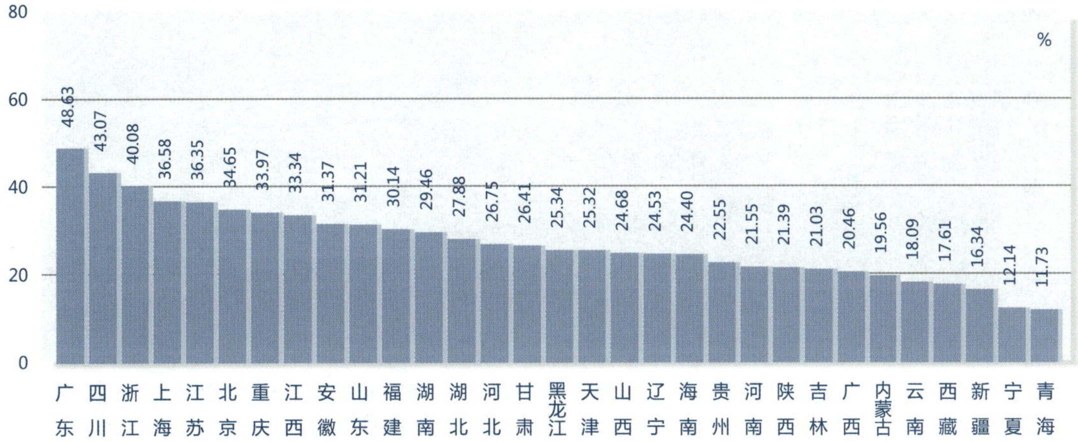

图2-158 上年评价值（三级指标/标准× 100%）

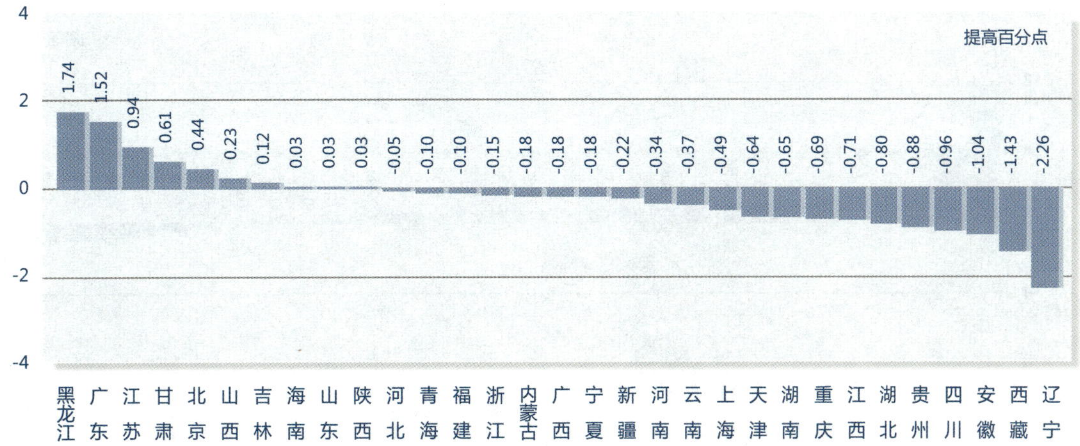

图2-159 当年评价值比上年评价值提高百分点

（三十七）综合能耗产出率

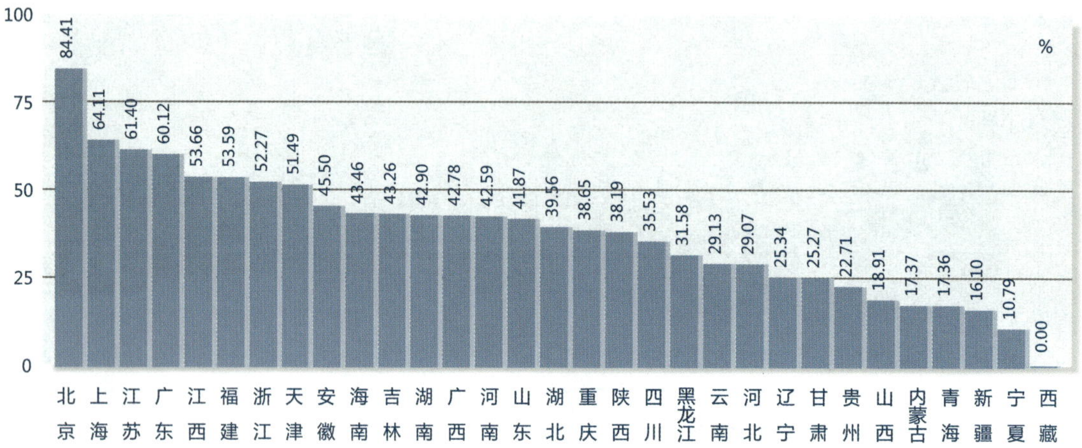

图2-160 当年评价值（三级指标/标准× 100%）

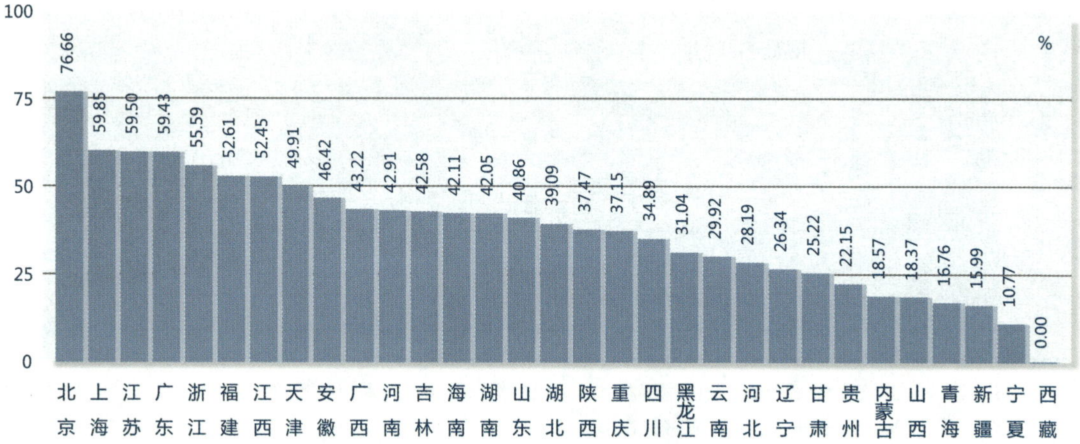

图2-161 上年评价值（三级指标/标准× 100%）

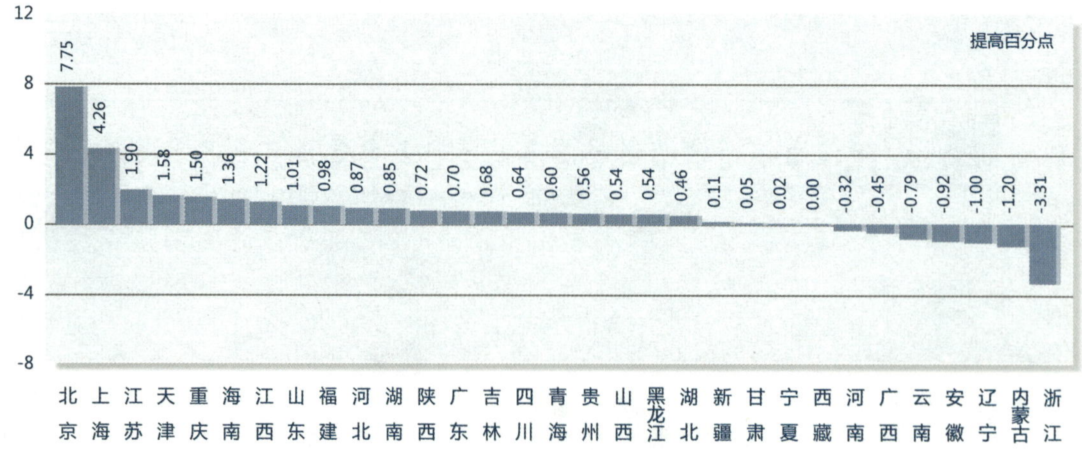

图2-162 当年评价值比上年评价值提高百分点

（三十八）装备制造业区位熵

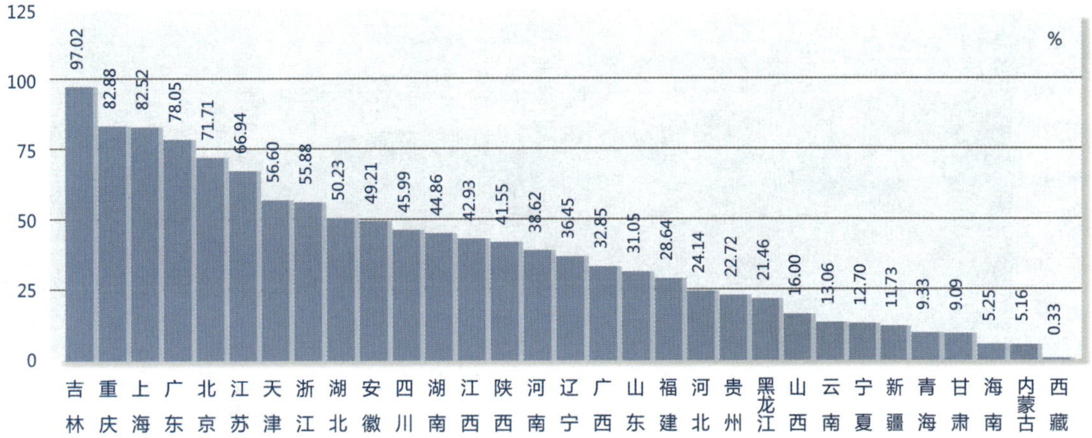

图2-163 当年评价值（三级指标/标准×100%）

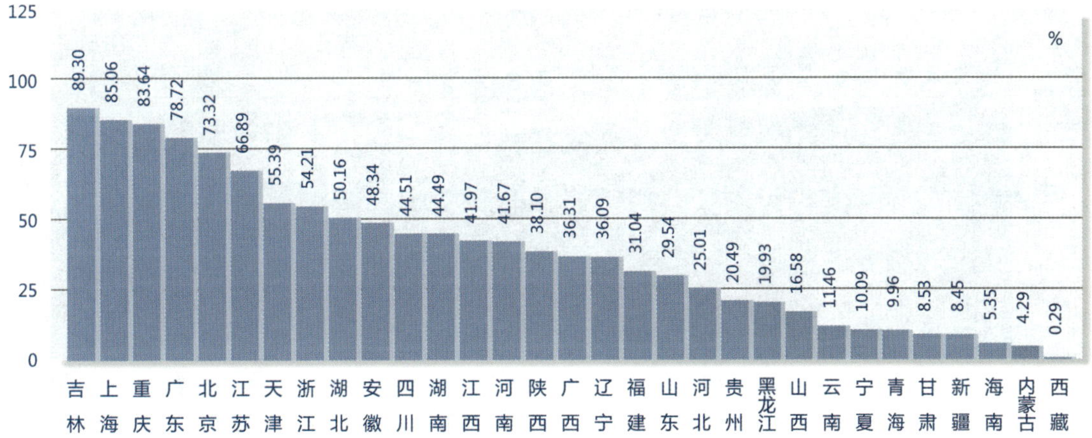

图2-164 上年评价值（三级指标/标准×100%）

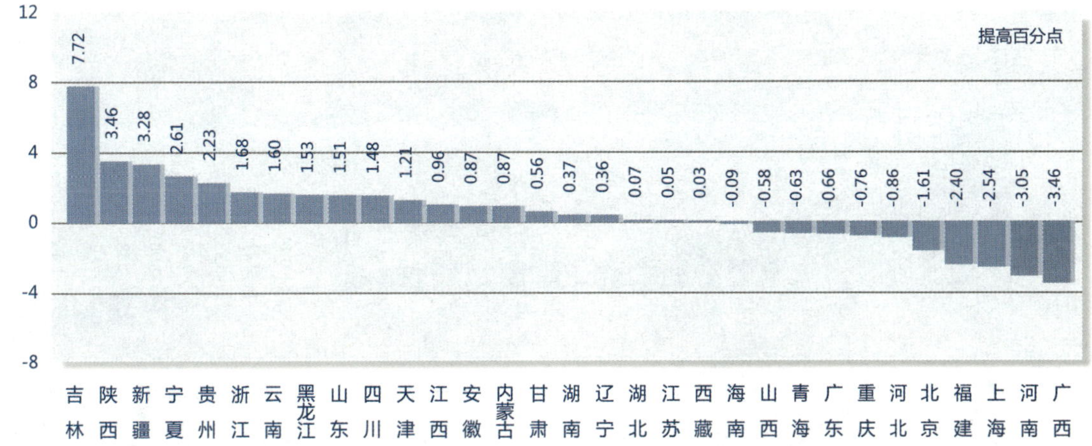

图2-165 当年评价值比上年评价值提高百分点

（三十九）环境质量指数

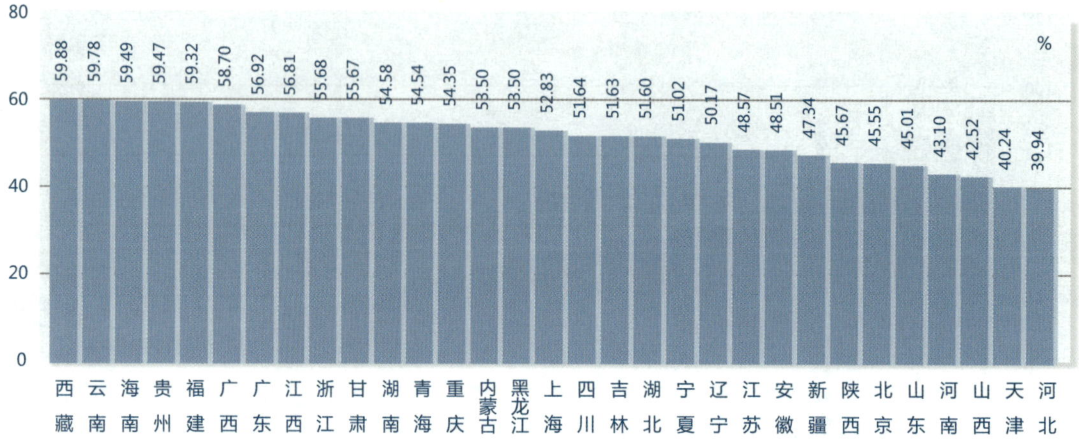

图2-166 当年评价值（三级指标/标准× 100%）

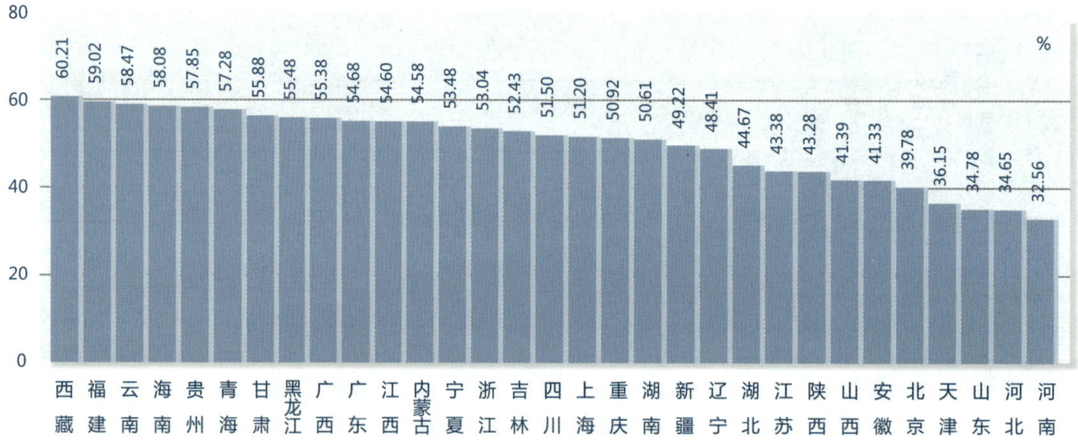

图2-167 上年评价值（三级指标/标准× 100%）

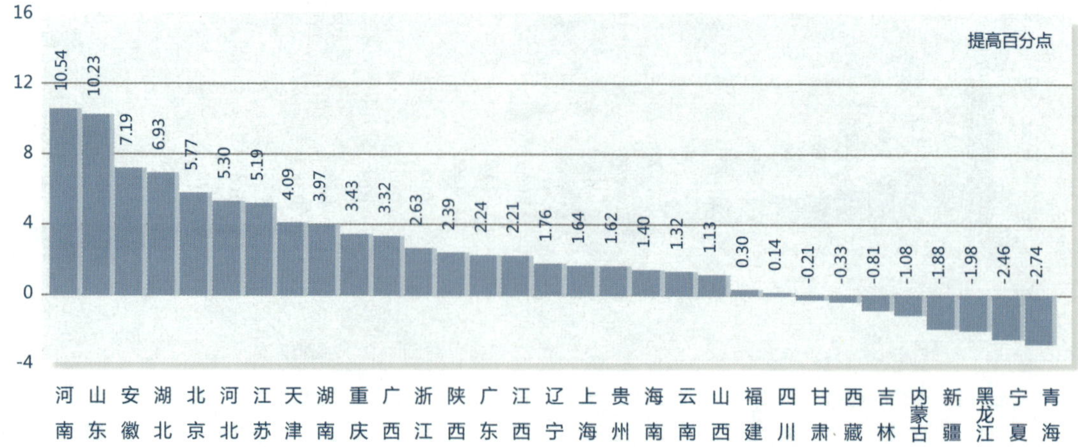

图2-168 当年评价值比上年评价值提高百分点

（四十）环境污染治理指数

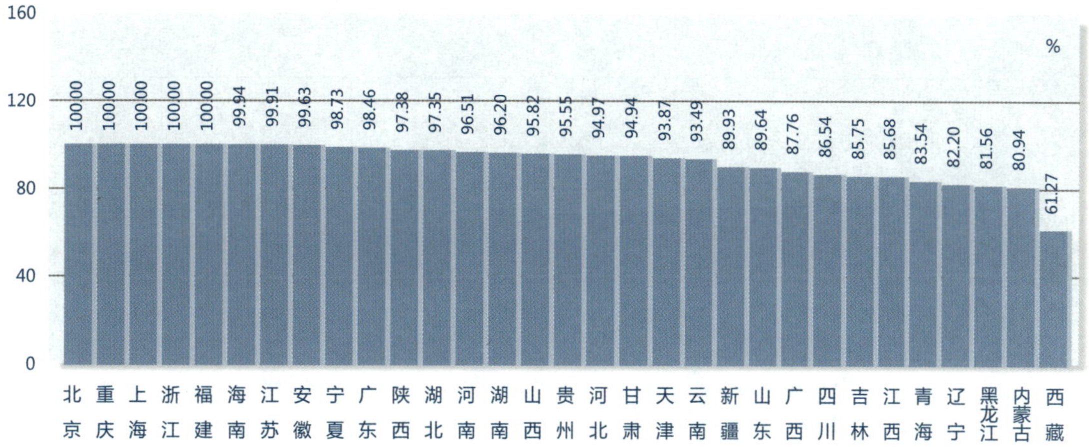

图2-169 当年评价值（三级指标/标准× 100%）

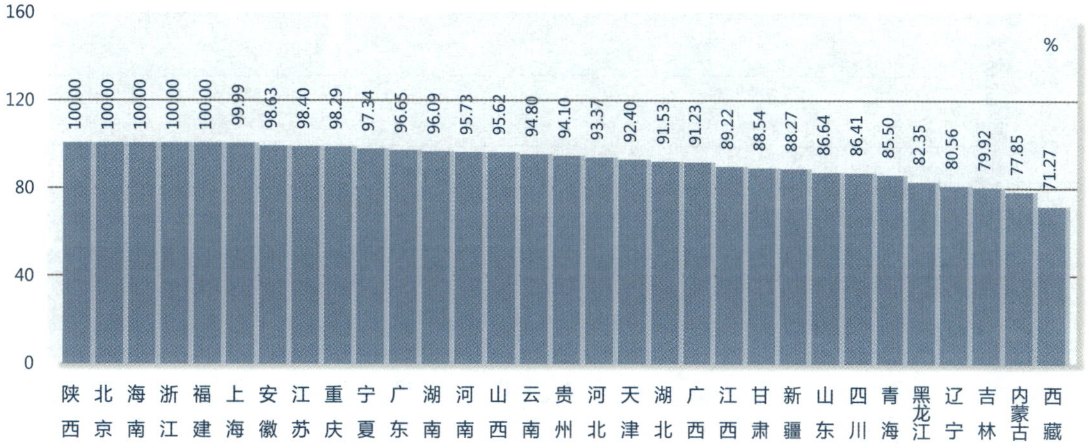

图2-170 上年评价值（三级指标/标准× 100%）

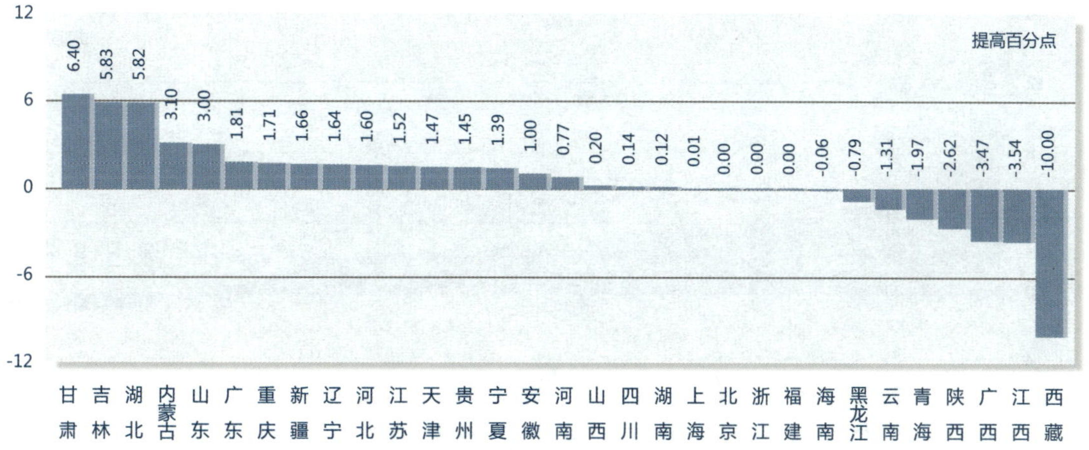

图2-171 当年评价值比上年评价值提高百分点

（四十一）万人移动互联网用户数

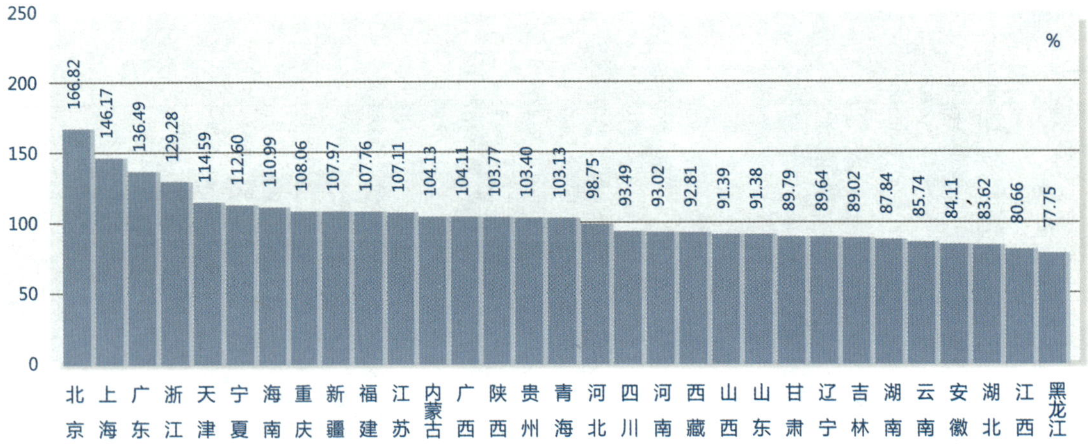

图2-172 当年评价值（三级指标/标准× 100%）

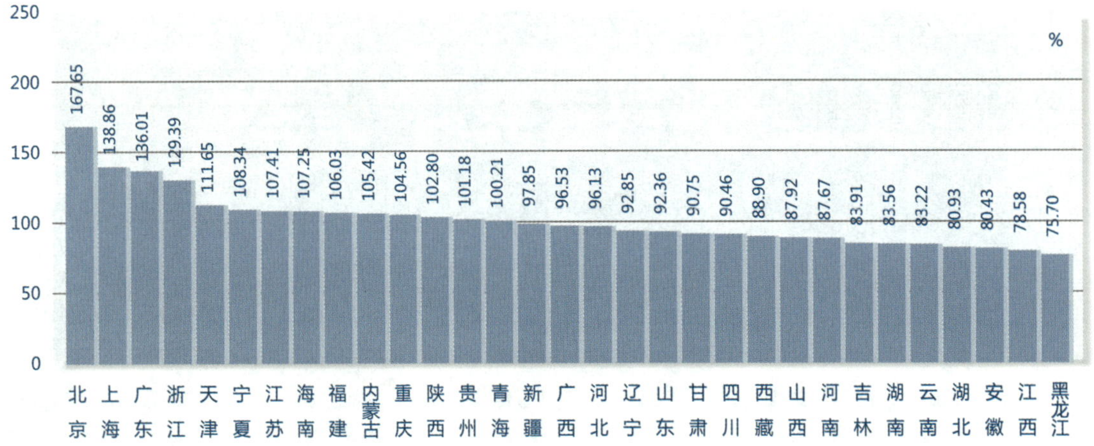

图2-173 上年评价值（三级指标/标准× 100%）

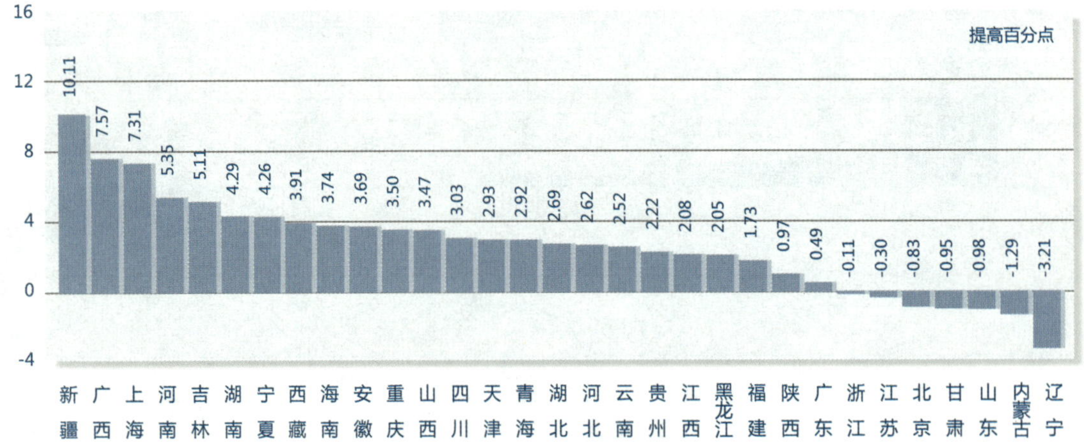

图2-174 当年评价值比上年评价值提高百分点

（四十二）信息传输、软件和信息技术服务业增加值占生产总值比重

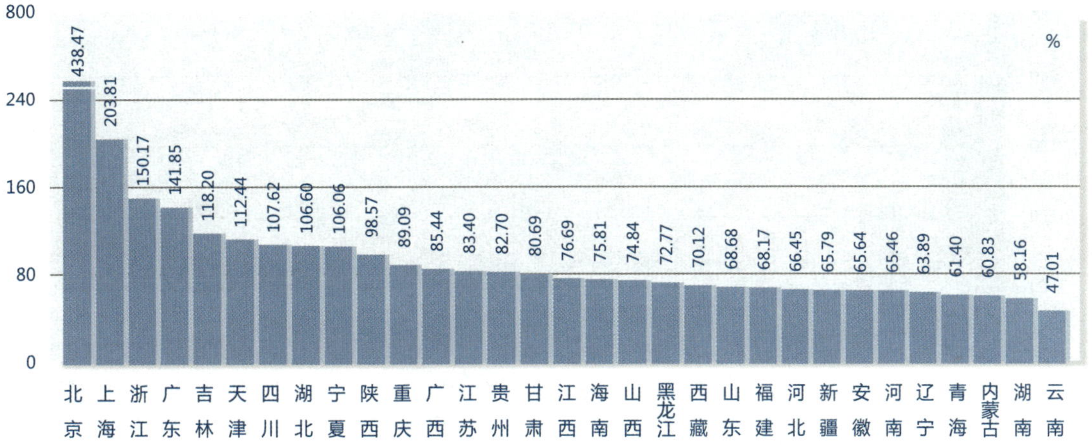

图2-175 当年评价值（三级指标/标准× 100%）

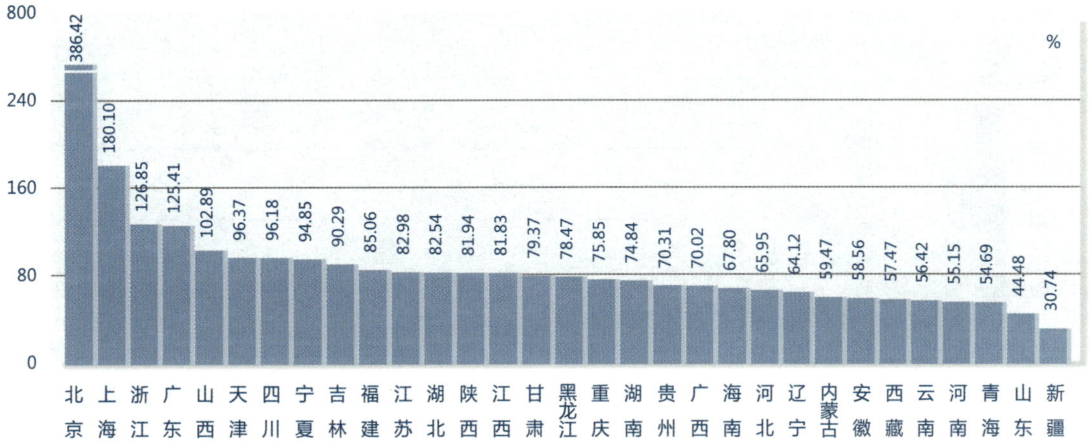

图2-176 上年评价值（三级指标/标准× 100%）

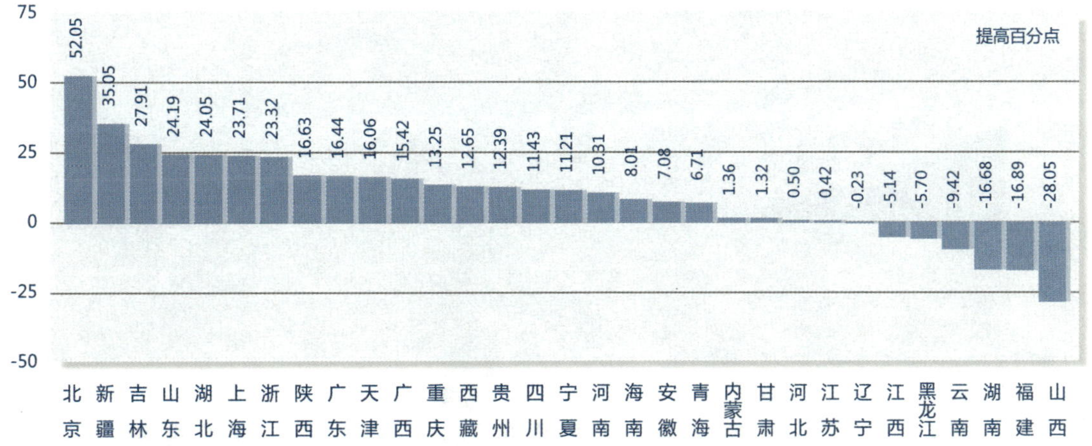

图2-177 当年评价值比上年评价值提高百分点

（四十三）电子商务销售额与GDP比值

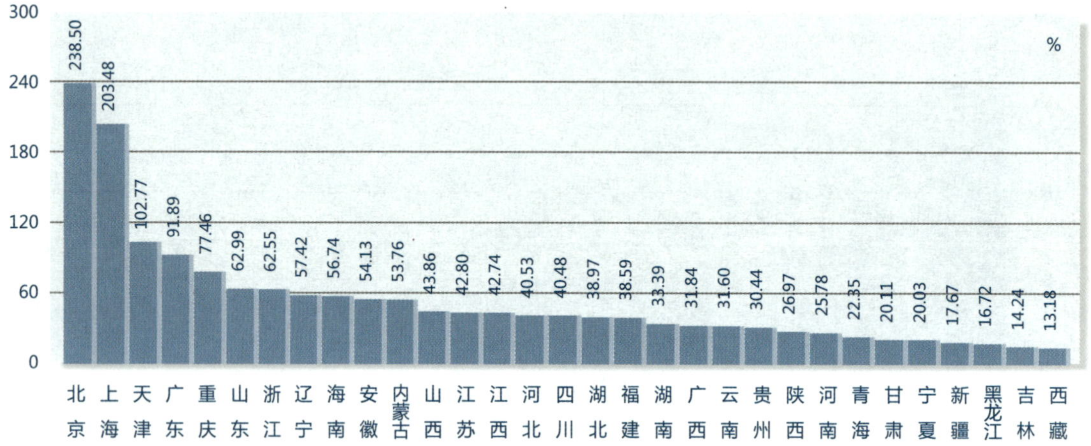

图2-178 当年评价值（三级指标/标准× 100%）

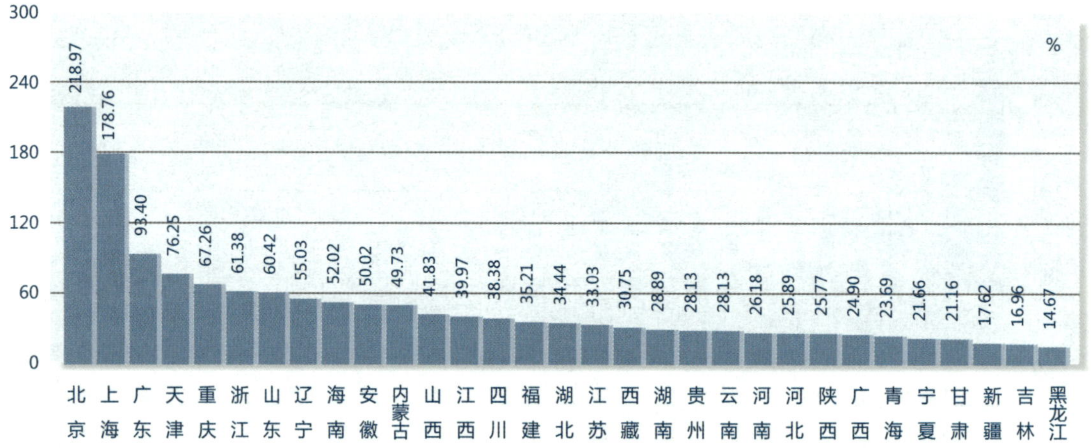

图2-179 上年评价值（三级指标/标准× 100%）

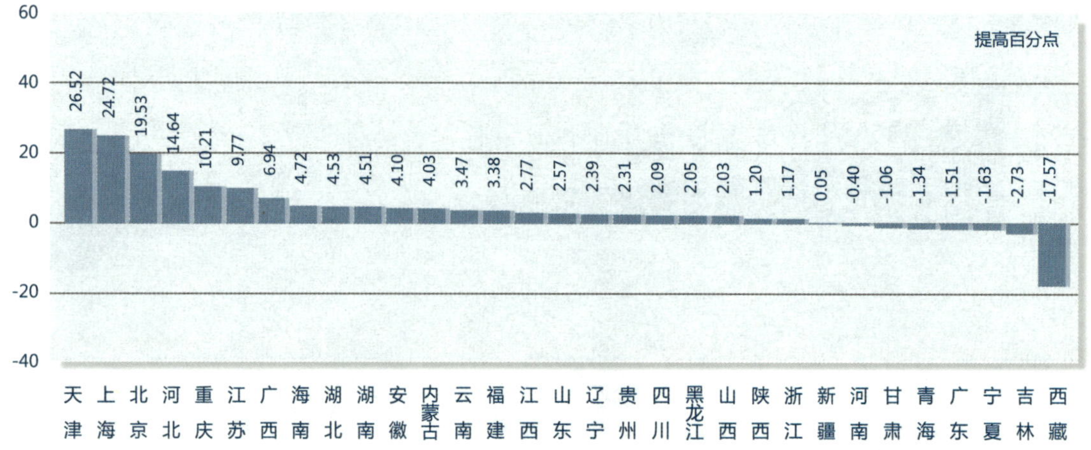

图2-180 当年评价值比上年评价值提高百分点

第三部分 区域科技创新分析

一、区域综合科技创新水平与上年及全国水平比较

在区域综合科技创新水平分析中，可通过雷达图来观察5个一级指标和12个二级指标达到、超过或低于全国平均水平的程度，与上年水平比较发生的变化，以及指标之间的发展均衡性。

与本地区综合科技创新水平指数相联系，通过一、二、三级指标与上年评价值和位次的比较，可以观察到综合科技创新水平指数的变化与相关的各级指标变化之间的影响关系，以及在科技创新环境、科技活动投入、科技活动产出、高新技术产业化和科技促进经济社会发展方面的变动特征和态势，具体如下。

当评价值和相应的位次均比上年有所提高时，说明本地区与位次相邻地区比较有了明显的进步；

当评价值较上年有所提高，但相应的位次不变（或下降）时，说明本地区虽然比上年有所进步，但跟不上位次相邻地区进步的步伐；

当评价值较上年有所下降，但相应的位次不变（或提高）时，说明本地区虽然比上年有所退步，但位次相邻地区同样有所退步且退步更快；

当评价值和相应的位次均比上年有所下降时，说明本地区与位次相邻地区比较有了较明显的退步。

北京科技创新分析

近年来，北京以三城一区为主平台，以中关村示范区为主阵地，加快推进国际科技创新中心和世界领先科技园区建设，着力打造国家战略科技力量，在实现高水平科技自立自强方面取得了丰硕的成果，为北京市未来5年的科技发展铺好了“地基”，走出了北京国际科技创新中心建设的新路子。在今年的报告中，北京综合科技创新水平指数为86.22%，排在全国第2位。

一、科技人力资源全国第一

万人研究与发展（R&D）人员数、万人R&D研究人员数、十万人博士毕业生数、万人大专以上学历人数、万人高等学校在校学生数、十万人创新中介从业人员数均居全国首位。

二、科技活动产出全国最强

发明专利拥有量占到全国的14.72%，比上年增长了18.04%；万人发明专利拥有量增加了26.14件，全国最多；国内科技论文数和SCI收录科技论文数均占到全国14%以上，万人科技论文数达到36.24篇，保持在全国第1位。

三、技术成果转移转化全国领先

北京已成为引领技术成果转化的策源地。技术市场输出技术成交额占全国近1/4（22.36%）。与上年相比，增长了10.90%，万人输出技术成交额增加了2139.72万元; 技术市场吸纳技术成交额占到全国的11.07%，万人吸纳技术成交额达到11701.92万元；技术国际收入增长了7.13%，万元生产总值技术国际收入增加了1.48美元。

四、信息化水平全国最高

万人移动互联网用户数、电子商务销售额与GDP比值、信息传输、软件和信息技术服务业增加值占生产总值比重位次均保持全国第一。

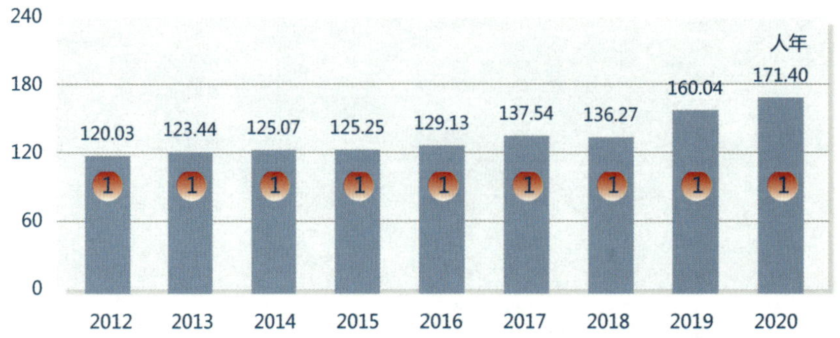

图3-1 万人研究与发展（R&D）人员数及位次

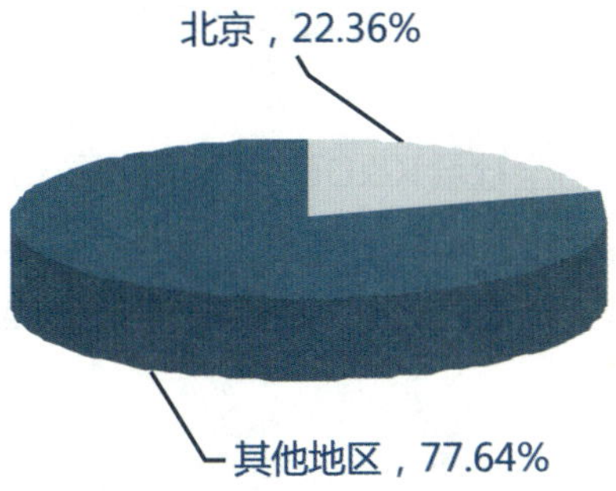

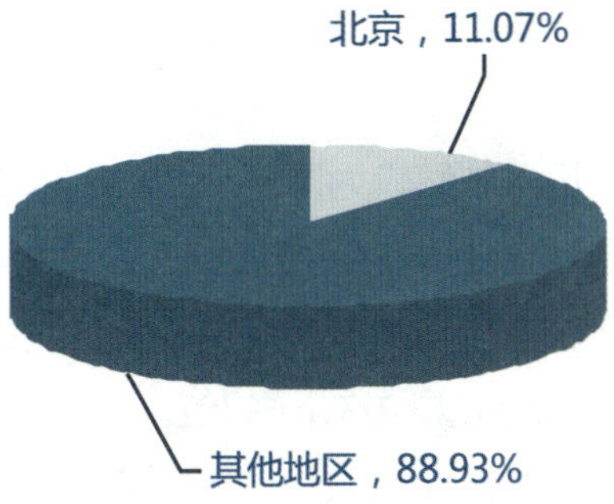

图3-2 技术市场输出技术成交额占全国比重 图3-3 技术市场吸纳技术成交额占全国比重

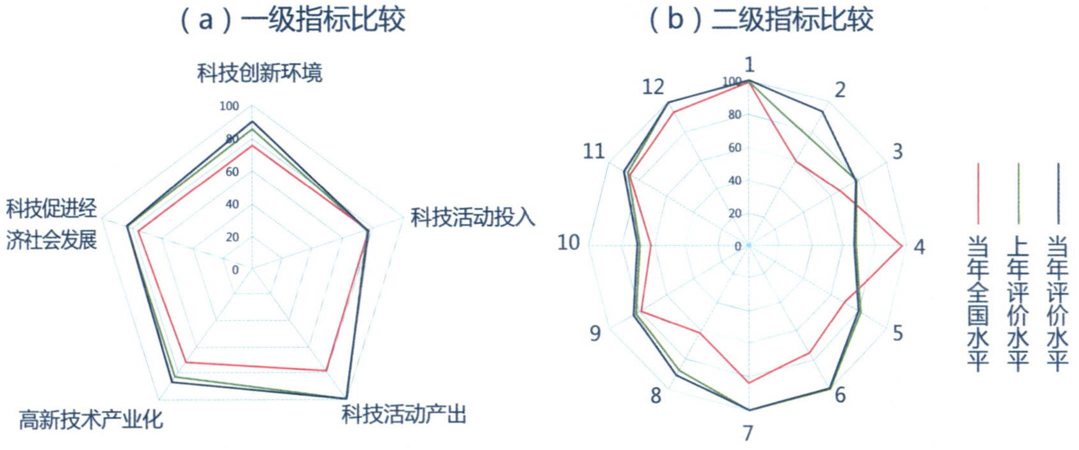

图3-4 北京一、二级评价指标与上年水平和全国水平比较

图例：1．科技人力资源　2．科研物质条件　3．科技意识　4．科技活动人力投入
5．科技活动财力投入　6．科技活动产出水平　7．技术成果市场化　8．高新技术产业化水平
9．高新技术产业化效益　10．经济发展方式转变　11．环境改善　12．社会生活信息化

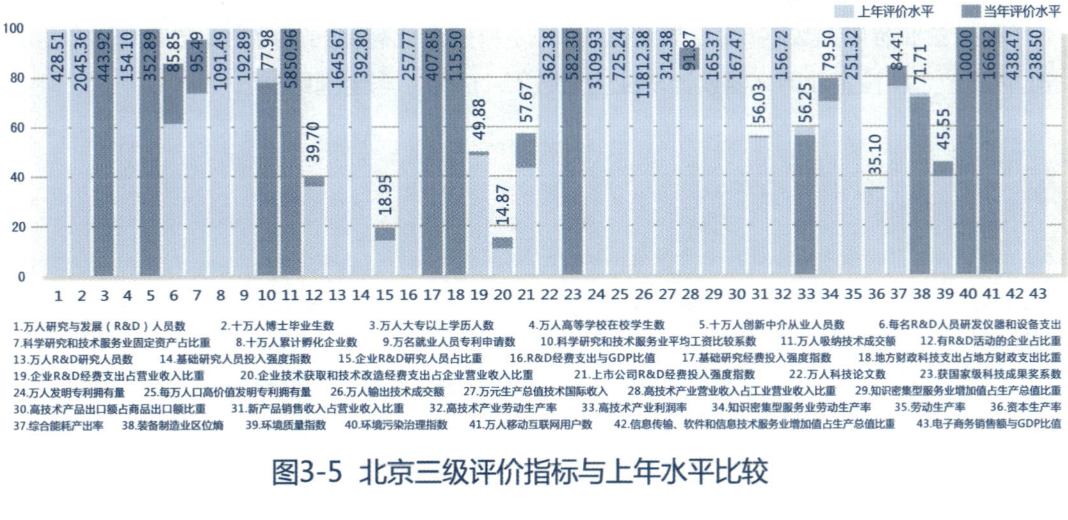

图3-5 北京三级评价指标与上年水平比较

北京与上海的差距有所缩小。综合科技创新水平指数低于上海0.91个百分点，差距比上年缩小0.87个百分点，在一级指标中，只有科技活动投入指数低于上海8.45个百分点。

企业投入依然较为薄弱。企业R&D研究人员占全社会R&D研究人员比重位次排在全国第30位；企业R&D经费支出占营业收入比重虽然较上年有所提高，但位次下降了1位；企业技术获取和技术改造经费支出占企业营业收入比重位次排在第14位；新产品销售收入占营业收入比重位次下降2位。

高新技术产业化效益较低。知识密集型服务业劳动生产率排在全国第27位；高技术产业利润率位次下降了7位。

环境质量指数位次排在全国第26位。

北京创新发展主要指标及位次

总人口2189万人；地区生产总值36102.55亿元，居全国第13位；人均生产总值16.49万元，居全国第1位；知识密集型服务业增加值17911.07亿元，居全国第2位；规模以上工业企业营业收入23849.02亿元，居全国第16位；高新技术企业数23991个，居全国第3位；高新技术企业总收入45664.64亿元，居全国第3位。

R&D经费内部支出2326.58亿元，居全国第3位，与生产总值比值6.44%，居全国第1位；R&D经费中基础研究经费支出373.10亿元，居全国第1位；企业R&D经费内部支出297.42亿元，居全国第16位；地方财政科技支出410.96亿元，居全国第4位。

大专以上学历人数919.08万人，居全国第8位；R&D人员数33.63人年，居全国第5位；R&D人员中基础研究人员数7.51万人年，居全国第1位；企业R&D人员数4.62万人年，居全国第17位。

高技术产品出口额197.63亿美元，居全国第9位；技术市场输出技术成交额6316.16亿元，居全国第1位；发明专利拥有量33.56万件，居全国第2位；移动互联网用户数3272.85万户，居全国第19位。

科技企业孵化器数246个，居全国第7位；科技企业孵化器在孵企业数13008个，居全国第5位；科技企业孵化器累计毕业企业数21414个，居全国第3位。

表3-1 北京各级评价指标和位次与上年比较

指标名称	评价值 当年	评价值 上年	位次 当年	位次 上年
科技创新环境	91.01	85.60	2	2
科技人力资源	100.00	100.00	1	1
万人研究与发展（R&D）人员数	171.41	160.04	1	1
十万人博士毕业生数	102.27	95.08	1	1
万人大专以上学历人数	4439.24	5048.59	1	1
万人高等学校在校学生数	539.35	532.00	1	1
十万人创新中介从业人员数	10.59	10.90	1	1
科研物质条件	92.54	74.40	3	4
每名R&D人员研发仪器和设备支出	5.15	3.71	4	11
科学研究和技术服务业固定资产占比重	2.86	2.22	3	5
十万人累计孵化企业数	109.15	76.92	1	1
科技意识	77.51	77.58	5	4
万名就业人员专利申请数	192.89	171.60	3	3
科学研究和技术服务业平均工资比较系数	155.97	167.49	5	4
万人吸纳技术成交额	11701.92	12161.48	1	1
有R&D活动的企业占比重	39.70	36.11	5	6
科技活动投入	75.54	74.49	10	6
科技活动人力投入	67.58	65.68	27	26
万人R&D研究人员数	115.20	106.02	1	1
基础研究人员投入强度指数	3.93	3.27	1	1
企业R&D研究人员占比重	13.26	9.94	30	31
科技活动财力投入	78.96	78.26	6	5
R&D经费支出与GDP比值	6.44	6.31	1	1
基础研究经费投入强度指数	4.08	4.24	1	1
地方财政科技支出占地方财政支出比重	5.78	5.85	1	2
企业R&D经费支出占营业收入比重	1.25	1.22	11	10
企业技术获取和技术改造经费支出占企业营业收入比重	0.37	0.27	14	21
上市公司R&D经费投入强度指数	0.58	0.44	2	2
科技活动产出	100.00	100.00	1	1
科技活动产出水平	100.00	100.00	1	1
万人科技论文数	36.24	35.85	1	1
获国家级科技成果奖系数	29.12	33.57	1	1
万人发明专利拥有量	171.05	144.90	1	1
每万人口高价值发明专利拥有量	87.03	73.73	1	1
技术成果市场化	100.00	100.00	1	1
万人输出技术成交额	23624.75	21485.03	1	1
万元生产总值技术国际收入	31.44	29.95	2	2
高新技术产业化	85.91	83.10	1	2
高新技术产业化水平	88.77	86.13	1	1
高技术产业营业收入占工业营业收入比重	27.56	24.98	3	3
知识密集型服务业增加值占生产总值比重	49.61	47.32	1	1
高技术产品出口额占商品出口额比重	66.99	59.41	4	4
新产品销售收入占营业收入比重	22.41	22.29	8	6
高新技术产业化效益	83.05	80.08	18	22
高技术产业劳动生产率	188.06	168.22	2	2
高技术产业利润率	8.44	8.92	17	10
知识密集型服务业劳动生产率	47.70	42.28	27	27
科技促进经济社会发展	83.19	82.62	2	3
经济发展方式转变	69.65	68.86	2	3
劳动生产率	20.11	19.87	3	3
资本生产率	0.35	0.35	6	6
综合能耗产出率	35.45	32.20	1	1
装备制造业区位熵	143.42	146.63	5	5
环境改善	89.11	87.96	10	9
环境质量指数	45.55	39.78	26	27
环境污染治理指数	100.00	100.00	1	1
社会生活信息化	100.00	100.00	1	1
万人移动互联网用户数	16682.04	16765.37	1	1
信息传输、软件和信息技术服务业增加值占生产总值比重	15.35	13.52	1	1
电子商务销售额与GDP比值	0.72	0.66	1	1

天津科技创新分析

天津深入贯彻落实习近平总书记对天津工作“三个着力”重要要求和一系列重要指示批示精神，全面贯彻新发展理念，坚定不移走高质量发展之路，深度融入京津冀区域协同发展，创新能力进一步提升。在今年的报告中，天津综合科技创新水平指数为83.50%，重回三甲，得分与上年相比，提高了2.62个百分点。

一、科技创新环境全国最优

科技人力资源指数和科研物质条件指数保持在全国首位，每名R&D人员研发仪器和设备支出升至全国第一，这是天津各项科技创新指标中的最大亮点。

二、活动产出水平保持全国第一

国际科技论文数比上年增长了18.45%；发明专利拥有量增长了9.87%，万人发明专利拥有量增加了2.64件; 获国家级科技成果奖增长了6.21%。

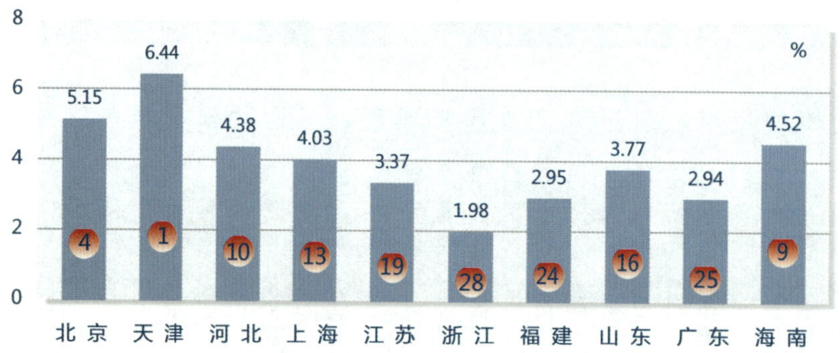

图3-6 沿海部分地区每名R&D人员研发仪器和设备支出及位次

三、社会生活信息化大幅提升

电子商务销售额比上年增长了34.58%，与GDP比值增加了0.08亿元；信息传输、软件和信息技术服务业增加值增长了16.50%，占生产总值比重提高了0.56个百分点；移动互联网用户数增长了2.63%，万人移动互联网用户数增加了293.33户。

创新人力投入持续下降。R&D人员数比上年下降了2.01%，万人研究与发展（R&D）人员数减少了1.43人年；企业R&D人员数下降1.00%；大专以上学历人数下降了12.71%，万人大专以上学历人数减少了45.56人。

企业创新较为薄弱。有R&D活动的企业数占规模以上工业企业比重虽然有所提高，但位次却持续下降，继上年下降6位后再次下降3位；企业R&D研究人员占全社会R&D研究人员比重位次排在第18位；企业R&D经费内部支出占营业收入比重位次下降至第13位；企业消化吸收经费支出下降了100.00%，企业技术获取和技术改造经费支出占企业营业收入比重位次排在全国第26位。

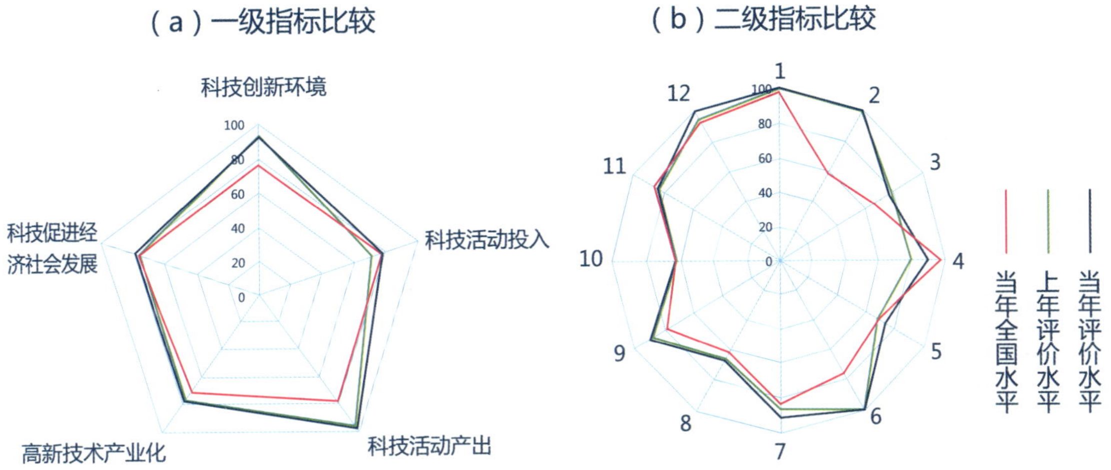

图3-7 天津一、二级评价指标与上年水平和全国水平比较

图例：1．科技人力资源　2．科研物质条件　3．科技意识　4．科技活动人力投入
5．科技活动财力投入　6．科技活动产出水平　7．技术成果市场化　8．高新技术产业化水平
9．高新技术产业化效益　10．经济发展方式转变　11．环境改善　12．社会生活信息化

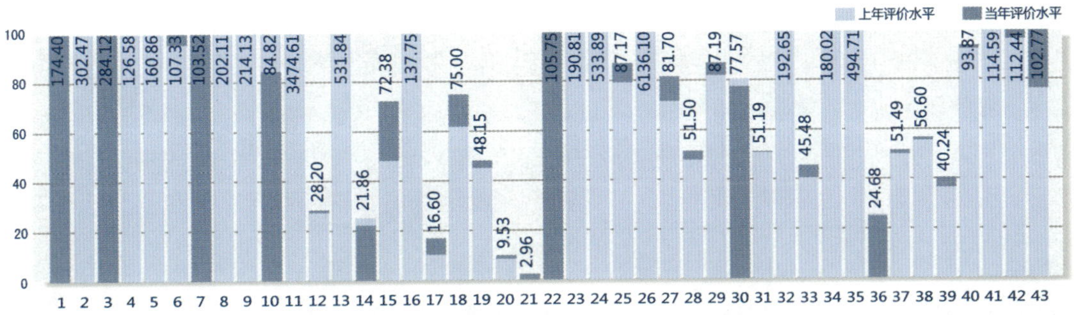

1.万人研究与发展（R&D）人员数　2.十万人博士毕业生数　3.万人大专以上学历人数　4.万人高等学校在校学生数　5.十万人创新中介从业人员数　6.每名R&D人员研发仪器和设备支出
7.科学研究和技术服务业固定资产占比重　8.十万人累计孵化企业数　9.万名就业人员专利申请数　10.科学研究和技术服务业平均工资比较系数　11.万人吸纳技术成交额　12.有R&D活动的企业占比重
13.万人R&D研究人员数　14.基础研究人员投入强度指数　15.企业R&D研究人员占比重　16.R&D经费支出与GDP比值　17.基础研究经费投入强度指数　18.地方财政科技支出占地方财政支出比重
19.企业R&D经费支出占营业收入比重　20.企业技术获取和技术改造经费支出占企业营业收入比重　21.上市公司R&D经费投入强度指数　22.万人科技论文数　23.获国家级科技成果奖系数
24.万人发明专利拥有量　25.每万人口高价值发明专利拥有量　26.万人输出技术成交额　27.万元生产总值技术国际收入　28.高技术产业营业收入占工业营业收入比重　29.知识密集型服务业增加值占生产总值比重
30.高技术产品出口额占商品出口额比重　31.新产品销售收入占营业收入比重　32.高技术产业劳动生产率　33.高技术产业利润率　34.知识密集型服务业劳动生产率　35.劳动生产率　36.资本生产率
37.综合能耗产出率　38.装备制造业区位熵　39.环境质量指数　40.环境污染治理指数　41.万人移动互联网用户数　42.信息传输、软件和信息技术服务业增加值占生产总值比重　43.电子商务销售额与GDP比值

图3-8 天津三级评价指标与上年水平比较

高技术产品出口额比上年下降了5.40%，占商品出口额比重下降了1.23个百分点，位次排在全国第12位；高技术产业利润率位次排在全国第18位。

资本使用效率较低，资本生产率下降至全国第18位。

环境改善不理想。环境质量指数位次下降至全国第30位；环境污染治理指数下降至全国第19位。

天津创新发展主要指标及位次

总人口1387万人；地区生产总值14083.73亿元，居全国第23位；人均生产总值10.16万元，居全国第5位；知识密集型服务业增加值3683.88亿元，居全国第17位；规模以上工业企业营业收入19006.15亿元，居全国第19位；高新技术企业数7350个，居全国第12位；高新技术企业总收入11483.62亿元，居全国第14位。

R&D经费内部支出485.01亿元，居全国第17位，与生产总值比值3.44%，居全国第3位；R&D经费中基础研究经费支出34.36亿元，居全国第13位；企业R&D经费内部支出228.77亿元，居全国第18位；地方财政科技支出118.17亿元，居全国第14位。

大专以上学历人数373.55万人，居全国第26位；R&D人员数9.06万人年，居全国第18位；R&D人员中基础研究人员数0.92万人年，居全国第16位；企业R&D人员数4.52万人年，居全国第18位。

高技术产品出口额125.90亿美元，居全国第14位；技术市场输出技术成交额1089.56亿元，居全国第10位；发明专利拥有量3.82万件，居全国第15位；移动互联网用户数1488.82万户，居全国第27位。

科技企业孵化器数104个，居全国第18位；科技企业孵化器在孵企业数5037个，居全国第15位；科技企业孵化器累计毕业企业数2626个，居全国第19位。

表3-2 天津各级评价指标和位次与上年比较

指标名称	评价值 当年	评价值 上年	位次 当年	位次 上年
科技创新环境	92.63	92.91	1	1
科技人力资源	100.00	100.00	1	1
万人研究与发展（R&D）人员数	69.76	71.19	6	6
十万人博士毕业生数	15.12	13.35	3	3
万人大专以上学历人数	2841.24	2886.79	3	3
万人高等学校在校学生数	443.03	421.40	2	2
十万人创新中介从业人员数	4.83	4.53	4	6
科研物质条件	100.00	98.39	1	1
每名R&D人员研发仪器和设备支出	6.44	5.76	1	3
科学研究和技术服务业固定资产占比重	3.11	3.31	2	2
十万人累计孵化企业数	20.21	19.08	5	4
科技意识	75.42	77.97	6	3
万名就业人员专利申请数	214.13	184.42	2	2
科学研究和技术服务业平均工资比较系数	169.63	198.77	3	1
万人吸纳技术成交额	6949.22	5114.01	2	2
有R&D活动的企业占比重	28.20	26.97	16	13
科技活动投入	76.90	71.04	7	9
科技活动人力投入	88.95	79.28	16	16
万人R&D研究人员数	37.23	37.16	3	3
基础研究人员投入强度指数	0.22	0.25	17	15
企业R&D研究人员占比重	50.67	33.73	18	18
科技活动财力投入	71.74	67.51	7	7
R&D经费支出与GDP比值	3.44	3.28	3	3
基础研究经费投入强度指数	0.17	0.10	10	20
地方财政科技支出占地方财政支出比重	3.75	3.09	7	8
企业R&D经费支出占营业收入比重	1.20	1.13	13	12
企业技术获取和技术改造经费支出占企业营业收入比重	0.24	0.20	26	27
上市公司R&D经费投入强度指数	0.03	0.03	13	14
科技活动产出	96.34	94.33	3	3
科技活动产出水平	100.00	100.00	1	1
万人科技论文数	10.58	10.60	3	3
获国家级科技成果奖系数	9.54	8.80	8	10
万人发明专利拥有量	29.36	26.73	6	6
每万人口高价值发明专利拥有量	10.46	9.52	7	7
技术成果市场化	90.85	85.82	4	4
万人输出技术成交额	12272.21	10075.30	2	2
万元生产总值技术国际收入	8.17	7.16	4	4
高新技术产业化	77.75	76.58	6	5
高新技术产业化水平	66.40	65.09	6	6
高技术产业营业收入占工业营业收入比重	15.45	14.34	8	8
知识密集型服务业增加值占生产总值比重	26.16	24.62	3	3
高技术产品出口额占商品出口额比重	31.03	32.26	12	12
新产品销售收入占营业收入比重	20.48	20.28	10	10
高新技术产业化效益	89.10	88.07	8	9
高技术产业劳动生产率	231.18	219.06	1	1
高技术产业利润率	6.82	6.05	18	20
知识密集型服务业劳动生产率	108.01	94.79	1	1
科技促进经济社会发展	77.81	75.33	6	6
经济发展方式转变	60.68	60.66	10	10
劳动生产率	39.58	38.99	1	1
资本生产率	0.25	0.25	18	17
综合能耗产出率	21.63	20.96	8	8
装备制造业区位熵	113.20	110.77	7	7
环境改善	83.14	81.15	20	22
环境质量指数	40.24	36.15	30	28
环境污染治理指数	93.87	92.40	19	18
社会生活信息化	100.00	93.80	1	4
万人移动互联网用户数	11458.72	11165.38	5	5
信息传输、软件和信息技术服务业增加值占生产总值比重	3.94	3.37	6	6
电子商务销售额与GDP比值	0.31	0.23	3	4

河北科技创新分析

深入学习贯彻习近平总书记关于科技创新的重要论述和对河北工作一系列重要指示精神，深入实施创新驱动发展战略，扎实推进京津冀协同发展向深度广度拓展，科技创新能力进一步增强。在今年的报告中，河北综合科技创新水平指数达到60.97%，排在全国第20位，比上年下降了2位，得分与上年相比，提高了2.71个百分点。

一、政府科技投入力度加大

地方财政科技支出比上年增长了12.20%，占地方财政支出比重提高了0.04个百分点，位次上升了2位。

二、科技活动产出进一步提高

SCI收录科技论文数比上年增长了8.98%；发明专利拥有量增长了18.29%，万人发明专利拥有量增加了0.73件；技术市场输出技术成交额增长了45.59%，万人输出技术成交额增加了279.58万元。

三、科技意识不断增强

专利申请数比上年增长了24.03%，万名就业人员专利申请数增加了6.42件；有R&D活动的企业数增长了33.43%，占规模以上工业企业比重提高了4.19个百分点，位次上升了2位；技术市场吸纳技术成交额增长了21.09%，万人吸纳技术成交额增加了201.68万元。

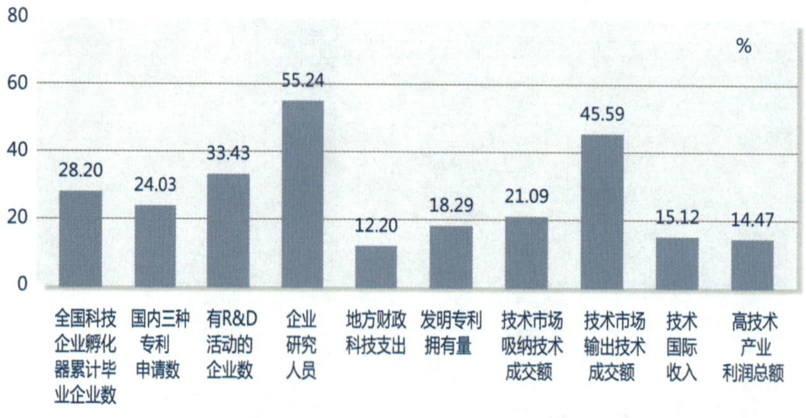

图3-9 部分增长较快的指标

四、高新技术产业化效益上涨

高技术产业利润总额比上年增长了14.47%，高技术产业利润率提高了0.64个百分点；知识密集型服务业增加值增长了11.30%，知识密集型服务业劳动生产率提高了9.37万元/人，位次上升了2位。

创新人力资源不足。高等学校在校学生数增长缓慢，万人高等学校在校学生数位次下降了5位；十万人博士毕业生数位次下降了3位；企业R&D研究人员占全社会R&D研究人员比重位次下降了2位。

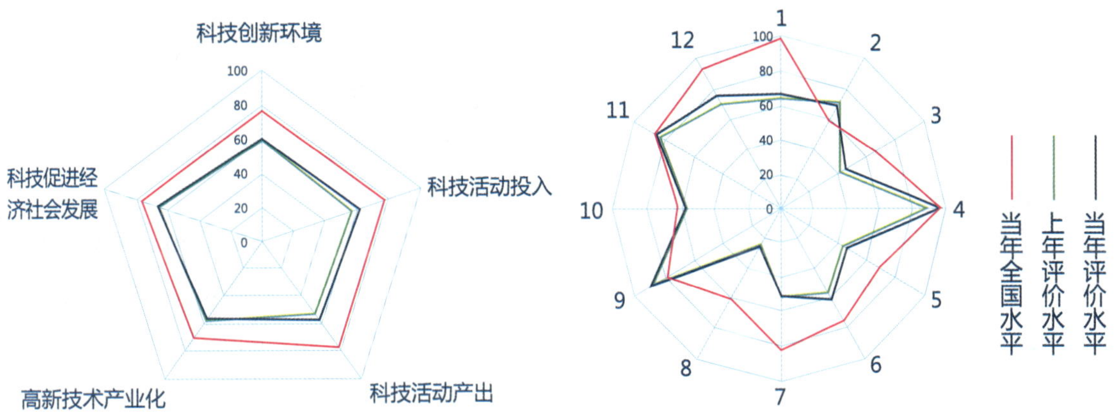

图3-10 河北一、二级评价指标与上年水平和全国水平比较

图例：1．科技人力资源 2．科研物质条件 3．科技意识 4．科技活动人力投入 5．科技活动财力投入 6．科技活动产出水平 7．技术成果市场化 8．高新技术产业化水平 9．高新技术产业化效益 10．经济发展方式转变 11．环境改善 12．社会生活信息化

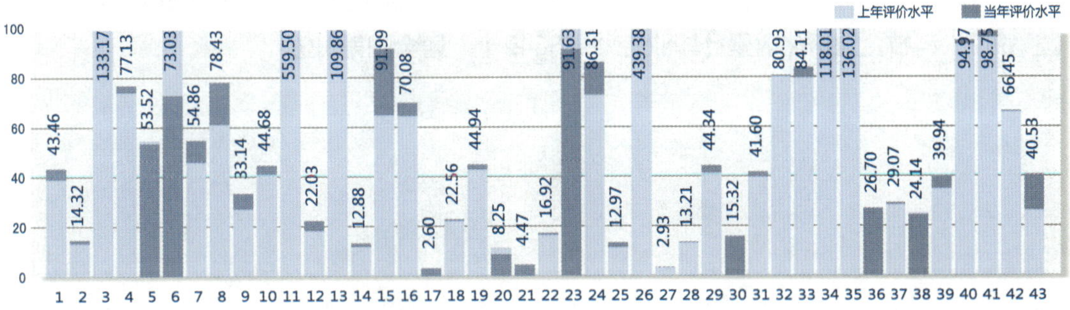

1.万人研究与发展（R&D）人员数 2.十万人博士毕业生数 3.万人大专以上学历人数 4.万人高等学校在校学生数 5.十万人创新中介从业人员数 6.每名R&D人员研发仪器和设备支出 7.科学研究和技术服务业固定资产占比重 8.十万人累计孵化企业数 9.万名就业人员专利申请数 10.科学研究和技术服务业平均工资比较系数 11.万人吸纳技术成交额 12.有R&D活动的企业占比重 13.万人R&D研究人员数 14.基础研究人员投入强度指数 15.企业R&D研究人员占比重 16.R&D经费支出与GDP比值 17.基础研究经费投入强度指数 18.地方财政科技支出占地方财政支出比重 19.企业R&D经费支出占营业收入比重 20.企业技术获取和技术改造经费支出占企业营业收入比重 21.上市公司R&D经费投入强度指数 22.万人科技论文数 23.获国家级科技成果奖系数 24.万人发明专利拥有量 25.每万人口高价值发明专利拥有量 26.万人输出技术成交额 27.万元生产总值技术国际收入 28.高技术产业营业收入占工业营业收入比重 29.知识密集型服务业增加值占生产总值比重 30.高技术产品出口额占商品出口额比重 31.新产品销售收入占营业收入比重 32.高技术产业劳动生产率 33.高技术产业利润率 34.知识密集型服务业劳动生产率 35.劳动生产率 36.资本生产率 37.综合能耗产出率 38.装备制造业区位熵 39.环境质量指数 40.环境污染治理指数 41.万人移动互联网用户数 42.信息传输、软件和信息技术服务业增加值占生产总值比重 43.电子商务销售额与GDP比值

图3-11 河北三级评价指标与上年水平比较

企业创新财力投入减少。企业引进技术经费支出比上年下降了39.42%，企业消化吸收经费支出下降了47.77%，企业技术改造经费支出下降了23.46%，企业技术获取和技术改造经费支出下降了22.34%，占企业营业收入比重下降了0.07个百分点，位次下降了8位；企业R&D经费支出占营业收入比重虽然有所提高，但位次下降了2位。

研发仪器和设备支出比上年下降了27.99%，每名R&D人员研发仪器和设备支出减少了2.38万元，位次下降了9位。

高技术产品出口额增长缓慢，占商品出口额比重减少了0.22个百分点，位次下降至第28位。

环境质量指数下降至全国第31位。

河北创新发展主要指标及位次

总人口7464万人；地区生产总值36206.89亿元，居全国第12位；人均生产总值4.86万元，居全国第27位；知识密集型服务业增加值4816.27亿元，居全国第13位；规模以上工业企业营业收入43213.24亿元，居全国第8位；高新技术企业数9230个，居全国第8位；高新技术企业总收入22427.32亿元，居全国第8位。

R&D经费内部支出634.37亿元，居全国第13位，与生产总值比值1.75%，居全国第16位；R&D经费中基础研究经费支出15.55亿元，居全国第22位；企业R&D经费内部支出485.45亿元，居全国第11位；地方财政科技支出101.76亿元，居全国第16位。

大专以上学历人数926.49万人，居全国第7位；R&D人员数12.51万人年，居全国第13位；R&D人员中基础研究人员数0.83万人年，居全国第18位；企业R&D人员数8.63万人年，居全国第13位。

高技术产品出口额30.66亿美元，居全国第20位；技术市场输出技术成交额554.96亿元，居全国第14位；发明专利拥有量3.41万件，居全国第17位；移动互联网用户数7103.97万户，居全国第6位。

科技企业孵化器数274个，居全国第5位；科技企业孵化器在孵企业数8640个，居全国第9位；科技企业孵化器累计毕业企业数5642个，居全国第9位。

表3-3 河北各级评价指标和位次与上年比较

指标名称	评价值		位次	
	当年	上年	当年	上年
科技创新环境	59.84	58.96	19	17
科技人力资源	65.35	63.28	21	21
万人研究与发展（R&D）人员数	17.38	15.54	19	19
十万人博士毕业生数	0.72	0.64	27	24
万人大专以上学历人数	1331.67	1131.53	24	25
万人高等学校在校学生数	269.95	259.60	21	16
十万人创新中介从业人员数	1.61	1.65	21	21
科研物质条件	66.84	70.61	8	6
每名R&D人员研发仪器和设备支出	4.38	6.76	10	1
科学研究和技术服务业固定资产占比重	1.65	1.38	9	11
十万人累计孵化企业数	7.84	6.12	19	21
科技意识	45.49	41.54	18	20
万名就业人员专利申请数	33.14	26.72	16	16
科学研究和技术服务业平均工资比较系数	89.35	81.74	19	23
万人吸纳技术成交额	1119.00	917.32	16	17
有R&D活动的企业占比重	22.03	17.84	20	22
科技活动投入	61.05	55.95	19	19
科技活动人力投入	96.80	85.99	13	12
万人R&D研究人员数	7.69	7.01	21	21
基础研究人员投入强度指数	0.13	0.11	21	22
企业R&D研究人员占比重	64.40	45.48	14	12
科技活动财力投入	45.73	43.08	19	19
R&D经费支出与GDP比值	1.75	1.61	16	16
基础研究经费投入强度指数	0.03	0.03	27	27
地方财政科技支出占地方财政支出比重	1.13	1.09	21	23
企业R&D经费支出占营业收入比重	1.12	1.07	15	13
企业技术获取和技术改造经费支出占企业营业收入比重	0.21	0.28	28	20
上市公司R&D经费投入强度指数	0.04	0.05	11	11
科技活动产出	57.36	53.89	17	18
科技活动产出水平	61.29	55.61	17	19
万人科技论文数	1.69	1.61	25	25
获国家级科技成果奖系数	4.58	5.11	15	15
万人发明专利拥有量	4.75	4.01	21	20
每万人口高价值发明专利拥有量	1.56	1.32	20	22
技术成果市场化	51.47	51.31	22	19
万人输出技术成交额	878.76	599.18	16	16
万元生产总值技术国际收入	0.29	0.26	24	23
高新技术产业化	57.47	56.40	24	23
高新技术产业化水平	25.75	24.70	26	25
高技术产业营业收入占工业营业收入比重	3.96	3.83	27	27
知识密集型服务业增加值占生产总值比重	13.30	12.33	23	26
高技术产品出口额占商品出口额比重	6.13	6.34	28	27
新产品销售收入占营业收入比重	16.64	15.78	14	14
高新技术产业化效益	89.19	88.09	7	8
高技术产业劳动生产率	97.12	96.38	22	22
高技术产业利润率	12.62	11.97	8	7
知识密集型服务业劳动生产率	70.81	61.44	11	13
科技促进经济社会发展	66.56	64.76	17	20
经济发展方式转变	56.00	56.02	20	19
劳动生产率	10.88	10.47	17	17
资本生产率	0.27	0.27	16	14
综合能耗产出率	12.21	11.84	22	22
装备制造业区位熵	48.29	50.01	20	20
环境改善	83.96	81.63	19	21
环境质量指数	39.94	34.65	31	30
环境污染治理指数	94.97	93.37	17	17
社会生活信息化	74.19	70.01	20	22
万人移动互联网用户数	9875.40	9612.92	17	17
信息传输、软件和信息技术服务业增加值占生产总值比重	2.33	2.31	23	22
电子商务销售额与GDP比值	0.12	0.08	15	23

山西科技创新分析

山西省委、省政府坚决贯彻习近平总书记视察山西重要讲话和重要指示及省委、省政府重大决策部署，大力加强科技创新顶层设计和系统推动，全力推动一流创新生态“架梁立柱”，深入开展科技体制机制重塑性改革，科技创新取得新进展。在今年的报告中，山西综合科技创新水平指数为55.15%，仍排在全国第22位，得分与上年相比，提高了1.40个百分点。

一、企业研发财力投入速度中部最快

企业R&D经费内部支出比上年增长了13.11%，中部地区增长最快，占营业收入比重提高了0.06个百分点，位次上升了1位；企业技术改造经费支出增长了32.61%，企业技术获取和技术改造经费支出增长了28.50%，占企业营业收入比重提高了0.08个百分点，位次上升了4位。

二、高技术产品出口份额占出口商品六成以上

高技术产品出口额比上年增长了18.37%，占商品出口额比重提高了11.41个百分点，位次上升至全国第5位，中部地区第1位。

三、政府科技投入力度加大

地方财政科技支出比上年增长了14.50%，占地方财政支出比重提高了0.07个百分点，位次上升了3位。

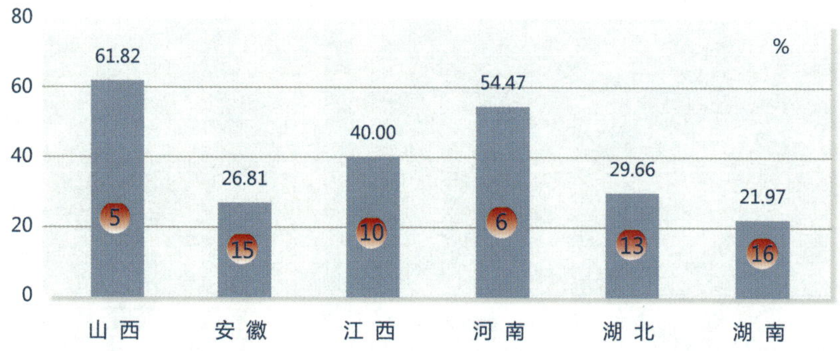

图3-12 中部地区高技术产品出口额占商品出口额比重及位次

R&D经费投入增长缓慢，研发经费投入强度位次继上年下降1位后再次下降1位。

科技人力资源不足。全社会R&D研究人员比上年下降了0.07%，万人R&D研究人员位次排在全国第23位；万人高等学校在校学生数位次比上年下降3位；十万人创新中介从业人员数位次下降了9位。

技术成果转移转化大幅减少。技术市场输出技术成交额比上年下降了58.93%，万人输出技术成交额减少了181.50万元，位次下降9位；技术市场吸纳技术成交额下降了25.26%，万人吸纳技术成交额减少了316.40万元，位次下降9位；万元生产总值技术国际收入位次下降1位。

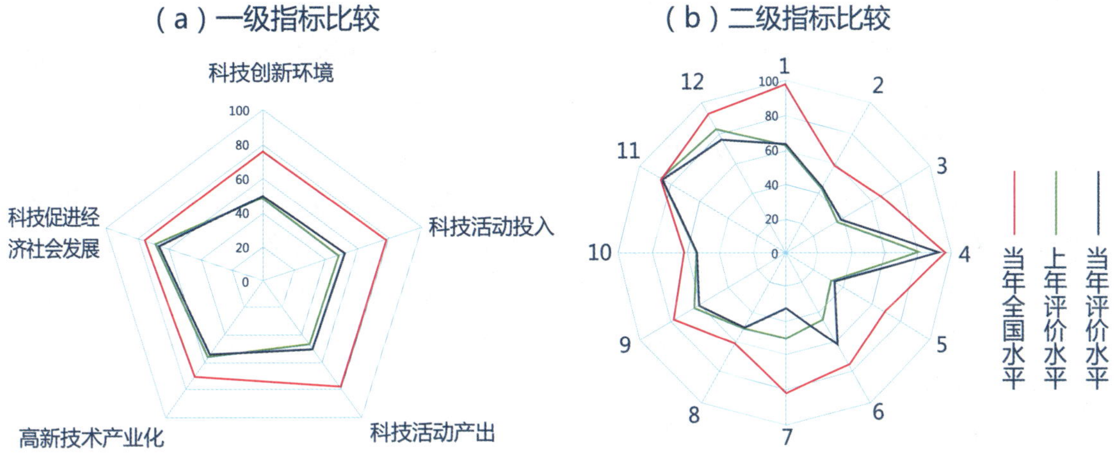

图3-13 山西一、二级评价指标与上年水平和全国水平比较

图例：1．科技人力资源 2．科研物质条件 3．科技意识 4．科技活动人力投入
5．科技活动财力投入 6．科技活动产出水平 7．技术成果市场化 8．高新技术产业化水平
9．高新技术产业化效益 10．经济发展方式转变 11．环境改善 12．社会生活信息化

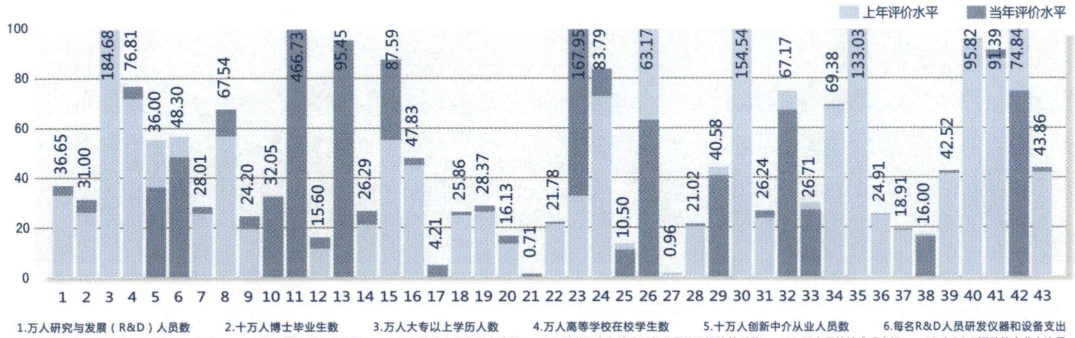

1.万人研究与发展（R&D）人员数 2.十万人博士毕业生数 3.万人大专以上学历人数 4.万人高等学校在校学生数 5.十万人创新中介从业人员数 6.每名R&D人员研发仪器和设备支出
7.科学研究和技术服务业固定资产占比重 8.十万人累计孵化企业数 9.万名就业人员专利申请数 10.科学研究和技术服务业平均工资比较系数 11.万人吸纳技术成交额 12.有R&D活动的企业占比重
13.万人R&D研究人员数 14.基础研究人员投入强度指数 15.企业R&D研究人员占比重 16.R&D经费支出与GDP比值 17.基础研究经费投入强度指数 18.地方财政科技支出占地方财政支出比重
19.企业R&D经费支出占营业收入比重 20.企业技术获取和技术改造经费支出占企业营业收入比重 21.上市公司R&D经费投入强度指数 22.万人科技论文数 23.获国家级科技成果奖系数
24.万人发明专利拥有量 25.每万人口高价值发明专利拥有量 26.万人输出技术成交额 27.万元生产总值技术国际收入 28.高技术产业营业收入占工业营业收入比重 29.知识密集型服务业增加值占生产总值比重
30.高技术产品出口额占商品出口额比重 31.新产品销售收入占营业收入比重 32.高技术产业劳动生产率 33.高技术产业利润率 34.知识密集型服务业劳动生产率 35.劳动生产率 36.资本生产率
37.综合能耗产出率 38.装备制造业区位熵 39.环境质量指数 40.环境污染治理指数 41.万人移动互联网用户数 42.信息传输、软件和信息技术服务业增加值占生产总值比重 43.电子商务销售额与GDP比值

图3-14 山西三级评价指标与上年水平比较

高新技术产业化效益降低。高技术产业利润总额比上年下降了1.20%，高技术产业利润率位次下降至全国第31位；高技术产业劳动生产率减少了9.17万元/人，位次下降至全国第29位；知识密集型服务业增加值下降了4.33%，知识密集型服务业劳动生产率位次排全国第29位。

社会生活信息化水平下降。信息传输、软件和信息技术服务业增加值比上年下降了24.59%，占生产总值比重下降0.98个百分点，位次下降13位。

山西创新发展主要指标及位次

总人口3490万人；地区生产总值17651.93亿元，居全国第21位；人均生产总值5.05万元，居全国第26位；知识密集型服务业增加值2149.20亿元，居全国第22位；规模以上工业企业营业收入22020.97亿元，居全国第18位；高新技术企业数3162个，居全国第19位；高新技术企业总收入6289.04亿元，居全国第20位。

R&D经费内部支出211.05亿元，居全国第20位，与生产总值比值1.20%，居全国第23位；R&D经费中基础研究经费支出11.42亿元，居全国第25位；企业R&D经费内部支出156.18亿元，居全国第19位；地方财政科技支出66.09亿元，居全国第20位。

大专以上学历人数606.05万人，居全国第15位；R&D人员数5.24万人年，居全国第20位；R&D人员中基础研究人员数0.77万人年，居全国第19位；企业R&D人员数3.25万人年，居全国第19位。

高技术产品出口额87.91亿美元，居全国第17位；技术市场输出技术成交额44.98亿元，居全国第25位；发明专利拥有量1.65万件，居全国第22位；移动互联网用户数3266.29万户，居全国第20位。

科技企业孵化器数68个，居全国第23位；科技企业孵化器在孵企业数2844个，居全国第22位；科技企业孵化器累计毕业企业数2414个，居全国第20位。

表3-4 山西各级评价指标和位次与上年比较

指标名称	评价值 当年	评价值 上年	位次 当年	位次 上年
科技创新环境	50.08	48.68	27	25
科技人力资源	63.40	62.04	22	22
万人研究与发展（R&D）人员数	14.66	13.11	21	21
十万人博士毕业生数	1.55	1.29	19	19
万人大专以上学历人数	1846.83	1515.06	9	9
万人高等学校在校学生数	268.84	251.50	24	21
十万人创新中介从业人员数	1.08	1.66	29	20
科研物质条件	44.03	44.03	27	19
每名R&D人员研发仪器和设备支出	2.90	3.39	26	12
科学研究和技术服务业固定资产占比重	0.84	0.76	19	20
十万人累计孵化企业数	6.75	5.67	24	24
科技意识	38.35	35.50	27	29
万名就业人员专利申请数	24.20	19.04	23	24
科学研究和技术服务业平均工资比较系数	64.11	64.76	30	31
万人吸纳技术成交额	933.45	1249.85	22	13
有R&D活动的企业占比重	15.60	11.05	24	25
科技活动投入	51.70	46.11	20	21
科技活动人力投入	92.31	79.37	14	15
万人R&D研究人员数	6.68	6.69	23	23
基础研究人员投入强度指数	0.26	0.21	14	19
企业R&D研究人员占比重	61.31	38.60	16	16
科技活动财力投入	34.30	31.86	21	23
R&D经费支出与GDP比值	1.20	1.12	23	22
基础研究经费投入强度指数	0.04	0.04	25	25
地方财政科技支出占地方财政支出比重	1.29	1.23	19	22
企业R&D经费支出占营业收入比重	0.71	0.65	24	25
企业技术获取和技术改造经费支出占企业营业收入比重	0.40	0.32	12	16
上市公司R&D经费投入强度指数	0.01	0.01	25	22
科技活动产出	50.16	46.53	25	24
科技活动产出水平	62.23	43.94	16	24
万人科技论文数	2.18	2.10	23	23
获国家级科技成果奖系数	8.40	1.62	9	28
万人发明专利拥有量	4.61	4.00	23	21
每万人口高价值发明专利拥有量	1.26	1.56	25	19
技术成果市场化	32.07	50.42	28	24
万人输出技术成交额	126.34	307.84	28	19
万元生产总值技术国际收入	0.10	0.08	30	29
高新技术产业化	54.82	56.36	26	24
高新技术产业化水平	49.67	49.43	16	14
高技术产业营业收入占工业营业收入比重	6.31	5.97	21	21
知识密集型服务业增加值占生产总值比重	12.18	13.19	29	18
高技术产品出口额占商品出口额比重	61.82	50.41	5	6
新产品销售收入占营业收入比重	10.50	9.32	20	21
高新技术产业化效益	59.96	63.28	31	28
高技术产业劳动生产率	80.60	89.78	29	27
高技术产业利润率	4.01	4.42	31	28
知识密集型服务业劳动生产率	41.63	41.20	29	29
科技促进经济社会发展	65.84	68.64	22	11
经济发展方式转变	53.46	53.37	22	22
劳动生产率	10.64	10.27	19	19
资本生产率	0.25	0.25	17	18
综合能耗产出率	7.94	7.71	26	27
装备制造业区位熵	32.00	33.16	23	23
环境改善	85.16	84.78	18	15
环境质量指数	42.52	41.39	29	25
环境污染治理指数	95.82	95.62	15	14
社会生活信息化	75.26	83.53	17	7
万人移动互联网用户数	9138.74	8791.87	21	23
信息传输、软件和信息技术服务业增加值占生产总值比重	2.62	3.60	18	5
电子商务销售额与GDP比值	0.13	0.13	12	12

内蒙古科技创新分析

自治区党委和政府高度重视科技创新工作，深入落实创新驱动发展战略，大力实施“科技兴蒙”行动，推动创新型内蒙古建设取得新进展。在今年的报告中，内蒙古综合科技创新水平指数为51.10%，仍排在全国第27位，得分与上年相比，提高了3.47个百分点，增幅排在第10位。

一、科技人力资源不断增加

R&D人员数比上年增长了12.12%，万人研究与发展（R&D）人员数位次上升了3位；企业R&D人员数增长了22.61%，其中，企业R&D研究人员增长了91.77%，占全社会R&D研究人员比重提高了35.21个百分点，位次上升了7位；高等学校博士毕业生数增长了20.64%，十万人博士毕业生数位次上升了1位。

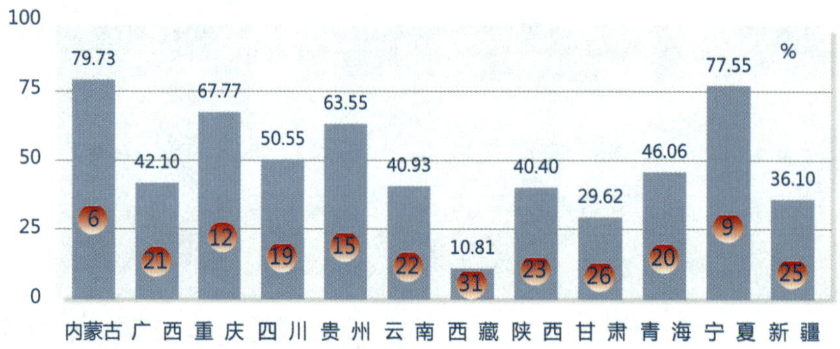

图3-15 西部地区企业R&D研究人员占比重及位次

二、技术成果转移转化成效明显

技术市场输出技术成交额比上年增长59.94%，万人输出技术成交额增加了72.32万元，位次上升了4位；技术市场吸纳技术成交额增长了39.94%，万人吸纳技术成交额增加了382.53万元，位次上升了1位。

内蒙古综合科技创新水平位次得不到提升的主要原因如下。

政府科技投入增长缓慢。地方财政科技支出占地方财政支出比重位次仍排在全国第29位。

科研物质条件有待改善。科学研究和技术服务业固定资产占比重比上年下降了0.15个百分点，位次下降4位；每名R&D人员研发仪器和设备支出位次下降了1位；科技企业孵化器累计毕业企业数下降了9.68%，十万人累计孵化企业数减少0.74个，位次下降7位。

科技意识薄弱。科学研究和技术服务业平均工资比上年下降了1.98%，科学研究和技术服务业平均工资比较系数位次下降至全国第31位。

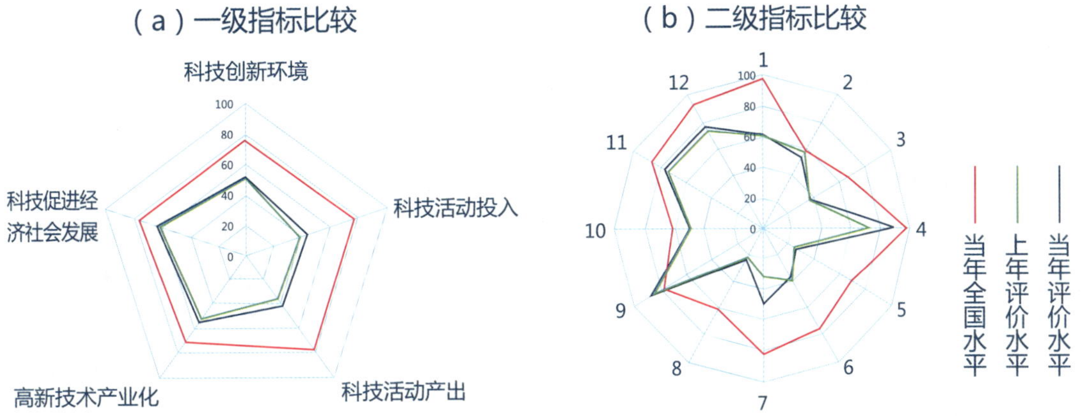

图3-16 内蒙古一、二级评价指标与上年水平和全国水平比较

图例：1．科技人力资源　2．科研物质条件　3．科技意识　4．科技活动人力投入
5．科技活动财力投入　6．科技活动产出水平　7．技术成果市场化　8．高新技术产业化水平
9．高新技术产业化效益　10．经济发展方式转变　11．环境改善　12．社会生活信息化

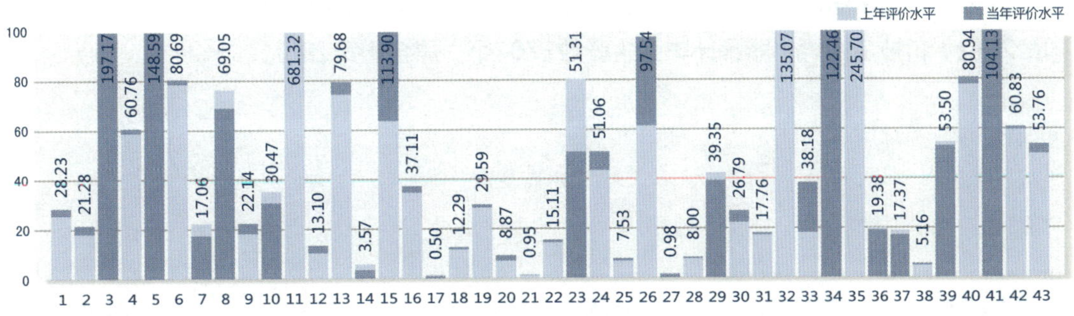

1.万人研究与发展（R&D）人员数　2.十万人博士毕业生数　3.万人大专以上学历人数　4.万人高等学校在校学生数　5.十万人创新中介从业人员数　6.每名R&D人员研发仪器和设备支出
7.科学研究和技术服务业固定资产占比重　8.十万人累计孵化企业数　9.万名就业人员专利申请数　10.科学研究和技术服务业平均工资比较系数　11.万人吸纳技术成交额　12.有R&D活动的企业占比重
13.万人R&D研究人员数　14.基础研究人员投入强度指数　15.企业R&D研究人员占比重　16.R&D经费支出与GDP比值　17.基础研究经费投入强度指数　18.地方财政科技支出占地方财政支出比重
19.企业R&D经费支出占营业收入比重　20.企业技术获取和技术改造经费支出占企业营业收入比重　21.上市公司R&D经费投入强度指数　22.万人科技论文数　23.获国家级科技成果奖系数
24.万人发明专利拥有量　25.每万人口高价值发明专利拥有量　26.万人输出技术成交额　27.万元生产总值技术国际收入　28.高技术产业营业收入占工业营业收入比重　29.知识密集型服务业增加值占生产总值比重
30.高技术产品出口额占商品出口额比重　31.新产品销售收入占营业收入比重　32.高技术产业劳动生产率　33.高技术产业利润率　34.知识密集型服务业劳动生产率　35.劳动生产率　36.资本生产率
37.综合能耗产出率　38.装备制造业区位熵　39.环境质量指数　40.环境污染治理指数　41.万人移动互联网用户数　42.信息传输、软件和信息技术服务业增加值占生产总值比重　43.电子商务销售额与GDP比值

图3-17 内蒙古三级评价指标与上年水平比较

科技活动产出有待提升。万人科技论文数排在全国第30位；万人发明专利拥有量排在全国第29位；技术国际收入比上年下降了30.26%，万元生产总值技术国际收入位次下降了3位。

高新技术产业化水平较低。高技术产业营业收入占工业营业收入比重位次排在全国第30位，知识密集型服务业增加值占生产总值比重位次下降至全国第31位。

信息传输、软件和信息技术服务业增加值占生产总值比重位次下降了5位；装备制造业区位熵位次排在全国第30位。

环境改善不理想。环境污染治理指数位次排在全国第30位；环境质量指数位次下降了2位。

内蒙古创新发展主要指标及位次

总人口2403万人；地区生产总值17359.82亿元，居全国第22位；人均生产总值7.21万元，居全国第11位；知识密集型服务业增加值2049.31亿元，居全国第23位；规模以上工业企业营业收入17488.87亿元，居全国第21位；高新技术企业数1049个，居全国第26位；高新技术企业总收入6248.04亿元，居全国第21位。

R&D经费内部支出161.07亿元，居全国第24位，与生产总值比值0.93%，居全国第25位；R&D经费中基础研究经费支出3.43亿元，居全国第28位；企业R&D经费内部支出129.37亿元，居全国第21位；地方财政科技支出32.38亿元，居全国第27位。

大专以上学历人数449.43万人，居全国第22位；R&D人员数2.79万人年，居全国第25位；R&D人员中基础研究人员数0.21万人年，居全国第28位；企业R&D人员数1.84万人年，居全国第23位。

高技术产品出口额6.98亿美元，居全国第24位；技术市场输出技术成交额35.95亿元，居全国第26位；发明专利拥有量0.69万件，居全国第26位；移动互联网用户数2574.26万户，居全国第23位。

科技企业孵化器数50个，居全国第24位；科技企业孵化器在孵企业数1954个，居全国第25位；科技企业孵化器累计毕业企业数1707个，居全国第23位。

表3-5 内蒙古各级评价指标和位次与上年比较

指标名称	评价值 当年	评价值 上年	位次 当年	位次 上年
科技创新环境	51.45	51.16	25	23
科技人力资源	61.46	59.77	24	24
万人研究与发展（R&D）人员数	11.29	10.07	25	28
十万人博士毕业生数	1.06	0.88	21	22
万人大专以上学历人数	1971.65	2055.25	6	4
万人高等学校在校学生数	212.66	205.30	29	29
十万人创新中介从业人员数	4.46	4.78	6	5
科研物质条件	52.91	55.54	19	13
每名R&D人员研发仪器和设备支出	4.84	4.72	8	7
科学研究和技术服务业固定资产占比重	0.51	0.66	27	23
十万人累计孵化企业数	6.90	7.65	23	16
科技意识	36.66	35.31	30	30
万名就业人员专利申请数	22.14	17.78	25	26
科学研究和技术服务业平均工资比较系数	60.94	70.16	31	29
万人吸纳技术成交额	1362.63	980.10	14	15
有R&D活动的企业占比重	13.10	9.85	25	28
科技活动投入	44.68	37.99	26	27
科技活动人力投入	87.81	70.09	18	23
万人R&D研究人员数	5.58	5.21	27	27
基础研究人员投入强度指数	0.04	0.05	28	28
企业R&D研究人员占比重	79.73	44.52	6	13
科技活动财力投入	26.20	24.23	27	27
R&D经费支出与GDP比值	0.93	0.86	25	26
基础研究经费投入强度指数	0.00	0.01	31	31
地方财政科技支出占地方财政支出比重	0.61	0.56	29	29
企业R&D经费支出占营业收入比重	0.74	0.70	23	23
企业技术获取和技术改造经费支出占企业营业收入比重	0.22	0.17	27	29
上市公司R&D经费投入强度指数	0.01	0.01	22	26
科技活动产出	41.74	35.96	28	28
科技活动产出水平	36.73	39.01	30	27
万人科技论文数	1.51	1.39	30	30
获国家级科技成果奖系数	2.57	4.03	24	18
万人发明专利拥有量	2.81	2.38	29	30
每万人口高价值发明专利拥有量	0.90	0.77	29	31
技术成果市场化	49.26	31.40	25	28
万人输出技术成交额	195.08	122.77	24	28
万元生产总值技术国际收入	0.10	0.14	29	26
高新技术产业化	54.75	52.05	27	26
高新技术产业化水平	21.86	20.55	29	28
高技术产业营业收入占工业营业收入比重	2.40	2.17	30	30
知识密集型服务业增加值占生产总值比重	11.80	12.69	31	21
高技术产品出口额占商品出口额比重	10.72	8.77	22	22
新产品销售收入占营业收入比重	7.10	6.71	28	27
高新技术产业化效益	87.64	83.54	9	14
高技术产业劳动生产率	162.08	148.27	3	5
高技术产业利润率	5.73	2.66	24	31
知识密集型服务业劳动生产率	73.47	90.83	9	3
科技促进经济社会发展	62.60	61.84	24	24
经济发展方式转变	50.01	50.11	24	24
劳动生产率	19.66	19.62	4	4
资本生产率	0.19	0.20	26	26
综合能耗产出率	7.30	7.80	27	26
装备制造业区位熵	10.33	8.59	30	30
环境改善	75.46	73.19	30	30
环境质量指数	53.50	54.58	14	12
环境污染治理指数	80.94	77.85	30	30
社会生活信息化	75.08	73.73	18	16
万人移动互联网用户数	10412.92	10541.93	12	10
信息传输、软件和信息技术服务业增加值占生产总值比重	2.13	2.08	29	24
电子商务销售额与GDP比值	0.16	0.15	11	11

辽宁科技创新分析

省委、省政府坚持完整、准确、全面贯彻落实新发展理念，把创新作为第一动力，以培育壮大新动能为重点，激发创新驱动发展的内生动力，依靠科技创新做实、做强、做优实体经济，加快集聚科技要素，持续提升创新能力。在今年的报告中，辽宁综合科技创新水平指数为67.22%，仍排在全国第14位，得分与上年相比，提高了0.90个百分点。

一、科技人力不断增加

R&D人员数比上年增长了12.07%，万人研究与发展（R&D）人员数增加了2.75人年；企业R&D人数增长了15.11%，其中，企业R&D研究人员数增长了65.88%，占全社会R&D研究人员比重提高了18.52个百分点；高校在校学生数增长了8.72%，万人高等学校在校学生数增加了35.05人，位次上升了1位；创新中介从业人员数增长了26.81%，十万人创新中介从业人员数增加了0.52人，位次上升了4位。

二、科技活动产出进一步扩大

SCI收录科技论文数比上年增长了6.99%；获国家级科技成果奖项增长了45.54%，获国家级科技成果奖系数位次上升了4位；发明专利拥有量增长了13.02%，万人发明专利拥有量增加了1.26项；技术市场输出技术成交额增长了13.49%，万人输出技术成交额增加了206.20万元；万元生产总值技术国际收入位次排在全国第5位。

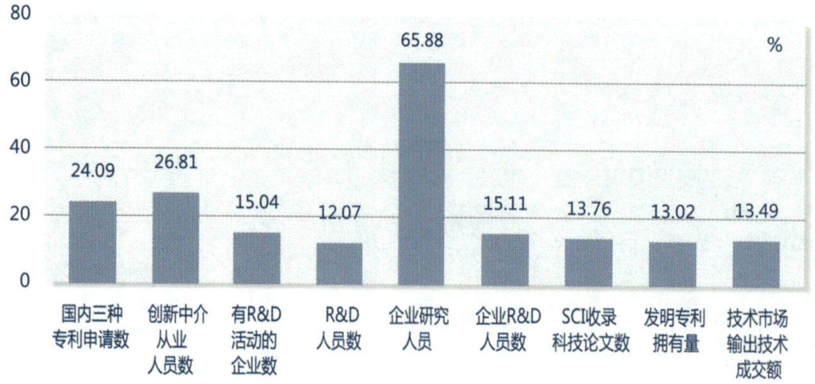

图3-18 部分指标增长速度

辽宁是东北科技创新水平较高的地区，但与其他地区相比，还有一定差距。

科技财力投入不足。R&D经费投入增长缓慢，R&D经费投入强度位次继上年下降1位后再次下降1位；企业R&D经费支出占营业收入比重位次再次下降2位；企业引进技术经费支出下降35.40%，企业消化吸收经费支出下降99.68%，企业技术改造经费支出下降4.02%，企业技术获取和技术改造经费支出下降6.16%，占企业营业收入比重低于上年。

政府科技投入持续减少。地方财政科技支出持续减少，比上年下降了1.78%，占地方财政支出比重下降了0.08个百分点，位次下降至全国第20位。

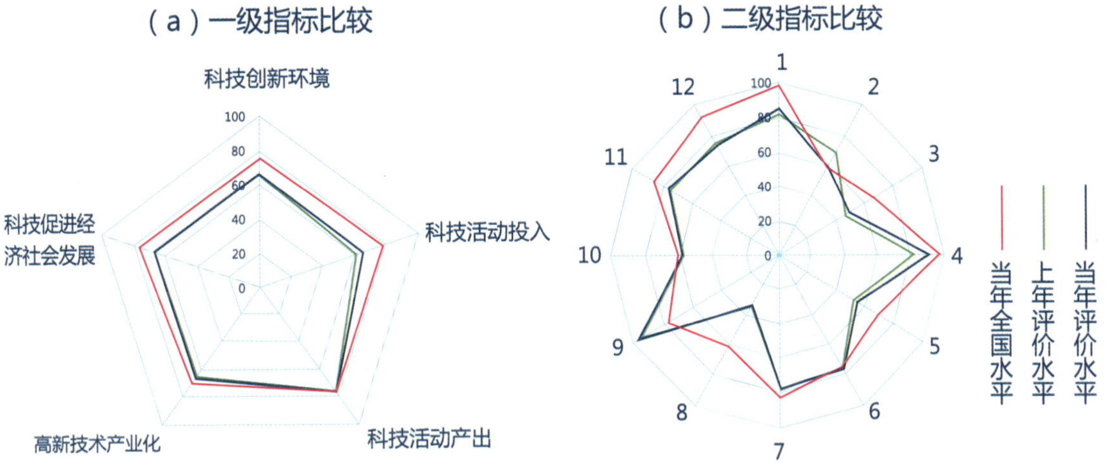

图3-19 辽宁一、二级评价指标与上年水平和全国水平比较

图例：1．科技人力资源　2．科研物质条件　3．科技意识　4．科技活动人力投入
5．科技活动财力投入　6．科技活动产出水平　7．技术成果市场化　8．高新技术产业化水平
9．高新技术产业化效益　10．经济发展方式转变　11．环境改善　12．社会生活信息化

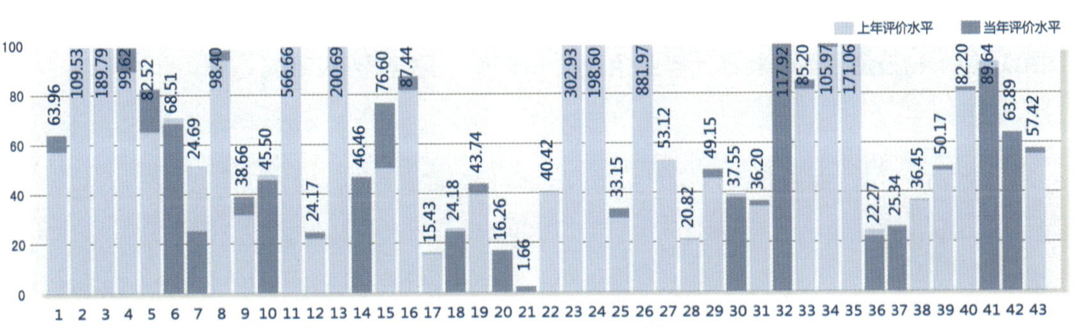

1.万人研究与发展（R&D）人员数　2.十万人博士毕业生数　3.万人大专以上学历人数　4.万人高等学校在校学生数　5.十万人创新中介从业人员数　6.每名R&D人员研发仪器和设备支出
7.科学研究和技术服务业固定资产占比重　8.十万人累计孵化企业数　9.万名就业人员专利申请数　10.科学研究和技术服务业平均工资比较系数　11.万人吸纳技术成交额　12.有R&D活动的企业占比重
13.万人R&D研究人员数　14.基础研究人员投入强度指数　15.企业R&D研究人员占比重　16.R&D经费支出与GDP比值　17.基础研究经费投入强度指数　18.地方财政科技支出占地方财政支出比重
19.企业R&D经费支出占营业收入比重　20.企业技术获取和技术改造经费支出占企业营业收入比重　21.上市公司R&D经费投入强度指数　22.万人科技论文数　23.获国家级科技成果奖系数
24.万人发明专利拥有量　25.每万人口高价值发明专利拥有量　26.万人输出技术成交额　27.万元生产总值技术国际收入　28.高技术产业营业收入占工业营业收入比重　29.知识密集型服务业增加值占生产总值比重
30.高技术产品出口额占商品出口额比重　31.新产品销售收入占营业收入比重　32.高技术产业劳动生产率　33.高技术产业利润率　34.知识密集型服务业劳动生产率　35.劳动生产率　36.资本生产率
37.综合能耗产出率　38.装备制造业区位熵　39.环境质量指数　40.环境污染治理指数　41.万人移动互联网用户数　42.信息传输、软件和信息技术服务业增加值占生产总值比重　43.电子商务销售额与GDP比值

图3-20 辽宁三级评价指标与上年水平比较

高新技术产业化发展缓慢。高技术产业营业收入占工业营业收入比重、新产品销售收入占营业收入比重和高技术产业劳动生产率位次均比上年下降2位；高技术产业利润率和知识密集型服务业劳动生产率位次均比上年下降1位。

社会生活信息化水平下降。信息传输、软件和信息技术服务业增加值占生产总值比重位次下降至全国第27位；移动互联网用户数比上年下降了3.46%，万人移动互联网用户数减少321.15户，位次下降了6位。

能耗利用效率下降，综合能耗产出率比上年减少了0.42元/千克标准煤，位次排在全国第23位。

环境改善不理想。环境污染治理指数位次仍排在全国第28位。

辽宁创新发展主要指标及位次

总人口4255万人；地区生产总值25114.96亿元，居全国第16位；人均生产总值5.89万元，居全国第15位；知识密集型服务业增加值3703.22亿元，居全国第16位；规模以上工业企业营业收入30666.47亿元，居全国第14位；高新技术企业数6906个，居全国第14位；高新技术企业总收入10584.71亿元，居全国第17位。

R&D经费内部支出549.01亿元，居全国第15位，与生产总值比值2.19%，居全国第11位；R&D经费中基础研究经费支出35.25亿元，居全国第11位；企业R&D经费内部支出335.32亿元，居全国第15位；地方财政科技支出72.71亿元，居全国第18位。

大专以上学历人数775.83万人，居全国第13位；R&D人员数11.19万人年，居全国第16位；R&D人员中基础研究人员数1.49万人年，居全国第11位；企业R&D人员数6万人年，居全国第15位。

高技术产品出口额69.08亿美元，居全国第18位；技术市场输出技术成交额632.81亿元，居全国第13位；发明专利拥有量4.78万件，居全国第13位；移动互联网用户数3921.80万户，居全国第14位。

科技企业孵化器数93个，居全国第20位；科技企业孵化器在孵企业数4419个，居全国第16位；科技企业孵化器累计毕业企业数4305个，居全国第12位。

表3-6 辽宁各级评价指标和位次与上年比较

指标名称	评价值 当年	评价值 上年	位次 当年	位次 上年
科技创新环境	65.35	66.20	15	12
科技人力资源	84.69	80.56	12	11
万人研究与发展（R&D）人员数	25.58	22.83	15	15
十万人博士毕业生数	5.48	5.12	8	8
万人大专以上学历人数	1897.89	1715.01	7	6
万人高等学校在校学生数	348.65	313.60	8	9
十万人创新中介从业人员数	2.48	1.95	12	16
科研物质条件	56.96	67.92	15	7
每名R&D人员研发仪器和设备支出	4.11	4.27	12	9
科学研究和技术服务业固定资产占比重	0.74	1.55	22	9
十万人累计孵化企业数	9.84	9.40	14	12
科技意识	47.95	45.35	17	16
万名就业人员专利申请数	38.66	31.16	14	14
科学研究和技术服务业平均工资比较系数	91.01	95.79	18	14
万人吸纳技术成交额	1133.32	994.14	15	14
有R&D活动的企业占比重	24.17	21.41	19	20
科技活动投入	64.70	59.46	16	15
科技活动人力投入	90.64	80.05	15	14
万人R&D研究人员数	14.05	12.94	13	11
基础研究人员投入强度指数	0.46	0.47	6	6
企业R&D研究人员占比重	53.62	35.09	17	17
科技活动财力投入	53.58	50.64	14	14
R&D经费支出与GDP比值	2.19	2.04	11	10
基础研究经费投入强度指数	0.15	0.15	13	13
地方财政科技支出占地方财政支出比重	1.21	1.29	20	19
企业R&D经费支出占营业收入比重	1.09	0.98	17	15
企业技术获取和技术改造经费支出占企业营业收入比重	0.41	0.42	11	11
上市公司R&D经费投入强度指数	0.02	0.02	19	18
科技活动产出	76.32	76.19	5	7
科技活动产出水平	76.17	75.96	7	7
万人科技论文数	4.04	3.99	8	7
获国家级科技成果奖系数	15.15	11.66	2	6
万人发明专利拥有量	10.92	9.66	13	13
每万人口高价值发明专利拥有量	3.98	3.52	14	13
技术成果市场化	76.56	76.55	5	5
万人输出技术成交额	1763.93	1557.73	11	9
万元生产总值技术国际收入	5.31	5.31	5	5
高新技术产业化	65.81	64.77	15	13
高新技术产业化水平	34.58	33.87	19	19
高技术产业营业收入占工业营业收入比重	6.25	6.12	22	20
知识密集型服务业增加值占生产总值比重	14.75	13.67	15	16
高技术产品出口额占商品出口额比重	15.02	15.78	18	19
新产品销售收入占营业收入比重	14.48	13.60	17	15
高新技术产业化效益	97.04	95.68	3	2
高技术产业劳动生产率	141.50	149.91	5	3
高技术产业利润率	12.78	12.21	7	6
知识密集型服务业劳动生产率	63.58	59.11	17	16
科技促进经济社会发展	66.36	66.29	18	17
经济发展方式转变	58.95	58.68	16	16
劳动生产率	13.68	13.60	11	11
资本生产率	0.22	0.25	20	19
综合能耗产出率	10.64	11.06	23	23
装备制造业区位熵	72.89	72.17	16	17
环境改善	75.80	74.13	29	29
环境质量指数	50.17	48.41	21	21
环境污染治理指数	82.20	80.56	28	28
社会生活信息化	72.90	73.80	21	14
万人移动互联网用户数	8964.32	9285.47	24	18
信息传输、软件和信息技术服务业增加值占生产总值比重	2.24	2.24	27	23
电子商务销售额与GDP比值	0.17	0.17	8	8

吉林科技创新分析

全省科技管理系统立足新发展阶段、贯彻新发展理念、融入新发展格局，围绕“十二大科技工程”，进一步统一思想，真抓实干，科技创新水平进一步提升。在今年的报告中，吉林综合科技创新水平指数为61.34%，排在全国第19位，比上年下降2位，得分与上年相比，提高了0.43个百分点。

一、科研物质条件改善明显

研发仪器和设备支出比上年增长了11.16%，每名R&D人员研发仪器和设备支出增加了0.15万元；科学研究和技术服务业固定资产占比重提高了0.20个百分点，位次上升了3位；科技企业孵化器累计毕业企业数增长了6.67%，十万人累计孵化企业数增加了0.51个。

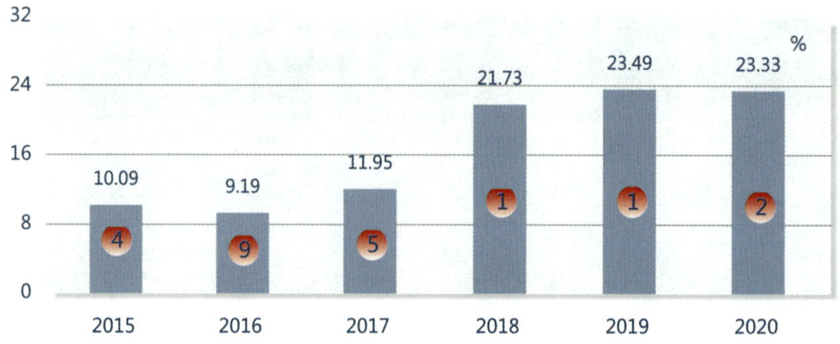

图3-21 高技术产业利润率及位次

二、高新技术产业化效益居全国第二

高技术产业利润率位次排在全国第2位；知识密集型服务业劳动生产率位次比上年上升了4位；知识密集型服务业增加值占生产总值比重位次上升了3位。

三、技术成果转化进一步增加

技术市场吸纳技术成交额比上年增长了13.67%，万人吸纳技术成交额增加了257.93万元，位次上升至全国第5位；技术国际收入增长了14.98%，万元生产总值技术国际收入提高了0.07美元。

吉林综合科技创新水平位次下降的主要原因有以下几点。

一是研发经费投入增长缓慢。R&D经费支出与GDP的比值虽然比上年有所提高，但位次仍排在全国第20位。

二是企业研发投入不足。企业研发经费投入强度位次仍排在全国第27位；企业引进技术经费支出下降了47.03%，企业购买境内技术经费支出下降了22.42%，企业技术改造经费支出下降了96.01%，企业技术获取和技术改造经费支出下降了87.62%，占企业营业收入比重下降了2.85个百分点，位次下降了9位；企业R&D研究人员占全社会R&D研究人员比重位次仍排在全国第28位。

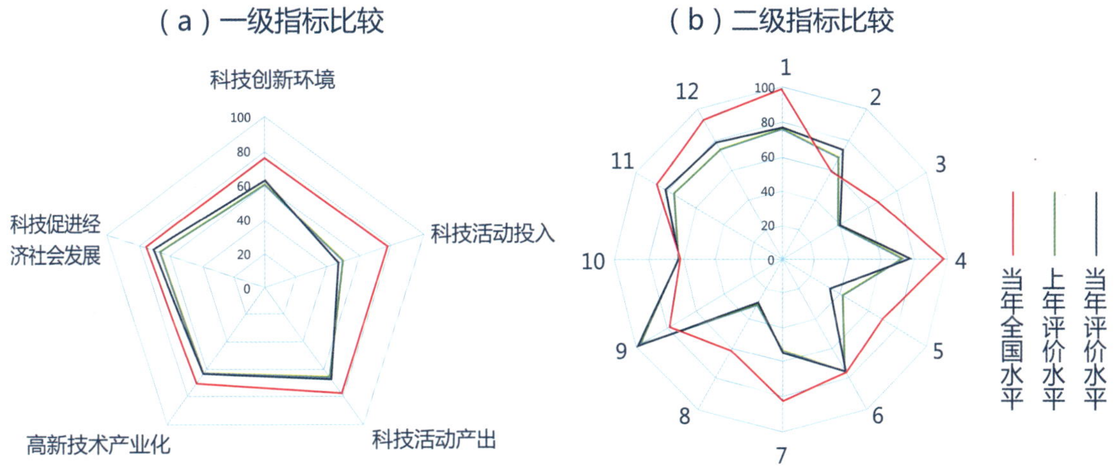

图3-22 吉林一、二级评价指标与上年水平和全国水平比较

图例：1．科技人力资源 2．科研物质条件 3．科技意识 4．科技活动人力投入
5．科技活动财力投入 6．科技活动产出水平 7．技术成果市场化 8．高新技术产业化水平
9．高新技术产业化效益 10．经济发展方式转变 11．环境改善 12．社会生活信息化

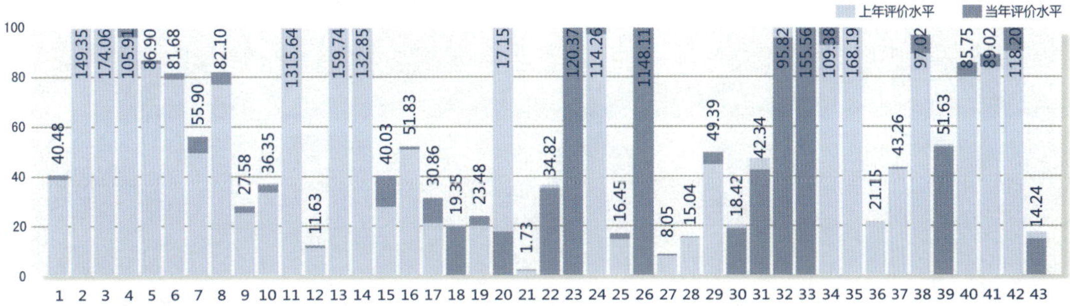

1.万人研究与发展（R&D）人员数 2.十万人博士毕业生数 3.万人大专以上学历人数 4.万人高等学校在校学生数 5.十万人创新中介从业人员数 6.每名R&D人员研发仪器和设备支出
7.科学研究和技术服务业固定资产占比重 8.十万人累计孵化企业数 9.万名就业人员专利申请数 10.科学研究和技术服务业平均工资比较系数 11.万人吸纳技术成交额 12.有R&D活动的企业占比重
13.万人R&D研究人员数 14.基础研究人员投入强度指数 15.企业R&D研究人员占比重 16.R&D经费支出与GDP比值 17.基础研究经费投入强度指数 18.地方财政科技支出占地方财政支出比重
19.企业R&D经费支出占营业收入比重 20.企业技术获取和技术改造经费支出占企业营业收入比重 21.上市公司R&D经费投入强度指数 22.万人科技论文数 23.获国家级科技成果奖系数
24.万人发明专利拥有量 25.每万人口高价值发明专利拥有量 26.万人输出技术成交额 27.万元生产总值技术国际收入 28.高技术产业营业收入占工业营业收入比重 29.知识密集型服务业增加值占生产总值比重
30.高技术产品出口额占商品出口额比重 31.新产品销售收入占营业收入比重 32.高技术产业劳动生产率 33.高技术产业利润率 34.知识密集型服务业劳动生产率 35.劳动生产率 36.资本生产率
37.综合能耗产出率 38.装备制造业区位熵 39.环境质量指数 40.环境污染治理指数 41.万人移动互联网用户数 42.信息传输、软件和信息技术服务业增加值占生产总值比重 43.电子商务销售额与GDP比值

图3-23 吉林三级评价指标与上年水平比较

三是政府科技投入放缓。地方财政科技支出虽然比上年增长了1.93%，但占地方财政支出比重减少了0.03个百分点，位次排在全国第23位。

四是企业创新水平较低。新产品销售收入比上年下降了14.75%，占营业收入比重下降了1.88个百分点，位次下降了2位；高技术产业营业收入下降了3.23%，占工业营业收入比重位次下降至全国第26位；高技术产品出口额下降了18.24%，占商品出口额比重下降了0.59个百分点，位次下降至全国第26位。

五是环境改善不理想。环境质量指数下降了3位；环境污染治理指数排在全国第25位。

六是电子商务销售额与GDP比值低于上年，位次排在全国第30位。

吉林创新发展主要指标及位次

总人口2399万人；地区生产总值12311.32亿元，居全国第26位；人均生产总值5.08万元，居全国第25位；知识密集型服务业增加值1824.21亿元，居全国第25位；规模以上工业企业营业收入13225.97亿元，居全国第23位；高新技术企业数2491个，居全国第21位；高新技术企业总收入4033.20亿元，居全国第23位。

R&D经费内部支出159.51亿元，居全国第25位，与生产总值比值1.30%，居全国第20位；R&D经费中基础研究经费支出26.87亿元，居全国第15位；企业R&D经费内部支出77.64亿元，居全国第24位；地方财政科技支出39.94亿元，居全国第25位。

大专以上学历人数402.95万人，居全国第25位；R&D人员数4.45万人年，居全国第22位；R&D人员中基础研究人员数1.59万人年，居全国第9位；企业R&D人员数1.18万人年，居全国第25位。

高技术产品出口额3.43亿美元，居全国第27位；技术市场输出技术成交额462.15亿元，居全国第15位；发明专利拥有量1.73万件，居全国第20位；移动互联网用户数2445.03万户，居全国第24位。

科技企业孵化器数94个，居全国第19位；科技企业孵化器在孵企业数3406个，居全国第21位；科技企业孵化器累计毕业企业数2255个，居全国第22位。

表3-7 吉林各级评价指标和位次与上年比较

指标名称	评价值 当年	评价值 上年	位次 当年	位次 上年
科技创新环境	63.36	61.00	16	16
科技人力资源	75.54	74.50	17	15
万人研究与发展（R&D）人员数	16.19	15.41	20	20
十万人博士毕业生数	7.47	7.06	6	5
万人大专以上学历人数	1740.64	1294.26	12	21
万人高等学校在校学生数	370.69	337.30	5	5
十万人创新中介从业人员数	2.61	2.56	11	10
科研物质条件	71.45	66.74	5	8
每名R&D人员研发仪器和设备支出	4.90	4.75	7	6
科学研究和技术服务业固定资产占比重	1.68	1.48	7	10
十万人累计孵化企业数	8.21	7.70	16	15
科技意识	39.03	37.28	24	26
万名就业人员专利申请数	27.58	24.87	21	19
科学研究和技术服务业平均工资比较系数	72.70	66.32	29	30
万人吸纳技术成交额	2631.28	2373.34	5	6
有R&D活动的企业占比重	11.63	10.62	29	26
科技活动投入	46.01	49.36	24	20
科技活动人力投入	76.01	70.90	25	21
万人R&D研究人员数	11.18	10.39	16	16
基础研究人员投入强度指数	1.33	1.26	2	2
企业R&D研究人员占比重	28.02	19.08	28	28
科技活动财力投入	33.15	40.13	23	20
R&D经费支出与GDP比值	1.30	1.27	20	20
基础研究经费投入强度指数	0.31	0.21	4	7
地方财政科技支出占地方财政支出比重	0.97	1.00	23	24
企业R&D经费支出占营业收入比重	0.59	0.49	27	27
企业技术获取和技术改造经费支出占企业营业收入比重	0.43	3.28	10	1
上市公司R&D经费投入强度指数	0.02	0.01	18	20
科技活动产出	65.97	65.48	12	12
科技活动产出水平	73.93	73.35	9	9
万人科技论文数	3.48	3.61	10	10
获国家级科技成果奖系数	6.02	25.48	11	2
万人发明专利拥有量	6.28	5.35	17	17
每万人口高价值发明专利拥有量	1.97	1.68	18	18
技术成果市场化	54.03	53.68	15	14
万人输出技术成交额	2296.21	2415.18	6	5
万元生产总值技术国际收入	0.81	0.74	17	17
高新技术产业化	63.36	62.89	18	17
高新技术产业化水平	28.38	28.69	24	24
高技术产业营业收入占工业营业收入比重	4.51	4.42	26	25
知识密集型服务业增加值占生产总值比重	14.82	13.35	14	17
高技术产品出口额占商品出口额比重	7.37	7.96	26	24
新产品销售收入占营业收入比重	16.94	18.82	13	11
高新技术产业化效益	98.33	97.09	2	1
高技术产业劳动生产率	114.98	124.75	11	7
高技术产业利润率	23.33	23.49	2	1
知识密集型服务业劳动生产率	65.63	55.63	16	20
科技促进经济社会发展	70.54	67.54	11	15
经济发展方式转变	62.49	61.60	9	9
劳动生产率	13.45	13.14	12	12
资本生产率	0.21	0.21	24	24
综合能耗产出率	18.17	17.88	11	12
装备制造业区位熵	194.03	178.59	1	1
环境改善	78.93	74.42	26	28
环境质量指数	51.63	52.43	18	15
环境污染治理指数	85.75	79.92	25	29
社会生活信息化	78.46	73.08	15	17
万人移动互联网用户数	8902.02	8391.49	25	25
信息传输、软件和信息技术服务业增加值占生产总值比重	4.14	3.16	5	9
电子商务销售额与GDP比值	0.04	0.05	30	30

黑龙江科技创新分析

近年来，黑龙江省委、省政府高度重视科技创新工作，深入实施创新驱动发展战略，全省科技创新能力明显提升。在今年的报告中，黑龙江综合科技创新水平指数为57.91%，仍排在全国第21位，得分与上年相比，提高了1.59个百分点。

一、科研物质条件位居全国前列

科学研究和技术服务业固定资产比上年增长了57.18%，占全社会固定资产比重位次保持在全国第1位；研发仪器和设备支出增长了14.51%，每名R&D人员研发仪器和设备支出位次上升了2位，排在全国第2位。

二、技术成果市场化成效明显

技术市场吸纳技术成交额比上年增长了65.53%，万人吸纳技术成交额增加了271.29万元，位次上升了2位；技术市场输出技术成交额增长了13.88%，万人输出技术成交额增加了121.27万元；技术国际收入增长了263.39%，万元生产总值技术国际收入位次上升了7位。

三、高新技术产品出口额大幅提升

高技术产品出口额比上年增长了68.78%，占商品出口额比重提高了6.04个百分点，位次上升了4位。

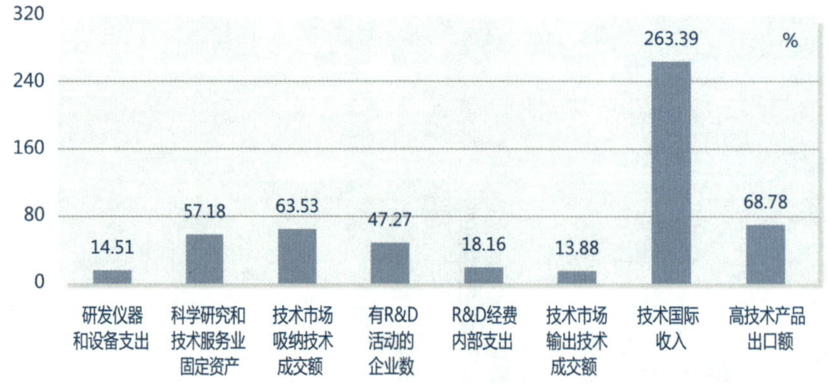

图3-24 部分指标增长速度

科技人力投入不足。R&D人员数比上年下降了0.43%，万人研究与发展（R&D）人员数减少0.05人年，位次下降1位；R&D研究人员数下降了0.74%，万人R&D研究人员数减少了0.06人年，位次下降了2位；企业R&D研究人员增长缓慢，占全社会R&D研究人员比重位次下降2位；十万人创新中介从业人员数减少0.28人，位次下降4位；万人高等学校在校学生数位次下降2位。

政府科技投入增长缓慢。地方财政科技支出占地方财政支出比重比上年减少了0.05个百分点，位次排在全国第26位。

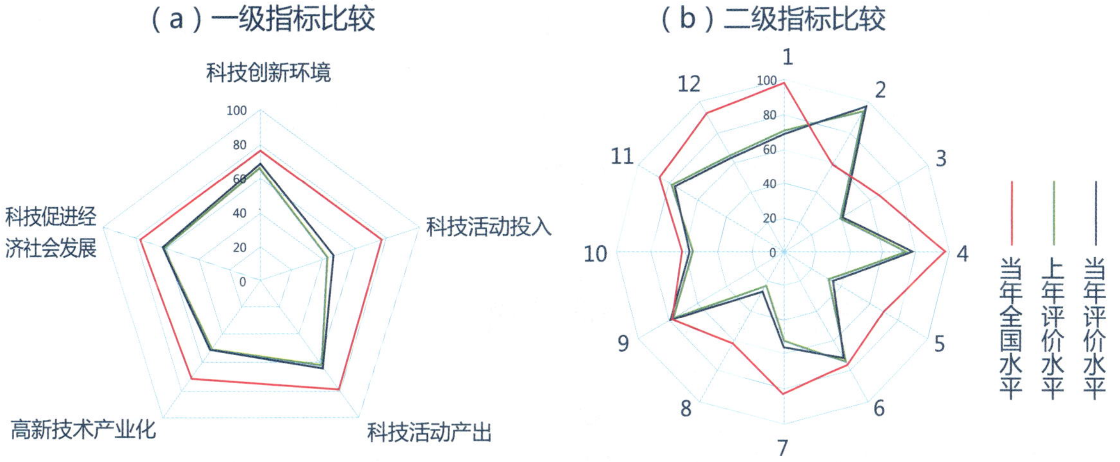

图3-25 黑龙江一、二级评价指标与上年水平和全国水平比较

图例：1．科技人力资源　2．科研物质条件　3．科技意识　4．科技活动人力投入
5．科技活动财力投入　6．科技活动产出水平　7．技术成果市场化　8．高新技术产业化水平
9．高新技术产业化效益　10．经济发展方式转变　11．环境改善　12．社会生活信息化

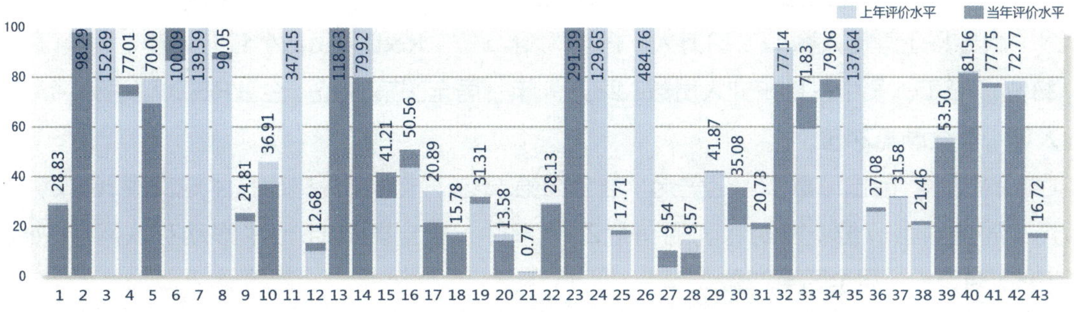

1.万人研究与发展（R&D）人员数　2.十万人博士毕业生数　3.万人大专以上学历人数　4.万人高等学校在校学生数　5.十万人创新中介从业人员数　6.每名R&D人员研发仪器和设备支出
7.科学研究和技术服务业固定资产占比重　8.十万人累计孵化企业数　9.万名就业人员专利申请数　10.科学研究和技术服务业平均工资比较系数　11.万人吸纳技术成交额　12.有R&D活动的企业占比重
13.万人R&D研究人员数　14.基础研究人员投入强度指数　15.企业R&D研究人员占比重　16.R&D经费支出与GDP比值　17.基础研究经费投入强度指数　18.地方财政科技支出占地方财政支出比重
19.企业R&D经费支出占营业收入比重　20.企业技术获取和技术改造经费支出占企业营业收入比重　21.上市公司R&D经费投入强度指数　22.万人科技论文数　23.获国家级科技成果奖系数
24.万人发明专利拥有量　25.每万人口高价值发明专利拥有量　26.万人输出技术成交额　27.万元生产总值技术国际收入　28.高技术产业营业收入占工业营业收入比重　29.知识密集型服务业增加值占生产总值比重
30.高技术产品出口额占商品出口额比重　31.新产品销售收入占营业收入比重　32.高技术产业劳动生产率　33.高技术产业利润率　34.知识密集型服务业劳动生产率　35.劳动生产率　36.资本生产率
37.综合能耗产出率　38.装备制造业区位熵　39.环境质量指数　40.环境污染治理指数　41.万人移动互联网用户数　42.信息传输、软件和信息技术服务业增加值占生产总值比重　43.电子商务销售额与GDP比值

图3-26 黑龙江三级评价指标与上年水平比较

企业创新财力投入减少。企业引进技术经费支出比上年下降了87.32%，企业消化吸收经费支出下降了87.45%，企业购买境内技术经费支出下降了72.30%，企业技术改造经费支出下降了4.20%，企业技术获取和技术改造经费支出下降了17.79%，占企业营业收入比重下降了0.07个百分点，位次下降了5位。

高新技术产业化发展有待提高。高技术产业营业收入比上年下降了32.38%，占工业营业收入比重下降了1.31个百分点，位次下降了3位；高技术产业劳动生产率减少了17.89万元/人，位次下降了12位；知识密集型服务业增加值占生产总值比重位次下降了3位；知识密集型服务业劳动生产率位次下降了2位。

科技意识不足。科学研究和技术服务业平均工资比上年下降了4.09%，科学研究和技术服务业平均工资比较系数下降了17.65个百分点，位次下降了12位；万名就业人员专利申请数位次下降了1位。

环境改善较差。环境质量指数位次比上年下降了7位，环境污染治理指数位次下降了2位。

社会生活信息化水平较低。万人移动互联网用户数仍排在全国第31位；电子商务销售额与GDP比值位次排在全国第29位；信息传输、软件和信息技术服务业增加值占生产总值比重位次比上年下降了3位。

黑龙江创新发展主要指标及位次

总人口3171万人；地区生产总值13698.5亿元，居全国第25位；人均生产总值4.26万元，居全国第30位；知识密集型服务业增加值1720.84亿元，居全国第26位；规模以上工业企业营业收入9896.72亿元，居全国第25位；高新技术企业数1898个，居全国第22位；高新技术企业总收入3040.53亿元，居全国第25位。

R&D经费内部支出173.16亿元，居全国第22位，与生产总值比值1.26%，居全国第21位；R&D经费中基础研究经费支出23.03亿元，居全国第18位；企业R&D经费内部支出77.46亿元，居全国第25位；地方财政科技支出42.98亿元，居全国第23位。

大专以上学历人数471.14万人，居全国第21位；R&D人员数4.42万人年，居全国第23位；R&D人员中基础研究人员数1.23万人年，居全国第14位；企业R&D人员数1.43万人年，居全国第24位。

高技术产品出口额7.59亿美元，居全国第23位；技术市场输出技术成交额265.20亿元，居全国第17位；发明专利拥有量2.73万件，居全国第18位；移动互联网用户数2980.34万户，居全国第22位。

科技企业孵化器数198个，居全国第9位；科技企业孵化器在孵企业数6886个，居全国第12位；科技企业孵化器累计毕业企业数3452个，居全国第16位。

表3-8 黑龙江各级评价指标和位次与上年比较

指标名称	评价值		位次	
	当年	上年	当年	上年
科技创新环境	68.48	66.82	12	10
科技人力资源	68.71	69.17	20	18
万人研究与发展（R&D）人员数	11.53	11.58	24	23
十万人博士毕业生数	4.91	5.02	9	9
万人大专以上学历人数	1526.86	1436.85	20	14
万人高等学校在校学生数	269.52	253.10	22	20
十万人创新中介从业人员数	2.10	2.38	16	12
科研物质条件	98.01	92.14	2	2
每名R&D人员研发仪器和设备支出	6.01	5.20	2	4
科学研究和技术服务业固定资产占比重	4.19	3.61	1	1
十万人累计孵化企业数	9.01	8.73	15	14
科技意识	38.63	38.37	26	24
万名就业人员专利申请数	24.81	21.40	22	21
科学研究和技术服务业平均工资比较系数	73.81	91.46	28	16
万人吸纳技术成交额	694.31	423.02	27	29
有R&D活动的企业占比重	12.68	9.35	27	29
科技活动投入	46.29	42.81	22	24
科技活动人力投入	76.49	72.30	24	20
万人R&D研究人员数	8.30	8.37	20	18
基础研究人员投入强度指数	0.80	1.26	4	3
企业R&D研究人员占比重	28.85	21.52	27	25
科技活动财力投入	33.35	30.17	22	25
R&D经费支出与GDP比值	1.26	1.08	21	23
基础研究经费投入强度指数	0.21	0.34	7	4
地方财政科技支出占地方财政支出比重	0.79	0.84	26	26
企业R&D经费支出占营业收入比重	0.78	0.71	22	22
企业技术获取和技术改造经费支出占企业营业收入比重	0.34	0.41	17	12
上市公司R&D经费投入强度指数	0.01	0.01	24	23
科技活动产出	64.66	63.46	13	14
科技活动产出水平	71.25	71.55	11	10
万人科技论文数	2.81	2.89	15	13
获国家级科技成果奖系数	14.57	16.79	3	5
万人发明专利拥有量	7.13	6.40	16	16
每万人口高价值发明专利拥有量	2.13	1.91	17	17
技术成果市场化	54.77	51.32	14	18
万人输出技术成交额	969.52	848.26	14	13
万元生产总值技术国际收入	0.95	0.26	15	22
高新技术产业化	51.38	49.70	28	29
高新技术产业化水平	25.92	22.05	25	27
高技术产业营业收入占工业营业收入比重	2.87	4.18	29	26
知识密集型服务业增加值占生产总值比重	12.56	12.35	28	25
高技术产品出口额占商品出口额比重	14.03	7.99	19	23
新产品销售收入占营业收入比重	8.29	7.29	25	25
高新技术产业化效益	76.85	77.35	26	25
高技术产业劳动生产率	92.57	110.46	24	12
高技术产业利润率	10.77	8.84	11	11
知识密集型服务业劳动生产率	47.44	43.12	28	26
科技促进经济社会发展	61.70	61.77	25	25
经济发展方式转变	56.14	55.23	19	20
劳动生产率	11.01	10.90	15	16
资本生产率	0.27	0.25	13	16
综合能耗产出率	13.26	13.04	20	20
装备制造业区位熵	42.93	39.87	22	22
环境改善	75.95	76.98	28	26
环境质量指数	53.50	55.48	15	8
环境污染治理指数	81.56	82.35	29	27
社会生活信息化	63.55	64.60	30	28
万人移动互联网用户数	7774.66	7569.65	31	31
信息传输、软件和信息技术服务业增加值占生产总值比重	2.55	2.75	19	16
电子商务销售额与GDP比值	0.05	0.04	29	31

上海科技创新分析

近年来，上海加快推进具有全球影响力的科技创新中心建设，科技创新中心的创新资源集聚力、科技成果影响力、新兴产业引领力、创新环境吸引力、区域辐射带动力全面增强，科技创新中心的基本框架体系已经形成，为“十四五”科技创新中心建设迈上新的台阶奠定了坚实的基础。在今年的评价中，综合科技创新水平达到87.14%，保持在全国第1位，得分与上年相比，提高了0.77个百分点。

一、科技活动产出水平全国最强

技术国际收入比上年增长了6.75%，占到全国近1/3（31.63%），万元生产总值技术国际收入保持在全国第1位；发明专利拥有量增长了12.20%，万人发明专利拥有量增加了6.88件；技术市场输出技术成交额增长了11.31%，万人输出技术成交额增加了596.82万元。

图3-27 技术国际收入占全国比重

二、科技活动财力投入水平上升至全国第一

R&D经费内部支出比上年增长了5.98%，与GDP比值提高了0.18个百分点；地方财政科技支出增长了4.28%，占地方财政支出比重提高了0.25个百分点，位次上升了2位；企业R&D经费内部支出增长了7.51%，占营业收入比重提高了0.13个百分点。

三、科技人力资源全国最多

万人R&D研究人员数、十万人博士毕业生数、万人大专以上学历人数、十万人创新中介从业人员数均保持在全国第2位；万人研究与发展（R&D）人员数比上年增加了13.02人年，位次保持在全国第3位。

四、社会生活信息化水平全国最高

万人移动互联网用户数、信息传输、软件和信息技术服务业增加值占生产总值比重、电子商务销售额与GDP比值位次均保持在全国第2位。

企业研发人员较少。企业R&D研究人员较上年虽有增加，但占全社会R&D研究人员比重位次下降至全国第24位。

高新技术产业化效益持续下降。高技术产业利润总额比上年下降了1.93%，高技术产业利润率减少了0.46个百分点，位次下降至全国第26位；知识密集型服务业劳动生产率位次下降至全国第13位。

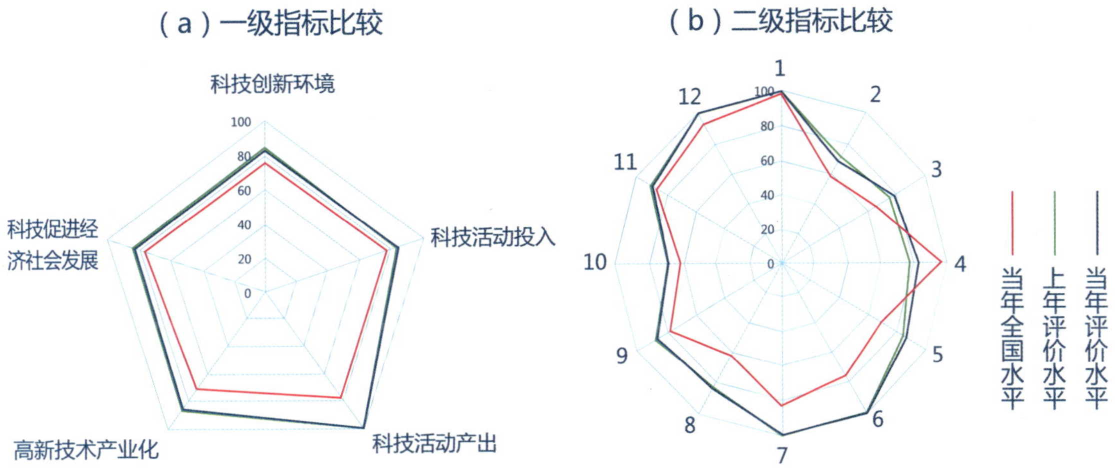

图3-28 上海一、二级评价指标与上年水平和全国水平比较

图例：1．科技人力资源　2．科研物质条件　3．科技意识　4．科技活动人力投入
5．科技活动财力投入　6．科技活动产出水平　7．技术成果市场化　8．高新技术产业化水平
9．高新技术产业化效益　10．经济发展方式转变　11．环境改善　12．社会生活信息化

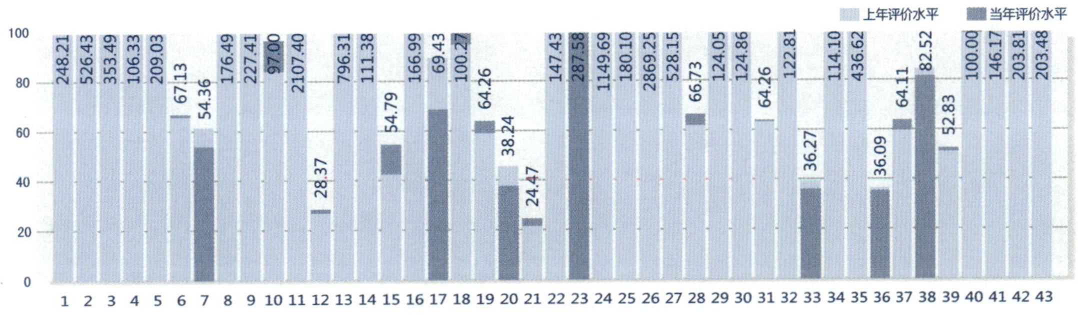

1.万人研究与发展（R&D）人员数　2.十万人博士毕业生数　3.万人大专以上学历人数　4.万人高等学校在校学生数　5.十万人创新中介从业人员数　6.每名R&D人员研发仪器和设备支出
7.科学研究和技术服务业固定资产占比重　8.十万人累计孵化企业数　9.万名就业人员专利申请数　10.科学研究和技术服务业平均工资比较系数　11.万人吸纳技术成交额　12.有R&D活动的企业占比重
13.万人R&D研究人员数　14.基础研究人员投入强度指数　15.企业R&D研究人员占比重　16.R&D经费支出与GDP比值　17.基础研究经费投入强度指数　18.地方财政科技支出占地方财政支出比重
19.企业R&D经费支出占营业收入比重　20.企业技术获取和技术改造经费支出占企业营业收入比重　21.上市公司R&D经费投入强度指数　22.万人科技论文数　23.获国家级科技成果奖系数
24.万人发明专利拥有量　25.每万人口高价值发明专利拥有量　26.万人输出技术成交额　27.万元生产总值技术国际收入　28.高技术产业营业收入占工业营业收入比重　29.知识密集型服务业增加值占生产总值比重
30.高技术产品出口额占商品出口额比重　31.新产品销售收入占营业收入比重　32.高技术产业劳动生产率　33.高技术产业利润率　34.知识密集型服务业劳动生产率　35.劳动生产率　36.资本生产率
37.综合能耗产出率　38.装备制造业区位熵　39.环境质量指数　40.环境污染治理指数　41.万人移动互联网用户数　42.信息传输、软件和信息技术服务业增加值占生产总值比重　43.电子商务销售额与GDP比值

图3-29 上海三级评价指标与上年水平比较

研发仪器设备支出增长缓慢。每名R&D人员研发仪器和设备支出位次下降至全国第13位；科学研究和技术服务业固定资产占比重位次下降至全国第10位。

环境质量有待改善，环境质量指数位次排在全国第16位。

上海创新发展主要指标及位次

总人口2488万人；地区生产总值38700.58亿元，居全国第10位；人均生产总值15.58万元，居全国第2位；知识密集型服务业增加值14402.1亿元，居全国第4位；规模以上工业企业营业收入39524.92亿元，居全国第10位；高新技术企业数16614个，居全国第5位；高新技术企业总收入34286.36亿元，居全国第5位。

R&D经费内部支出1615.69亿元，居全国第6位，与生产总值比值4.17%，居全国第2位；R&D经费中基础研究经费支出128.28亿元，居全国第3位；企业R&D经费内部支出635.01亿元，居全国第9位；地方财政科技支出406.20亿元，居全国第5位。

大专以上学历人数842.42万人，居全国第10位；R&D人员数22.86万人年，居全国第6位；R&D人员中基础研究人员数3.30万人年，居全国第3位；企业R&D人员数8.80万人年，居全国第12位。

高技术产品出口额835.38亿美元，居全国第3位；技术市场输出技术成交额1583.22亿元，居全国第7位；发明专利拥有量14.56万件，居全国第5位；移动互联网用户数3365.70万户，居全国第18位。

科技企业孵化器数165个，居全国第12位；科技企业孵化器在孵企业数7427个，居全国第10位；科技企业孵化器累计毕业企业数4064个，居全国第14位。

表3-9 上海各级评价指标和位次与上年比较

指标名称	评价值		位次	
	当年	上年	当年	上年
科技创新环境	83.95	83.79	4	3
科技人力资源	100.00	100.00	1	1
万人研究与发展（R&D）人员数	99.29	86.27	3	3
十万人博士毕业生数	26.32	24.98	2	2
万人大专以上学历人数	3534.89	3073.48	2	2
万人高等学校在校学生数	372.17	358.20	4	4
十万人创新中介从业人员数	6.27	5.98	2	2
科研物质条件	68.60	71.06	6	5
每名R&D人员研发仪器和设备支出	4.03	3.96	13	10
科学研究和技术服务业固定资产占比重	1.63	1.85	10	6
十万人累计孵化企业数	17.65	16.66	6	6
科技意识	77.91	74.91	4	6
万名就业人员专利申请数	227.41	187.72	1	1
科学研究和技术服务业平均工资比较系数	194.01	168.82	1	3
万人吸纳技术成交额	4214.80	3183.61	3	3
有R&D活动的企业占比重	28.37	26.77	14	14
科技活动投入	84.00	81.33	5	4
科技活动人力投入	81.92	76.99	21	18
万人R&D研究人员数	55.74	48.04	2	2
基础研究人员投入强度指数	1.11	1.10	3	4
企业R&D研究人员占比重	38.36	29.73	24	23
科技活动财力投入	84.89	83.19	1	2
R&D经费支出与GDP比值	4.17	4.00	2	2
基础研究经费投入强度指数	0.69	0.90	3	2
地方财政科技支出占地方财政支出比重	5.01	4.76	3	5
企业R&D经费支出占营业收入比重	1.61	1.48	7	7
企业技术获取和技术改造经费支出占企业营业收入比重	0.96	1.15	3	2
上市公司R&D经费投入强度指数	0.24	0.21	3	4
科技活动产出	100.00	100.00	1	1
科技活动产出水平	100.00	100.00	1	1
万人科技论文数	14.74	14.60	2	2

指标名称	评价值		位次	
	当年	上年	当年	上年
获国家级科技成果奖系数	14.38	17.25	4	4
万人发明专利拥有量	63.23	56.36	2	2
每万人口高价值发明专利拥有量	21.61	19.26	2	2
技术成果市场化	100.00	100.00	1	1
万人输出技术成交额	5738.49	5141.67	3	3
万元生产总值技术国际收入	52.82	50.18	1	1
高新技术产业化	85.06	84.59	2	1
高新技术产业化水平	82.87	81.32	3	2
高技术产业营业收入占工业营业收入比重	20.02	18.63	6	5
知识密集型服务业增加值占生产总值比重	37.21	35.70	2	2
高技术产品出口额占商品出口额比重	49.94	48.10	7	7
新产品销售收入占营业收入比重	25.70	25.39	5	5
高新技术产业化效益	87.25	87.87	11	11
高技术产业劳动生产率	147.38	134.46	4	6
高技术产业利润率	5.44	5.90	26	21
知识密集型服务业劳动生产率	68.46	62.20	13	12
科技促进经济社会发展	83.13	83.10	3	2
经济发展方式转变	69.10	69.12	3	2
劳动生产率	34.93	34.35	2	2
资本生产率	0.36	0.37	5	4
综合能耗产出率	26.93	25.14	2	2
装备制造业区位熵	165.04	170.12	3	2
环境改善	90.57	90.23	5	4
环境质量指数	52.83	51.20	16	17
环境污染治理指数	100.00	99.99	1	6
社会生活信息化	100.00	100.00	1	1
万人移动互联网用户数	14616.57	13885.85	2	2
信息传输、软件和信息技术服务业增加值占生产总值比重	7.13	6.30	2	2
电子商务销售额与GDP比值	0.61	0.54	2	2

江苏科技创新分析

全省科技系统准确把握科技创新工作面临的新形势新使命，坚持“四个面向”，着力推动科技自立自强、促进科技同产业深度融合、打造区域创新高地、强化科技资源统筹、激发人才创新活力，加快推进科技强省建设。在今年的报告中，江苏综合科技创新水平指数达到80.36%，仍排在全国第5位，得分与上年相比，提高了0.66个百分点。

一、研发人员投入全国第二

R&D人员规模达到66.91万人年，占全国比重达到12.78%，其中，企业R&D人员数占到全国的15.57%，企业R&D研究人员数占到全国的15.50%，均排在全国第2位。

二、研发经费投入保持全国第二

研发经费投入达到3005.93亿元，仅次于广东，保持在全国第2位，占全国比重达到12.32%；企业R&D经费内部支出达到2381.69亿元，保持在全国第2位，占全国比重高达15.60%，企业R&D经费投入强度保持全国第一。

三、企业产品创新能力增强

全省有五成以上的企业有R&D活动，占到全国的17.83%，保持在全国第1位；新产品销售收入排在全国第2位，占全国比重达到16.57%。

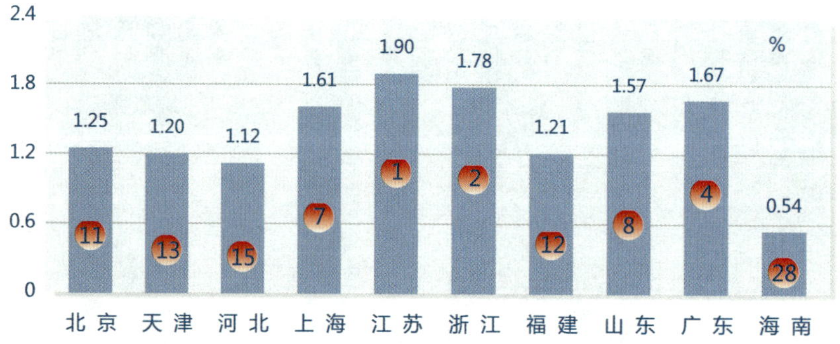

图3-30 东部地区企业R&D经费支出占营业收入比重及位次

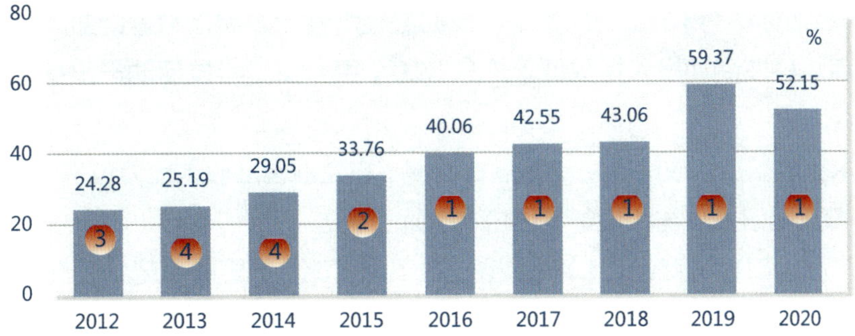

图3-31 有R&D活动的企业占比重及位次

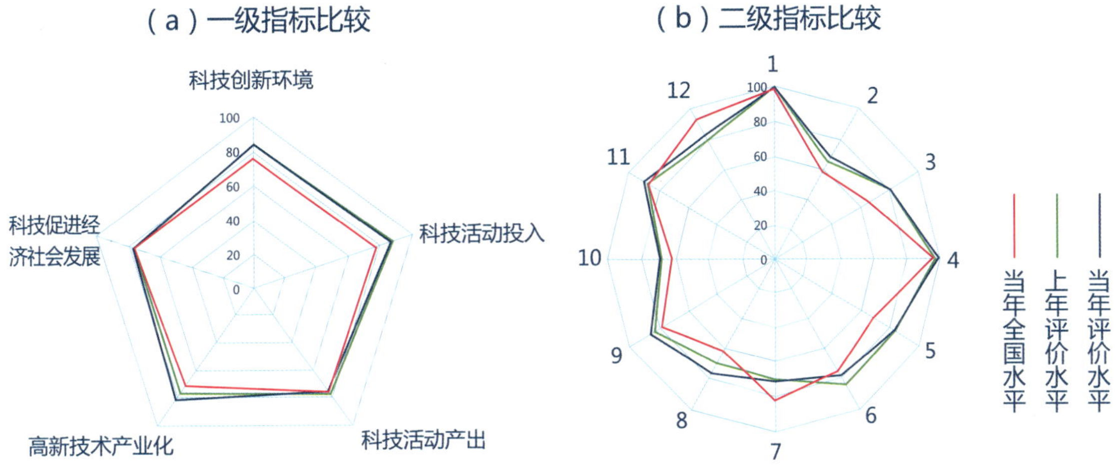

图3-32 江苏一、二级评价指标与上年水平和全国水平比较

图例：1．科技人力资源　2．科研物质条件　3．科技意识　4．科技活动人力投入
5．科技活动财力投入　6．科技活动产出水平　7．技术成果市场化　8．高新技术产业化水平
9．高新技术产业化效益　10．经济发展方式转变　11．环境改善　12．社会生活信息化

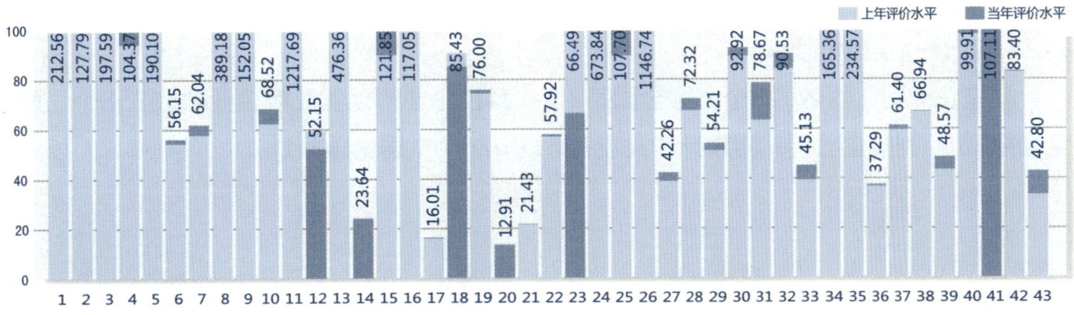

1.万人研究与发展（R&D）人员数　2.十万人博士毕业生数　3.万人大专以上学历人数　4.万人高等学校在校学生数　5.十万人创新中介从业人员数　6.每名R&D人员研发仪器和设备支出
7.科学研究和技术服务业固定资产占比重　8.十万人累计孵化企业数　9.万名就业人员专利申请数　10.科学研究和技术服务业平均工资比较系数　11.万人吸纳技术成交额　12.有R&D活动的企业占比重
13.万人R&D研究人员数　14.基础研究人员投入强度指数　15.企业R&D研究人员占比重　16.R&D经费支出与GDP比值　17.基础研究经费投入强度指数　18.地方财政科技支出占地方财政支出比重
19.企业R&D经费支出占营业收入比重　20.企业技术获取和技术改造经费支出占企业营业收入比重　21.上市公司R&D经费投入强度指数　22.万人科技论文数　23.获国家级科技成果奖系数
24.万人发明专利拥有量　25.每万人口高价值发明专利拥有量　26.万人输出技术成交额　27.万元生产总值技术国际收入　28.高技术产业营业收入占工业营业收入比重　29.知识密集型服务业增加值占生产总值比重
30.高技术产品出口额占商品出口额比重　31.新产品销售收入占营业收入比重　32.高技术产业劳动生产率　33.高技术产业利润率　34.知识密集型服务业劳动生产率　35.劳动生产率　36.资本生产率
37.综合能耗产出率　38.装备制造业区位熵　39.环境质量指数　40.环境污染治理指数　41.万人移动互联网用户数　42.信息传输、软件和信息技术服务业增加值占生产总值比重　43.电子商务销售额与GDP比值

图3-33 江苏三级评价指标与上年水平比较

江苏与广东之间仍有一定的差距，今年综合科技创新水平指数低于广东1.76个百分点，5个一级指标中有3个低于广东，科技促进经济社会发展指数差距最大，低于广东8.90个百分点，科技活动投入指数低于广东2.10个百分点，科技活动产出指数低于广东0.80个百分点。

企业技术获取和技术改造经费支出增长缓慢，占企业营业收入比重位次下降了5位。

每名R&D人员研发仪器和设备支出位次下降了5位。

高技术产品出口额占商品出口额比重位次下降了1位；高技术产业利润总额虽有增长，但高技术产业利润率较低，排在全国第19位；高技术产业劳动生产率排在全国第14位。

环境质量较差，环境质量指数位次排在全国第22位。

信息传输、软件和信息技术服务业增加值占生产总值比重位次下降了2位。

江苏创新发展主要指标及位次

总人口8477万人；地区生产总值102718.98亿元，居全国第2位；人均生产总值12.12万元，居全国第3位；知识密集型服务业增加值16706.11亿元，居全国第3位；规模以上工业企业营业收入125344.17亿元，居全国第2位；高新技术企业数32734个，居全国第2位；高新技术企业总收入54509.20亿元，居全国第2位。

R&D经费内部支出3005.93亿元，居全国第2位，与生产总值比值2.93%，居全国第5位；R&D经费中基础研究经费支出84.02亿元，居全国第4位；企业R&D经费内部支出2381.69亿元，居全国第2位；地方财政科技支出584.39亿元，居全国第2位。

大专以上学历人数1581.68万人，居全国第2位；R&D人员数66.91万人年，居全国第2位；R&D人员中基础研究人员数2.60万人年，居全国第4位；企业R&D人员数53.88万人年，居全国第2位。

高技术产品出口额1477亿美元，居全国第2位；技术市场输出技术成交额2087.85亿元，居全国第3位；发明专利拥有量29.16万件，居全国第3位；移动互联网用户数8428.67万户，居全国第4位。

科技企业孵化器数928个，居全国第2位；科技企业孵化器在孵企业数36955个，居全国第1位；科技企业孵化器累计毕业企业数30626个，居全国第1位。

表3-10 江苏各级评价指标和位次与上年比较

指标名称	评价值 当年	评价值 上年	位次 当年	位次 上年
科技创新环境	83.99	83.42	3	4
科技人力资源	100.00	99.73	1	4
万人研究与发展（R&D）人员数	85.02	80.73	4	4
十万人博士毕业生数	6.39	6.32	7	7
万人大专以上学历人数	1975.95	1755.83	4	5
万人高等学校在校学生数	365.28	331.10	6	6
十万人创新中介从业人员数	5.70	5.51	3	4
科研物质条件	67.28	64.80	7	9
每名R&D人员研发仪器和设备支出	3.37	3.26	19	14
科学研究和技术服务业固定资产占比重	1.86	1.73	6	7
十万人累计孵化企业数	38.92	33.29	2	2
科技意识	79.35	80.28	2	2
万名就业人员专利申请数	152.05	125.59	5	5
科学研究和技术服务业平均工资比较系数	137.05	124.69	6	9
万人吸纳技术成交额	2435.38	1930.18	7	7
有R&D活动的企业占比重	52.15	59.37	1	1
科技活动投入	87.15	86.71	3	3
科技活动人力投入	100.00	96.05	1	3
万人R&D研究人员数	33.35	31.19	4	4
基础研究人员投入强度指数	0.24	0.24	15	17
企业R&D研究人员占比重	85.30	63.08	2	3
科技活动财力投入	81.65	82.70	4	4
R&D经费支出与GDP比值	2.93	2.79	5	5
基础研究经费投入强度指数	0.16	0.16	12	11
地方财政科技支出占地方财政支出比重	4.27	4.55	6	6
企业R&D经费支出占营业收入比重	1.90	1.86	1	1
企业技术获取和技术改造经费支出占企业营业收入比重	0.32	0.33	19	14
上市公司R&D经费投入强度指数	0.21	0.21	5	5
科技活动产出	74.33	77.39	7	5
科技活动产出水平	76.47	82.75	6	5
万人科技论文数	5.79	5.69	5	5
获国家级科技成果奖系数	3.32	5.12	22	14
万人发明专利拥有量	37.06	30.85	3	3
每万人口高价值发明专利拥有量	12.92	10.76	5	5
技术成果市场化	71.13	69.33	8	8
万人输出技术成交额	2293.47	1607.08	7	8
万元生产总值技术国际收入	4.23	3.87	8	8
高新技术产业化	80.69	75.80	4	6
高新技术产业化水平	76.15	70.03	5	5
高技术产业营业收入占工业营业收入比重	21.69	20.23	4	4
知识密集型服务业增加值占生产总值比重	16.26	15.37	8	9
高技术产品出口额占商品出口额比重	37.17	35.80	11	10
新产品销售收入占营业收入比重	31.47	25.41	2	4
高新技术产业化效益	85.24	81.56	16	18
高技术产业劳动生产率	108.64	101.24	14	19
高技术产业利润率	6.77	5.86	19	22
知识密集型服务业劳动生产率	99.22	90.95	2	2
科技促进经济社会发展	75.99	74.63	7	7
经济发展方式转变	67.75	67.18	4	4
劳动生产率	18.77	18.10	5	5
资本生产率	0.37	0.36	4	5
综合能耗产出率	25.79	24.99	3	3
装备制造业区位熵	133.87	133.78	6	6
环境改善	89.64	87.39	7	11
环境质量指数	48.57	43.38	22	23
环境污染治理指数	99.91	98.40	7	8
社会生活信息化	81.92	79.80	10	11
万人移动互联网用户数	10710.77	10741.19	11	7
信息传输、软件和信息技术服务业增加值占生产总值比重	2.92	2.90	13	11
电子商务销售额与GDP比值	0.13	0.10	13	17

浙江科技创新分析

全省科技系统坚持“四个面向”战略方向，强化“四抓”职能，超常规落实人才强省、创新强省首位战略，扎实落地科技政策，科技创新水平进一步提升。在今年的报告中，浙江科技创新总指数达到78.48%，仍排在全国第6位，得分与上年相比，提高了1.71个百分点。

一、科技意识保持全国最高

科学研究和技术服务业平均工资比上年增长了5.52%，科学研究和技术服务业平均工资比较系数保持在全国第2位；全省有近五成的企业有R&D活动，比上年增长了17.95%，占规模以上工业企业比重提升了5.48个百分点，位次保持在全国第2位。

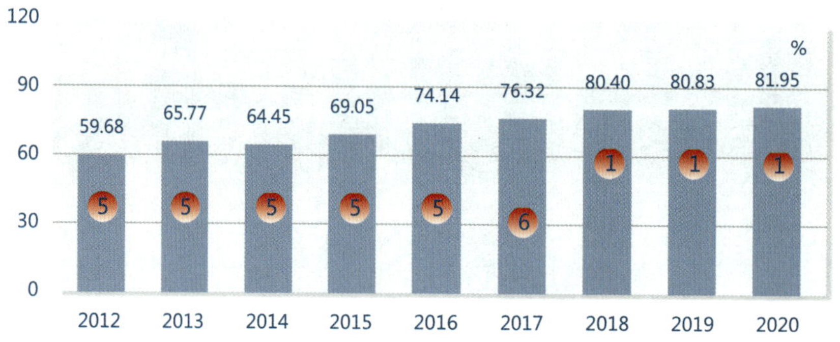

图3-34 科技意识指数及位次

二、企业产品创新能力全国最强

新产品销售收入比上年增长了8.44%，占营业收入比重保持在全国第1位。

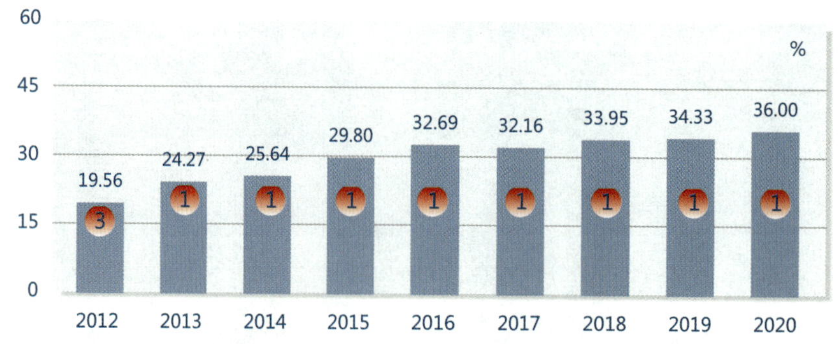

图3-35 新产品销售收入占营业收入比重及位次

三、技术成果转移转化大幅增长

技术市场吸纳技术成交额比上年增长了40.66%，万人吸纳技术成交额增加了725.48万元，位次上升了3位；技术市场输出技术成交额增长了58.03%，万人输出技术成交额增加了824.61万元，位次上升了1位。

科技人力资源不足。万人高等学校在校学生数排在全国第19位；万人大专以上学历人数位次下降了3位；高等学校博士毕业生数比上年下降了3.51%，十万人博士毕业生数减少了0.13人。

科研物质条件有待改善。每名R&D人员研发仪器和设备支出排在全国第28位。

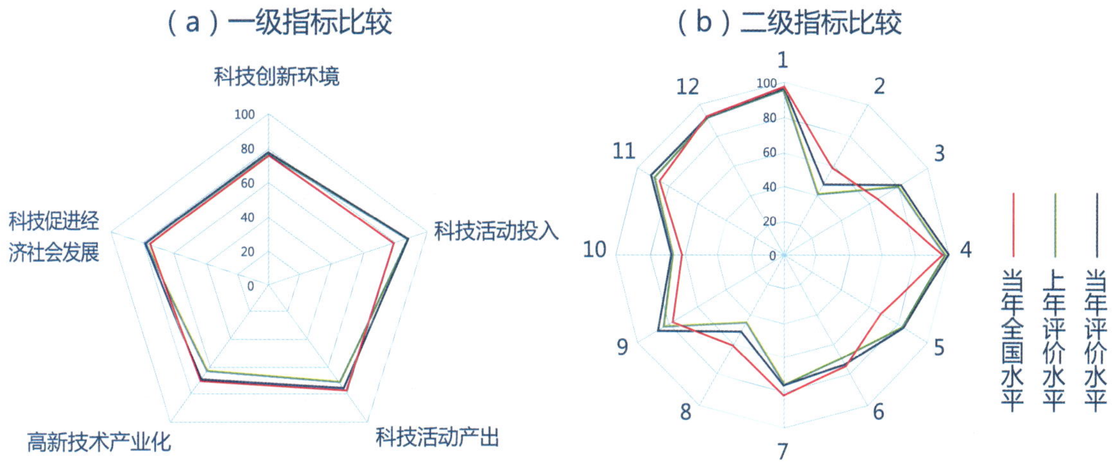

图3-36 浙江一、二级评价指标与上年水平和全国水平比较

图例：1．科技人力资源　2．科研物质条件　3．科技意识　4．科技活动人力投入
5．科技活动财力投入　6．科技活动产出水平　7．技术成果市场化　8．高新技术产业化水平
9．高新技术产业化效益　10．经济发展方式转变　11．环境改善　12．社会生活信息化

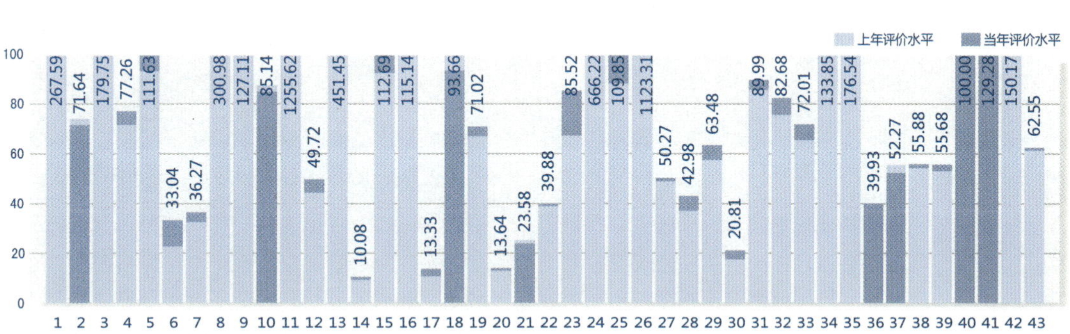

1.万人研究与发展（R&D）人员数　2.十万人博士毕业生数　3.万人大专以上学历人数　4.万人高等学校在校学生数　5.十万人创新中介从业人员数　6.每名R&D人员研发仪器和设备支出
7.科学研究和技术服务业固定资产占比重　8.十万人累计孵化企业数　9.万名就业人员专利申请数　10.科学研究和技术服务业平均工资比较系数　11.万人吸纳技术成交额　12.有R&D活动的企业占比重
13.万人R&D研究人员数　14.基础研究人员投入强度指数　15.企业R&D研究人员占比重　16.R&D经费支出与GDP比值　17.基础研究经费投入强度指数　18.地方财政科技支出占地方财政支出比重
19.企业R&D经费支出占营业收入比重　20.企业技术获取和技术改造经费支出占企业营业收入比重　21.上市公司R&D经费投入强度指数　22.万人科技论文数　23.获国家级科技成果奖系数
24.万人发明专利拥有量　25.每万人口高价值发明专利拥有量　26.万人输出技术成交额　27.万元生产总值技术国际收入　28.高技术产业营业收入占工业营业收入比重　29.知识密集型服务业增加值占生产总值比重
30.高技术产品出口额占商品出口额比重　31.新产品销售收入占营业收入比重　32.高技术产业劳动生产率　33.高技术产业利润率　34.知识密集型服务业劳动生产率　35.劳动生产率　36.资本生产率
37.综合能耗产出率　38.装备制造业区位熵　39.环境质量指数　40.环境污染治理指数　41.万人移动互联网用户数　42.信息传输、软件和信息技术服务业增加值占生产总值比重　43.电子商务销售额与GDP比值

图3-37 浙江三级评价指标与上年水平比较

企业技术获取和技术改造经费支出占企业营业收入比重位次比较靠后，排在全国第16位。

高技术产品出口额增长缓慢，占商品出口额比重位次排在全国第24位；高技术产业利润率位次下降1位。

浙江创新发展主要指标及位次

总人口6468万人；地区生产总值64613.34亿元，居全国第4位；人均生产总值10.06万元，居全国第6位；知识密集型服务业增加值12304.07亿元，居全国第5位；规模以上工业企业营业收入78625.03亿元，居全国第4位；高新技术企业数21943个，居全国第4位；高新技术企业总收入43482.51亿元，居全国第4位。

R&D经费内部支出1859.90亿元，居全国第4位，与生产总值比值2.88%，居全国第6位；R&D经费中基础研究经费支出60.31亿元，居全国第6位；企业R&D经费内部支出1395.90亿元，居全国第3位；地方财政科技支出472.13亿元，居全国第3位。

大专以上学历人数1097.03万人，居全国第6位；R&D人员数58.30万人年，居全国第3位；R&D人员中基础研究人员数1.58万人年，居全国第10位；企业R&D人员数48.05万人年，居全国第3位。

高技术产品出口额292.86亿美元，居全国第7位；技术市场输出技术成交额1403.32亿元，居全国第8位；发明专利拥有量19.96万件，居全国第4位；移动互联网用户数7041.06万户，居全国第7位。

科技企业孵化器数437个，居全国第3位；科技企业孵化器在孵企业数18523个，居全国第3位；科技企业孵化器累计毕业企业数16393个，居全国第4位。

表3-11 浙江各级评价指标和位次与上年比较

指标名称	评价值 当年	评价值 上年	位次 当年	位次 上年
科技创新环境	77.31	75.08	6	5
科技人力资源	96.03	95.68	6	5
万人研究与发展（R&D）人员数	107.04	98.18	2	2
十万人博士毕业生数	3.58	3.71	11	11
万人大专以上学历人数	1797.54	1644.86	10	7
万人高等学校在校学生数	270.40	250.90	19	22
十万人创新中介从业人员数	3.35	2.80	9	9
科研物质条件	47.73	41.87	23	21
每名R&D人员研发仪器和设备支出	1.98	1.34	28	30
科学研究和技术服务业固定资产占比重	1.09	0.97	13	17
十万人累计孵化企业数	30.10	25.51	3	3
科技意识	81.95	80.83	1	1
万名就业人员专利申请数	127.11	109.27	6	6
科学研究和技术服务业平均工资比较系数	170.28	175.53	2	2
万人吸纳技术成交额	2511.24	1785.76	6	9
有R&D活动的企业占比重	49.72	44.24	2	2
科技活动投入	87.77	87.24	2	2
科技活动人力投入	100.00	97.08	1	2
万人R&D研究人员数	31.60	28.11	5	5
基础研究人员投入强度指数	0.10	0.09	24	24
企业R&D研究人员占比重	78.88	64.89	7	2
科技活动财力投入	82.53	83.02	3	3
R&D经费支出与GDP比值	2.88	2.68	6	6
基础研究经费投入强度指数	0.13	0.10	15	17
地方财政科技支出占地方财政支出比重	4.68	5.13	5	3
企业R&D经费支出占营业收入比重	1.78	1.68	2	2
企业技术获取和技术改造经费支出占企业营业收入比重	0.34	0.31	16	17
上市公司R&D经费投入强度指数	0.24	0.25	4	3
科技活动产出	73.89	71.12	8	9
科技活动产出水平	73.05	68.91	10	14
万人科技论文数	3.99	3.86	9	9
获国家级科技成果奖系数	4.28	3.36	19	19
万人发明专利拥有量	36.64	29.49	4	4
每万人口高价值发明专利拥有量	13.18	10.61	4	6
技术成果市场化	75.13	74.44	7	6
万人输出技术成交额	2246.63	1422.02	9	10
万元生产总值技术国际收入	5.03	4.89	7	6
高新技术产业化	68.65	64.12	10	15
高新技术产业化水平	49.83	44.83	15	16
高技术产业营业收入占工业营业收入比重	12.89	11.03	11	14
知识密集型服务业增加值占生产总值比重	19.04	17.24	5	6
高技术产品出口额占商品出口额比重	8.33	6.85	24	26
新产品销售收入占营业收入比重	36.00	34.33	1	1
高新技术产业化效益	87.47	83.40	10	15
高技术产业劳动生产率	99.21	90.85	18	26
高技术产业利润率	10.80	9.84	10	9
知识密集型服务业劳动生产率	80.31	74.68	5	7
科技促进经济社会发展	79.44	79.39	4	4
经济发展方式转变	66.79	67.01	5	5
劳动生产率	14.12	13.63	10	10
资本生产率	0.40	0.40	3	3
综合能耗产出率	21.95	23.35	7	5
装备制造业区位熵	111.76	108.41	8	8
环境改善	91.14	90.61	3	3
环境质量指数	55.68	53.04	9	14
环境污染治理指数	100.00	100.00	1	1
社会生活信息化	92.51	92.28	5	5
万人移动互联网用户数	12927.65	12938.55	4	4
信息传输、软件和信息技术服务业增加值占生产总值比重	5.26	4.44	3	3
电子商务销售额与GDP比值	0.19	0.18	7	6

安徽科技创新分析

安徽加速融入长三角一体化，加强创新资源对接，加强创新型城市建设，科技创新水平进一步提升。在今年的报告中，安徽综合科技创新水平指数为70.44%，排在全国第10位，比上年上升1位，得分与上年相比，提高了3.79个百分点，增幅排在第8位。

一、科技活动投入水平居中部地区第一

研发财力投入进一步提高。R&D经费内部支出比上年增长了17.13%，与GDP比值提高了0.25个百分点，位次上升了1位；企业R&D经费内部支出增长了10.91%，占营业收入比重提高了0.12个百分点，位次上升了1位；企业引进技术经费支出增长了21.17%，企业消化吸收经费支出增长了31.58%，企业购买境内技术经费支出增长了94.87%，企业技术改造经费支出增长了17.75%，企业技术获取和技术改造经费支出增长了19.96%，占企业营业收入比重提高了0.09个百分点，位次上升了2位。

研发人员投入不断增加。R&D人员数比上年增长了11.05%，万人研究与发展（R&D）人员数增加了3.25人年；R&D研究人员数增长了11.07%，万人R&D研究人员数增加了1.42人年；其中，企业R&D研究人员数增长了55.31%，占全社会R&D研究人员比重提高了20.37个百分点。

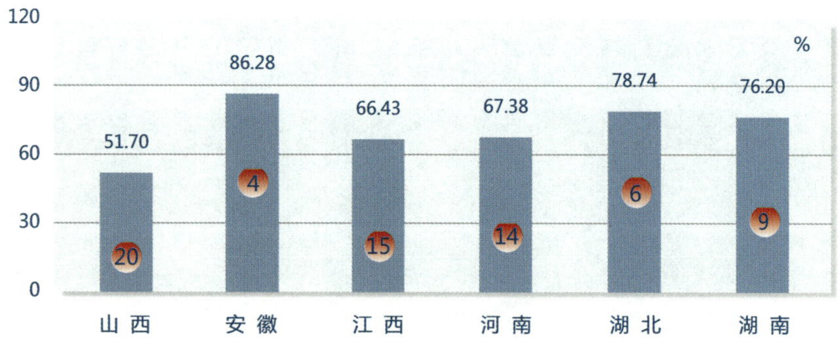

图3-38 中部地区地方科技活动投入指数及位次

二、企业产品创新水平中部地区最高

新产品销售收入比上年增长了24.29%，占营业收入比重提高了5.31个百分点，位次排在全国第3位，中部地区第1位；高技术产品出口额比上年增长了19.39%。

三、专利产出中部地区最多

发明专利拥有量占到中部地区的32.19%，比上年增长了31.24%，万人发明专利拥有量增加了3.92件，位次保持在中部地区第1位。

政府科技投入减少。地方财政科技支出比上年下降了2.11%，占地方财政支出比重减少了0.16个百分点。

科技人力资源不足。高等学校博士毕业生数比上年下降了8.45%，十万人博士毕业生数减少了0.23人，位次下降至全国第17位；万人大专以上学历人数、万人高等学校在校学生数和十万人创新中介从业人员数虽然较上年有所增加，但位次仍然比较靠后，分别排在全国第22位、第20位和第27位。

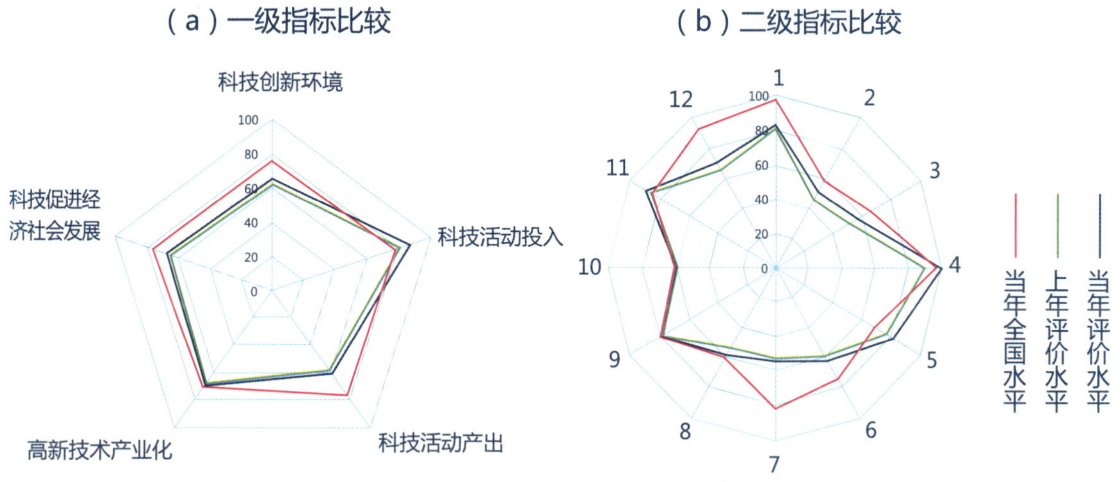

图3-39 安徽一、二级评价指标与上年水平和全国水平比较

图例：1．科技人力资源　2．科研物质条件　3．科技意识　4．科技活动人力投入
5．科技活动财力投入　6．科技活动产出水平　7．技术成果市场化　8．高新技术产业化水平
9．高新技术产业化效益　10．经济发展方式转变　11．环境改善　12．社会生活信息化

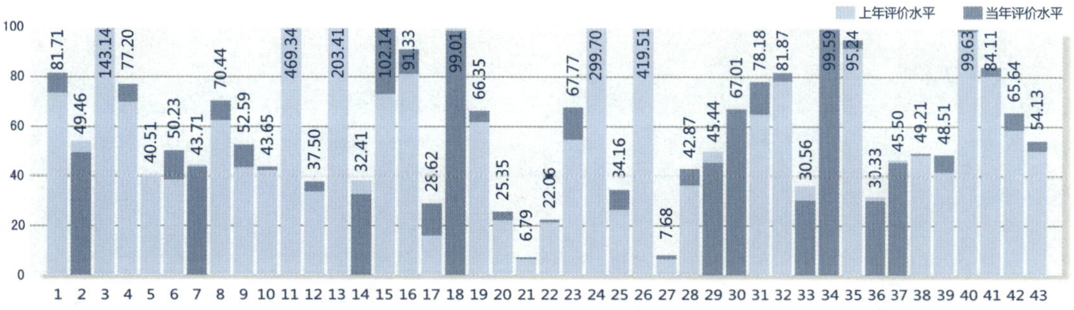

1.万人研究与发展（R&D）人员数　2.十万人博士毕业生数　3.万人大专以上学历人数　4.万人高等学校在校学生数　5.十万人创新中介从业人员数　6.每名R&D人员研发仪器和设备支出
7.科学研究和技术服务业固定资产占比重　8.十万人累计孵化企业数　9.万名就业人员专利申请数　10.科学研究和技术服务业平均工资比较系数　11.万人吸纳技术成交额　12.有R&D活动的企业占比重
13.万人R&D研究人员数　14.基础研究人员投入强度指数　15.企业R&D研究人员占比重　16.R&D经费支出与GDP比值　17.基础研究经费投入强度指数　18.地方财政科技支出占地方财政支出比重
19.企业R&D经费支出占营业收入比重　20.企业技术获取和技术改造经费支出占企业营业收入比重　21.上市公司R&D经费投入强度指数　22.万人科技论文数　23.获国家级科技成果奖系数
24.万人发明专利拥有量　25.每万人口高价值发明专利拥有量　26.万人输出技术成交额　27.万元生产总值技术国际收入　28.高技术产业营业收入占工业营业收入比重　29.知识密集型服务业增加值占生产总值比重
30.高技术产品出口额占商品出口额比重　31.新产品销售收入占营业收入比重　32.高技术产业劳动生产率　33.高技术产业利润率　34.知识密集型服务业劳动生产率　35.劳动生产率　36.资本生产率
37.综合能耗产出率　38.装备制造业区位熵　39.环境质量指数　40.环境污染治理指数　41.万人移动互联网用户数　42.信息传输、软件和信息技术服务业增加值占生产总值比重　43.电子商务销售额与GDP比值

图3-40 安徽三级评价指标与上年水平比较

科研物质条件有待改善。每名R&D人员研发仪器和设备支出位次比较靠后，排在全国第23位；十万人累计孵化企业数位次比上年下降2位，排在全国第22位。

高新技术产业化效益持续下降。高技术产业利润率减少了0.79个百分点，位次比上年下降了5位；知识密集型服务业劳动生产率减少了8.90万元/人，位次下降了10位。

劳动生产率位次比上年下降了1位，排在全国第27位。

社会生活信息化水平较低。万人移动互联网用户数排在全国第28位；信息传输、软件和信息技术服务业增加值占生产总值比重排在全国第25位。

安徽创新发展主要指标及位次

总人口6105万人；地区生产总值38680.63亿元，居全国第11位；人均生产总值6.34万元，居全国第13位；知识密集型服务业增加值5273.23亿元，居全国第11位；规模以上工业企业营业收入38549.29亿元，居全国第12位；高新技术企业数8444个，居全国第10位；高新技术企业总收入15303.33亿元，居全国第10位。

R&D经费内部支出883.18亿元，居全国第11位，与生产总值比值2.28%，居全国第10位；R&D经费中基础研究经费支出60.89亿元，居全国第5位；企业R&D经费内部支出639.42亿元，居全国第8位；地方财政科技支出369.98亿元，居全国第6位。

大专以上学历人数810.46万人，居全国第12位；R&D人员数19.47万人年，居全国第8位；R&D人员中基础研究人员数1.64万人年，居全国第7位；企业R&D人员数14.00万人年，居全国第7位。

高技术产品出口额128.08亿美元，居全国第13位；技术市场输出技术成交额659.57亿元，居全国第12位；发明专利拥有量9.82万件，居全国第7位；移动互联网用户数5010.47万户，居全国第9位。

科技企业孵化器数208个，居全国第8位；科技企业孵化器在孵企业数6948个，居全国第11位；科技企业孵化器累计毕业企业数4196个，居全国第13位。

表3-12 安徽各级评价指标和位次与上年比较

指标名称	评价值 当年	评价值 上年	位次 当年	位次 上年
科技创新环境	65.63	61.21	14	15
科技人力资源	83.52	80.33	13	12
万人研究与发展（R&D）人员数	32.68	29.43	11	11
十万人博士毕业生数	2.47	2.70	17	16
万人大专以上学历人数	1431.44	1219.93	22	22
万人高等学校在校学生数	270.21	244.70	20	25
十万人创新中介从业人员数	1.22	1.20	27	28
科研物质条件	51.67	45.50	21	18
每名R&D人员研发仪器和设备支出	3.01	2.29	23	24
科学研究和技术服务业固定资产占比重	1.31	1.33	11	12
十万人累计孵化企业数	7.04	6.25	22	20
科技意识	55.76	51.43	11	11
万名就业人员专利申请数	52.59	43.38	9	11
科学研究和技术服务业平均工资比较系数	87.30	84.04	20	21
万人吸纳技术成交额	938.67	778.38	21	21
有R&D活动的企业占比重	37.50	33.36	8	7
科技活动投入	86.28	79.35	4	5
科技活动人力投入	100.00	89.22	1	9
万人R&D研究人员数	14.24	12.82	12	12
基础研究人员投入强度指数	0.32	0.38	13	12
企业R&D研究人员占比重	71.50	51.13	11	9
科技活动财力投入	80.41	75.12	5	6
R&D经费支出与GDP比值	2.28	2.03	10	11
基础研究经费投入强度指数	0.29	0.16	5	12
地方财政科技支出占地方财政支出比重	4.95	5.11	4	4
企业R&D经费支出占营业收入比重	1.66	1.54	5	6
企业技术获取和技术改造经费支出占企业营业收入比重	0.63	0.55	7	9
上市公司R&D经费投入强度指数	0.07	0.06	8	8
科技活动产出	58.96	56.80	16	17
科技活动产出水平	62.38	59.32	15	18
万人科技论文数	2.21	2.10	22	22

指标名称	评价值 当年	评价值 上年	位次 当年	位次 上年
获国家级科技成果奖系数	3.39	2.73	21	22
万人发明专利拥有量	16.48	12.56	7	7
每万人口高价值发明专利拥有量	4.10	3.12	12	14
技术成果市场化	53.84	53.02	16	15
万人输出技术成交额	839.02	573.70	17	17
万元生产总值技术国际收入	0.77	0.60	18	18
高新技术产业化	68.19	66.22	12	12
高新技术产业化水平	57.69	53.94	11	12
高技术产业营业收入占工业营业收入比重	12.86	10.80	12	15
知识密集型服务业增加值占生产总值比重	13.63	14.95	20	10
高技术产品出口额占商品出口额比重	26.81	26.92	15	15
新产品销售收入占营业收入比重	31.27	25.96	3	3
高新技术产业化效益	78.69	78.51	24	23
高技术产业劳动生产率	98.24	94.03	20	23
高技术产业利润率	4.58	5.37	30	25
知识密集型服务业劳动生产率	59.75	68.65	20	10
科技促进经济社会发展	68.01	65.38	16	19
经济发展方式转变	59.70	58.69	15	15
劳动生产率	7.62	7.33	27	26
资本生产率	0.30	0.31	10	9
综合能耗产出率	19.11	19.50	9	9
装备制造业区位熵	98.43	96.68	10	10
环境改善	89.40	87.17	8	12
环境质量指数	48.51	41.33	23	26
环境污染治理指数	99.63	98.63	8	7
社会生活信息化	70.73	65.60	24	26
万人移动互联网用户数	8411.47	8042.76	28	29
信息传输、软件和信息技术服务业增加值占生产总值比重	2.30	2.05	25	25
电子商务销售额与GDP比值	0.16	0.15	10	10

福建科技创新分析

近年来，福建省科技系统深入实施创新驱动发展战略，围绕“优平台、强主体、聚人才、活机制”主线，加快科技自立自强步伐。在今年的报告中，福建综合科技创新水平指数为66.54%，排在全国第15位，比上年下降2位，得分与上年相比，提高了0.17个百分点。

一、科技人力有所增加

R&D人员数比上年增长了8.27%，万人研究与发展（R&D）人员数增加了3.84人年；R&D研究人员增长了6.59%，万人R&D研究人员数增加了1.21人年；企业R&D研究人员数增长了51.19%，占全社会R&D研究人员比重提高了23.92个百分点，位次上升至全国第5位；大专以上学历人数增长了43.66%，万人大专以上学历人数增加了410.39人，位次上升了8位；高校在校学生数增长了16.50%，万人高等学校在校学生数增加了28.93人，位次上升了2位；创新中介从业人员数增长了4.62%，十万人创新中介从业人员数位次上升了1位。

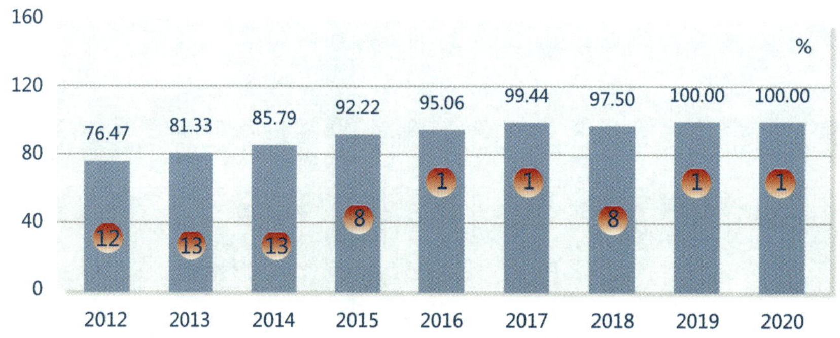

图3-41 环境污染治理指数及位次

二、政府科技投入不断增长

地方财政科技支出比上年增长了12.02%，占地方财政支出比重提高了0.24个百分点，位次上升了1位。

三、环境改善保持全国第一

环境污染治理指数仍保持在全国第1位。

企业技术获取和技术改造经费支出减少，其中，企业引进技术经费支出比上年下降了55.59%，企业技术改造经费支出下降了5.85%，企业技术获取和技术改造经费支出下降了5.32%，占企业营业收入比重位次下降至全国第25位。

技术成果转移转化不理想。技术市场输出和吸纳技术成果成交额增长缓慢，万人吸纳技术成交额和万人输出技术成交额位次均比上年下降1位。

科研物质条件有待改善。每名R&D人员研发仪器和设备支出位次继上年下降3位后再次下降6位；科学研究和技术服务业固定资产占比重位次下降了3位；十万人累计孵化企业数位次下降了1位。

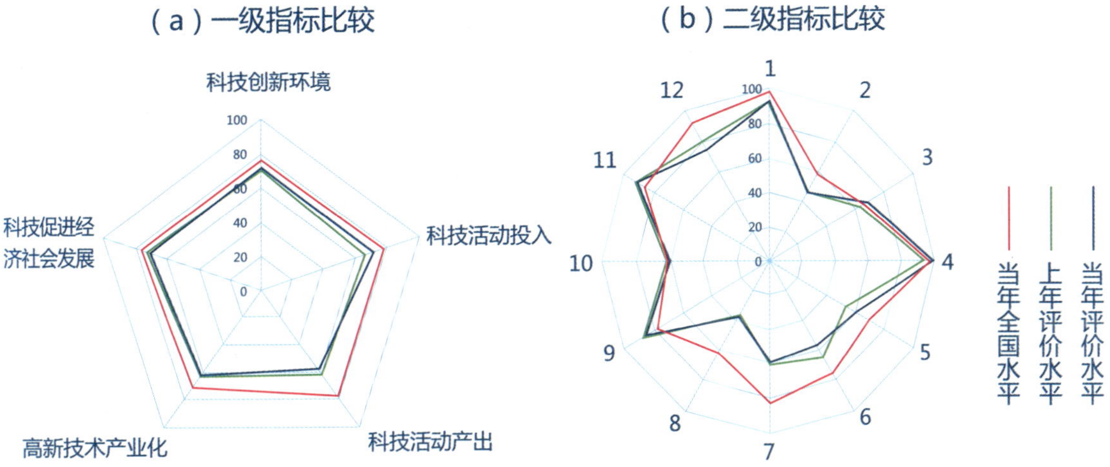

图3-42 福建一、二级评价指标与上年水平和全国水平比较

图例：1．科技人力资源 2．科研物质条件 3．科技意识 4．科技活动人力投入 5．科技活动财力投入 6．科技活动产出水平 7．技术成果市场化 8．高新技术产业化水平 9．高新技术产业化效益 10．经济发展方式转变 11．环境改善 12．社会生活信息化

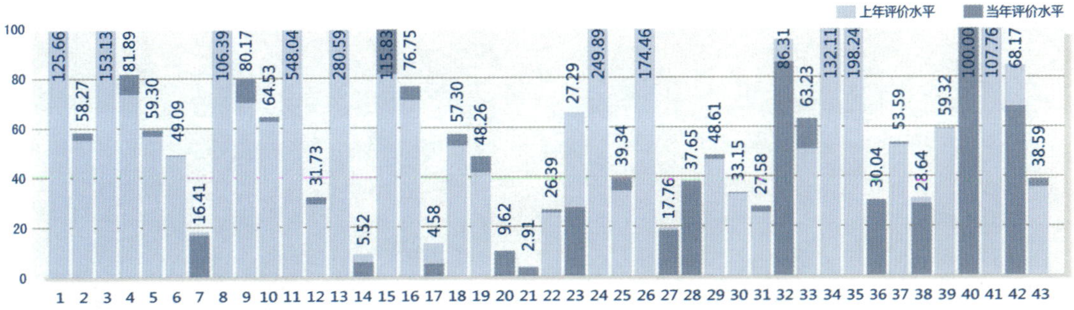

1.万人研究与发展（R&D）人员数 2.十万人博士毕业生数 3.万人大专以上学历人数 4.万人高等学校在校学生数 5.十万人创新中介从业人员数 6.每名R&D人员研发仪器和设备支出 7.科学研究和技术服务业固定资产占比重 8.十万人累计孵化企业数 9.万名就业人员专利申请数 10.科学研究和技术服务业平均工资比较系数 11.万人吸纳技术成交额 12.有R&D活动的企业占比重 13.万人R&D研究人员数 14.基础研究人员投入强度指数 15.企业R&D研究人员占比重 16.R&D经费支出与GDP比值 17.基础研究经费投入强度指数 18.地方财政科技支出占地方财政支出比重 19.企业R&D经费支出占营业收入比重 20.企业技术获取和技术改造经费支出占企业营业收入比重 21.上市公司R&D经费投入强度指数 22.万人科技论文数 23.获国家级科技成果奖系数 24.万人发明专利拥有量 25.每万人口高价值发明专利拥有量 26.万人输出技术成交额 27.万元生产总值技术国际收入 28.高技术产业营业收入占工业营业收入比重 29.知识密集型服务业增加值占生产总值比重 30.高技术产品出口额占商品出口额比重 31.新产品销售收入占营业收入比重 32.高技术产业劳动生产率 33.高技术产业利润率 34.知识密集型服务业劳动生产率 35.劳动生产率 36.资本生产率 37.综合能耗产出率 38.装备制造业区位熵 39.环境质量指数 40.环境污染治理指数 41.万人移动互联网用户数 42.信息传输、软件和信息技术服务业增加值占生产总值比重 43.电子商务销售额与GDP比值

图3-43 福建三级评价指标与上年水平比较

高新技术产业发展缓慢。高技术产业营业收入比上年下降了4.88%，占工业营业收入比重减少了0.11个百分点，位次下降了1位；高技术产业劳动生产率减少了10.98万元/人，位次下降了5位；知识密集型服务业增加值占生产总值比重位次下降了2位；高技术产品出口额占商品出口比重位次仍排在全国第21位。

社会生活信息化水平下降。万人移动互联网用户数位次比上年下降1位；信息传输、软件和信息技术服务业增加值占生产总值比重位次下降了12位；电子商务销售额与GDP比值位次下降了3位。

福建创新发展主要指标及位次

总人口4161万人；地区生产总值43903.89亿元，居全国第7位；人均生产总值10.58万元，居全国第4位；知识密集型服务业增加值6402.36亿元，居全国第10位；规模以上工业企业营业收入55280.85亿元，居全国第5位；高新技术企业数6433个，居全国第15位；高新技术企业总收入8676.71亿元，居全国第18位。

R&D经费内部支出842.41亿元，居全国第12位，与生产总值比值1.92%，居全国第15位；R&D经费中基础研究经费支出23.78亿元，居全国第16位；企业R&D经费内部支出666.91亿元，居全国第6位；地方财政科技支出149.44亿元，居全国第13位。

大专以上学历人数587.71万人，居全国第16位；R&D人员数18.56万人年，居全国第11位；R&D人员中基础研究人员数0.66万人年，居全国第23位；企业R&D人员数14.09万人年，居全国第6位。

高技术产品出口额147.05亿美元，居全国第11位；技术市场输出技术成交额163.54亿元，居全国第21位；发明专利拥有量5.08万件，居全国第12位；移动互联网用户数3979.60万户，居全国第12位。

科技企业孵化器数134个，居全国第14位；科技企业孵化器在孵企业数3745个，居全国第19位；科技企业孵化器累计毕业企业数3929个，居全国第15位。

表3-13 福建各级评价指标和位次与上年比较

指标名称	评价值 当年	评价值 上年	位次 当年	位次 上年
科技创新环境	70.96	69.47	9	9
科技人力资源	92.89	92.03	7	7
万人研究与发展（R&D）人员数	50.26	46.43	7	7
十万人博士毕业生数	2.91	2.76	15	14
万人大专以上学历人数	1531.26	1120.87	19	27
万人高等学校在校学生数	286.63	257.70	16	18
十万人创新中介从业人员数	1.78	1.70	18	19
科研物质条件	46.20	46.61	25	16
每名R&D人员研发仪器和设备支出	2.95	2.92	24	18
科学研究和技术服务业固定资产占比重	0.49	0.54	28	25
十万人累计孵化企业数	10.64	10.21	11	10
科技意识	66.47	62.22	7	7
万名就业人员专利申请数	80.17	70.20	7	7
科学研究和技术服务业平均工资比较系数	129.05	125.02	8	8
万人吸纳技术成交额	1096.08	898.67	19	18
有R&D活动的企业占比重	31.73	28.87	12	11
科技活动投入	70.64	64.87	12	12
科技活动人力投入	100.00	92.66	1	6
万人R&D研究人员数	19.64	18.43	8	8
基础研究人员投入强度指数	0.06	0.09	27	25
企业R&D研究人员占比重	81.08	57.16	5	6
科技活动财力投入	58.05	52.96	13	12
R&D经费支出与GDP比值	1.92	1.78	15	15
基础研究经费投入强度指数	0.05	0.13	23	15
地方财政科技支出占地方财政支出比重	2.86	2.63	10	11
企业R&D经费支出占营业收入比重	1.21	1.04	12	14
企业技术获取和技术改造经费支出占企业营业收入比重	0.24	0.24	25	24
上市公司R&D经费投入强度指数	0.03	0.03	14	13
科技活动产出	57.16	61.78	18	16
科技活动产出水平	56.01	63.26	21	15
万人科技论文数	2.64	2.51	16	17
获国家级科技成果奖系数	1.36	3.30	29	20
万人发明专利拥有量	13.74	11.86	9	9
每万人口高价值发明专利拥有量	4.72	4.07	10	9
技术成果市场化	58.88	59.57	11	10
万人输出技术成交额	348.93	298.58	21	20
万元生产总值技术国际收入	1.78	1.91	11	12
高新技术产业化	61.82	61.97	20	18
高新技术产业化水平	36.47	35.58	18	18
高技术产业营业收入占工业营业收入比重	11.29	11.40	13	12
知识密集型服务业增加值占生产总值比重	14.58	14.03	17	15
高技术产品出口额占商品出口额比重	13.26	13.06	21	21
新产品销售收入占营业收入比重	11.03	10.06	18	18
高新技术产业化效益	87.17	88.36	12	7
高技术产业劳动生产率	103.57	114.55	16	11
高技术产业利润率	9.48	7.63	15	15
知识密集型服务业劳动生产率	79.26	73.74	6	8
科技促进经济社会发展	70.15	72.35	12	9
经济发展方式转变	60.24	60.42	12	12
劳动生产率	15.86	15.35	7	7
资本生产率	0.30	0.30	11	11
综合能耗产出率	22.51	22.09	6	6
装备制造业区位熵	57.28	62.09	19	18
环境改善	91.86	91.80	1	1
环境质量指数	59.32	59.02	5	2
环境污染治理指数	100.00	100.00	1	1
社会生活信息化	74.99	81.07	19	10
万人移动互联网用户数	10776.06	10603.19	10	9
信息传输、软件和信息技术服务业增加值占生产总值比重	2.39	2.98	22	10
电子商务销售额与GDP比值	0.12	0.11	18	15

江西科技创新分析

江西深入学习贯彻习近平总书记重要讲话精神，全面落实党中央、国务院决策部署，立足新发展阶段、贯彻新发展理念、构建新发展格局，大力推进以科技创新为核心的全面创新。在今年的报告中，江西综合科技创新水平指数为63.36%，仍排在全国第16位，得分与上年相比，提高了2.24个百分点。

一、科技人力投入大幅提升

R&D人员数比上年增长了17.74%，万人研究与发展（R&D）人员数增加了4.20人年，位次上升1位；R&D研究人员数增长了10.75%，尤其是企业R&D研究人员数增长了54.78%，占全社会R&D研究人员比重提高了24.90个百分点，位次上升至全国第1位；高等学校博士毕业生数增长了53.97%，十万人博士毕业生数位次上升了3位；创新中介从业人员数增长了3.89%，十万人创新中介从业人员数位次居中部地区第1位。

二、高新技术产业化水平保持中部地区第一

高技术产业营业收入比上年增长了18.59%，占工业营业收入比重提高了2.08个百分点，排在全国第7位，中部地区第1位；高技术产品出口额增长了36.86%，占商品出口额比重提高了4.91个百分点，位次上升了1位；新产品销售收入增长了14.11%，占营业收入比重提高了1.74个百分点，位次上升了1位。

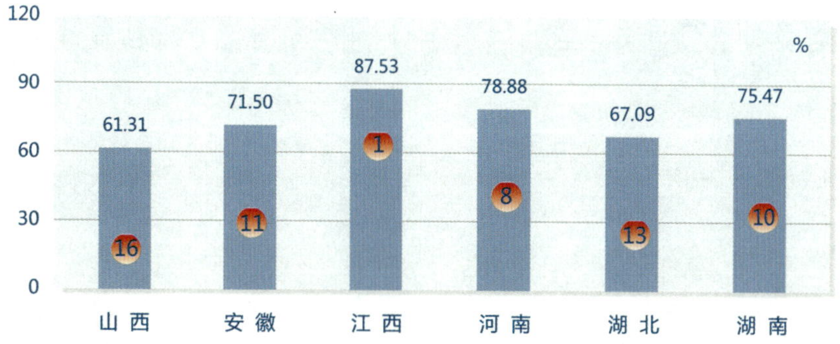

图3-44 中部地区企业R&D研究人员占比重及位次

企业研发财力投入下降。企业引进技术经费支出比上年下降了32.75%，企业消化吸收经费支出下降了22.12%，企业购买境内技术经费支出下降了47.83%，企业技术获取和技术改造经费支出占企业营业收入比重位次排在全国第21位；企业R&D经费内部支出增长缓慢，占营业收入比重位次比上年下降1位。

科研物质条件有待改善。科学研究和技术服务业固定资产占比重位次下降了4位；每名R&D人员研发仪器和设备支出及十万人累计孵化企业数虽然较上年有所提高，但位次仍然比较靠后，均排在全国第21位。

科技活动产出有待提高。万人科技论文数仍排在全国第28位；万人发明专利拥有量排在全国第24位。

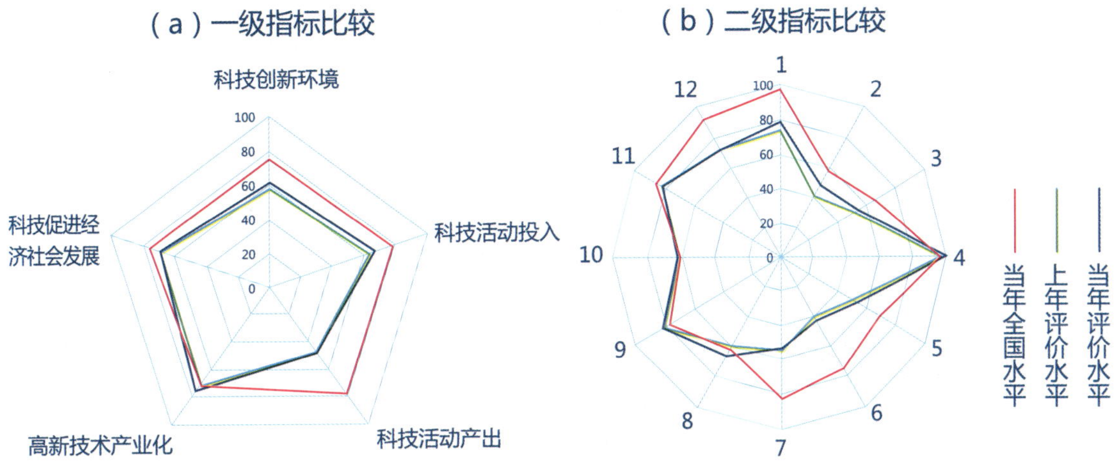

图3-45 江西一、二级评价指标与上年水平和全国水平比较

图例：1．科技人力资源　2．科研物质条件　3．科技意识　4．科技活动人力投入
5．科技活动财力投入　6．科技活动产出水平　7．技术成果市场化　8．高新技术产业化水平
9．高新技术产业化效益　10．经济发展方式转变　11．环境改善　12．社会生活信息化

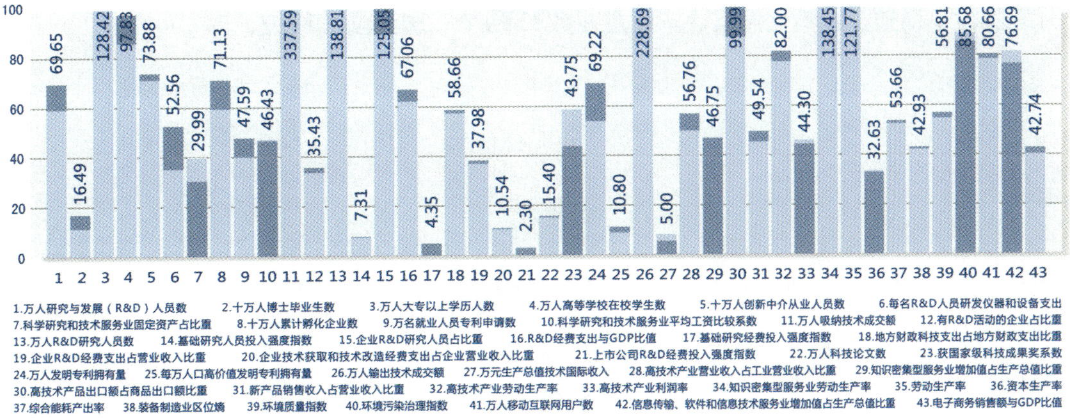

图3-46 江西三级评价指标与上年水平比较

技术成果转移转化减少。技术国际收入比上年下降了33.61%，万元生产总值技术国际收入减少0.28美元，位次下降了3位；万人吸纳技术成交额位次下降至全国第28位；万人输出技术成交额位次排在全国第19位。

知识密集型服务业增加值占生产总值比重比上年减少了0.14个百分点，位次下降了5位；高技术产业利润率减少了0.27个百分点，位次下降了4位。

社会生活信息化水平下降。万人移动互联网用户数位次排在全国第30位；信息传输、软件和信息技术服务业增加值占生产总值比重位次下降了2位；电子商务销售额与GDP比值位次下降了1位。

环境改善不理想，环境污染治理指数比上年下降了3.54个百分点，位次下降了5位。

江西创新发展主要指标及位次

总人口4519万人；地区生产总值25691.5亿元，居全国第15位；人均生产总值5.69万元，居全国第17位；知识密集型服务业增加值3602.86亿元，居全国第18位；规模以上工业企业营业收入36442.65亿元，居全国第13位；高新技术企业数7043个，居全国第13位；高新技术企业总收入15260.46亿元，居全国第11位。

R&D经费内部支出430.72亿元，居全国第18位，与生产总值比值1.68%，居全国第17位；R&D经费中基础研究经费支出16.58亿元，居全国第20位；企业R&D经费内部支出346.02亿元，居全国第14位；地方财政科技支出195.74亿元，居全国第11位。

大专以上学历人数537.59万人，居全国第19位；R&D人员数12.43万人年，居全国第14位；R&D人员中基础研究人员数0.62万人年，居全国第24位；企业R&D人员数10.05万人年，居全国第10位。

高技术产品出口额140.08亿美元，居全国第12位；技术市场输出技术成交额233.41亿元，居全国第19位；发明专利拥有量1.7万件，居全国第21位；移动互联网用户数3599.26万户，居全国第16位。

科技企业孵化器数79个，居全国第21位；科技企业孵化器在孵企业数3798个，居全国第18位；科技企业孵化器累计毕业企业数3174个，居全国第17位。

表3-14 江西各级评价指标和位次与上年比较

指标名称	评价值 当年	评价值 上年	位次 当年	位次 上年
科技创新环境	61.67	56.92	18	18
科技人力资源	78.10	72.59	15	17
万人研究与发展（R&D）人员数	27.86	23.66	13	14
十万人博士毕业生数	0.82	0.54	23	26
万人大专以上学历人数	1284.21	1214.18	26	23
万人高等学校在校学生数	342.42	301.00	10	10
十万人创新中介从业人员数	2.22	2.13	14	14
科研物质条件	47.25	41.63	24	22
每名R&D人员研发仪器和设备支出	3.15	2.09	21	26
科学研究和技术服务业固定资产占比重	0.90	1.19	18	14
十万人累计孵化企业数	7.11	5.93	21	23
科技意识	54.19	51.31	12	12
万名就业人员专利申请数	47.59	39.67	12	12
科学研究和技术服务业平均工资比较系数	92.86	94.23	15	15
万人吸纳技术成交额	675.19	585.39	28	27
有R&D活动的企业占比重	35.43	33.29	10	8
科技活动投入	66.43	63.25	15	13
科技活动人力投入	100.00	95.79	1	4
万人R&D研究人员数	9.72	8.77	17	17
基础研究人员投入强度指数	0.07	0.07	25	27
企业R&D研究人员占比重	87.53	62.63	1	4
科技活动财力投入	52.04	49.30	17	15
R&D经费支出与GDP比值	1.68	1.55	17	17
基础研究经费投入强度指数	0.04	0.05	24	24
地方财政科技支出占地方财政支出比重	2.93	2.86	9	9
企业R&D经费支出占营业收入比重	0.95	0.91	19	18
企业技术获取和技术改造经费支出占企业营业收入比重	0.26	0.25	21	23
上市公司R&D经费投入强度指数	0.02	0.03	16	16
科技活动产出	46.56	45.05	27	25
科技活动产出水平	42.60	39.14	29	26
万人科技论文数	1.54	1.47	28	28
获国家级科技成果奖系数	2.19	2.94	26	21
万人发明专利拥有量	3.81	2.96	24	26
每万人口高价值发明专利拥有量	1.30	1.01	24	25
技术成果市场化	52.50	53.91	17	13
万人输出技术成交额	457.38	291.14	19	21
万元生产总值技术国际收入	0.50	0.78	19	16
高新技术产业化	73.97	70.02	8	9
高新技术产业化水平	66.28	59.74	7	8
高技术产业营业收入占工业营业收入比重	17.03	14.95	7	7
知识密集型服务业增加值占生产总值比重	14.02	14.16	19	14
高技术产品出口额占商品出口额比重	40.00	35.08	10	11
新产品销售收入占营业收入比重	19.82	18.08	11	12
高新技术产业化效益	81.66	80.31	20	20
高技术产业劳动生产率	98.40	93.29	19	25
高技术产业利润率	6.65	6.91	20	16
知识密集型服务业劳动生产率	83.07	77.93	4	5
科技促进经济社会发展	68.36	68.99	15	10
经济发展方式转变	62.71	62.78	8	8
劳动生产率	9.74	9.38	21	21
资本生产率	0.33	0.33	8	8
综合能耗产出率	22.54	22.03	5	7
装备制造业区位熵	85.87	83.95	13	13
环境改善	79.90	82.29	24	18
环境质量指数	56.81	54.60	8	11
环境污染治理指数	85.68	89.22	26	21
社会生活信息化	71.49	72.16	23	20
万人移动互联网用户数	8066.02	7858.00	30	30
信息传输、软件和信息技术服务业增加值占生产总值比重	2.68	2.86	16	14
电子商务销售额与GDP比值	0.13	0.12	14	13

山东科技创新分析

近年来，山东以建设创新型省份为统领，着力完善创新政策体系，着力加速聚集创新人才，着力培育壮大创新产业，着力优化创新生态，科技创新取得积极成效。在今年的报告中，山东综合科技创新水平指数为70.14%，排在全国第11位，比上年下降1位，得分与上年相比，提高了3.16个百分点，增幅排在第11位。

一、科技人力投入快速增长

R&D人员数比上年增长了22.37%，全国增长最快；万人研究与发展（R&D）人员数增加了6.51人年，位次上升了3位；R&D研究人员数增长了15.46%，万人R&D研究人员数增加了1.98人年，位次上升了2位；企业R&D研究人员数增长了74.73%，占全社会R&D研究人员比重提高了27.94个百分点，位次上升了3位；万人大专以上学历人数和万人高等学校在校学生数位次均比上年上升1位。

二、科技意识不断增强

国内三种专利申请数比上年增长了28.14%，万名就业人员专利申请数增加了13.10件，位次上升了1位；科学研究和技术服务业平均工资增长了8.40%，科学研究和技术服务业平均工资比较系数位次上升了2位；有R&D活动的企业数增长了63.11%，占工业企业比重提高了12.94个百分点，位次上升了8位。

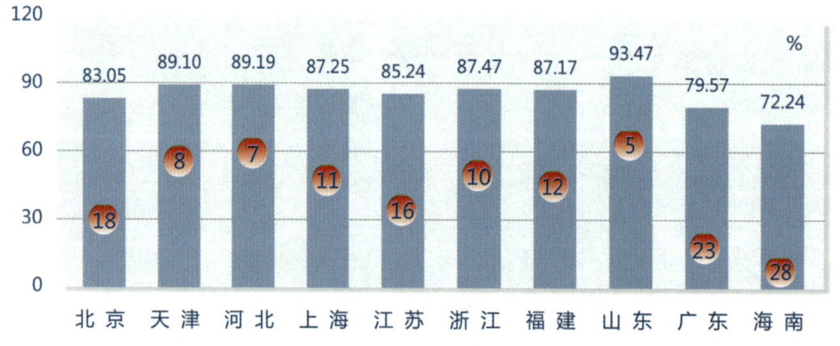

图3-47 东部地区高新技术产业化效益指数及位次

三、高新技术产业化效益保持东部地区最高

高技术产业利润总额比上年增长了42.28%，高技术产业利润率提高了2.01个百分点，位次上升了2位；高技术产业劳动生产率上升至全国第6位；知识密集型服务业增加值增长了8.56%，知识密集型服务业劳动生产率上升至全国第3位。

四、社会生活信息化水平进一步提升

信息传输、软件和信息技术服务业增加值比上年增长了58.86%，占生产总值比重提高了0.85个百分点，位次上升了9位；电子商务销售额增长了7.28%，与GDP比值位次上升至全国第6位。

研发经费投入增长缓慢，研发经费投入强度位次下降了1位。

政府科技投入减少。地方财政科技支出比上年下降了2.34%，占地方财政支出比重减少了0.19个百分点，位次下降了1位。

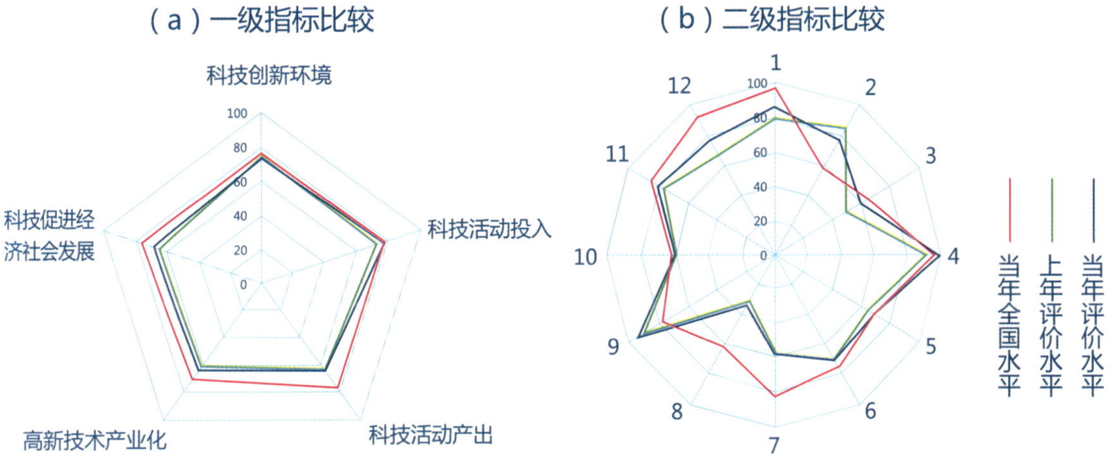

图3-48 山东一、二级评价指标与上年水平和全国水平比较

图例：1．科技人力资源　2．科研物质条件　3．科技意识　4．科技活动人力投入
5．科技活动财力投入　6．科技活动产出水平　7．技术成果市场化　8．高新技术产业化水平
9．高新技术产业化效益　10．经济发展方式转变　11．环境改善　12．社会生活信息化

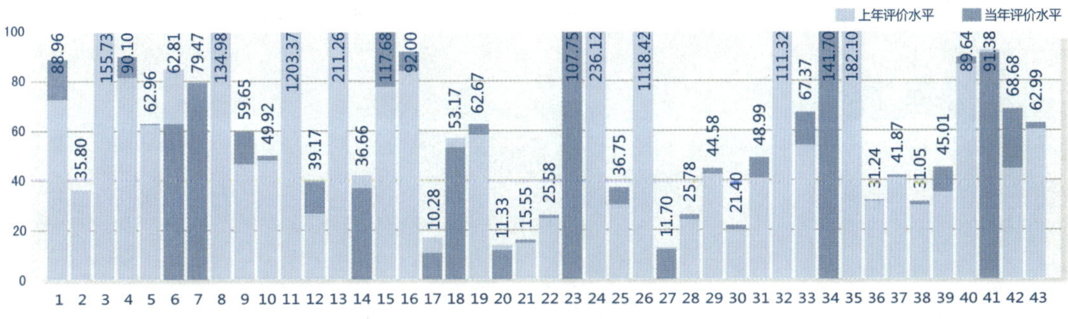

1.万人研究与发展（R&D）人员数　2.十万人博士毕业生数　3.万人大专以上学历人数　4.万人高等学校在校学生数　5.十万人创新中介从业人员数　6.每名R&D人员研发仪器和设备支出
7.科学研究和技术服务业固定资产占比重　8.十万人累计孵化企业数　9.万名就业人员专利申请数　10.科学研究和技术服务业平均工资比较系数　11.万人吸纳技术成交额　12.有R&D活动的企业占比重
13.万人R&D研究人员数　14.基础研究人员投入强度指数　15.企业R&D研究人员占比重　16.R&D经费支出与GDP比值　17.基础研究经费投入强度指数　18.地方财政科技支出占地方财政支出比重
19.企业R&D经费支出占营业收入比重　20.企业技术获取和技术改造经费支出占企业营业收入比重　21.上市公司R&D经费投入强度指数　22.万人科技论文数　23.获国家级科技成果奖系数
24.万人发明专利拥有量　25.每万人口高价值发明专利拥有量　26.万人输出技术成交额　27.万元生产总值技术国际收入　28.高技术产业营业收入占工业营业收入比重　29.知识密集型服务业增加值占生产总值比重
30.高技术产品出口额占商品出口额比重　31.新产品销售收入占营业收入比重　32.高技术产业劳动生产率　33.高技术产业利润率　34.知识密集型服务业劳动生产率　35.劳动生产率　36.资本生产率
37.综合能耗产出率　38.装备制造业区位熵　39.环境质量指数　40.环境污染治理指数　41.万人移动互联网用户数　42.信息传输、软件和信息技术服务业增加值占生产总值比重　43.电子商务销售额与GDP比值

图3-49 山东三级评价指标与上年水平比较

企业技术获取和技术改造经费支出减少。企业引进技术经费支出比上年下降了20.06%，企业消化吸收经费支出下降了26.31%，企业购买境内技术经费支出下降了54.97%，企业技术改造经费支出下降了4.32%，企业技术获取和技术改造经费支出下降了10.81%，占企业营业收入比重减少了0.05个百分点，位次下降了5位。

高新技术产业化水平较低。高技术产业营业收入增长缓慢，占工业营业收入比重位次下降至全国第20位；高技术产品出口额占商品出口额比重位次排在全国第23位。

环境改善不理想。环境质量指数排在全国第27位；环境污染治理指数位次排在全国第22位。

山东创新发展主要指标及位次

总人口10165万人；地区生产总值73129亿元，居全国第3位；人均生产总值7.22万元，居全国第10位；知识密集型服务业增加值9779.88亿元，居全国第6位；规模以上工业企业营业收入87160.70亿元，居全国第3位；高新技术企业数14560个，居全国第6位；高新技术企业总收入32313.42亿元，居全国第6位。

R&D经费内部支出1681.89亿元，居全国第5位，与生产总值比值2.30%，居全国第9位；R&D经费中基础研究经费支出50.36亿元，居全国第8位；企业R&D经费内部支出1365.62亿元，居全国第4位；地方财政科技支出298.62亿元，居全国第7位。

大专以上学历人数1460.35万人，居全国第3位；R&D人员数34.12万人年，居全国第4位；R&D人员中基础研究人员数2.31万人年，居全国第5位；企业R&D人员数25.53万人年，居全国第4位。

高技术产品出口额153.60亿美元，居全国第10位；技术市场输出技术成交额1903.89亿元，居全国第4位；发明专利拥有量12.45万件，居全国第6位；移动互联网用户数8761.31万户，居全国第2位。

科技企业孵化器数318个，居全国第4位；科技企业孵化器在孵企业数14617个，居全国第4位；科技企业孵化器累计毕业企业数12942个，居全国第5位。

表3-15 山东各级评价指标和位次与上年比较

指标名称	评价值		位次	
	当年	上年	当年	上年
科技创新环境	75.69	73.12	7	7
科技人力资源	86.82	79.87	11	13
万人研究与发展（R&D）人员数	35.58	29.08	9	12
十万人博士毕业生数	1.79	1.79	18	18
万人大专以上学历人数	1557.34	1339.89	18	19
万人高等学校在校学生数	315.36	285.50	13	14
十万人创新中介从业人员数	1.89	1.88	17	17
科研物质条件	76.91	85.82	4	3
每名R&D人员研发仪器和设备支出	3.77	5.10	16	5
科学研究和技术服务业固定资产占比重	2.38	2.39	5	4
十万人累计孵化企业数	13.50	13.07	9	8
科技意识	59.63	51.43	8	10
万名就业人员专利申请数	59.65	46.55	8	9
科学研究和技术服务业平均工资比较系数	99.84	96.00	11	13
万人吸纳技术成交额	2406.75	1296.48	8	11
有R&D活动的企业占比重	39.17	26.22	7	15
科技活动投入	76.82	71.98	8	8
科技活动人力投入	100.00	91.11	1	7
万人R&D研究人员数	14.79	12.81	11	13
基础研究人员投入强度指数	0.37	0.42	10	8
企业R&D研究人员占比重	82.38	54.44	4	7
科技活动财力投入	66.89	63.78	9	9
R&D经费支出与GDP比值	2.30	2.10	9	8
基础研究经费投入强度指数	0.10	0.16	16	9
地方财政科技支出占地方财政支出比重	2.66	2.85	11	10
企业R&D经费支出占营业收入比重	1.57	1.46	8	8
企业技术获取和技术改造经费支出占企业营业收入比重	0.28	0.33	20	15
上市公司R&D经费投入强度指数	0.16	0.14	6	6
科技活动产出	64.48	64.21	14	13
科技活动产出水平	70.23	69.72	12	12
万人科技论文数	2.56	2.43	18	18
获国家级科技成果奖系数	5.39	7.61	12	11
万人发明专利拥有量	12.99	10.52	10	11
每万人口高价值发明专利拥有量	4.41	3.57	11	12
技术成果市场化	55.85	55.95	13	11
万人输出技术成交额	2236.85	1295.34	10	11
万元生产总值技术国际收入	1.17	1.19	14	13
高新技术产业化	63.17	60.15	19	20
高新技术产业化水平	32.87	29.51	21	22
高技术产业营业收入占工业营业收入比重	7.73	7.11	20	19
知识密集型服务业增加值占生产总值比重	13.37	12.68	21	22
高技术产品出口额占商品出口额比重	8.56	7.79	23	25
新产品销售收入占营业收入比重	19.60	16.21	12	13
高新技术产业化效益	93.47	90.80	5	3
高技术产业劳动生产率	133.58	122.03	6	8
高技术产业利润率	10.11	8.10	12	14
知识密集型服务业劳动生产率	85.02	88.45	3	4
科技促进经济社会发展	68.82	64.59	14	21
经济发展方式转变	59.79	59.52	14	14
劳动生产率	14.57	14.06	8	8
资本生产率	0.31	0.31	9	10
综合能耗产出率	17.59	17.16	15	15
装备制造业区位熵	62.10	59.08	18	19
环境改善	80.71	76.27	23	27
环境质量指数	45.01	34.78	27	29
环境污染治理指数	89.64	86.64	22	24
社会生活信息化	76.62	66.82	16	24
万人移动互联网用户数	9137.92	9235.69	22	19
信息传输、软件和信息技术服务业增加值占生产总值比重	2.40	1.56	21	30
电子商务销售额与GDP比值	0.19	0.18	6	7

河南科技创新分析

河南牢记总书记嘱托，把创新摆在发展的逻辑起点、现代化建设的核心位置，把实施创新驱动、科教兴省、人才强省战略作为“十大战略”的首要战略，加快建设国家创新高地。在今年的报告中，河南综合科技创新水平指数为62.31%，排在全国第17位，比上年上升了2位，得分与上年相比，提高了4.73个百分点，增幅排在第4位。

一、科技创新人力进一步增加

R&D人员数比上年增长了6.01%，万人研究与发展（R&D）人员数增加了1.22人年；R&D研究人员数增长了6.19%，万人R&D研究人员数增加了0.50人年；企业R&D研究人员数增长了46.49%，占全社会R&D研究人员比重提高了21.70个百分点；大专以上学历人数增长了22.46%，万人大专以上学历人数位次上升了1位；高校在校学生数增长了14.11%，万人高等学校在校学生数增加了31.03人；十万人创新中介从业人员数增加了0.02人，位次上升了2位。

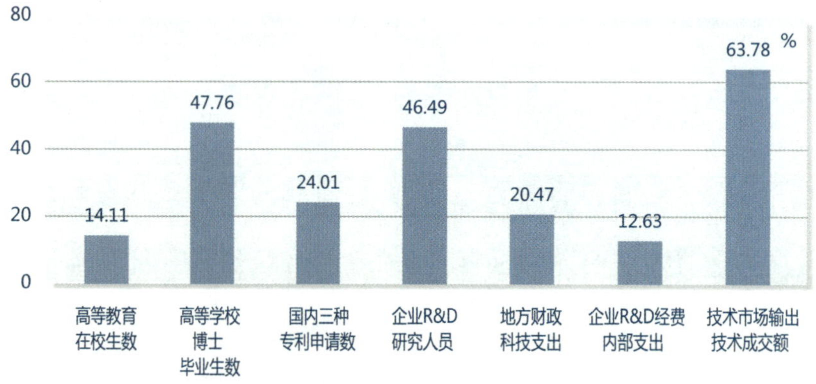

图3-50 部分指标增长速度

二、政府科技投入力度加大

地方财政科技支出比上年增长了20.47%，占地方财政支出比重提高了0.37个百分点，位次上升了1位。

三、企业研发经费投入强度提高

企业R&D经费内部支出比上年增长了12.63%，占营业收入比重提高了0.19个百分点，位次上升了1位。

四、科研物质条件改善明显

研发仪器和设备支出较上年大幅增长，每名R&D人员研发仪器和设备支出增加了2.45万元，位次上升了17位；科学研究和技术服务业固定资产占比重位次上升了4位。

五、高新技术产业化水平不断提升

高技术产业营业收入比上年增长了5.78%，占工业营业收入比重提高了1.10个百分点；新产品销售收入增长了16.49%，占营业收入比重提高了2.71个百分点，位次上升了1位；知识密集型服务业增加值增长了28.63%，占生产总值比重提高了2.76个百分点，位次上升了7位；知识密集型服务业劳动生产率增加了18.06万元/人，位次上升了10位。

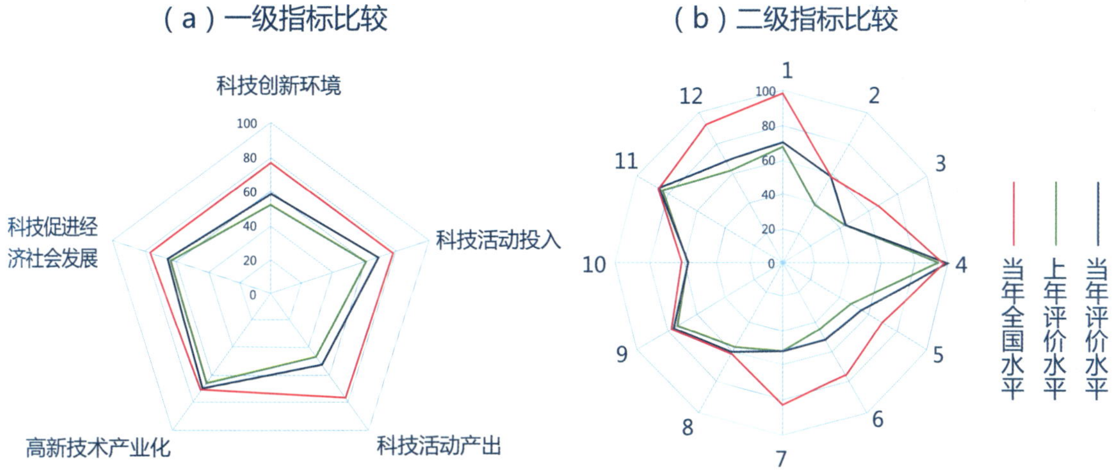

图3-51 河南一、二级评价指标与上年水平和全国水平比较

图例：1．科技人力资源　2．科研物质条件　3．科技意识　4．科技活动人力投入
5．科技活动财力投入　6．科技活动产出水平　7．技术成果市场化　8．高新技术产业化水平
9．高新技术产业化效益　10．经济发展方式转变　11．环境改善　12．社会生活信息化

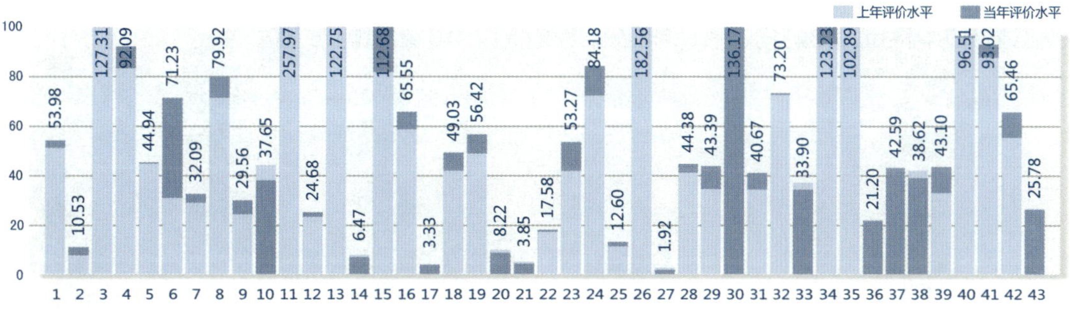

1.万人研究与发展（R&D）人员数　2.十万人博士毕业生数　3.万人大专以上学历人数　4.万人高等学校在校学生数　5.十万人创新中介从业人员数　6.每名R&D人员研发仪器和设备支出
7.科学研究和技术服务业固定资产占比重　8.十万人累计孵化企业数　9.万名就业人员专利申请数　10.科学研究和技术服务业平均工资比较系数　11.万人吸纳技术成交额　12.有R&D活动的企业占比重
13.万人R&D研究人员数　14.基础研究人员投入强度指数　15.企业R&D研究人员占比重　16.R&D经费支出与GDP比值　17.基础研究经费投入强度指数　18.地方财政科技支出占地方财政支出比重
19.企业R&D经费支出占营业收入比重　20.企业技术获取和技术改造经费支出占企业营业收入比重　21.上市公司R&D经费投入强度指数　22.万人科技论文数　23.获国家级科技成果奖系数
24.万人发明专利拥有量　25.每万人口高价值发明专利拥有量　26.万人输出技术成交额　27.万元生产总值技术国际收入　28.高技术产业营业收入占工业营业收入比重　29.知识密集型服务业增加值占生产总值比重
30.高技术产品出口额占商品出口额比重　31.新产品销售收入占营业收入比重　32.高技术产业劳动生产率　33.高技术产业利润率　34.知识密集型服务业劳动生产率　35.劳动生产率　36.资本生产率
37.综合能耗产出率　38.装备制造业区位熵　39.环境质量指数　40.环境污染治理指数　41.万人移动互联网用户数　42.信息传输、软件和信息技术服务业增加值占生产总值比重　43.电子商务销售额与GDP比值

图3-52 河南三级评价指标与上年水平比较

技术国际竞争力下降。技术国际收入比上年下降了5.57%，万元生产总值技术国际收入位次下降至全国第26位。

高新技术产业化效益较低。高技术产业利润总额比上年下降了2.30%，高技术产业利润率下降了0.42个百分点，位次下降了3位；高技术产业劳动生产率虽然较上年有所提高，但位次仍然比较靠后，排在全国第27位。

科技意识有待增强。科学研究和技术服务业平均工资比上年下降了2.96%，科学研究和技术服务业平均工资比较系数下降了12.22个百分点，位次下降了8位；万人吸纳技术成交额位次下降至全国第31位。

环境质量指数虽然有所提升，但位次仍然比较靠后，排在全国第28位。

河南创新发展主要指标及位次

总人口9941万人；地区生产总值54997.07亿元，居全国第5位；人均生产总值5.54万元，居全国第18位；知识密集型服务业增加值7159.14亿元，居全国第8位；规模以上工业企业营业收入48606.50亿元，居全国第6位；高新技术企业数6270个，居全国第16位；高新技术企业总收入11999.98亿元，居全国第13位。

R&D经费内部支出901.27亿元，居全国第9位，与生产总值比值1.64%，居全国第18位；R&D经费中基础研究经费支出20.99亿元，居全国第19位；企业R&D经费内部支出685.58亿元，居全国第5位；地方财政科技支出254.28亿元，居全国第9位。

大专以上学历人数1166.99万人，居全国第4位；R&D人员数20.31万人年，居全国第7位；R&D人员中基础研究人员数0.75万人年，居全国第21位；企业R&D人员数14.55万人年，居全国第5位。

高技术产品出口额359.24亿美元，居全国第6位；技术市场输出技术成交额379.78亿元，居全国第16位；发明专利拥有量4.35万件，居全国第14位；移动互联网用户数8748.71万户，居全国第3位。

科技企业孵化器数181个，居全国第11位；科技企业孵化器在孵企业数9308个，居全国第7位；科技企业孵化器累计毕业企业数7517个，居全国第7位。

表3-16 河南各级评价指标和位次与上年比较

指标名称	评价值 当年	评价值 上年	位次 当年	位次 上年
科技创新环境	58.13	51.17	21	22
科技人力资源	69.50	67.46	18	20
万人研究与发展（R&D）人员数	21.59	20.37	17	17
十万人博士毕业生数	0.53	0.36	29	29
万人大专以上学历人数	1273.14	1074.32	27	28
万人高等学校在校学生数	322.33	291.30	11	11
十万人创新中介从业人员数	1.35	1.33	23	25
科研物质条件	57.31	37.85	14	26
每名R&D人员研发仪器和设备支出	4.27	1.83	11	28
科学研究和技术服务业固定资产占比重	0.96	0.86	14	18
十万人累计孵化企业数	7.99	7.12	18	17
科技意识	43.80	42.76	19	18
万名就业人员专利申请数	29.56	23.84	20	20
科学研究和技术服务业平均工资比较系数	75.30	87.52	27	19
万人吸纳技术成交额	515.93	399.70	31	30
有R&D活动的企业占比重	24.68	22.84	18	18
科技活动投入	67.38	60.60	14	14
科技活动人力投入	100.00	92.67	1	5
万人R&D研究人员数	8.59	8.09	19	19
基础研究人员投入强度指数	0.06	0.07	26	26
企业R&D研究人员占比重	78.88	57.17	8	5
科技活动财力投入	53.40	46.85	15	17
R&D经费支出与GDP比值	1.64	1.46	18	18
基础研究经费投入强度指数	0.03	0.03	26	26
地方财政科技支出占地方财政支出比重	2.45	2.08	13	14
企业R&D经费支出占营业收入比重	1.41	1.22	10	11
企业技术获取和技术改造经费支出占企业营业收入比重	0.21	0.23	29	25
上市公司R&D经费投入强度指数	0.04	0.05	12	12
科技活动产出	51.20	46.71	23	23
科技活动产出水平	51.36	43.82	25	25
万人科技论文数	1.76	1.67	24	24
获国家级科技成果奖系数	2.66	2.07	23	26
万人发明专利拥有量	4.63	3.97	22	22
每万人口高价值发明专利拥有量	1.51	1.29	22	23
技术成果市场化	50.96	51.03	23	20
万人输出技术成交额	365.11	223.07	20	23
万元生产总值技术国际收入	0.19	0.21	26	24
高新技术产业化	68.09	64.71	13	14
高新技术产业化水平	60.13	55.83	9	11
高技术产业营业收入占工业营业收入比重	13.32	12.22	10	10
知识密集型服务业增加值占生产总值比重	13.02	10.26	24	31
高技术产品出口额占商品出口额比重	54.47	56.65	6	5
新产品销售收入占营业收入比重	16.27	13.56	15	16
高新技术产业化效益	76.06	73.58	27	27
高技术产业劳动生产率	87.84	86.96	27	28
高技术产业利润率	5.09	5.51	27	24
知识密集型服务业劳动生产率	73.94	55.88	8	18
科技促进经济社会发展	65.17	62.83	23	22
经济发展方式转变	56.60	57.08	17	17
劳动生产率	8.23	8.13	24	24
资本生产率	0.21	0.22	23	22
综合能耗产出率	17.89	18.02	14	11
装备制造业区位熵	77.25	83.34	15	14
环境改善	85.82	83.10	17	17
环境质量指数	43.10	32.56	28	31
环境污染治理指数	96.51	95.73	13	13
社会生活信息化	68.55	62.37	27	29
万人移动互联网用户数	9301.73	8766.91	19	24
信息传输、软件和信息技术服务业增加值占生产总值比重	2.29	1.93	26	28
电子商务销售额与GDP比值	0.08	0.08	24	22

湖北科技创新分析

全省科技工作者围绕“四个面向”布局科技创新资源，深入实施创新驱动发展战略，激发各类主体创新创业活力，科技创新水平进一步提升。在今年的报告中，湖北综合科技创新水平指数为72.15%，仍排在全国第8位，中部地区第1位，得分与上年相比，提高了2.82个百分点。

一、研发投入强度保持中部地区第一

R&D经费内部支出比上年增长了4.95%，与GDP比值提高了0.22个百分点，位次上升了1位，保持中部地区第1位。

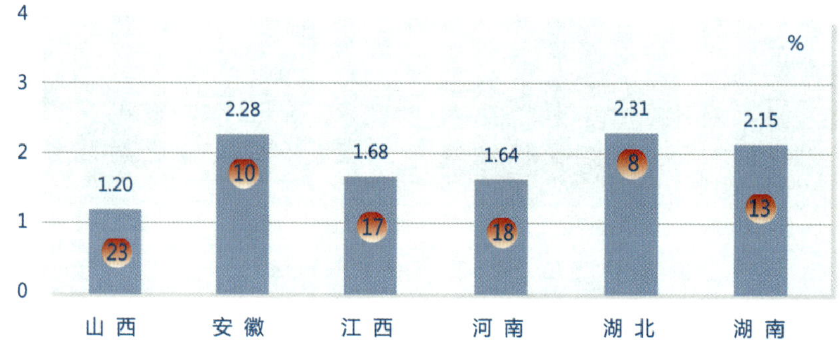

图3-53 中部地区R&D经费支出与GDP比值及位次

二、科技活动产出中部地区最高

SCI收录科技论文数比上年增长了7.80%，万人科技论文数位次排在全国第6位；发明专利拥有量增长了23.86%，万人发明专利拥有量位次上升了1位；技术市场输出技术

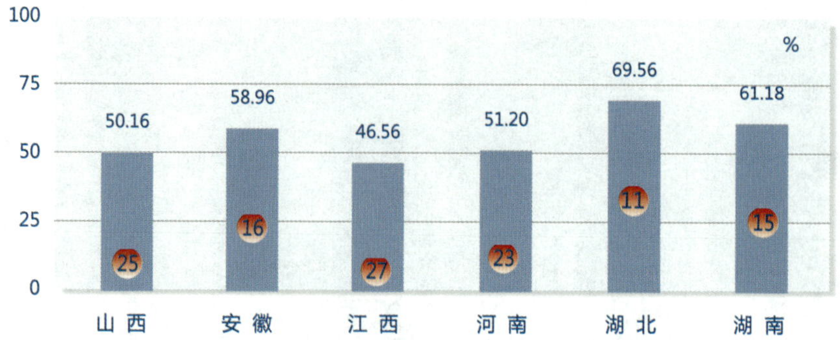

图3-54 中部地区科技活动产出指数及位次

成交额增长了16.50%，万人输出技术成交额增加了327.47万元；技术国际收入增长了32.82%，万元生产总值技术国际收入位次上升了2位，保持中部地区第1位。

三、企业财力投入力度加大

企业R&D经费内部支出增长了4.17%，占营业收入比重提高了0.20个百分点；企业消化吸收经费支出增长了31.24，企业技术改造经费支出增长了19.33%，企业技术获取和技术改造经费支出增长了16.63%，占企业营业收入比重位次上升了4位。

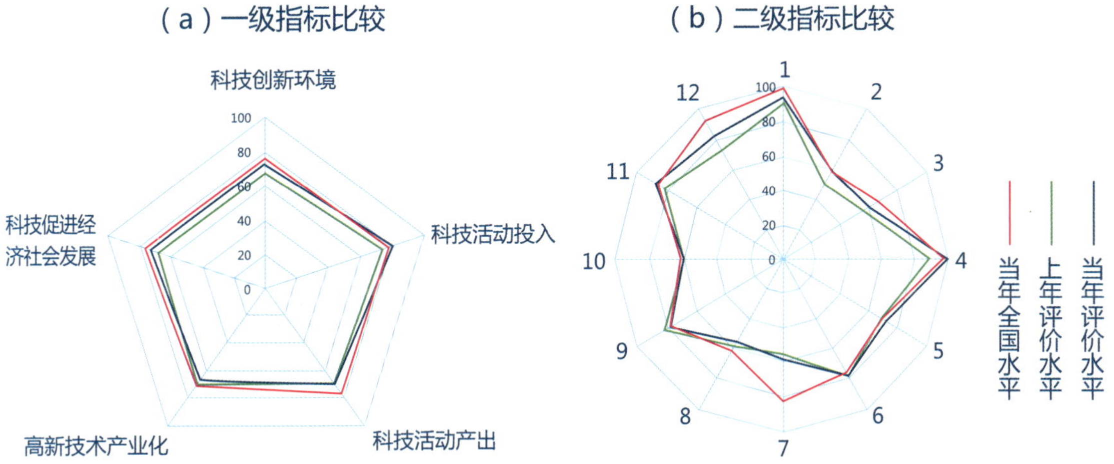

图3-55 湖北一、二级评价指标与上年水平和全国水平比较

图例：1．科技人力资源 2．科研物质条件 3．科技意识 4．科技活动人力投入 5．科技活动财力投入 6．科技活动产出水平 7．技术成果市场化 8．高新技术产业化水平 9．高新技术产业化效益 10．经济发展方式转变 11．环境改善 12．社会生活信息化

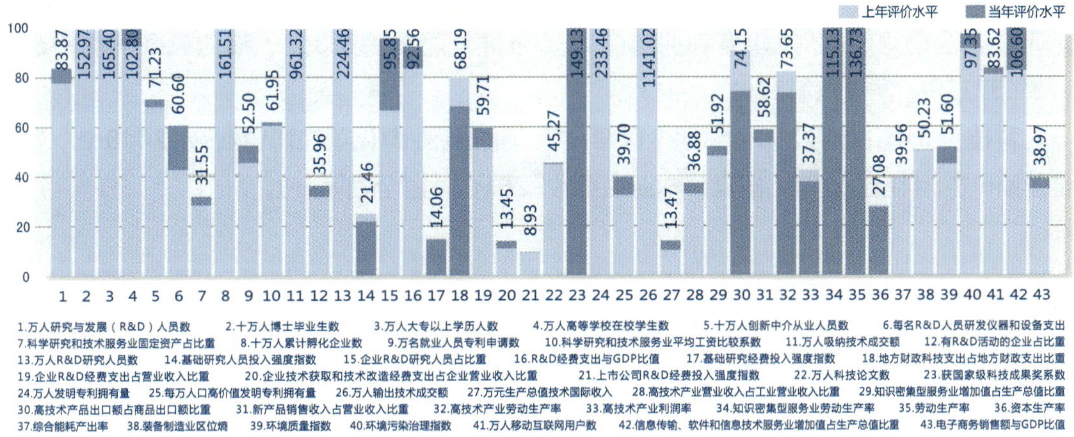

图3-56 湖北三级评价指标与上年水平比较

政府科技投入减少。地方财政科技支出比上年下降了9.84%，占地方财政支出比重减少了0.60个百分点，位次下降了1位。

科技人力投入不足。万人研究与发展（R&D）人员数位次比上年下降了1位；企业R&D研究人员占全社会R&D研究人员比重位次下降了2位；万人大专以上学历人数位次下降了3位。

高新技术产业化发展缓慢。高技术产品出口额比上年下降了2.29%，占商品出口额比重减少了6.65个百分点，位次下降了4位；高技术产业利润总额下降了10.09%，高技术产业利润率下降了0.76个百分点，位次下降了6位；高技术产业劳动生产率减少了10.38万元/人，位次下降6位；知识密集型服务业劳动生产率位次下降了3位。

环境质量指数位次比较靠后，排在全国第19位。

万人移动互联网用户数位次下降至全国第29位；电子商务销售额与GDP比值位次下降了1位。

湖北创新发展主要指标及位次

总人口5745万人；地区生产总值43443.46亿元，居全国第8位；人均生产总值7.44万元，居全国第9位；知识密集型服务业增加值6766.25亿元，居全国第9位；规模以上工业企业营业收入40925.19亿元，居全国第9位；高新技术企业数10266个，居全国第7位；高新技术企业总收入23199.65亿元，居全国第7位。

R&D经费内部支出1005.28亿元，居全国第8位，与生产总值比值2.31%，居全国第8位；R&D经费中基础研究经费支出45.54亿元，居全国第9位；企业R&D经费内部支出610.96亿元，居全国第10位；地方财政科技支出287.85亿元，居全国第8位。

大专以上学历人数895.25万人，居全国第9位；R&D人员数19.22万人年，居全国第9位；R&D人员中基础研究人员数1.33万人年，居全国第12位；企业R&D人员数12.51万人年，居全国第8位。

高技术产品出口额113.10亿美元，居全国第15位；技术市场输出技术成交额1665.81亿元，居全国第6位；发明专利拥有量7.35万件，居全国第8位；移动互联网用户数4789.67万户，居全国第11位。

科技企业孵化器数250个，居全国第6位；科技企业孵化器在孵企业数12440个，居全国第6位；科技企业孵化器累计毕业企业数9251个，居全国第6位。

表3-17 湖北各级评价指标和位次与上年比较

指标名称	评价值 当年	评价值 上年	位次 当年	位次 上年
科技创新环境	71.58	66.66	8	11
科技人力资源	92.11	89.18	9	9
万人研究与发展（R&D）人员数	33.55	31.13	10	9
十万人博士毕业生数	7.65	6.92	5	6
万人大专以上学历人数	1654.02	1470.42	14	11
万人高等学校在校学生数	359.80	324.80	7	8
十万人创新中介从业人员数	2.14	2.04	15	15
科研物质条件	56.86	48.18	16	15
每名R&D人员研发仪器和设备支出	3.64	2.55	17	20
科学研究和技术服务业固定资产占比重	0.95	0.84	16	19
十万人累计孵化企业数	16.15	14.68	7	7
科技意识	58.93	55.11	10	9
万名就业人员专利申请数	52.50	45.35	10	10
科学研究和技术服务业平均工资比较系数	123.90	120.76	10	10
万人吸纳技术成交额	1922.65	1291.51	11	12
有R&D活动的企业占比重	35.96	31.42	9	9
科技活动投入	78.74	73.17	6	7
科技活动人力投入	98.34	86.62	12	11
万人R&D研究人员数	15.71	14.37	10	10
基础研究人员投入强度指数	0.21	0.25	18	16
企业R&D研究人员占比重	67.09	46.58	13	11
科技活动财力投入	70.34	67.41	8	8
R&D经费支出与GDP比值	2.31	2.09	8	9
基础研究经费投入强度指数	0.14	0.15	14	14
地方财政科技支出占地方财政支出比重	3.41	4.01	8	7
企业R&D经费支出占营业收入比重	1.49	1.29	9	9
企业技术获取和技术改造经费支出占企业营业收入比重	0.34	0.26	18	22
上市公司R&D经费投入强度指数	0.09	0.09	7	7
科技活动产出	69.56	68.63	11	10
科技活动产出水平	78.11	77.85	5	6
万人科技论文数	4.53	4.46	6	6

指标名称	评价值 当年	评价值 上年	位次 当年	位次 上年
获国家级科技成果奖系数	7.46	10.23	10	9
万人发明专利拥有量	12.84	10.37	11	12
每万人口高价值发明专利拥有量	4.76	3.85	9	10
技术成果市场化	56.73	54.81	12	12
万人输出技术成交额	2282.05	1954.58	8	6
万元生产总值技术国际收入	1.35	0.96	12	14
高新技术产业化	66.18	69.34	14	10
高新技术产业化水平	55.42	57.26	12	9
高技术产业营业收入占工业营业收入比重	11.06	9.75	15	17
知识密集型服务业增加值占生产总值比重	15.57	14.40	10	12
高技术产品出口额占商品出口额比重	29.66	36.31	13	9
新产品销售收入占营业收入比重	23.45	21.35	7	8
高新技术产业化效益	76.93	81.41	25	19
高技术产业劳动生产率	88.38	98.76	26	20
高技术产业利润率	5.61	6.37	25	19
知识密集型服务业劳动生产率	69.08	70.79	12	9
科技促进经济社会发展	71.57	67.66	9	14
经济发展方式转变	59.81	60.08	13	13
劳动生产率	10.94	11.51	16	14
资本生产率	0.27	0.28	14	13
综合能耗产出率	16.61	16.42	16	16
装备制造业区位熵	100.46	100.32	9	9
环境改善	88.20	82.16	12	19
环境质量指数	51.60	44.67	19	22
环境污染治理指数	97.35	91.53	12	19
社会生活信息化	81.24	72.28	12	19
万人移动互联网用户数	8361.98	8093.04	29	28
信息传输、软件和信息技术服务业增加值占生产总值比重	3.73	2.89	8	12
电子商务销售额与GDP比值	0.12	0.10	17	16

湖南科技创新分析

近年来，全省上下大力实施创新引领开放崛起战略，加快推进创新型省份建设，创新投入持续加大，创新平台功能不断增强，创新人才和成果加速涌现，创新活力不断释放。在今年的报告中，湖南综合科技创新水平指数为67.23%，排在全国第13位，比上年上升2位，得分与上年相比，提高了1.88个百分点。

一、科技创新财力投入进一步加大

R&D经费内部支出比上年增长了14.17%，占中部地区的20.75%，与GDP比值提高了0.17个百分点；企业R&D经费内部支出增长了12.03%，占中部地区的21.42%，占营业收入比重提高了0.14个百分点，位次上升至全国第3位，中部地区第1位；地方财政科技支出增长了28.35%，全国增长最快，占地方财政支出比重提高了0.49个百分点，位次上升了1位。

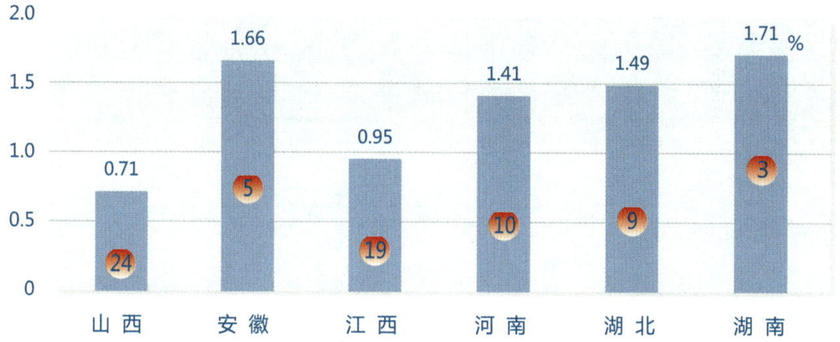

图3-57 中部地区企业R&D经费支出占营业收入比重及位次

二、科技创新环境持续优化

科学研究和技术服务业固定资产占全社会固定资产比重排在全国第4位，中部地区首位; 有R&D活动的企业数增长了11.89%，占规模以上工业企业比重位次保持在全国第3位，中部地区第1位。

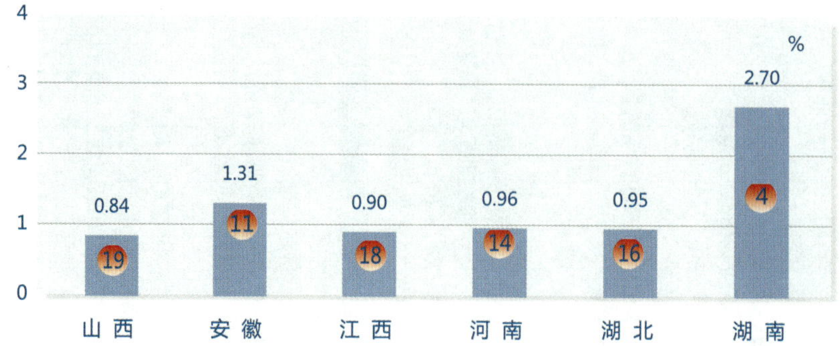

图3-58 中部地区科学研究和技术服务业固定资产占比重及位次

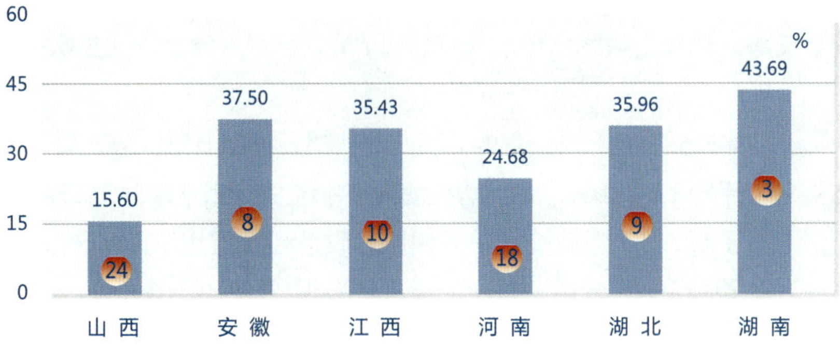

图3-59 中部地区有R&D活动的企业占比重及位次

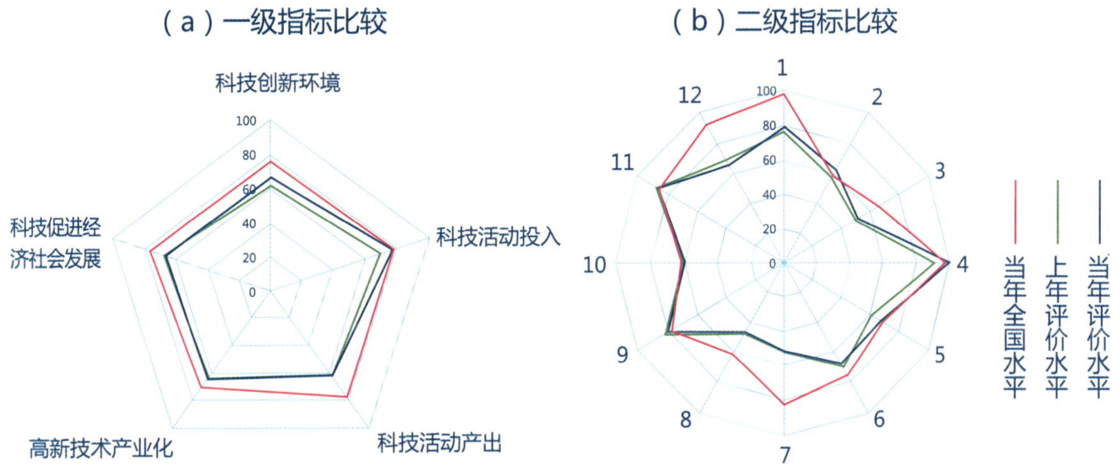

图3-60 湖南一、二级评价指标与上年水平和全国水平比较

图例：1．科技人力资源　2．科研物质条件　3．科技意识　4．科技活动人力投入
5．科技活动财力投入　6．科技活动产出水平　7．技术成果市场化　8．高新技术产业化水平
9．高新技术产业化效益　10．经济发展方式转变　11．环境改善　12．社会生活信息化

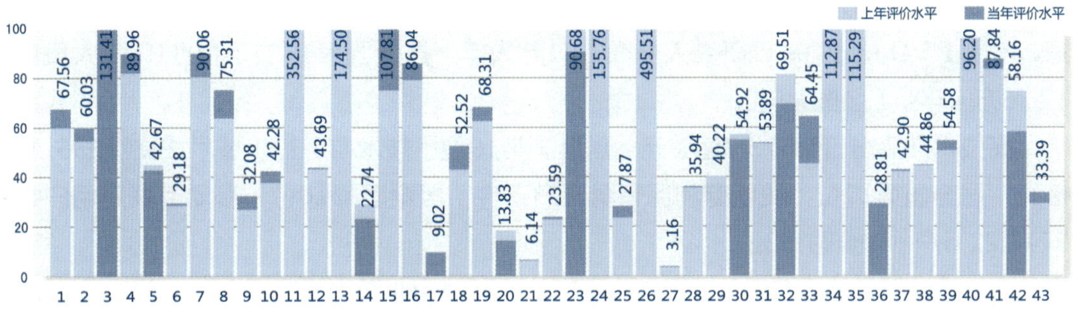

1.万人研究与发展（R&D）人员数　2.十万人博士毕业生数　3.万人大专以上学历人数　4.万人高等学校在校学生数　5.十万人创新中介从业人员数　6.每名R&D人员研发仪器和设备支出
7.科学研究和技术服务业固定资产占比重　8.十万人累计孵化企业数　9.万名就业人员专利申请数　10.科学研究和技术服务业平均工资比较系数　11.万人吸纳技术成交额　12.有R&D活动的企业占比重
13.万人R&D研究人员数　14.基础研究人员投入强度指数　15.企业R&D研究人员占比重　16.R&D经费支出与GDP比值　17.基础研究经费投入强度指数　18.地方财政科技支出占地方财政支出比重
19.企业R&D经费支出占营业收入比重　20.企业技术获取和技术改造经费支出占企业营业收入比重　21.上市公司R&D经费投入强度指数　22.万人科技论文数　23.获国家级科技成果奖系数
24.万人发明专利拥有量　25.每万人口高价值发明专利拥有量　26.万人输出技术成交额　27.万元生产总值技术国际收入　28.高技术产业营业收入占工业营业收入比重　29.知识密集型服务业增加值占生产总值比重
30.高技术产品出口额占商品出口额比重　31.新产品销售收入占营业收入比重　32.高技术产业劳动生产率　33.高技术产业利润率　34.知识密集型服务业劳动生产率　35.劳动生产率　36.资本生产率
37.综合能耗产出率　38.装备制造业区位熵　39.环境质量指数　40.环境污染治理指数　41.万人移动互联网用户数　42.信息传输、软件和信息技术服务业增加值占生产总值比重　43.电子商务销售额与GDP比值

图3-61 湖南三级评价指标与上年水平比较

全国科技企业孵化器累计毕业企业数增长了18.12%，十万人累计孵化企业数增加了1.16个；高等学校博士毕业生数比上年增长了10.17%，十万人博士毕业生数位次上升了1位。

企业技术获取和技术改造经费支出减少。企业引进技术经费支出比上年下降了56.12%，企业消化吸收经费支出下降 84.99%，企业购买境内技术经费支出下降了36.97%，企业技术改造经费支出下降了17.32，企业技术获取和技术改造经费支出下降了21.84%，占企业营业收入比重下降了0.11个百分点，位次下降了5位。

技术国际竞争力不足。万元生产总值技术国际收入位次比上年下降了3位。

高新技术产业发展缓慢。高技术产业营业收入和高技术产品出口额增长缓慢，高技术产业营业收入占工业营业收入比重和高技术产品出口额占商品出口额比重位次均排在全国第16位；新产品销售收入占营业收入比重和知识密集型服务业增加值占生产总值比重位次均比上年下降2位；高技术产业劳动生产率位次下降了7位。

每名R&D人员研发仪器和设备支出位次下降至全国第30位。

社会生活信息化水平下降。信息传输、软件和信息技术服务业增加值占生产总值比重下降了0.58个百分点，位次下降了12位；万人移动互联网用户数位次排在全国第26位。

湖南创新发展主要指标及位次

总人口6645万人；地区生产总值41781.49亿元，居全国第9位；人均生产总值6.29万元，居全国第14位；知识密集型服务业增加值5040.93亿元，居全国第12位；规模以上工业企业营业收入38914.75亿元，居全国第11位；高新技术企业数8525个，居全国第9位；高新技术企业总收入17920.64亿元，居全国第9位。

R&D经费内部支出898.70亿元，居全国第10位，与生产总值比值2.15%，居全国第13位；R&D经费中基础研究经费支出34.48亿元，居全国第12位；企业R&D经费内部支出664.53亿元，居全国第7位；地方财政科技支出220.66亿元，居全国第10位。

大专以上学历人数813.22万人，居全国第11位；R&D人员数17.76万人年，居全国第12位；R&D人员中基础研究人员数1.31万人年，居全国第13位；企业R&D人员数12.15万人年，居全国第9位。

高技术产品出口额67.37亿美元，居全国第19位；技术市场输出技术成交额735.95亿元，居全国第11位；发明专利拥有量5.63万件，居全国第10位；移动互联网用户数5771.21万户，居全国第8位。

科技企业孵化器数107个，居全国第17位；科技企业孵化器在孵企业数6435个，居全国第13位；科技企业孵化器累计毕业企业数4948个，居全国第11位。

表3-18 湖南各级评价指标和位次与上年比较

指标名称	评价值		位次	
	当年	上年	当年	上年
科技创新环境	66.05	61.65	13	14
科技人力资源	79.66	75.74	14	14
万人研究与发展（R&D）人员数	27.03	23.94	14	13
十万人博士毕业生数	3.00	2.72	14	15
万人大专以上学历人数	1314.10	1321.41	25	20
万人高等学校在校学生数	314.86	287.30	14	13
十万人创新中介从业人员数	1.28	1.35	26	24
科研物质条件	62.76	56.20	10	12
每名R&D人员研发仪器和设备支出	1.75	1.69	30	29
科学研究和技术服务业固定资产占比重	2.70	2.41	4	3
十万人累计孵化企业数	7.53	6.38	20	19
科技意识	51.19	48.32	13	14
万名就业人员专利申请数	32.08	26.48	18	17
科学研究和技术服务业平均工资比较系数	84.55	74.76	22	27
万人吸纳技术成交额	705.12	468.68	26	28
有R&D活动的企业占比重	43.69	43.00	3	3
科技活动投入	76.20	68.89	9	10
科技活动人力投入	100.00	90.00	1	8
万人R&D研究人员数	12.22	11.28	15	15
基础研究人员投入强度指数	0.23	0.29	16	13
企业R&D研究人员占比重	75.47	52.49	10	8
科技活动财力投入	66.00	59.84	10	10
R&D经费支出与GDP比值	2.15	1.98	13	13
基础研究经费投入强度指数	0.09	0.09	19	21
地方财政科技支出占地方财政支出比重	2.63	2.14	12	13
企业R&D经费支出占营业收入比重	1.71	1.56	3	5
企业技术获取和技术改造经费支出占企业营业收入比重	0.35	0.45	15	10
上市公司R&D经费投入强度指数	0.06	0.06	9	9
科技活动产出	61.18	61.97	15	15
科技活动产出水平	67.57	68.95	14	13
万人科技论文数	2.36	2.24	21	21
获国家级科技成果奖系数	4.53	11.24	16	7
万人发明专利拥有量	8.57	7.11	15	15
每万人口高价值发明专利拥有量	3.34	2.78	15	15
技术成果市场化	51.58	51.50	21	16
万人输出技术成交额	991.02	669.07	13	15
万元生产总值技术国际收入	0.32	0.30	23	20
高新技术产业化	63.39	64.10	17	16
高新技术产业化水平	46.08	46.51	17	15
高技术产业营业收入占工业营业收入比重	10.78	10.59	16	16
知识密集型服务业增加值占生产总值比重	12.06	12.06	30	28
高技术产品出口额占商品出口额比重	21.97	22.93	16	16
新产品销售收入占营业收入比重	21.55	21.38	9	7
高新技术产业化效益	80.70	81.69	22	17
高技术产业劳动生产率	83.42	97.96	28	21
高技术产业利润率	9.67	6.78	14	17
知识密集型服务业劳动生产率	67.72	60.42	14	14
科技促进经济社会发展	66.11	67.47	20	16
经济发展方式转变	60.30	60.44	11	11
劳动生产率	9.22	8.89	23	23
资本生产率	0.29	0.29	12	12
综合能耗产出率	18.02	17.66	12	14
装备制造业区位熵	89.71	88.98	12	12
环境改善	87.88	86.99	13	13
环境质量指数	54.58	50.61	11	19
环境污染治理指数	96.20	96.09	14	12
社会生活信息化	65.08	69.13	29	23
万人移动互联网用户数	8784.05	8355.55	26	26
信息传输、软件和信息技术服务业增加值占生产总值比重	2.04	2.62	30	18
电子商务销售额与GDP比值	0.10	0.09	19	19

广东科技创新分析

广东坚持把科技自立自强作为发展的战略支撑，全力推进粤港澳大湾区国际科技创新中心和综合性国家科学中心建设，强化战略科技力量，完善以企业为主体的技术创新体系，努力建设具有全球影响力的科技和产业创新高地。在今年的报告中，广东综合科技创新水平指数为82.12%，排在全国第4位，比上年下降1位，得分与上年相比，提高了0.57个百分点。

一、研发经费规模保持全国第一

研发经费占到全国的14.27%，保持在全国第一，R&D经费支出与GDP比值提高了0.26个百分点。

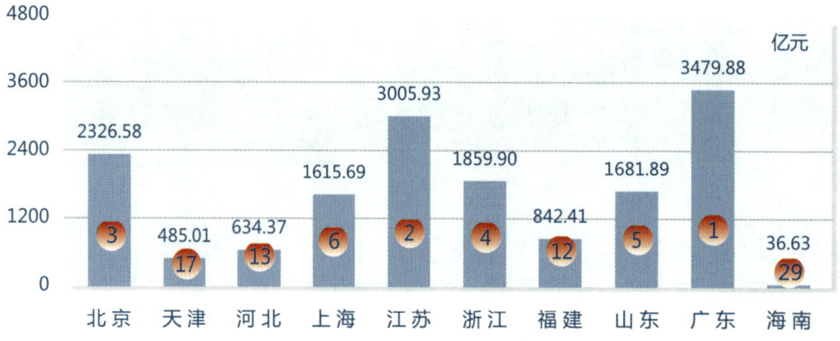

图3-62 东部地区地方R&D经费内部支出及位次

二、技术成果市场化水平仍然全国领先

技术市场输出技术成交额比上年增长了46.97%，万人输出技术成交额增加了827.28万元，位次上升了2位；技术市场吸纳技术成交额增长了37.77%，万人吸纳技术成交额增加了932.66万元，位次上升了1位；技术国际收入增长了19.15%，万元生产总值技术国际收入增加了1.89美元，位次保持在全国第3位。

三、科技促进经济社会发展能力保持全国最高

资本生产率保持在全国第1位；综合能耗产出率和装备制造业区位熵位次保持在全国第4位；环境质量指数和环境污染治理指数位次分别比上年上升了3位和1位；万人移动互联网用户数位次保持在全国第3位，信息传输、软件和信息技术服务业增加值占生产总值比重、电子商务销售额与GDP比值位次均排在全国第4位。

政府科技投入减少，地方财政科技支出比上年下降了18.23%，占地方财政支出比重减少了1.27个百分点，位次下降了1位。

企业研发投入强度提升缓慢。企业R&D经费支出占营业收入比重位次比上年下降了1位；企业R&D研究人员占全社会R&D研究人员比重位次下降了2位。

科技活动产出水平下降。国内科技论文数比上年下降了0.65%，万人科技论文数位次下降至全国第13位。

科研物质条件有待改善。每名R&D人员研发仪器和设备支出位次下降了6位；科学研究和技术服务业固定资产占全社会固定资产比重虽比上年有所提高，但位次比较靠后，排在全国第17位。

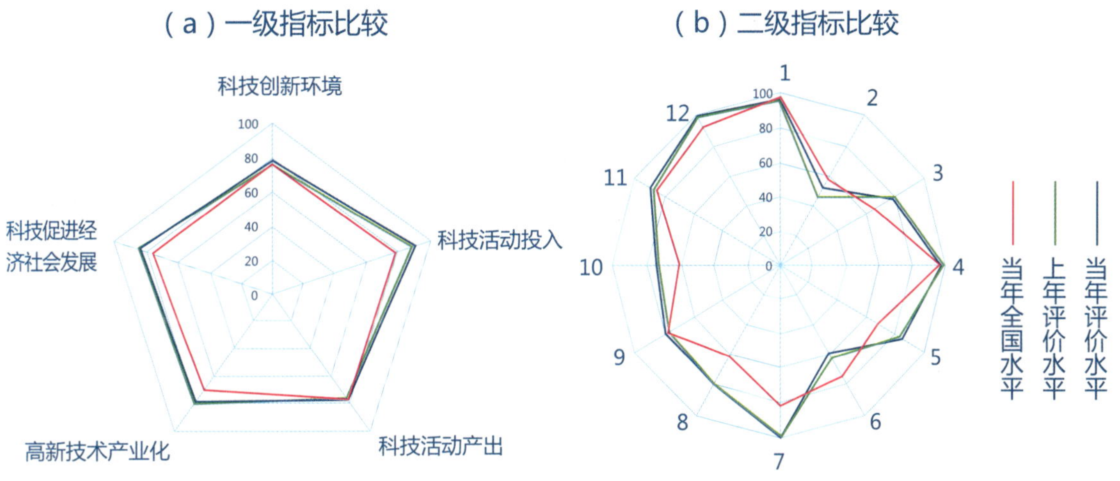

图3-63 广东一、二级评价指标与上年水平和全国水平比较

图例：1．科技人力资源　2．科研物质条件　3．科技意识　4．科技活动人力投入
5．科技活动财力投入　6．科技活动产出水平　7．技术成果市场化　8．高新技术产业化水平
9．高新技术产业化效益　10．经济发展方式转变　11．环境改善　12．社会生活信息化

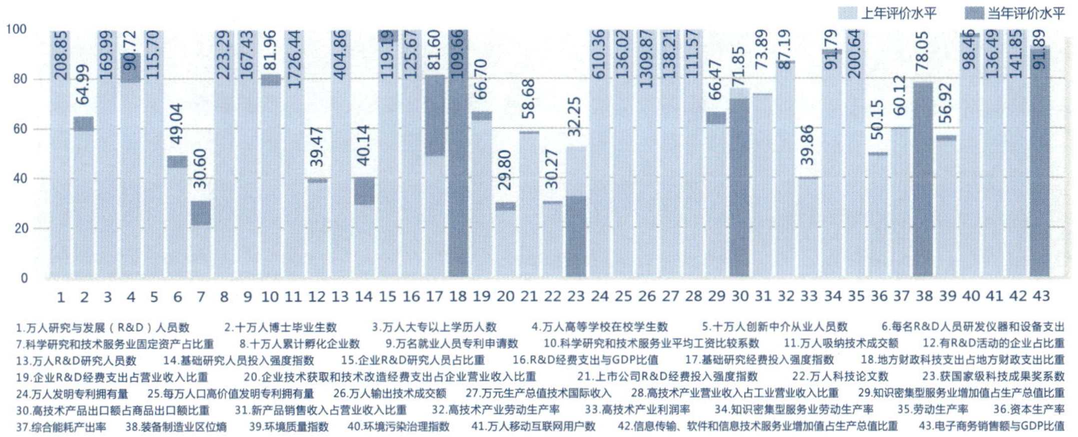

图3-64 广东三级评价指标与上年水平比较

高新技术产业发展缓慢。高技术产品出口额比上年下降了0.91%，占商品出口额比重减少了1.72个百分点，位次下降了1位；新产品销售收入占营业收入比重位次下降了2位；高技术产业利润率仍排在全国第23位；知识密集型服务业劳动生产率排在全国第22位；高技术产业劳动生产率位次排在全国第15位。

广东创新发展主要指标及位次

总人口12624万人；地区生产总值110760.94亿元，居全国第1位；人均生产总值8.82万元，居全国第7位；知识密集型服务业增加值22086.57亿元，居全国第1位；规模以上工业企业营业收入149930.12亿元，居全国第1位；高新技术企业数52797个，居全国第1位；高新技术企业总收入93069.59亿元，居全国第1位。

R&D经费内部支出3479.88亿元，居全国第1位，与生产总值比值3.14%，居全国第4位；R&D经费中基础研究经费支出204.10亿元，居全国第2位；企业R&D经费内部支出2499.95亿元，居全国第1位；地方财政科技支出955.73亿元，居全国第1位。

大专以上学历人数1978.29万人，居全国第1位；R&D人员数87.22万人年，居全国第1位；R&D人员中基础研究人员数3.87万人年，居全国第2位；企业R&D人员数70万人年，居全国第1位。

高技术产品出口额2173.02亿美元，居全国第1位；技术市场输出技术成交额3267.21亿元，居全国第2位；发明专利拥有量35.05万件，居全国第1位；移动互联网用户数14251.39万户，居全国第1位。

科技企业孵化器数1079个，居全国第1位；科技企业孵化器在孵企业数34504个，居全国第2位；科技企业孵化器累计毕业企业数23314个，居全国第2位。

表3-19 广东各级评价指标和位次与上年比较

指标名称	评价值		位次	
	当年	上年	当年	上年
科技创新环境	77.44	74.75	5	6
科技人力资源	96.04	94.84	5	6
万人研究与发展（R&D）人员数	83.54	76.93	5	5
十万人博士毕业生数	3.25	2.95	12	13
万人大专以上学历人数	1699.86	1438.99	13	13
万人高等学校在校学生数	317.51	275.10	12	15
十万人创新中介从业人员数	3.47	3.28	8	8
科研物质条件	51.85	45.90	20	17
每名R&D人员研发仪器和设备支出	2.94	2.65	25	19
科学研究和技术服务业固定资产占比重	0.92	0.62	17	24
十万人累计孵化企业数	22.33	18.06	4	5
科技意识	78.23	76.80	3	5
万名就业人员专利申请数	167.43	139.81	4	4
科学研究和技术服务业平均工资比较系数	163.93	154.68	4	5
万人吸纳技术成交额	3452.89	2520.22	4	5
有R&D活动的企业占比重	39.47	37.77	6	5
科技活动投入	89.26	87.78	1	1
科技活动人力投入	100.00	97.96	1	1
万人R&D研究人员数	28.34	26.82	6	6
基础研究人员投入强度指数	0.40	0.29	8	14
企业R&D研究人员占比重	83.44	66.43	3	1
科技活动财力投入	84.65	83.42	2	1
R&D经费支出与GDP比值	3.14	2.88	4	4
基础研究经费投入强度指数	0.82	0.49	2	3
地方财政科技支出占地方财政支出比重	5.48	6.76	2	1
企业R&D经费支出占营业收入比重	1.67	1.58	4	3
企业技术获取和技术改造经费支出占企业营业收入比重	0.74	0.66	5	6
上市公司R&D经费投入强度指数	0.59	0.58	1	1
科技活动产出	75.13	77.25	6	6
科技活动产出水平	58.56	62.09	19	16
万人科技论文数	3.03	2.90	13	12
获国家级科技成果奖系数	1.61	2.62	28	24
万人发明专利拥有量	33.57	28.34	5	5
每万人口高价值发明专利拥有量	16.32	13.78	3	3
技术成果市场化	100.00	100.00	1	1
万人输出技术成交额	2619.74	1792.46	5	7
万元生产总值技术国际收入	13.82	11.93	3	3
高新技术产业化	79.60	78.94	5	4
高新技术产业化水平	79.63	79.78	4	3
高技术产业营业收入占工业营业收入比重	33.47	31.84	1	1
知识密集型服务业增加值占生产总值比重	19.94	18.44	4	4
高技术产品出口额占商品出口额比重	28.74	30.46	14	13
新产品销售收入占营业收入比重	29.56	29.29	4	2
高新技术产业化效益	79.57	78.10	23	24
高技术产业劳动生产率	104.63	103.21	15	17
高技术产业利润率	5.98	5.84	23	23
知识密集型服务业劳动生产率	55.07	53.85	22	23
科技促进经济社会发展	84.89	84.41	1	1
经济发展方式转变	73.88	73.27	1	1
劳动生产率	16.05	15.69	6	6
资本生产率	0.50	0.49	1	1
综合能耗产出率	25.25	24.96	4	4
装备制造业区位熵	156.11	157.43	4	4
环境改善	90.15	88.26	6	8
环境质量指数	56.92	54.68	7	10
环境污染治理指数	98.46	96.65	10	11
社会生活信息化	98.38	98.68	4	3
万人移动互联网用户数	13649.50	13600.55	3	3
信息传输、软件和信息技术服务业增加值占生产总值比重	4.96	4.39	4	4
电子商务销售额与GDP比值	0.28	0.28	4	3

广西科技创新分析

广西深入学习贯彻习近平总书记关于科技创新的重要论述及对广西工作系列重要指示精神，把科技创新作为新时期加快发展、转型升级、全面提质的根本动力，抢抓国家支持广西建设面向东盟科技创新合作区等重大机遇，深入实施创新驱动发展战略，科技创新水平进一步提升。在今年的报告中，广西综合科技创新水平指数为54.82%，位次排在全国第24位，得分与上年相比，提高了1.31个百分点。

一、科研物质条件改善明显

研发仪器和设备支出大幅上涨，每名R&D人员研发仪器和设备支出增加了2.76万元，位次上升至全国第3位。

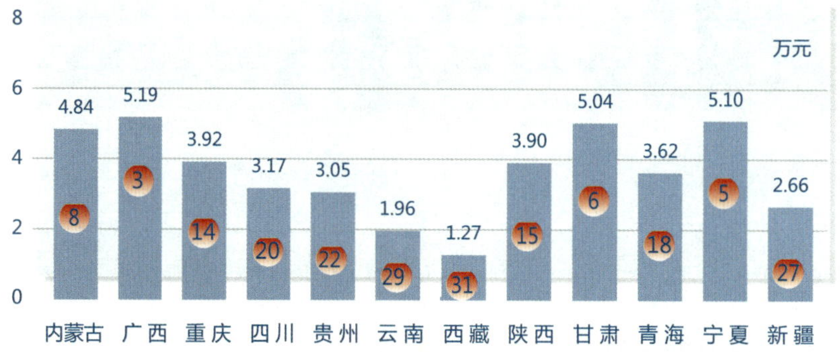

图3-65 西部地区每名R&D人员研发仪器和设备支出及位次

二、企业创新财力投入不断加大

企业R&D经费内部支出比上年增长了8.48%，占营业收入比重提高了0.04个百分点；企业引进技术经费支出增长了6.23%，企业购买境内技术经费支出增长了4.49%，企业技术改造经费支出增长了2.48%，企业技术获取和技术改造经费支出占企业营业收入比重位次上升了1位，排在全国第2位。

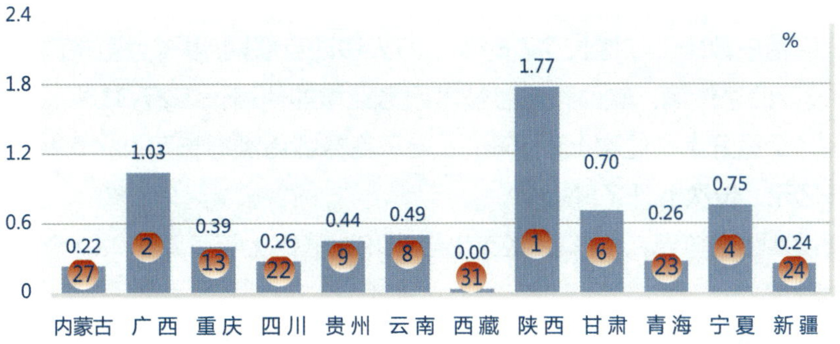

图3-66 西部地区企业技术获取和技术改造经费支出占企业营业收入比重及位次

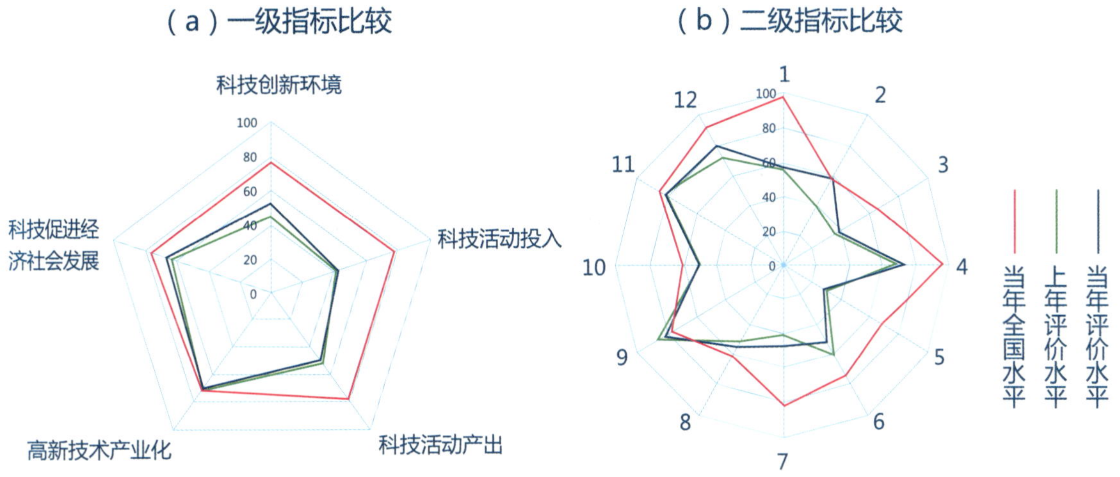

图3-67 广西一、二级评价指标与上年水平和全国水平比较

图例：1．科技人力资源　2．科研物质条件　3．科技意识　4．科技活动人力投入
5．科技活动财力投入　6．科技活动产出水平　7．技术成果市场化　8．高新技术产业化水平
9．高新技术产业化效益　10．经济发展方式转变　11．环境改善　12．社会生活信息化

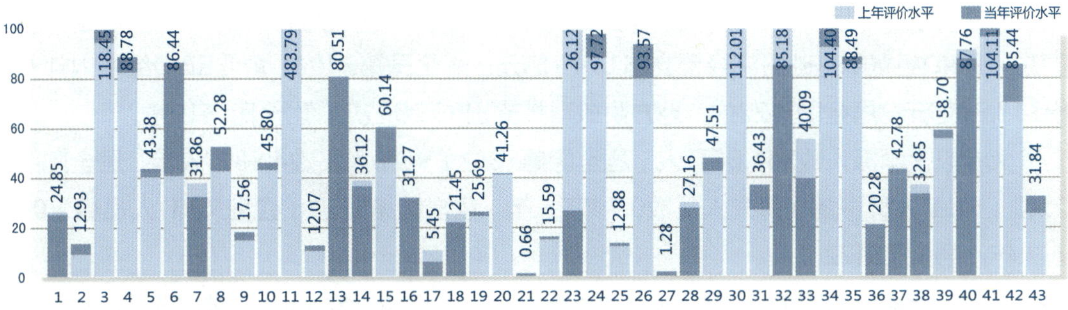

1.万人研究与发展（R&D）人员数　2.十万人博士毕业生数　3.万人大专以上学历人数　4.万人高等学校在校学生数　5.十万人创新中介从业人员数　6.每名R&D人员研发仪器和设备支出
7.科学研究和技术服务业固定资产占比重　8.十万人累计孵化企业数　9.万名就业人员专利申请数　10.科学研究和技术服务业平均工资比较系数　11.万人吸纳技术成交额　12.有R&D活动的企业占比重
13.万人R&D研究人员数　14.基础研究人员投入强度指数　15.企业R&D研究人员占比重　16.R&D经费支出与GDP比值　17.基础研究经费投入强度指数　18.地方财政科技支出占地方财政支出比重
19.企业R&D经费支出占营业收入比重　20.企业技术获取和技术改造经费支出占企业营业收入比重　21.上市公司R&D经费投入强度指数　22.万人科技论文数　23.获国家级科技成果奖系数
24.万人发明专利拥有量　25.每万人口高价值发明专利拥有量　26.万人输出技术成交额　27.万元生产总值技术国际收入　28.高技术产业营业收入占工业营业收入比重　29.知识密集型服务业增加值占生产总值比重
30.高技术产品出口额占商品出口额比重　31.新产品销售收入占营业收入比重　32.高技术产业劳动生产率　33.高技术产业利润率　34.知识密集型服务业劳动生产率　35.劳动生产率　36.资本生产率
37.综合能耗产出率　38.装备制造业区位熵　39.环境质量指数　40.环境污染治理指数　41.万人移动互联网用户数　42.信息传输、软件和信息技术服务业增加值占生产总值比重　43.电子商务销售额与GDP比值

图3-68 广西三级评价指标与上年水平比较

三、社会生活信息化水平进一步提高

移动互联网用户数比上年增长了7.84%，万人移动互联网用户数增加了757.16户，位次上升了3位；信息传输、软件和信息技术服务业增加值增长了27.31%，占生产总值比重提高了0.54个百分点，位次上升了8位；电子商务销售额增长了33.40%，与GDP比值提高了0.03亿元，位次上升了5位。

研发经费投入强度较低。R&D经费支出与GDP比值比上年下降了0.01个百分点，位次排在全国第27位。

政府科技投入减少。地方财政科技支出比上年下降了8.38%，占地方财政支出比重下降了0.16个百分点，位次下降了1位。

科技人力资源不足。企业R&D研究人员占全社会R&D研究人员比重位次比上年下降了1位；万人大专以上学历人数位次下降至全国第31位；万人高等学校在校学生数位次下降了3位；十万人博士毕业生数排在全国第28位。

科技活动产出有待提升。技术国际收入比上年下降了1.90%，万元生产总值技术国际收入位次下降至全国第28位；万人科技论文数排在全国第27位。

高新技术产业化效益下降。高技术产业营业收入比上年下降了6.37%，占工业营业收入比重减少了0.66个百分点；高技术产业劳动生产率减少了18.98万元/人，位次下降了8位；高技术产业利润总额下降了31.70%，高技术产业利润率下降了2.23个百分点，位次下降了10位。

环境改善不理想。环境污染治理指数比上年下降了3.47个百分点，位次下降了3位。

广西创新发展主要指标及位次

总人口5019万人；地区生产总值22156.69亿元，居全国第19位；人均生产总值4.43万元，居全国第29位；知识密集型服务业增加值3158.22亿元，居全国第20位；规模以上工业企业营业收入17646.30亿元，居全国第20位；高新技术企业数2739个，居全国第20位；高新技术企业总收入8306.12亿元，居全国第19位。

R&D经费内部支出173.23亿元，居全国第21位，与生产总值比值0.78%，居全国第27位；R&D经费中基础研究经费支出11.77亿元，居全国第24位；企业R&D经费内部支出113.33亿元，居全国第22位；地方财政科技支出66.26亿元，居全国第19位。

大专以上学历人数541.66万人，居全国第18位；R&D人员数4.58万人年，居全国第21位；R&D人员中基础研究人员数0.84万人年，居全国第17位；企业R&D人员数2.04万人年，居全国第22位。

高技术产品出口额95.11亿美元，居全国第16位；技术市场输出技术成交额91.67亿元，居全国第23位；发明专利拥有量2.48万件，居全国第19位；移动互联网用户数4799.26万户，居全国第10位。

科技企业孵化器数116个，居全国第15位；科技企业孵化器在孵企业数4281个，居全国第17位；科技企业孵化器累计毕业企业数2410个，居全国第21位。

表3-20 广西各级评价指标和位次与上年比较

指标名称	评价值 当年	评价值 上年	位次 当年	位次 上年
科技创新环境	51.88	44.64	24	27
科技人力资源	57.84	55.10	28	28
万人研究与发展（R&D）人员数	9.94	10.29	28	25
十万人博士毕业生数	0.65	0.43	28	28
万人大专以上学历人数	1184.52	945.63	31	29
万人高等学校在校学生数	310.73	288.70	15	12
十万人创新中介从业人员数	1.30	1.20	25	27
科研物质条件	57.78	39.55	12	24
每名R&D人员研发仪器和设备支出	5.19	2.42	3	22
科学研究和技术服务业固定资产占比重	0.96	1.12	15	15
十万人累计孵化企业数	5.23	4.23	26	26
科技意识	38.05	35.80	28	28
万名就业人员专利申请数	17.56	14.23	29	29
科学研究和技术服务业平均工资比较系数	91.60	85.52	17	20
万人吸纳技术成交额	967.57	650.48	20	25
有R&D活动的企业占比重	12.07	9.94	28	27
科技活动投入	41.60	40.21	27	26
科技活动人力投入	72.36	66.77	26	25
万人R&D研究人员数	5.64	5.65	26	26
基础研究人员投入强度指数	0.36	0.38	11	11
企业R&D研究人员占比重	42.10	32.02	21	20
科技活动财力投入	28.42	28.83	26	26
R&D经费支出与GDP比值	0.78	0.79	27	27
基础研究经费投入强度指数	0.05	0.10	22	19
地方财政科技支出占地方财政支出比重	1.07	1.24	22	21
企业R&D经费支出占营业收入比重	0.64	0.60	26	26
企业技术获取和技术改造经费支出占企业营业收入比重	1.03	1.02	2	3
上市公司R&D经费投入强度指数	0.01	0.01	26	25
科技活动产出	49.30	52.75	26	19
科技活动产出水平	50.55	60.91	26	17
万人科技论文数	1.56	1.45	27	29
获国家级科技成果奖系数	1.31	4.97	30	16
万人发明专利拥有量	5.37	4.85	19	19
每万人口高价值发明专利拥有量	1.55	1.39	21	21
技术成果市场化	47.42	40.50	27	26
万人输出技术成交额	187.13	159.29	26	26
万元生产总值技术国际收入	0.13	0.14	28	27
高新技术产业化	68.51	70.09	11	8
高新技术产业化水平	54.94	52.23	13	13
高技术产业营业收入占工业营业收入比重	8.15	8.80	18	18
知识密集型服务业增加值占生产总值比重	14.25	12.62	18	24
高技术产品出口额占商品出口额比重	44.80	39.65	8	8
新产品销售收入占营业收入比重	14.57	10.54	16	17
高新技术产业化效益	82.09	87.95	19	10
高技术产业劳动生产率	102.21	121.19	17	9
高技术产业利润率	6.01	8.24	22	12
知识密集型服务业劳动生产率	62.64	55.43	18	21
科技促进经济社会发展	66.02	62.80	21	23
经济发展方式转变	51.07	50.27	23	23
劳动生产率	7.08	6.83	28	28
资本生产率	0.20	0.20	25	25
综合能耗产出率	17.97	18.15	13	10
装备制造业区位熵	65.70	72.62	17	16
环境改善	81.95	84.06	21	16
环境质量指数	58.70	55.38	6	9
环境污染治理指数	87.76	91.23	23	20
社会生活信息化	80.54	71.60	13	21
万人移动互联网用户数	10410.54	9653.38	13	16
信息传输、软件和信息技术服务业增加值占生产总值比重	2.99	2.45	12	20
电子商务销售额与GDP比值	0.10	0.07	20	25

海南科技创新分析

海南把科技创新摆在全省发展全局的核心位置，围绕国家战略，找准海南科技创新的发展定位，聚焦主攻方向，大力实施科技强省战略，有效提升全省创新水平。在今年的报告中，海南综合科技创新水平指数为53.36%，排在全国第26位，得分与上年相比，提高了4.38个百分点，增幅排在全国第6位。

一、政府科技投入力度进一步加大

地方财政科技支出比上年增长了18.48%，占地方财政支出比重提高了0.19个百分点，位次上升了2位。

二、科技创新环境持续优化

科技人力资源不断增加。大专以上学历人数比上年增长了10.00%，万人大专以上学历人数增加了36.04人；高等学校在校生数增长了18.55%，万人高等学校在校学生数增加了26.72人，位次上升了6位；高等学校博士毕业生数增长了46.81%，创新中介从业人员数增长了12.20%，十万人博士毕业生数和十万人创新中介从业人员数位次均比上年上升1位。

科研物质条件进一步改善。每名R&D人员研发仪器和设备支出位次上升6位；科学研究和技术服务业固定资产占全社会固定资产比重位次保持在全国第8位。

科技意识不断增强。国内三种专利申请数比上年增长了54.38%，增速排在全国第1位，万名就业人员专利申请数增加了11.35件，位次上升了5位；科学研究和技术服务业平均工资增长了9.64%，科学研究和技术服务业平均工资比较系数提高了6.27个百分点。

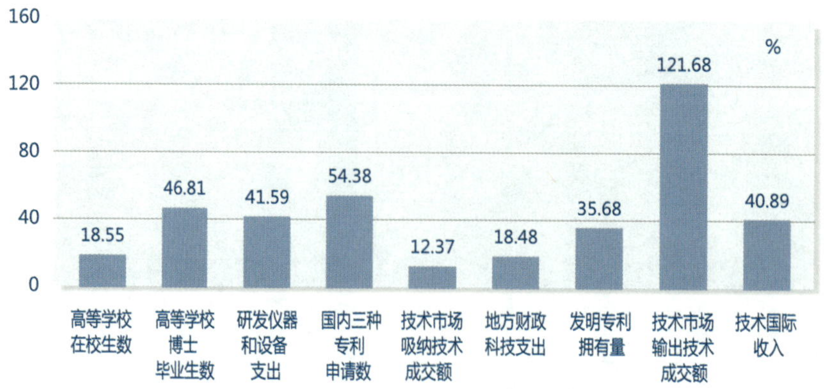

图3-69 部分指标增长速度

三、技术成果市场化成效明显

技术市场输出技术成交额比上年增长了121.68%，全国增长最快，万人输出技术成交额增加了99.13万元，位次上升了2位；技术市场吸纳技术成交额增长了12.37%，万人吸纳技术成交额增加了74.65万元，位次上升了1位；技术国际收入增长了40.89%，万元生产总值技术国际收入增加了0.33美元，位次上升了2位。

四、科技活动产出水平不断提升

SCI收录科技论文数比上年增长了9.93%，万人科技论文数保持在全国第11位；发明专利拥有量增长了35.68%，增速居全国第1位，万人发明专利拥有量增加了1.29件，位次上升了3位。

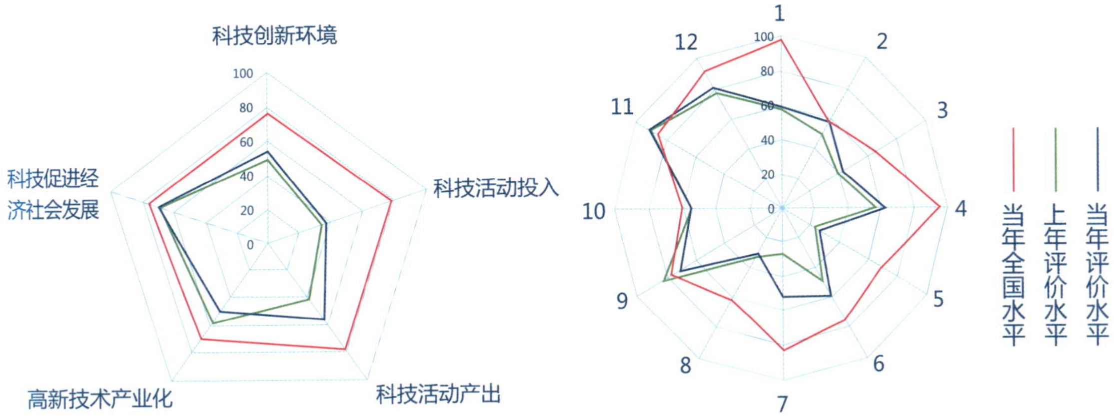

图3-70 海南一、二级评价指标与上年水平和全国水平比较

图例：1．科技人力资源　2．科研物质条件　3．科技意识　4．科技活动人力投入
5．科技活动财力投入　6．科技活动产出水平　7．技术成果市场化　8．高新技术产业化水平
9．高新技术产业化效益　10．经济发展方式转变　11．环境改善　12．社会生活信息化

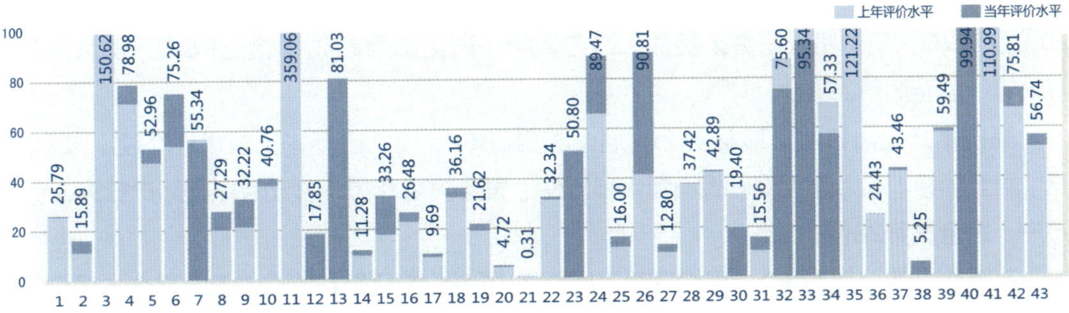

1.万人研究与发展（R&D）人员数　2.十万人博士毕业生数　3.万人大专以上学历人数　4.万人高等学校在校学生数　5.十万人创新中介从业人员数　6.每名R&D人员研发仪器和设备支出
7.科学研究和技术服务业固定资产占比重　8.十万人累计孵化企业数　9.万名就业人员专利申请数　10.科学研究和技术服务业平均工资比较系数　11.万人吸纳技术成交额　12.有R&D活动的企业占比重
13.万人R&D研究人员数　14.基础研究人员投入强度指数　15.企业R&D研究人员占比重　16.R&D经费支出与GDP比值　17.基础研究经费投入强度指数　18.地方财政科技支出占地方财政支出比重
19.企业R&D经费支出占营业收入比重　20.企业技术获取和技术改造经费支出占企业营业收入比重　21.上市公司R&D经费投入强度指数　22.万人科技论文数　23.获国家级科技成果奖系数
24.万人发明专利拥有量　25.每万人口高价值发明专利拥有量　26.万人输出技术成交额　27.万元生产总值技术国际收入　28.高技术产业营业收入占工业营业收入比重　29.知识密集型服务业增加值占生产总值比重
30.高技术产品出口额占商品出口额比重　31.新产品销售收入占营业收入比重　32.高技术产业劳动生产率　33.高技术产业利润率　34.知识密集型服务业劳动生产率　35.劳动生产率　36.资本生产率
37.综合能耗产出率　38.装备制造业区位熵　39.环境质量指数　40.环境污染治理指数　41.万人移动互联网用户数　42.信息传输、软件和信息技术服务业增加值占生产总值比重　43.电子商务销售额与GDP比值

图3-71 海南三级评价指标与上年水平比较

R&D投入强度较低，仍排在全国第29位。

企业创新投入不足。有R&D活动的企业占规模以上工业企业比重比上年减少了0.60个百分点，位次下降了2位；企业R&D研究人员占全社会R&D研究人员比重排在全国第29位；企业R&D经费支出占营业收入比重位次仍排在全国第28位；企业购买境内技术经费支出比上年下降了67.80%，企业技术获取和技术改造经费支出占企业营业收入比重排在全国第30位。

高新技术产业发展缓慢。高技术产业营业收入比上年下降了5.95%，占工业营业收入比重位次下降了1位；高技术产业劳动生产率减少了14.82万元/人，位次下降了10位；高技术产业利润总额下降了13.44%，高技术产业利润率下降了1.24个百分点，位次下降了2位；高技术产品出口额下降了51.69%，占商品出口额比重下降了5.51个百分点，位次下降了5位；新产品销售收入占营业收入比重位次排在全国第29位；知识密集型服务业增加值占生产总值比重位次下降了3位；知识密集型服务业劳动生产率减少了7.69万元/人，位次下降至全国第31位。

十万人累计孵化企业数位次仍排在全国第31位。

装备制造业区位熵位次仍排在全国第29位。

海南创新发展主要指标及位次

总人口1012万人；地区生产总值5532.39亿元，居全国第28位；人均生产总值5.51万元，居全国第19位；知识密集型服务业增加值711.90亿元，居全国第28位；规模以上工业企业营业收入2165.24亿元，居全国第30位；高新技术企业数1003个，居全国第27位；高新技术企业总收入866.70亿元，居全国第28位。

R&D经费内部支出36.63亿元，居全国第29位，与生产总值比值0.66%，居全国第29位；R&D经费中基础研究经费支出7.21亿元，居全国第27位；企业R&D经费内部支出11.70亿元，居全国第29位；地方财政科技支出35.67亿元，居全国第26位。

大专以上学历人数140.32万人，居全国第28位；R&D人员数0.90万人年，居全国第29位；R&D人员中基础研究人员数0.21万人年，居全国第27位；企业R&D人员数0.21万人年，居全国第29位。

高技术产品出口额3.11亿美元，居全国第28位；技术市场输出技术成交额20.19亿元，居全国第27位；发明专利拥有量0.43万件，居全国第28位；移动互联网用户数963.97万户，居全国第28位。

科技企业孵化器数8个，居全国第30位；科技企业孵化器在孵企业数603个，居全国第29位；科技企业孵化器累计毕业企业数237个，居全国第30位。

表3-21 海南各级评价指标和位次与上年比较

指标名称	评价值 当年	评价值 上年	位次 当年	位次 上年
科技创新环境	53.66	49.17	23	24
科技人力资源	58.50	57.26	26	27
万人研究与发展（R&D）人员数	10.32	10.25	27	26
十万人博士毕业生数	0.79	0.54	24	25
万人大专以上学历人数	1506.19	1470.15	21	12
万人高等学校在校学生数	276.42	249.70	17	23
十万人创新中介从业人员数	1.59	1.42	22	23
科研物质条件	57.70	48.23	13	14
每名R&D人员研发仪器和设备支出	4.52	3.23	9	15
科学研究和技术服务业固定资产占比重	1.66	1.71	8	8
十万人累计孵化企业数	2.73	1.97	31	31
科技意识	43.17	39.32	20	23
万名就业人员专利申请数	32.22	20.87	17	22
科学研究和技术服务业平均工资比较系数	81.51	75.24	26	26
万人吸纳技术成交额	718.11	643.47	25	26
有R&D活动的企业占比重	17.85	18.45	23	21
科技活动投入	36.43	32.23	28	28
科技活动人力投入	61.92	55.68	29	29
万人R&D研究人员数	5.67	5.68	25	25
基础研究人员投入强度指数	0.11	0.09	23	23
企业R&D研究人员占比重	23.28	12.22	29	29
科技活动财力投入	25.51	22.18	28	28
R&D经费支出与GDP比值	0.66	0.56	29	29
基础研究经费投入强度指数	0.10	0.08	17	22
地方财政科技支出占地方财政支出比重	1.81	1.62	16	18
企业R&D经费支出占营业收入比重	0.54	0.47	28	28
企业技术获取和技术改造经费支出占企业营业收入比重	0.12	0.10	30	30
上市公司R&D经费投入强度指数	0.00	0.00	29	29
科技活动产出	56.05	39.53	19	26
科技活动产出水平	58.88	48.98	18	21
万人科技论文数	3.23	3.11	11	11
获国家级科技成果奖系数	2.54	2.54	25	25
万人发明专利拥有量	4.92	3.63	20	23
每万人口高价值发明专利拥有量	1.92	1.42	19	20
技术成果市场化	51.81	25.36	19	29
万人输出技术成交额	181.62	82.49	27	29
万元生产总值技术国际收入	1.28	0.95	13	15
高新技术产业化	50.49	57.41	29	22
高新技术产业化水平	28.74	31.58	23	21
高技术产业营业收入占工业营业收入比重	11.23	11.18	14	13
知识密集型服务业增加值占生产总值比重	12.87	12.65	26	23
高技术产品出口额占商品出口额比重	7.76	13.27	25	20
新产品销售收入占营业收入比重	6.22	4.05	29	31
高新技术产业化效益	72.24	83.24	28	16
高技术产业劳动生产率	90.72	105.53	25	15
高技术产业利润率	14.30	15.54	6	4
知识密集型服务业劳动生产率	34.40	42.09	31	28
科技促进经济社会发展	69.68	68.13	13	13
经济发展方式转变	54.64	54.50	21	21
劳动生产率	9.70	9.37	22	22
资本生产率	0.24	0.24	19	20
综合能耗产出率	18.25	17.69	10	13
装备制造业区位熵	10.50	10.69	29	29
环境改善	91.85	91.62	2	2
环境质量指数	59.49	58.08	3	4
环境污染治理指数	99.94	100.00	6	1
社会生活信息化	81.67	77.52	11	13
万人移动互联网用户数	11098.60	10724.93	7	8
信息传输、软件和信息技术服务业增加值占生产总值比重	2.65	2.37	17	21
电子商务销售额与GDP比值	0.17	0.16	9	9

重庆科技创新分析

重庆深入推进以大数据智能化为引领的创新驱动发展，扎实落地科技政策，持续厚植创新优势，加快建设具有全国影响力的科技创新中心。在今年的报告中，重庆综合科技创新水平指数为74.72%，保持在全国第7位，西部地区第1位，得分与上年相比，提高了4.24个百分点，增幅排在第7位。

一、高新技术产业化水平上升至全国第2位

高技术产业营业收入比上年增长了12.03%，占工业营业收入比重提高了1.13个百分点，位次保持在全国第2位；知识密集型服务业增加值增长了10.63%，占生产总值比重位次排在全国第6位，西部地区第1位；高技术产品出口额增长了16.68%，占商品出口额比重提高了4.25个百分点，位次上升至全国第1位；新产品销售收入占营业收入比重位次上升了3位，保持在西部地区第1位。

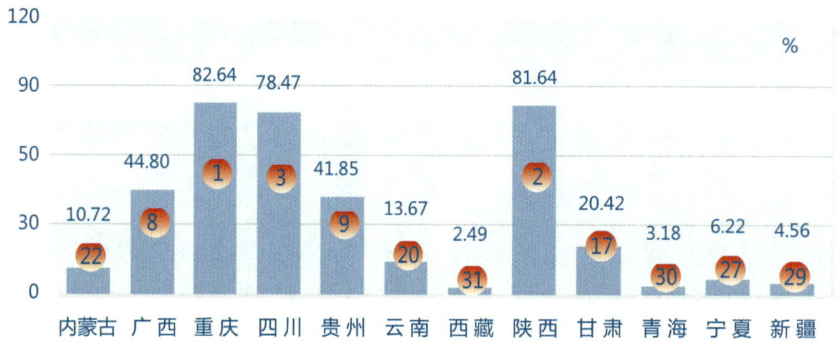

图3-72 西部地区高技术产品出口额占商品出口额比重及位次

二、技术成果转移转化大幅提升

技术市场输出技术成交额比上年增长了107.91%，增速排在全国首位，万人输出技术成交额增加了170.75万元，位次上升了2位；技术国际收入增长了54.54%，万元生产总值技术国际收入提高了0.91美元，位次上升了2位。

三、社会生活信息化水平进一步提高

移动互联网用户数比上年增长了3.35%，万人移动互联网用户数增加了350.43户，位次上升了3位；信息传输、软件和信息技术服务业增加值增长了24.41%，占生产总值比重位次上升了6位；电子商务销售额增长了21.99%，与GDP比值提高了0.03亿元，位次排在全国第5位。

四、环境改善成效显著

环境污染治理指数比上年提高了1.71个百分点，位次上升至全国第1位；环境质量指数提高了3.43个百分点，位次上升了5位。

研发投入强度增长缓慢。R&D经费内部支出虽比上年有所增长，但与GDP比值位次下降了2位；企业研发投入强度位次同样比上年下降了2位。

政府科技投入力度放缓。地方财政科技支出占地方财政支出比重位次仍排在全国第17位。

研发人力投入不足。企业R&D研究人员占全社会R&D研究人员比重位次比上年下降了2位；万人大专以上学历人数位次下降了7位；万人高等学校在校学生数位次下降了2位；十万人创新中介从业人员数位次排在全国第20位。

（a）一级指标比较　　（b）二级指标比较

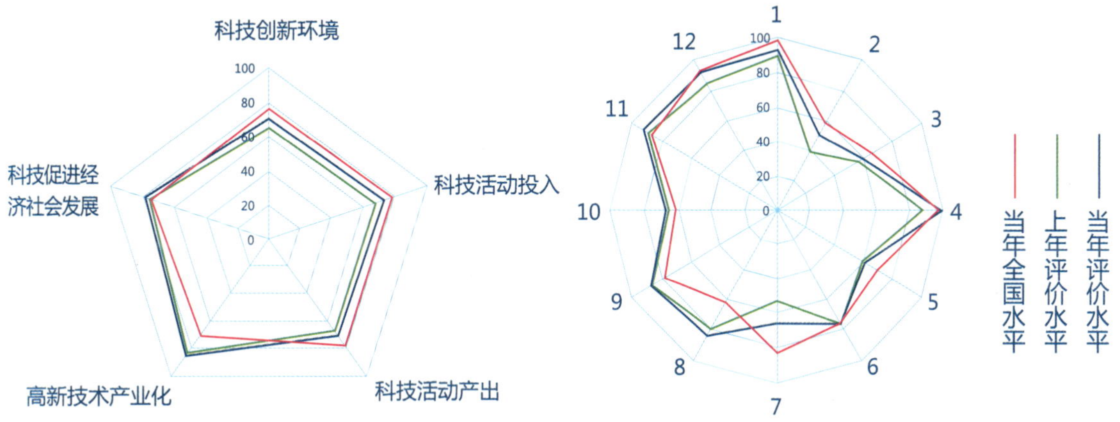

图3-73 重庆一、二级评价指标与上年水平和全国水平比较

图例：1．科技人力资源　2．科研物质条件　3．科技意识　4．科技活动人力投入
5．科技活动财力投入　6．科技活动产出水平　7．技术成果市场化　8．高新技术产业化水平
9．高新技术产业化效益　10．经济发展方式转变　11．环境改善　12．社会生活信息化

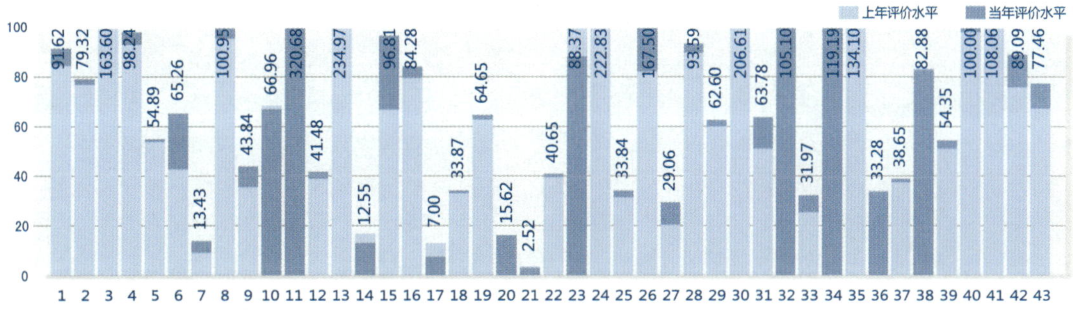

1.万人研究与发展（R&D）人员数　2.十万人博士毕业生数　3.万人大专以上学历人数　4.万人高等学校在校学生数　5.十万人创新中介从业人员数　6.每名R&D人员研发仪器和设备支出
7.科学研究和技术服务业固定资产占比重　8.十万人累计孵化企业数　9.万名就业人员专利申请数　10.科学研究和技术服务业平均工资比较系数　11.万人吸纳技术成交额　12.有R&D活动的企业占比重
13.万人R&D研究人员数　14.基础研究人员投入强度指数　15.企业R&D研究人员占比重　16.R&D经费支出与GDP比值　17.基础研究经费投入强度指数　18.地方财政科技支出占地方财政支出比重
19.企业R&D经费支出占营业收入比重　20.企业技术获取和技术改造经费支出占企业营业收入比重　21.上市公司R&D经费投入强度指数　22.万人科技论文数　23.获国家级科技成果奖系数
24.万人发明专利拥有量　25.每万人口高价值发明专利拥有量　26.万人输出技术成交额　27.万元生产总值技术国际收入　28.高技术产业营业收入占工业营业收入比重　29.知识密集型服务业增加值占生产总值比重
30.高技术产品出口额占商品出口额比重　31.新产品销售收入占营业收入比重　32.高技术产业劳动生产率　33.高技术产业利润率　34.知识密集型服务业劳动生产率　35.劳动生产率　36.资本生产率
37.综合能耗产出率　38.装备制造业区位熵　39.环境质量指数　40.环境污染治理指数　41.万人移动互联网用户数　42.信息传输、软件和信息技术服务业增加值占生产总值比重　43.电子商务销售额与GDP比值

图3-74 重庆三级评价指标与上年水平比较

科研物质条件有待改善。科学研究和技术服务业固定资产占比重位次仍排在全国第30位；十万人累计孵化企业数位次下降了2位。

高新技术产业化效益持续下降。高技术产业劳动生产率和知识密集型服务业劳动生产率分别比上年减少了22.31万元/人和3.61万元/人，位次均比上年下降了4位；高技术产业利润率虽然有所提升，但位次比较靠后，排在全国第29位。

技术市场吸纳技术成交额减少，比上年下降了10.63%，万人吸纳技术成交额减少了90.20万元，位次下降了6位。

重庆创新发展主要指标及位次

总人口3209万人；地区生产总值25002.79亿元，居全国第17位；人均生产总值7.82万元，居全国第8位；知识密集型服务业增加值4695.33亿元，居全国第14位；规模以上工业企业营业收入23052.14亿元，居全国第17位；高新技术企业数4183个，居全国第18位；高新技术企业总收入11347.85亿元，居全国第15位。

R&D经费内部支出526.79亿元，居全国第16位，与生产总值比值2.11%，居全国第14位；R&D经费中基础研究经费支出23.25亿元，居全国第17位；企业R&D经费内部支出372.56亿元，居全国第13位；地方财政科技支出82.87亿元，居全国第17位。

大专以上学历人数494.02万人，居全国第20位；R&D人员数10.57万人年，居全国第17位；R&D人员中基础研究人员数0.75万人年，居全国第20位；企业R&D人员数6.98万人年，居全国第14位。

高技术产品出口额454.77亿美元，居全国第5位；技术市场输出技术成交额117.79亿元，居全国第22位；发明专利拥有量3.54万件，居全国第16位；移动互联网用户数3117.18万户，居全国第21位。

科技企业孵化器数116个，居全国第15位；科技企业孵化器在孵企业数3650个，居全国第20位；科技企业孵化器累计毕业企业数2912个，居全国第18位。

表3-22 重庆各级评价指标和位次与上年比较

指标名称	评价值		位次	
	当年	上年	当年	上年
科技创新环境	70.03	64.15	11	13
科技人力资源	92.24	88.87	8	10
万人研究与发展（R&D）人员数	36.65	33.84	8	8
十万人博士毕业生数	3.97	3.85	10	10
万人大专以上学历人数	1635.96	1541.85	15	8
万人高等学校在校学生数	343.85	325.80	9	7
十万人创新中介从业人员数	1.65	1.61	20	22
科研物质条件	51.48	39.50	22	25
每名R&D人员研发仪器和设备支出	3.92	2.54	14	21
科学研究和技术服务业固定资产占比重	0.40	0.26	30	30
十万人累计孵化企业数	10.09	9.55	13	11
科技意识	58.99	55.84	9	8
万名就业人员专利申请数	43.84	35.18	13	13
科学研究和技术服务业平均工资比较系数	133.91	137.17	7	7
万人吸纳技术成交额	641.37	731.57	29	23
有R&D活动的企业占比重	41.48	38.56	4	4
科技活动投入	71.55	66.07	11	11
科技活动人力投入	98.72	86.68	11	10
万人R&D研究人员数	16.45	15.30	9	9
基础研究人员投入强度指数	0.13	0.17	22	21
企业R&D研究人员占比重	67.77	46.69	12	10
科技活动财力投入	59.90	57.24	12	11
R&D经费支出与GDP比值	2.11	1.99	14	12
基础研究经费投入强度指数	0.07	0.13	21	16
地方财政科技支出占地方财政支出比重	1.69	1.63	17	17
企业R&D经费支出占营业收入比重	1.62	1.57	6	4
企业技术获取和技术改造经费支出占企业营业收入比重	0.39	0.39	13	13
上市公司R&D经费投入强度指数	0.03	0.03	15	15
科技活动产出	70.17	65.81	10	11
科技活动产出水平	73.93	75.67	8	8
万人科技论文数	4.06	3.92	7	8
获国家级科技成果奖系数	4.42	5.78	18	13
万人发明专利拥有量	12.26	11.25	12	10
每万人口高价值发明专利拥有量	4.06	3.73	13	11
技术成果市场化	64.53	51.02	9	21
万人输出技术成交额	335.00	164.26	22	24
万元生产总值技术国际收入	2.91	1.99	9	11
高新技术产业化	84.87	82.05	3	3
高新技术产业化水平	83.35	79.11	2	4
高技术产业营业收入占工业营业收入比重	28.08	26.94	2	2
知识密集型服务业增加值占生产总值比重	18.78	17.98	6	5
高技术产品出口额占商品出口额比重	82.64	78.39	1	2
新产品销售收入占营业收入比重	25.51	20.36	6	9
高新技术产业化效益	86.39	85.00	14	13
高技术产业劳动生产率	126.12	148.43	8	4
高技术产业利润率	4.80	3.75	29	30
知识密集型服务业劳动生产率	71.51	75.13	10	6
科技促进经济社会发展	78.26	75.48	5	5
经济发展方式转变	65.46	65.67	6	6
劳动生产率	10.73	10.33	18	18
资本生产率	0.33	0.34	7	7
综合能耗产出率	16.23	15.60	17	18
装备制造业区位熵	165.76	167.27	2	3
环境改善	90.87	88.82	4	5
环境质量指数	54.35	50.92	13	18
环境污染治理指数	100.00	98.29	1	9
社会生活信息化	91.13	83.79	6	6
万人移动互联网用户数	1080.621	10455.78	8	11
信息传输、软件和信息技术服务业增加值占生产总值比重	3.12	2.65	11	17
电子商务销售额与GDP比值	0.23	0.20	5	5

四川科技创新分析

四川省科技系统在省委、省政府坚强领导下，深入实施创新驱动发展战略，坚持“四个面向”，落实“科创十条”，实施两头齐抓、构建体系，极核引领、全域推进，平台牵引、双链融合，赋能主体、破障攻坚“四大策略”，健全“九大体系”，抓好“四张清单”“十件大事”，夯实创新基础，提升创新实力。在今年的报告中，四川综合科技创新水平指数为69.19%，仍排在全国第12位，得分与上年相比，提高了2.76个百分点。

一、科技创新人才规模保持西部地区第一

R&D人员数、R&D研究人员数、企业R&D研究人员数均占到西部地区的29%左右，高等学校在校学生、大专以上学历人数均占到西部地区的20%左右，保持在西部地区第1位。

二、技术国际竞争力增强

技术国际收入比上年增长了17.45%，收入规模占到西部地区的60.49%，万元生产总值技术国际收入保持在西部地区第1位，上升至全国第6位。

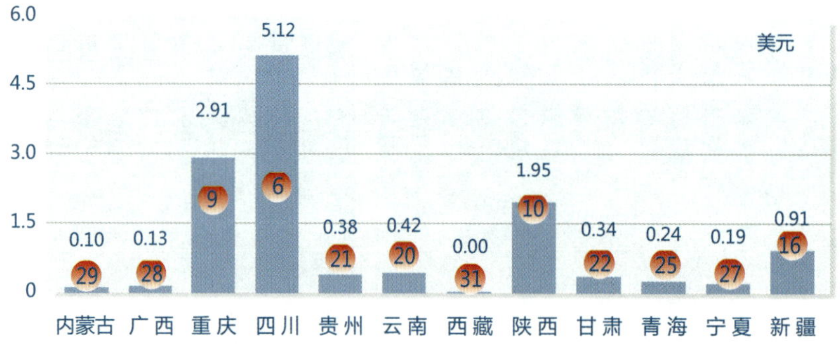

图3-75 西部地区万元生产总值技术国际收入及位次

三、社会生活信息化水平不断提升

移动互联网用户数比上年增长了3.35%，万人移动互联网用户数增加了302.88户，位次上升了3位；信息传输、软件和信息技术服务业增加值增长了16.65%，占生产总值比重位次保持在全国第7位。

政府科技投入减少。地方财政科技支出比上年下降了1.75%，占地方财政支出比重减少了0.17个百分点，位次下降了2位。

企业创新财力投不足。企业引进技术经费支出比上年下降了25.77%，企业消化吸收经费支出下降了77.02%，企业购买境内技术经费支出下降了32.50%，企业技术改造经费支出下降了0.24%，企业技术获取和技术改造经费支出下降了4.40%，占企业营业收入比重位次下降了3位；企业R&D经费支出占营业收入比重位次下降了1位。

科研物质条件有待改善。研发仪器和设备支出增长缓慢，每名R&D人员研发仪器和设备支出位次下降至全国第20位；科学研究和技术服务业固定资产占比重排在全国第25位。

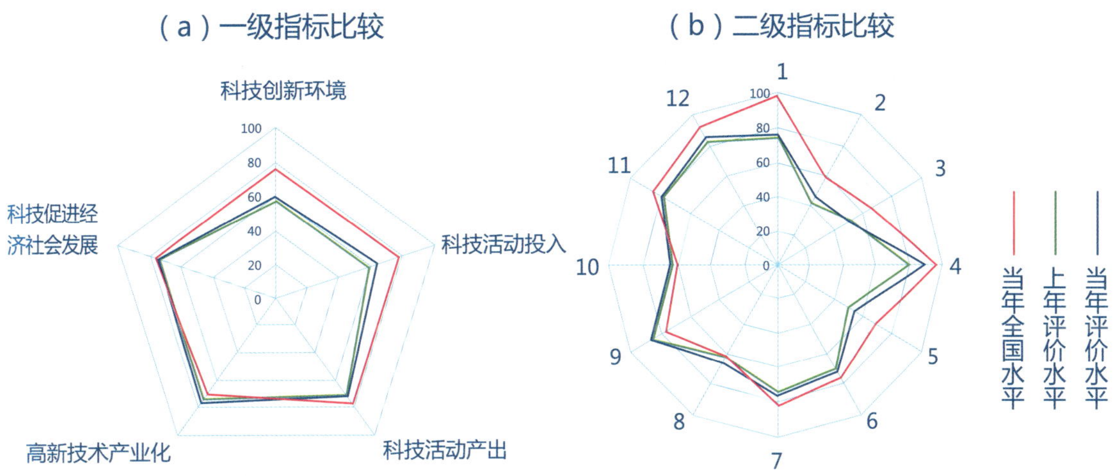

图3-76 四川一、二级评价指标与上年水平和全国水平比较

图例：1．科技人力资源　2．科研物质条件　3．科技意识　4．科技活动人力投入
5．科技活动财力投入　6．科技活动产出水平　7．技术成果市场化　8．高新技术产业化水平
9．高新技术产业化效益　10．经济发展方式转变　11．环境改善　12．社会生活信息化

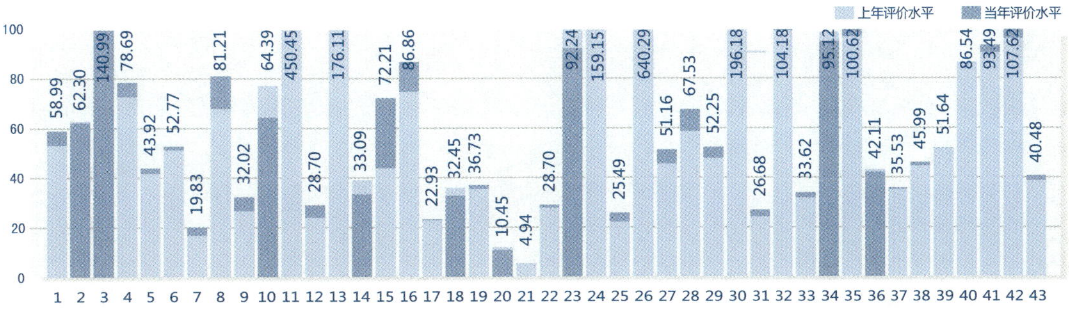

1.万人研究与发展（R&D）人员数　2.十万人博士毕业生数　3.万人大专以上学历人数　4.万人高等学校在校学生数　5.十万人创新中介从业人员数　6.每名R&D人员研发仪器和设备支出
7.科学研究和技术服务业固定资产占比重　8.十万人累计孵化企业数　9.万名就业人员专利申请数　10.科学研究和技术服务业平均工资比较系数　11.万人吸纳技术成交额　12.有R&D活动的企业占比重
13.万人R&D研究人员数　14.基础研究人员投入强度指数　15.企业R&D研究人员占比重　16.R&D经费支出与GDP比值　17.基础研究经费投入强度指数　18.地方财政科技支出占地方财政支出比重
19.企业R&D经费支出占营业收入比重　20.企业技术获取和技术改造经费支出占企业营业收入比重　21.上市公司R&D经费投入强度指数　22.万人科技论文数　23.获国家级科技成果奖系数
24.万人发明专利拥有量　25.每万人口高价值发明专利拥有量　26.万人输出技术成交额　27.万元生产总值技术国际收入　28.高技术产业营业收入占工业营业收入比重　29.知识密集型服务业增加值占生产总值比重
30.高技术产品出口额占商品出口额比重　31.新产品销售收入占营业收入比重　32.高技术产业劳动生产率　33.高技术产业利润率　34.知识密集型服务业劳动生产率　35.劳动生产率　36.资本生产率
37.综合能耗产出率　38.装备制造业区位熵　39.环境质量指数　40.环境污染治理指数　41.万人移动互联网用户数　42.信息传输、软件和信息技术服务业增加值占生产总值比重　43.电子商务销售额与GDP比值

图3-77 四川三级评价指标与上年水平比较

科技意识有待增强。科学研究和技术服务业平均工资比上年下降了3.85%，科学研究和技术服务业平均工资比较系数下降了25.73个百分点，位次下降了3位；万人吸纳技术成交额位次下降了5位；万名就业人员专利申请数位次下降了1位。

高新技术产业化效益下降。高技术产业利润率位次下降至全国第28位；知识密集型服务业劳动生产率比上年减少了2.34万元/人，位次下降了6位。

环境改善不理想，环境质量指数下降至全国第17位；环境污染治理指数位次排在全国第24位。

四川创新发展主要指标及位次

总人口8371万人；地区生产总值48598.76亿元，居全国第6位；人均生产总值5.81万元，居全国第16位；知识密集型服务业增加值7617.60亿元，居全国第7位；规模以上工业企业营业收入46565.30亿元，居全国第7位；高新技术企业数8061个，居全国第11位；高新技术企业总收入14560.9亿元，居全国第12位。

R&D经费内部支出1055.28亿元，居全国第7位，与生产总值比值2.17%，居全国第12位；R&D经费中基础研究经费支出59.58亿元，居全国第7位；企业R&D经费内部支出427.64亿元，居全国第12位；地方财政科技支出181.70亿元，居全国第12位。

大专以上学历人数1110.08万人，居全国第5位；R&D人员数18.98万人年，居全国第10位；R&D人员中基础研究人员数1.64万人年，居全国第8位；企业R&D人员数9.01万人年，居全国第11位。

高技术产品出口额516.48亿美元，居全国第4位；技术市场输出技术成交额1244.59亿元，居全国第9位；发明专利拥有量7.04万件，居全国第9位；移动互联网用户数7521.36万户，居全国第5位。

科技企业孵化器数192个，居全国第10位；科技企业孵化器在孵企业数8977个，居全国第8位；科技企业孵化器累计毕业企业数6533个，居全国第8位。

表3-23 四川各级评价指标和位次与上年比较

指标名称	评价值 当年	评价值 上年	位次 当年	位次 上年
科技创新环境	59.30	56.62	20	19
科技人力资源	75.96	73.24	16	16
万人研究与发展（R&D）人员数	23.60	21.23	16	16
十万人博士毕业生数	3.12	3.15	13	12
万人大专以上学历人数	1409.89	1413.60	23	16
万人高等学校在校学生数	275.42	254.60	18	19
十万人创新中介从业人员数	1.32	1.25	24	26
科研物质条件	45.28	40.65	26	23
每名R&D人员研发仪器和设备支出	3.17	3.07	20	17
科学研究和技术服务业固定资产占比重	0.59	0.49	25	26
十万人累计孵化企业数	8.12	6.79	17	18
科技意识	51.09	50.43	14	13
万名就业人员专利申请数	32.02	26.32	19	18
科学研究和技术服务业平均工资比较系数	128.78	154.51	9	6
万人吸纳技术成交额	900.90	841.95	24	19
有R&D活动的企业占比重	28.70	23.62	13	16
科技活动投入	63.82	57.40	17	18
科技活动人力投入	88.88	77.51	17	17
万人R&D研究人员数	12.33	11.43	14	14
基础研究人员投入强度指数	0.33	0.39	12	9
企业R&D研究人员占比重	50.55	30.64	19	21
科技活动财力投入	53.08	48.78	16	16
R&D经费支出与GDP比值	2.17	1.87	12	14
基础研究经费投入强度指数	0.23	0.22	6	6
地方财政科技支出占地方财政支出比重	1.62	1.79	18	16
企业R&D经费支出占营业收入比重	0.92	0.88	21	20
企业技术获取和技术改造经费支出占企业营业收入比重	0.26	0.29	22	19
上市公司R&D经费投入强度指数	0.05	0.05	10	10
科技活动产出	72.19	71.68	9	8
科技活动产出水平	69.93	71.00	13	11
万人科技论文数	2.87	2.75	14	15
获国家级科技成果奖系数	4.61	7.53	14	12
万人发明专利拥有量	8.75	7.49	14	14
每万人口高价值发明专利拥有量	3.06	2.62	16	16
技术成果市场化	75.58	72.71	6	7
万人输出技术成交额	1280.58	1252.45	12	12
万元生产总值技术国际收入	5.12	4.54	6	7
高新技术产业化	75.41	73.81	7	7
高新技术产业化水平	66.04	61.91	8	7
高技术产业营业收入占工业营业收入比重	20.26	17.59	5	6
知识密集型服务业增加值占生产总值比重	15.67	14.32	9	13
高技术产品出口额占商品出口额比重	78.47	73.76	3	3
新产品销售收入占营业收入比重	10.67	9.55	19	20
高新技术产业化效益	84.77	85.72	17	12
高技术产业劳动生产率	125.02	119.45	9	10
高技术产业利润率	5.04	4.72	28	27
知识密集型服务业劳动生产率	57.07	59.41	21	15
科技促进经济社会发展	74.36	72.70	8	8
经济发展方式转变	65.00	63.94	7	7
劳动生产率	8.05	7.75	25	25
资本生产率	0.42	0.43	2	2
综合能耗产出率	14.92	14.65	19	19
装备制造业区位熵	91.99	89.03	11	11
环境改善	79.56	79.43	25	25
环境质量指数	51.64	51.50	17	16
环境污染治理指数	86.54	86.41	24	25
社会生活信息化	85.49	82.34	7	8
万人移动互联网用户数	9349.20	9046.32	18	21
信息传输、软件和信息技术服务业增加值占生产总值比重	3.77	3.37	7	7
电子商务销售额与GDP比值	0.12	0.12	16	14

贵州科技创新分析

贵州深入贯彻落实习近平总书记对贵州工作重要指示精神，大力推进以科技创新为核心的全面创新，坚持科技创新和制度创新“双轮驱动”，以支撑高质量发展为主题，以改革激发创新潜力，以开放汇聚创新资源，完善区域创新体系，推进科技治理体系和治理能力现代化，努力走出一条有别于东部、不同于西部其他省份的差异化创新路子。在今年的报告中，贵州综合科技创新水平指数为53.82%，排在全国第25位，得分与上年相比，提高了4.77个百分点，增幅排在全国第3位。

一、高新技术产业化水平进一步提升

高技术产品出口额比上年增长了72.69%，增速排在全国第1位，占商品出口额比重提高了14.39个百分点，位次上升了5位；知识密集型服务业增加值增长了15.78%，占生产总值比重提高了1.03个百分点，位次上升了2位。

二、政府科技投入力度加大

地方财政科技支出占地方财政支出比重提高了0.05个百分点，位次上升至全国第14位。

三、企业研发投入强度提高

全省有近30%的企业有R&D活动，企业R&D经费内部支出比上年增长了15.75%，占营业收入比重提高了0.20个百分点，位次上升了2位。

四、技术成果市场化成效明显

技术市场吸纳技术成交额比上年增长了39.41%，万人吸纳技术成交额增加了302.32万元，位次上升了3位；技术市场输出技术成交额增长了9.66%，万人输出技术成交额

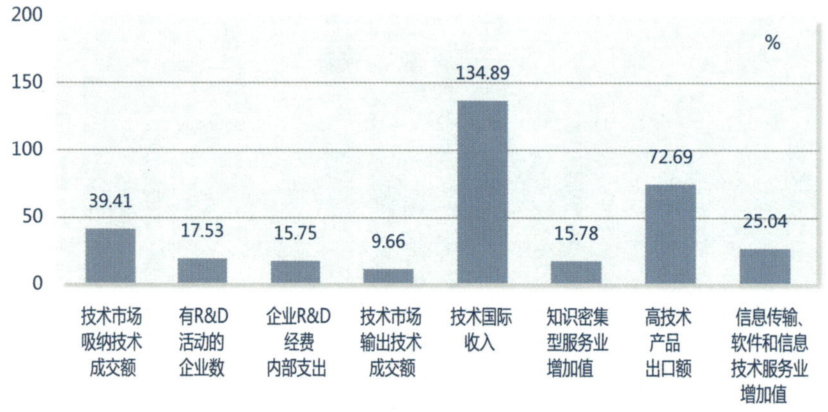

图3-78 部分指标增长速度

增加了36.24万元，排在全国第18位；技术国际收入增长了134.89%，万元生产总值技术国际收入增加了0.21美元，位次上升了4位。

研发经费投入增长缓慢，研发经费投入强度位次下降了1位。

科技人力资源不足。万人大专以上学历人数和十万人博士毕业生数均排在全国第30位；万人R&D研究人员数、十万人创新中介从业人员数均排在全国第28位；万人高等学校在校学生数位次下降了1位。

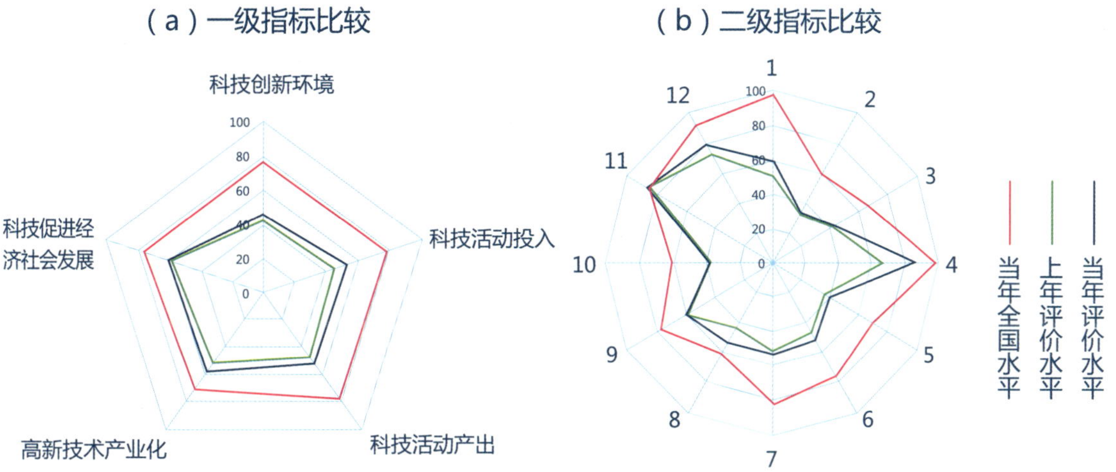

图3-79 贵州一、二级评价指标与上年水平和全国水平比较

图例：1．科技人力资源　2．科研物质条件　3．科技意识　4．科技活动人力投入　5．科技活动财力投入　6．科技活动产出水平　7．技术成果市场化　8．高新技术产业化水平　9．高新技术产业化效益　10．经济发展方式转变　11．环境改善　12．社会生活信息化

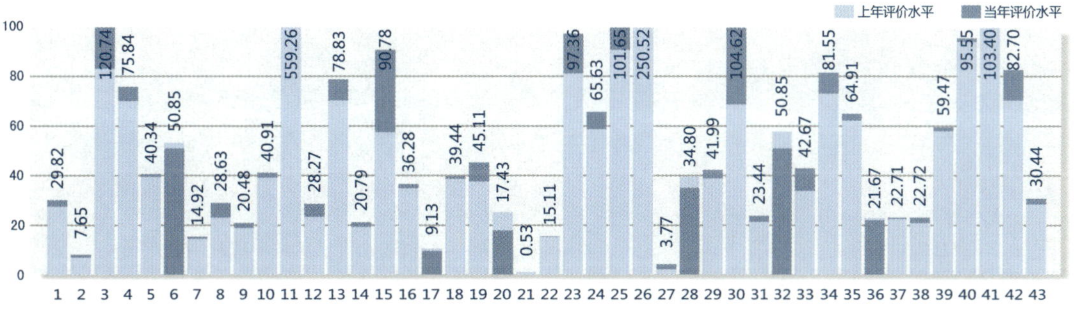

1.万人研究与发展（R&D）人员数　2.十万人博士毕业生数　3.万人大专以上学历人数　4.万人高等学校在校学生数　5.十万人创新中介从业人员数　6.每名R&D人员研发仪器和设备支出　7.科学研究和技术服务业固定资产占比重　8.十万人累计孵化企业数　9.万名就业人员专利申请数　10.科学研究和技术服务业平均工资比较系数　11.万人吸纳技术成交额　12.有R&D活动的企业占比重　13.万人R&D研究人员数　14.基础研究人员投入强度指数　15.企业R&D研究人员占比重　16.R&D经费支出与GDP比值　17.基础研究经费投入强度指数　18.地方财政科技支出占地方财政支出比重　19.企业R&D经费支出占营业收入比重　20.企业技术获取和技术改造经费支出占企业营业收入比重　21.上市公司R&D经费投入强度指数　22.万人科技论文数　23.获国家级科技成果奖系数　24.万人发明专利拥有量　25.每万人口高价值发明专利拥有量　26.万人输出技术成交额　27.万元生产总值技术国际收入　28.高技术产业营业收入占工业营业收入比重　29.知识密集型服务业增加值占生产总值比重　30.高技术产品出口额占商品出口额比重　31.新产品销售收入占营业收入比重　32.高技术产业劳动生产率　33.高技术产业利润率　34.知识密集型服务业劳动生产率　35.劳动生产率　36.资本生产率　37.综合能耗产出率　38.装备制造业区位熵　39.环境质量指数　40.环境污染治理指数　41.万人移动互联网用户数　42.信息传输、软件和信息技术服务业增加值占生产总值比重　43.电子商务销售额与GDP比值

图3-80 贵州三级评价指标与上年水平比较

科研物质条件有待改善。研发仪器和设备支出增长缓慢，每名R&D人员研发仪器和设备支出位次下降了6位；科学研究和技术服务业固定资产占比重位次排在全国第29位；十万人累计孵化企业数位次下降至全国第30位。

高新技术产业效益较低。高技术产业劳动生产率位次下降至全国最后1位；知识密集型服务业劳动生产率位次下降至全国第26位。

经济发展方式转变滞后。劳动生产率位次仍排在全国第31位；综合能耗产出率仍排在全国第25位。

贵州创新发展主要指标及位次

总人口3858万人；地区生产总值17826.56亿元，居全国第20位；人均生产总值4.63万元，居全国第28位；知识密集型服务业增加值2245.62亿元，居全国第21位；规模以上工业企业营业收入9342.21亿元，居全国第26位；高新技术企业数1838个，居全国第23位；高新技术企业总收入2586.03亿元，居全国第26位。

R&D经费内部支出161.71亿元，居全国第23位，与生产总值比值0.91%，居全国第26位；R&D经费中基础研究经费支出14.72亿元，居全国第23位；企业R&D经费内部支出105.36亿元，居全国第23位；地方财政科技支出113.19亿元，居全国第15位。

大专以上学历人数422.33万人，居全国第24位；R&D人员数4.15万人年，居全国第24位；R&D人员中基础研究人员数0.61万人年，居全国第25位；企业R&D人员数2.63万人年，居全国第21位。

高技术产品出口额24.70亿美元，居全国第21位；技术市场输出技术成交额249.11亿元，居全国第18位；发明专利拥有量1.26万件，居全国第24位；移动互联网用户数3597.39万户，居全国第17位。

科技企业孵化器数47个，居全国第25位；科技企业孵化器在孵企业数1300个，居全国第27位；科技企业孵化器累计毕业企业数996个，居全国第26位。

表3-24 贵州各级评价指标和位次与上年比较

指标名称	评价值 当年	评价值 上年	位次 当年	位次 上年
科技创新环境	45.85	41.58	28	29
科技人力资源	58.50	50.24	27	30
万人研究与发展（R&D）人员数	11.93	10.85	23	24
十万人博士毕业生数	0.38	0.32	30	30
万人大专以上学历人数	1207.43	832.07	30	31
万人高等学校在校学生数	265.45	245.30	25	24
十万人创新中介从业人员数	1.21	1.18	28	29
科研物质条件	32.04	31.40	29	28
每名R&D人员研发仪器和设备支出	3.05	3.19	22	16
科学研究和技术服务业固定资产占比重	0.45	0.42	29	29
十万人累计孵化企业数	2.86	2.27	30	29
科技意识	42.81	40.21	21	22
万名就业人员专利申请数	20.48	18.45	28	25
科学研究和技术服务业平均工资比较系数	81.82	77.72	25	25
万人吸纳技术成交额	1118.52	816.21	17	20
有R&D活动的企业占比重	28.27	23.00	15	17
科技活动投入	51.26	44.18	21	23
科技活动人力投入	83.61	65.10	19	27
万人R&D研究人员数	5.52	4.92	28	29
基础研究人员投入强度指数	0.21	0.19	20	20
企业R&D研究人员占比重	63.55	40.17	15	15
科技活动财力投入	37.40	35.21	20	21
R&D经费支出与GDP比值	0.91	0.86	26	25
基础研究经费投入强度指数	0.09	0.10	18	18
地方财政科技支出占地方财政支出比重	1.97	1.92	14	15
企业R&D经费支出占营业收入比重	1.13	0.93	14	16
企业技术获取和技术改造经费支出占企业营业收入比重	0.44	0.62	9	7
上市公司R&D经费投入强度指数	0.01	0.01	28	28
科技活动产出	51.81	47.72	22	22
科技活动产出水平	51.77	45.63	23	23
万人科技论文数	1.51	1.48	29	27
获国家级科技成果奖系数	4.87	4.06	13	17
万人发明专利拥有量	3.61	3.22	25	24
每万人口高价值发明专利拥有量	12.20	10.90	6	4
技术成果市场化	51.88	50.85	18	22
万人输出技术成交额	501.05	464.81	18	18
万元生产总值技术国际收入	0.38	0.17	21	25
高新技术产业化	57.51	51.65	23	27
高新技术产业化水平	53.53	44.28	14	17
高技术产业营业收入占工业营业收入比重	10.44	11.78	17	11
知识密集型服务业增加值占生产总值比重	12.60	11.57	27	29
高技术产品出口额占商品出口额比重	41.85	27.46	9	14
新产品销售收入占营业收入比重	9.38	8.39	23	23
高新技术产业化效益	61.49	59.02	30	30
高技术产业劳动生产率	61.02	69.26	31	30
高技术产业利润率	6.40	5.03	21	26
知识密集型服务业劳动生产率	48.93	43.85	26	25
科技促进经济社会发展	60.55	57.90	28	28
经济发展方式转变	39.17	38.13	31	31
劳动生产率	5.19	4.97	31	31
资本生产率	0.22	0.23	21	21
综合能耗产出率	9.54	9.30	25	25
装备制造业区位熵	45.43	40.97	21	21
环境改善	88.33	86.85	11	14
环境质量指数	59.47	57.85	4	5
环境污染治理指数	95.55	94.10	16	16
社会生活信息化	79.17	73.75	14	15
万人移动互联网用户数	1034.047	1011.826	15	13
信息传输、软件和信息技术服务业增加值占生产总值比重	2.89	2.46	14	19
电子商务销售额与GDP比值	0.09	0.08	22	20

云南科技创新分析

云南坚持以习近平总书记关于科技创新的重要论述为指引，牢固树立抓创新就是抓高质量发展的理念，深入实施创新驱动发展战略。坚持以服务重大战略、重点产业、重要民生为牵引，牢牢把握科技创新的主攻方向，持续培育创新主体，做大做强创新平台，多元聚集创新人才，全面加快创新型云南建设。在今年的报告中，云南综合科技创新水平指数为48.84%，排在全国第29位，比上年下降1位，得分与上年相比，提高了1.37个百分点。

一、高技术产业化快速发展

高技术产业营业收入比上年增长了39.64%，占工业营业收入比重提高了2.16个百分点，位次上升了3位；高技术产业利润总额增长了69.52%，高技术产业利润率提高了3.44个百分点，位次保持在全国第3位；高技术产业劳动生产率提高了28.10万元/人，位次上升了11位；知识密集型服务业增加值增长了15.15%，占生产总值比重提高了1.11个百分点，位次上升了5位；知识密集型服务业劳动生产率提高了7.31万元/人，位次上升了3位；新产品销售收入增长了29.43%，占营业收入比重提高了1.74个百分点，位次上升了2位。

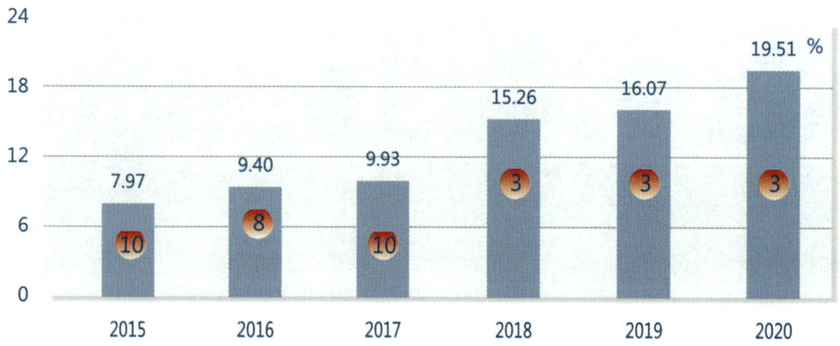

图3-81 高技术产业利润率及位次

二、企业创新投入水平进一步提高

企业R&D经费内部支出比上年增长了11.84%，占营业收入比重位次上升了1位；企业技术获取和技术改造经费支出占企业营业收入比重位次保持在全国第8位。

三、环境质量居全国第二

空气质量达到二级以上天数不断增加，环境质量指数提高了1.32百分点，位次上升至全国第2位。

科技活动产出有待提升。万人发明专利拥有量位次比上年下降1位；技术市场输出技术成交额比上年下降了39.60%，万人输出技术成交额减少了53.69万元，位次下降了2位；技术市场吸纳技术成交额增长缓慢，万人吸纳技术成交额排在全国第30位；万元生产总值技术国际收入位次比上年下降了1位。

科研物质条件有待改善。研发仪器和设备支出比上年下降了8.46%，每名R&D人员研发仪器和设备支出减少了0.34万元，位次下降了6位；十万人累计孵化企业数仍排在全国第28位；科学研究和技术服务业固定资产占全社会固定资产比重仍排在全国第31位。

创新创业人员减少。创新中介从业人员数比上年下降了4.90%，十万人创新中介从业人员数位次下降至全国第31位。

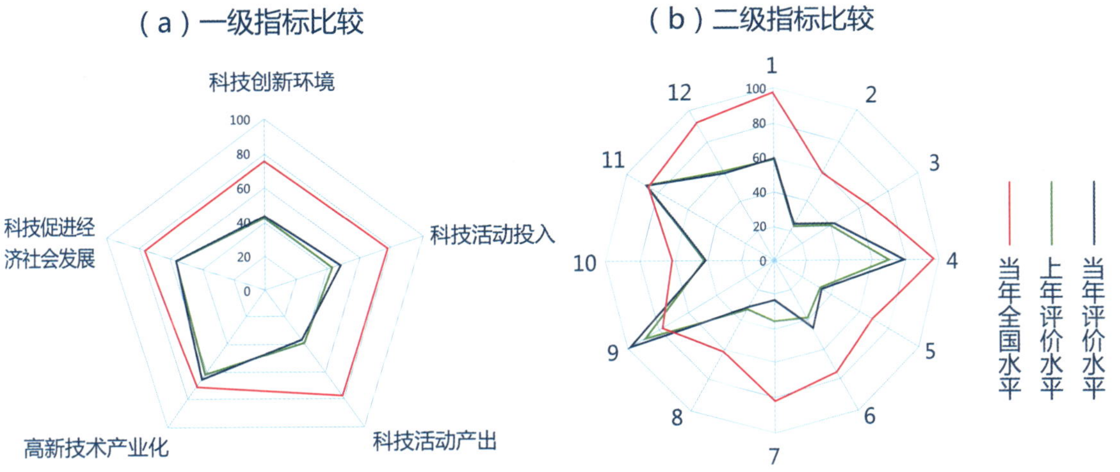

图3-82 云南一、二级评价指标与上年水平和全国水平比较

图例：1．科技人力资源　2．科研物质条件　3．科技意识　4．科技活动人力投入
5．科技活动财力投入　6．科技活动产出水平　7．技术成果市场化　8．高新技术产业化水平
9．高新技术产业化效益　10．经济发展方式转变　11．环境改善　12．社会生活信息化

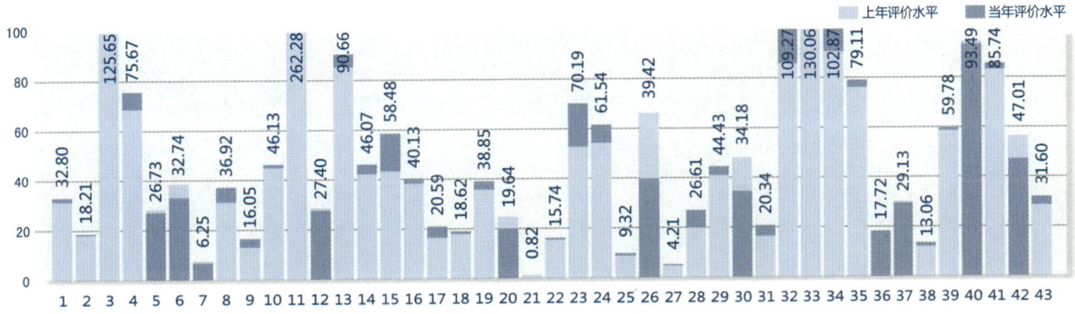

1.万人研究与发展（R&D）人员数　2.十万人博士毕业生数　3.万人大专以上学历人数　4.万人高等学校在校学生数　5.十万人创新中介从业人员数　6.每名R&D人员研发仪器和设备支出
7.科学研究和技术服务业固定资产占比重　8.十万人累计孵化企业数　9.万名就业人员专利申请数　10.科学研究和技术服务业平均工资比较系数　11.万人吸纳技术成交额　12.有R&D活动的企业占比重
13.万人R&D研究人员数　14.基础研究人员投入强度指数　15.企业R&D研究人员占比重　16.R&D经费支出与GDP比值　17.基础研究经费投入强度指数　18.地方财政科技支出占地方财政支出比重
19.企业R&D经费支出占营业收入比重　20.企业技术获取和技术改造经费支出占企业营业收入比重　21.上市公司R&D经费投入强度指数　22.万人科技论文数　23.获国家级科技成果奖系数
24.万人发明专利拥有量　25.每万人口高价值发明专利拥有量　26.万人输出技术成交额　27.万元生产总值技术国际收入　28.高技术产业营业收入占工业营业收入比重　29.知识密集型服务业增加值占生产总值比重
30.高技术产品出口额占商品出口额比重　31.新产品销售收入占营业收入比重　32.高技术产业劳动生产率　33.高技术产业利润率　34.知识密集型服务业劳动生产率　35.劳动生产率　36.资本生产率
37.综合能耗产出率　38.装备制造业区位熵　39.环境质量指数　40.环境污染治理指数　41.万人移动互联网用户数　42.信息传输、软件和信息技术服务业增加值占生产总值比重　43.电子商务销售额与GDP比值

图3-83 云南三级评价指标与上年水平比较

社会生活信息化水平下降。信息传输、软件和信息技术服务业增加值比上年下降了12.03%，占生产总值比重下降了0.33个百分点，位次下降至全国第31位；万人移动互联网用户数排在全国第27位。

云南创新发展主要指标及位次

总人口4722万人；地区生产总值24521.90亿元，居全国第18位；人均生产总值5.20万元，居全国第23位；知识密集型服务业增加值3268.87亿元，居全国第19位；规模以上工业企业营业收入14943.5亿元，居全国第22位；高新技术企业数1671个，居全国第24位；高新技术企业总收入5357.51亿元，居全国第22位。

R&D经费内部支出245.99亿元，居全国第19位，与生产总值比值1.00%，居全国第24位；R&D经费中基础研究经费支出27.26亿元，居全国第14位；企业R&D经费内部支出145.15亿元，居全国第20位；地方财政科技支出64.94亿元，居全国第21位。

大专以上学历人数547.67万人，居全国第17位；R&D人员数6.04万人年，居全国第19位；R&D人员中基础研究人员数1.09万人年，居全国第15位；企业R&D人员数2.89万人年，居全国第20位。

高技术产品出口额23.30亿美元，居全国第22位；技术市场输出技术成交额49.95亿元，居全国第24位；发明专利拥有量1.56万件，居全国第23位；移动互联网用户数3945.40万户，居全国第13位。

科技企业孵化器数44个，居全国第26位；科技企业孵化器在孵企业数2397个，居全国第24位；科技企业孵化器累计毕业企业数1699个，居全国第24位。

表3-25 云南各级评价指标和位次与上年比较

指标名称	评价值 当年	评价值 上年	位次 当年	位次 上年
科技创新环境	43.60	43.29	29	28
科技人力资源	60.06	59.02	25	25
万人研究与发展（R&D）人员数	13.12	12.42	22	22
十万人博士毕业生数	0.91	0.88	22	23
万人大专以上学历人数	1256.51	1127.75	28	26
万人高等学校在校学生数	264.85	240.10	26	26
十万人创新中介从业人员数	0.80	0.84	31	30
科研物质条件	22.98	24.35	31	31
每名R&D人员研发仪器和设备支出	1.96	2.30	29	23
科学研究和技术服务业固定资产占比重	0.19	0.21	31	31
十万人累计孵化企业数	3.69	3.08	28	28
科技意识	42.26	41.25	23	21
万名就业人员专利申请数	16.05	12.51	30	31
科学研究和技术服务业平均工资比较系数	92.26	89.51	16	17
万人吸纳技术成交额	524.57	344.54	30	31
有R&D活动的企业占比重	27.40	28.47	17	12
科技活动投入	46.00	42.11	25	25
科技活动人力投入	77.79	68.48	22	24
万人R&D研究人员数	6.35	5.98	24	24
基础研究人员投入强度指数	0.46	0.42	7	7
企业R&D研究人员占比重	40.93	30.19	22	22
科技活动财力投入	32.38	30.81	25	24
R&D经费支出与GDP比值	1.00	0.95	24	24
基础研究经费投入强度指数	0.21	0.16	8	10
地方财政科技支出占地方财政支出比重	0.93	0.87	25	25
企业R&D经费支出占营业收入比重	0.97	0.88	18	19
企业技术获取和技术改造经费支出占企业营业收入比重	0.49	0.61	8	8
上市公司R&D经费投入强度指数	0.01	0.01	23	24
科技活动产出	35.70	36.97	30	27
科技活动产出水平	44.95	38.15	28	28
万人科技论文数	1.57	1.49	26	26

指标名称	评价值 当年	评价值 上年	位次 当年	位次 上年
获国家级科技成果奖系数	3.51	2.63	20	23
万人发明专利拥有量	3.38	2.98	26	25
每万人口高价值发明专利拥有量	1.12	0.98	26	26
技术成果市场化	21.82	35.21	29	27
万人输出技术成交额	78.84	132.53	29	27
万元生产总值技术国际收入	0.42	0.42	20	19
高新技术产业化	65.60	61.11	16	19
高新技术产业化水平	31.19	31.60	22	20
高技术产业营业收入占工业营业收入比重	7.98	5.82	19	22
知识密集型服务业增加值占生产总值比重	13.33	12.22	22	27
高技术产品出口额占商品出口额比重	13.67	19.24	20	17
新产品销售收入占营业收入比重	8.14	6.40	26	28
高新技术产业化效益	100.00	90.61	1	4
高技术产业劳动生产率	131.13	103.02	7	18
高技术产业利润率	19.51	16.07	3	3
知识密集型服务业劳动生产率	61.72	54.41	19	22
科技促进经济社会发展	55.28	55.55	31	30
经济发展方式转变	42.95	41.80	30	30
劳动生产率	6.33	6.09	29	29
资本生产率	0.18	0.18	27	27
综合能耗产出率	12.24	12.57	21	21
装备制造业区位熵	26.12	22.91	24	24
环境改善	86.75	87.54	16	10
环境质量指数	59.78	58.47	2	3
环境污染治理指数	93.49	94.80	20	15
社会生活信息化	59.42	61.48	31	30
万人移动互联网用户数	8573.97	8321.77	27	27
信息传输、软件和信息技术服务业增加值占生产总值比重	1.65	1.97	31	27
电子商务销售额与GDP比值	0.09	0.08	21	21

西藏科技创新分析

在今年的报告中，西藏的综合科技创新水平指数为33.44%，仍排在全国第31位，得分与上年相比，提高了0.55个百分点。

虽然高技术产业规模小，但利润总额增长迅猛，比上年增长了273.64%，增速排在全国第1位，高技术产业利润率提高了33.64个百分点，位次上升至全国第1位。

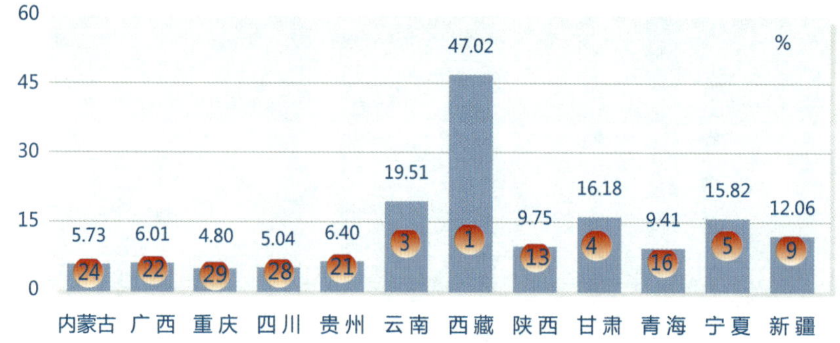

图3-84 西部地区高技术产业利润率及位次

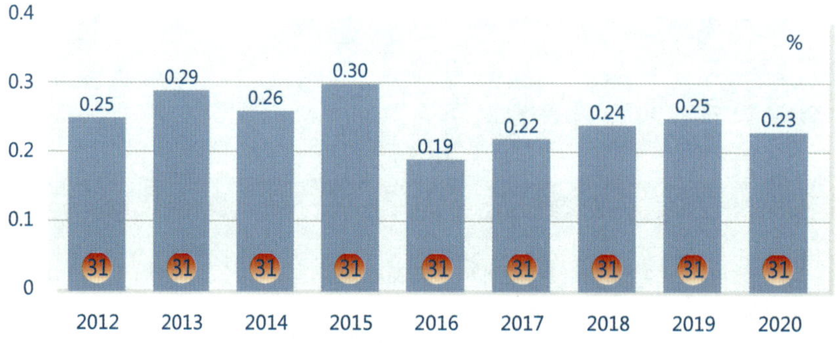

图3-85 R&D经费支出与GDP比值及位次

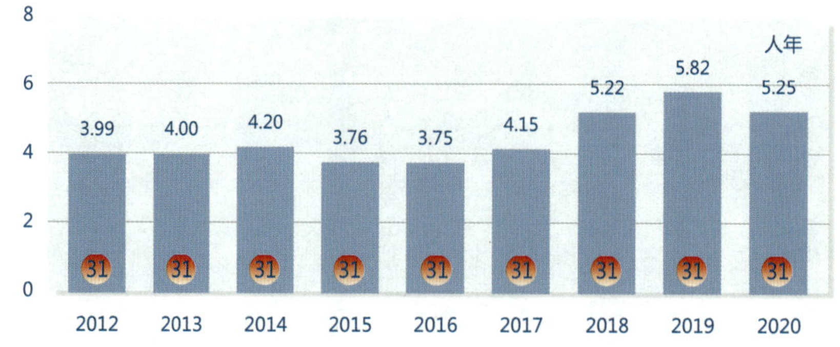

图3-86 万人研究与发展（R&D）人员数

环境质量全国最好，环境质量指数居全国首位。

存在的问题主要有以下几个方面。

一是科技人力资源少。万人研究与发展（R&D）人员数、万人R&D研究人员数、企业R&D研究人员占比重均排在全国第31位；万人高等学校在校学生数、十万人创新中介从业人员数均排在全国第30位。

二是科技活动财力投入低。R&D经费支出与GDP比值、地方财政科技支出占地方财政支出比重、企业R&D经费支出占营业收入比重、企业技术获取和技术改造经费支出占企业营业收入比重均排在全国第31位。

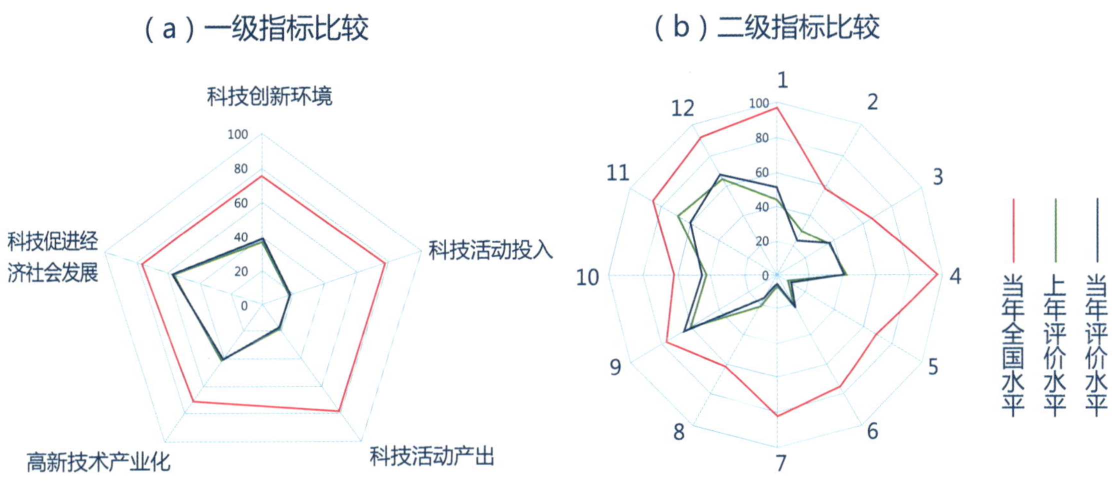

图3-87 西藏一、二级评价指标与上年水平和全国水平比较

图例：1．科技人力资源 2．科研物质条件 3．科技意识 4．科技活动人力投入 5．科技活动财力投入 6．科技活动产出水平 7．技术成果市场化 8．高新技术产业化水平 9．高新技术产业化效益 10．经济发展方式转变 11．环境改善 12．社会生活信息化

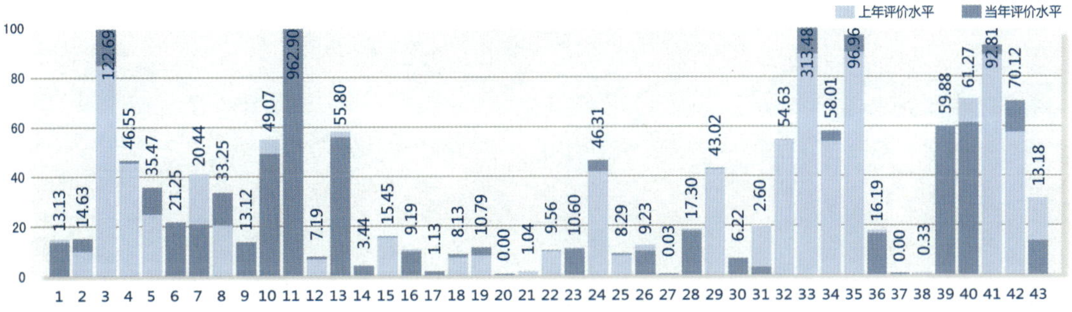

1.万人研究与发展（R&D）人员数 2.十万人博士毕业生数 3.万人大专以上学历人数 4.万人高等学校在校学生数 5.十万人创新中介从业人员数 6.每名R&D人员研发仪器和设备支出 7.科学研究和技术服务业固定资产占比重 8.十万人累计孵化企业数 9.万名就业人员专利申请数 10.科学研究和技术服务业平均工资比较系数 11.万人吸纳技术成交额 12.有R&D活动的企业占比重 13.万人R&D研究人员数 14.基础研究人员投入强度指数 15.企业R&D研究人员占比重 16.R&D经费支出与GDP比值 17.基础研究经费投入强度指数 18.地方财政科技支出占地方财政支出比重 19.企业R&D经费支出占营业收入比重 20.企业技术获取和技术改造经费支出占企业营业收入比重 21.上市公司R&D经费投入强度指数 22.万人科技论文数 23.获国家级科技成果奖系数 24.万人发明专利拥有量 25.每万人口高价值发明专利拥有量 26.万人输出技术成交额 27.万元生产总值技术国际收入 28.高技术产业营业收入占工业营业收入比重 29.知识密集型服务业增加值占生产总值比重 30.高技术产品出口额占商品出口额比重 31.新产品销售收入占营业收入比重 32.高技术产业劳动生产率 33.高技术产业利润率 34.知识密集型服务业劳动生产率 35.劳动生产率 36.资本生产率 37.综合能耗产出率 38.装备制造业区位熵 39.环境质量指数 40.环境污染治理指数 41.万人移动互联网用户数 42.信息传输、软件和信息技术服务业增加值占生产总值比重 43.电子商务销售额与GDP比值

图3-88 西藏三级评价指标与上年水平比较

三是科技活动产出少。万人科技论文数、万人发明专利拥有量、万人输出技术成交额、万元生产总值技术国际收入均排在全国第31位。

四是高新技术产业化水平低。高技术产品出口额占商品出口额比重、新产品销售收入占营业收入比重位次均下降至全国第31位；高技术产业劳动生产率、知识密集型服务业劳动生产率位次均排在全国第30位；知识密集型服务业增加值占生产总值比重位次下降了5位。

西藏创新发展主要指标及位次

总人口366万人；地区生产总值1902.74亿元，居全国第31位；人均生产总值5.23万元，居全国第22位；知识密集型服务业增加值245.55亿元，居全国第31位；规模以上工业企业营业收入331.66亿元，居全国第31位；高新技术企业数87个，居全国第31位；高新技术企业总收入247.16亿元，居全国第31位。

R&D经费内部支出4.37亿元，居全国第31位，与生产总值比值0.23%，居全国第31位；R&D经费中基础研究经费支出0.85亿元，居全国第31位；企业R&D经费内部支出0.89亿元，居全国第31位；地方财政科技支出8.99亿元，居全国第31位。

大专以上学历人数40.20万人，居全国第31位；R&D人员数0.16万人年，居全国第31位；R&D人员中基础研究人员数0.05万人年，居全国第31位；企业R&D人员数0.02万人年，居全国第31位。

高技术产品出口额0.06亿美元，居全国第30位；技术市场输出技术成交额0.78亿元，居全国第31位；发明专利拥有量0.08万件，居全国第31位；移动互联网用户数279.11万户，居全国第31位。

科技企业孵化器数4个，居全国第31位；科技企业孵化器在孵企业数123个，居全国第31位；科技企业孵化器累计毕业企业数100个，居全国第31位。

表3-26 西藏各级评价指标和位次与上年比较

指标名称	评价值 当年	评价值 上年	位次 当年	位次 上年
科技创新环境	38.10	37.41	31	31
科技人力资源	50.81	44.23	31	31
万人研究与发展（R&D）人员数	5.25	5.82	31	31
十万人博士毕业生数	0.73	0.47	26	27
万人大专以上学历人数	1226.92	849.67	29	30
万人高等学校在校学生数	162.91	158.80	30	30
十万人创新中介从业人员数	1.06	0.73	30	31
科研物质条件	23.33	28.95	30	29
每名R&D人员研发仪器和设备支出	1.27	1.29	31	31
科学研究和技术服务业固定资产占比重	0.61	1.23	24	13
十万人累计孵化企业数	3.33	2.00	29	30
科技意识	35.91	36.79	31	27
万名就业人员专利申请数	13.12	13.16	31	30
科学研究和技术服务业平均工资比较系数	98.14	110.12	12	11
万人吸纳技术成交额	1925.80	2768.40	10	4
有R&D活动的企业占比重	7.19	6.08	30	30
科技活动投入	17.78	17.60	31	31
科技活动人力投入	39.66	40.89	31	31
万人R&D研究人员数	3.91	4.07	31	31
基础研究人员投入强度指数	0.03	0.04	29	30
企业R&D研究人员占比重	10.81	10.45	31	30
科技活动财力投入	8.40	7.61	31	31
R&D经费支出与GDP比值	0.23	0.25	31	31
基础研究经费投入强度指数	0.01	0.01	30	30
地方财政科技支出占地方财政支出比重	0.41	0.33	31	31
企业R&D经费支出占营业收入比重	0.27	0.19	31	31
企业技术获取和技术改造经费支出占企业营业收入比重	0.00	0.00	31	31
上市公司R&D经费投入强度指数	0.01	0.01	21	21
科技活动产出	16.53	15.86	31	31
科技活动产出水平	24.47	22.45	31	31
万人科技论文数	0.96	0.92	31	31
获国家级科技成果奖系数	0.53	0.53	31	29
万人发明专利拥有量	2.55	2.29	31	31
每万人口高价值发明专利拥有量	0.99	0.89	27	27
技术成果市场化	4.63	5.98	31	31
万人输出技术成交额	18.47	23.63	31	31
万元生产总值技术国际收入	0.00	0.02	31	31
高新技术产业化	40.62	40.47	31	30
高新技术产业化水平	16.18	19.79	31	30
高技术产业营业收入占工业营业收入比重	5.19	5.47	24	24
知识密集型服务业增加值占生产总值比重	12.91	12.78	25	20
高技术产品出口额占商品出口额比重	2.49	2.56	31	30
新产品销售收入占营业收入比重	1.04	7.77	31	24
高新技术产业化效益	65.06	61.15	29	29
高技术产业劳动生产率	65.55	65.32	30	31
高技术产业利润率	47.02	13.39	1	5
知识密集型服务业劳动生产率	34.81	32.30	30	31
科技促进经济社会发展	55.53	54.53	30	31
经济发展方式转变	45.29	43.05	29	29
劳动生产率	7.76	7.20	26	27
资本生产率	0.16	0.18	28	28
综合能耗产出率	0.00	0.00	31	31
装备制造业区位熵	0.65	0.59	31	31
环境改善	60.99	69.06	31	31
环境质量指数	59.88	60.21	1	1
环境污染治理指数	61.27	71.27	31	31
社会生活信息化	67.81	64.70	28	27
万人移动互联网用户数	9281.34	8890.05	20	22
信息传输、软件和信息技术服务业增加值占生产总值比重	2.45	2.01	20	26
电子商务销售额与GDP比值	0.04	0.09	31	18

陕西科技创新分析

在省委、省政府的坚强领导下，陕西省聚焦在创新驱动发展方面“走在前列”“迈出更大步伐”目标，扎实推动各项任务落实落地，科技创新水平进一步提升。在今年的报告中，陕西综合科技创新水平指数为71.60%，仍排在全国第9位，西部地区第2位，得分与上年相比，提高了3.74个百分点，增幅排在第9位。

一、研发投入强度保持西部地区最高

R&D经费内部支出比上年增长了8.17%，与GDP比值提高了0.15个百分点，位次保持在全国第7位，西部地区第1位。

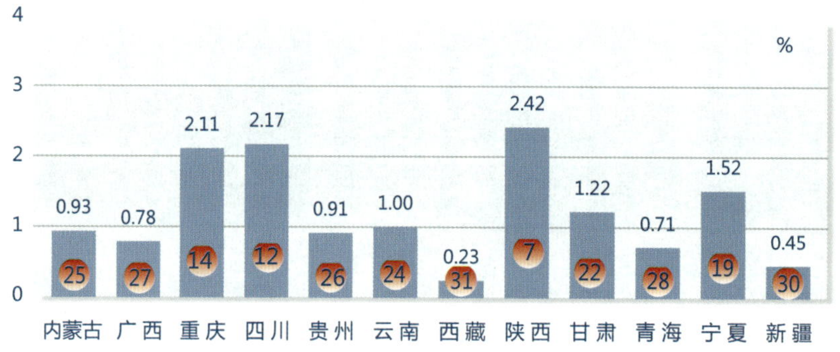

图3-89 西部地区R&D经费支出与GDP比值及位次

二、企业财力投入大幅上涨

企业购买境内技术经费支出增长迅猛，企业技术获取和技术改造经费支出比上年增长了7倍多，占企业营业收入比重提高了1.56个百分点，位次上升至全国第1位；企业R&D经费内部支出增长了11.46%，占营业收入比重提高了0.17个百分点，位次上升了1位。

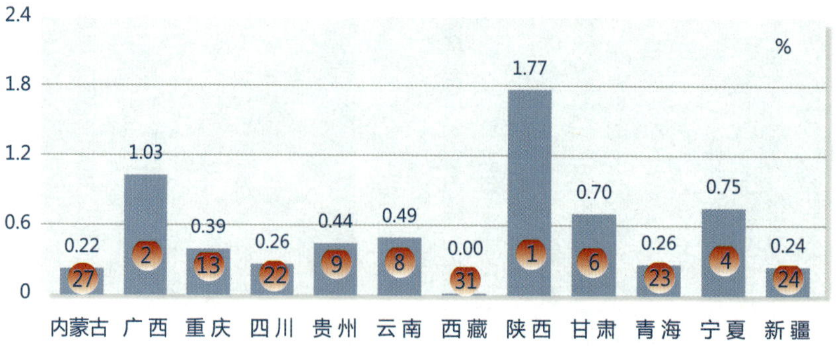

图3-90 西部地区企业技术获取和技术改造经费支出占企业营业收入比重及位次

三、科技人力资源储备进一步增加

大专以上学历人数比上年增长了46.64%，万人大专以上学历人数增加了604.44人，位次上升了13位，提升至西部地区首位；高等学校在校学生数增长了10.59%，万人高等学校在校学生数位次保持在全国第3位，西部地区第1位；高等学校博士毕业生数占到西部地区的33.57%，十万人博士毕业生数位次保持在全国第4位，西部地区第1位。

四、科技活动产出保持西部地区领先水平

境内科技论文数占到西部地区的24.28%，SCI科技论文数占到西部地区的30.66%，万人科技论文数保持在全国第4位，西部地区第1位；技术市场输出技术成交额占到西部

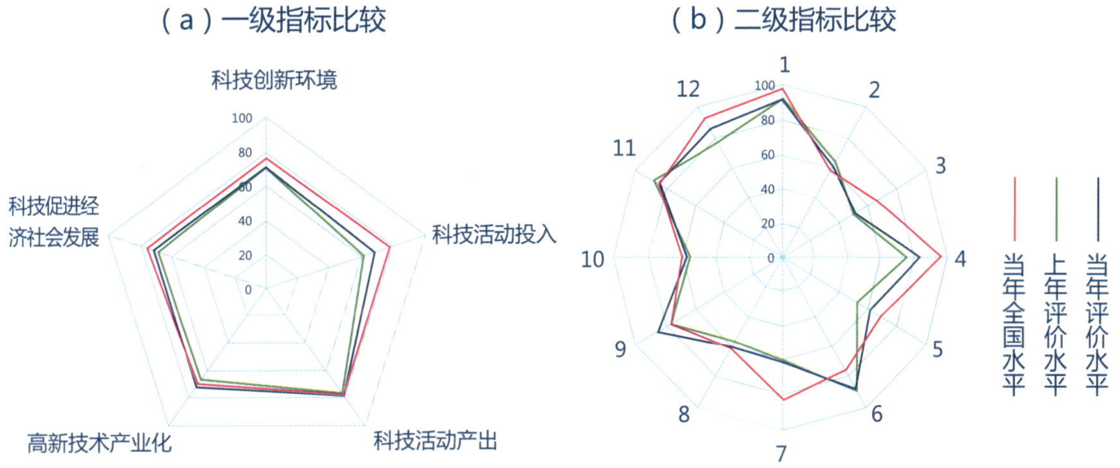

图3-91 陕西一、二级评价指标与上年水平和全国水平比较

图例：1．科技人力资源　2．科研物质条件　3．科技意识　4．科技活动人力投入　5．科技活动财力投入　6．科技活动产出水平　7．技术成果市场化　8．高新技术产业化水平　9．高新技术产业化效益　10．经济发展方式转变　11．环境改善　12．社会生活信息化

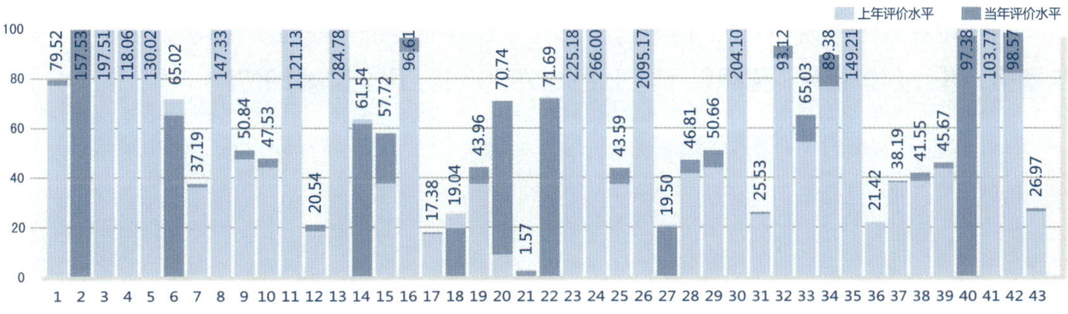

1.万人研究与发展（R&D）人员数　2.十万人博士毕业生数　3.万人大专以上学历人数　4.万人高等学校在校学生数　5.十万人创新中介从业人员数　6.每名R&D人员研发仪器和设备支出
7.科学研究和技术服务业固定资产占比重　8.十万人累计孵化企业数　9.万名就业人员专利申请数　10.科学研究和技术服务业平均工资比较系数　11.万人吸纳技术成交额　12.有R&D活动的企业占比重
13.万人R&D研究人员数　14.基础研究人员投入强度指数　15.企业R&D研究人员占比重　16.R&D经费支出与GDP比值　17.基础研究经费投入强度指数　18.地方财政科技支出占地方财政支出比重
19.企业R&D经费支出占营业收入比重　20.企业技术获取和技术改造经费支出占企业营业收入比重　21.上市公司R&D经费投入强度指数　22.万人科技论文数　23.获国家级科技成果奖系数
24.万人发明专利拥有量　25.每万人口高价值发明专利拥有量　26.万人输出技术成交额　27.万元生产总值技术国际收入　28.高技术产业营业收入占工业营业收入比重　29.知识密集型服务业增加值占生产总值比重
30.高技术产品出口额占商品出口额比重　31.新产品销售收入占营业收入比重　32.高技术产业劳动生产率　33.高技术产业利润率　34.知识密集型服务业劳动生产率　35.劳动生产率　36.资本生产率
37.综合能耗产出率　38.装备制造业区位熵　39.环境质量指数　40.环境污染治理指数　41.万人移动互联网用户数　42.信息传输、软件和信息技术服务业增加值占生产总值比重　43.电子商务销售额与GDP比值

图3-92 陕西三级评价指标与上年水平比较

地区的45.99%，万人输出技术成交额增加了717.93万元，保持在全国第4位，西部地区第1位。

政府科技投入持续下降。地方财政科技支出继上年下降18.16%后再次下降20.92%，占地方财政支出比重减少了0.30个百分点，位次下降了4位。

企业研发人力投入增长缓慢。企业R&D研究人员增长缓慢，占全社会R&D研究人员比重排在全国第23位。

科研物质条件有待改善。研发仪器和设备支出比上年下降了7.20%，每名R&D人员研发仪器和设备支出位次下降了7位。

环境改善不理想。环境污染治理指数位次比上年下降了10位；环境质量指数比上年下降了1位。

陕西创新发展主要指标及位次

总人口3955万人；地区生产总值26181.86亿元，居全国第14位；人均生产总值6.63万元，居全国第12位；知识密集型服务业增加值3979.19亿元，居全国第15位；规模以上工业企业营业收入24422.64亿元，居全国第15位；高新技术企业数6126个，居全国第17位；高新技术企业总收入10989.23亿元，居全国第16位。

R&D经费内部支出632.33亿元，居全国第14位，与生产总值比值2.42%，居全国第7位；R&D经费中基础研究经费支出40.15亿元，居全国第10位；企业R&D经费内部支出268.40亿元，居全国第17位；地方财政科技支出56.45亿元，居全国第22位。

大专以上学历人数727.20万人，居全国第14位；R&D人员数11.88万人年，居全国第15位；R&D人员中基础研究人员数1.77万人年，居全国第6位；企业R&D人员数4.88万人年，居全国第16位。

高技术产品出口额218.28亿美元，居全国第8位；技术市场输出技术成交额1758.72亿元，居全国第5位；发明专利拥有量5.46万件，居全国第11位；移动互联网用户数3876.23万户，居全国第15位。

科技企业孵化器数151个，居全国第13位；科技企业孵化器在孵企业数5171个，居全国第14位；科技企业孵化器累计毕业企业数5503个，居全国第10位。

表3-27 陕西各级评价指标和位次与上年比较

指标名称	评价值 当年	评价值 上年	位次 当年	位次 上年
科技创新环境	70.26	69.71	10	8
科技人力资源	91.81	90.87	10	8
万人研究与发展（R&D）人员数	31.81	30.87	12	10
十万人博士毕业生数	7.88	8.15	4	4
万人大专以上学历人数	1975.10	1370.66	5	18
万人高等学校在校学生数	413.22	381.20	3	3
十万人创新中介从业人员数	3.90	3.82	7	7
科研物质条件	60.88	62.97	11	10
每名R&D人员研发仪器和设备支出	3.90	4.30	15	8
科学研究和技术服务业固定资产占比重	1.12	1.07	12	16
十万人累计孵化企业数	14.73	12.66	8	9
科技意识	50.92	48.25	15	15
万名就业人员专利申请数	50.84	47.18	11	8
科学研究和技术服务业平均工资比较系数	95.06	87.69	14	18
万人吸纳技术成交额	2242.26	1639.08	9	10
有R&D活动的企业占比重	20.54	17.76	22	23
科技活动投入	67.95	59.27	13	16
科技活动人力投入	83.09	74.86	20	19
万人R&D研究人员数	19.93	19.56	7	7
基础研究人员投入强度指数	0.62	0.63	5	5
企业R&D研究人员占比重	40.40	26.01	23	24
科技活动财力投入	61.47	52.59	11	13
R&D经费支出与GDP比值	2.42	2.27	7	7
基础研究经费投入强度指数	0.17	0.17	9	8
地方财政科技支出占地方财政支出比重	0.95	1.25	24	20
企业R&D经费支出占营业收入比重	1.10	0.93	16	17
企业技术获取和技术改造经费支出占企业营业收入比重	1.77	0.21	1	26
上市公司R&D经费投入强度指数	0.02	0.02	20	17
科技活动产出	77.11	77.39	4	4
科技活动产出水平	88.68	88.89	4	4
万人科技论文数	7.17	7.22	4	4
获国家级科技成果奖系数	11.26	10.88	5	8
万人发明专利拥有量	14.63	12.37	8	8
每万人口高价值发明专利拥有量	5.23	4.42	8	8
技术成果市场化	59.75	60.13	10	9
万人输出技术成交额	4190.34	3472.41	4	4
万元生产总值技术国际收入	1.95	2.03	10	10
高新技术产业化	72.64	66.36	9	11
高新技术产业化水平	59.28	56.07	10	10
高技术产业营业收入占工业营业收入比重	14.04	12.40	9	9
知识密集型服务业增加值占生产总值比重	15.20	13.12	12	19
高技术产品出口额占商品出口额比重	81.64	79.12	2	1
新产品销售收入占营业收入比重	10.21	9.86	21	19
高新技术产业化效益	86.01	76.64	15	26
高技术产业劳动生产率	111.74	105.59	12	14
高技术产业利润率	9.75	8.12	13	13
知识密集型服务业劳动生产率	53.63	45.93	23	24
科技促进经济社会发展	71.01	68.63	10	12
经济发展方式转变	56.54	56.11	18	18
劳动生产率	11.94	11.68	13	13
资本生产率	0.21	0.21	22	23
综合能耗产出率	16.04	15.74	18	17
装备制造业区位熵	83.11	76.20	14	15
环境改善	87.04	88.66	15	6
环境质量指数	45.67	43.28	25	24
环境污染治理指数	97.38	100.00	11	1
社会生活信息化	84.82	77.93	8	12
万人移动互联网用户数	10377.50	10280.10	14	12
信息传输、软件和信息技术服务业增加值占生产总值比重	3.45	2.87	10	13
电子商务销售额与GDP比值	0.08	0.08	23	24

甘肃科技创新分析

近年来，甘肃省深入学习贯彻习近平总书记关于科技创新的重要论述和对甘肃的重要指示精神，大力实施创新驱动发展战略，推动科技事业取得进一步发展。在今年的报告中，甘肃综合科技创新水平指数为54.92%，仍排在全国第23位，得分与上年相比，提高了1.20个百分点。

一、高新技术产业化水平有所提高

高技术产业营业收入占工业营业收入比重、知识密集型服务业增加值占生产总值比重和高技术产品出口额占商品出口额比重位次均比上年上升1位，其中，知识密集型服务业增加值占生产总值比重排在全国第7位，西部地区第2位。

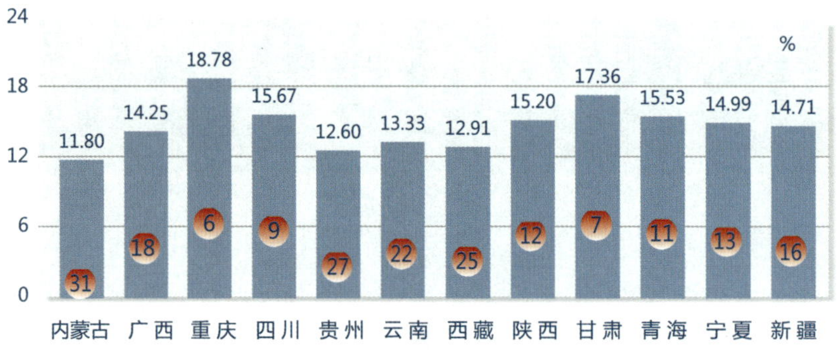

图3-93 西部地区知识密集型服务业增加值占生产总值比重及位次

二、环境改善成效明显

环境污染治理指数比上年提高了6.40个百分点，位次上升了4位。

科技财力投入水平下降。研发投入强度比上年下降了0.05个百分点，位次下降了1位；企业研发投入强度位次下降了1位；企业购买境内技术经费支出下降了99.20%，企业引进技术经费支出下降了11.37%，企业技术获取和技术改造经费支出下降了12.28%，占企业营业收入比重下降了0.10个百分点，位次下降了1位；地方财政科技支出占地方财政支出比重虽然比上年有所提高，但位次仍然比较靠后，排在全国第27位。

科技活动产出水平有待提升。万人发明专利拥有量排在全国第28位。

科研物质条件有待提升。研发仪器和设备支出比上年下降了20.27%，每名R&D人员研发仪器和设备支出减少了1.46万元，位次下降了4位；十万人累计孵化企业数虽然比上年有所增加，但位次比较靠后，排在全国第25位。

科技意识有待增强。国内三种专利申请数增长缓慢，万名就业人员专利申请数位次下降了4位；科学研究和技术服务业平均工资增速低于全社会平均工资增速，科学研究和技术服务业平均工资比较系数下降了1.01个百分点，位次下降了1位；有R&D活动的企业占比重低于上年1.23个百分点，位次下降了2位。

技术成果转移转化有所减少。技术市场吸纳技术成交额比上年下降了1.66%，万人吸纳技术成交额减少了11.09万元，位次下降了7位；万人输出技术成交额和万元生产总值技术国际收入位次均比上年下降1位。

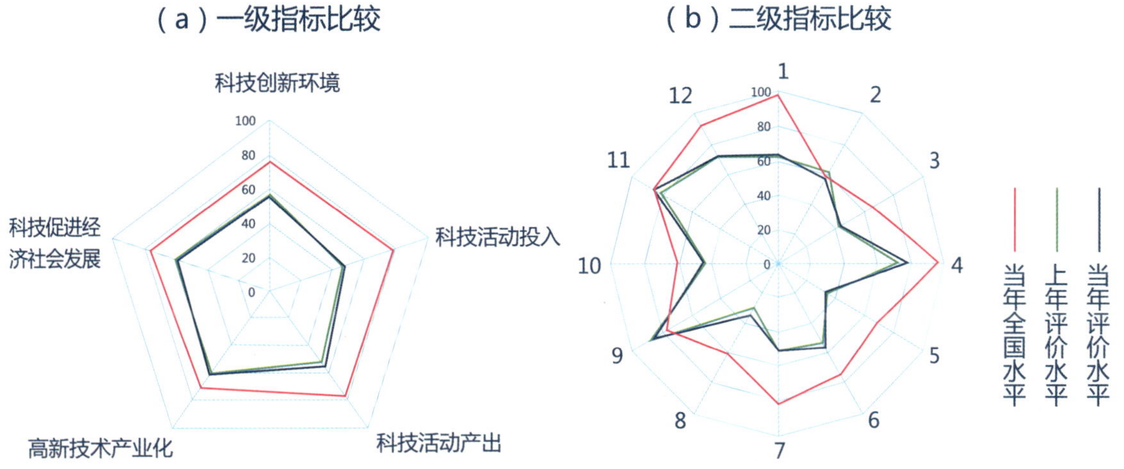

图3-94 甘肃一、二级评价指标与上年水平和全国水平比较

图例：1．科技人力资源　2．科研物质条件　3．科技意识　4．科技活动人力投入　5．科技活动财力投入　6．科技活动产出水平　7．技术成果市场化　8．高新技术产业化水平　9．高新技术产业化效益　10．经济发展方式转变　11．环境改善　12．社会生活信息化

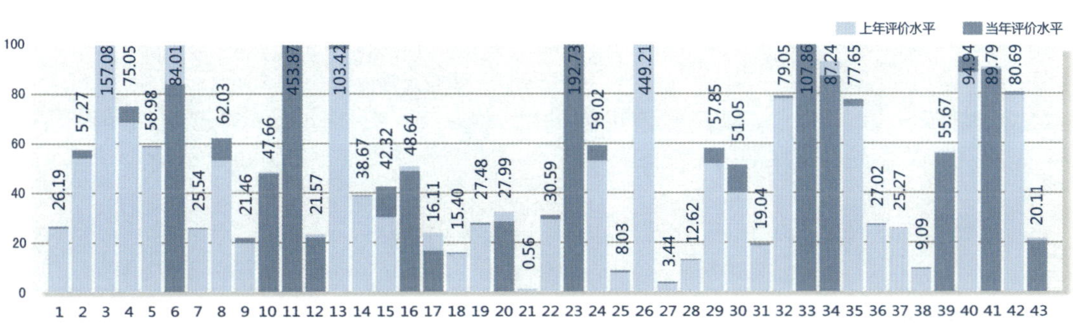

1.万人研究与发展（R&D）人员数　2.十万人博士毕业生数　3.万人大专以上学历人数　4.万人高等学校在校学生数　5.十万人创新中介从业人员数　6.每名R&D人员研发仪器和设备支出　7.科学研究和技术服务业固定资产占比重　8.十万人累计孵化企业数　9.万名就业人员专利申请数　10.科学研究和技术服务业平均工资比较系数　11.万人吸纳技术成交额　12.有R&D活动的企业占比重　13.万人R&D研究人员数　14.基础研究人员投入强度指数　15.企业R&D研究人员占比重　16.R&D经费支出与GDP比值　17.基础研究经费投入强度指数　18.地方财政科技支出占地方财政支出比重　19.企业R&D经费支出占营业收入比重　20.企业技术获取和技术改造经费支出占企业营业收入比重　21.上市公司R&D经费投入强度指数　22.万人科技论文数　23.获国家级科技成果奖系数　24.万人发明专利拥有量　25.每万人口高价值发明专利拥有量　26.万人输出技术成交额　27.万元生产总值技术国际收入　28.高技术产业营业收入占工业营业收入比重　29.知识密集型服务业增加值占生产总值比重　30.高技术产品出口额占商品出口额比重　31.新产品销售收入占营业收入比重　32.高技术产业劳动生产率　33.高技术产业利润率　34.知识密集型服务业劳动生产率　35.劳动生产率　36.资本生产率　37.综合能耗产出率　38.装备制造业区位熵　39.环境质量指数　40.环境污染治理指数　41.万人移动互联网用户数　42.信息传输、软件和信息技术服务业增加值占生产总值比重　43.电子商务销售额与GDP比值

图3-95 甘肃三级评价指标与上年水平比较

高新技术产业化效益下滑。高技术产业利润总额比上年下降了7.18%，高技术产业利润率下降了1.85个百分点，位次下降了2位；知识密集型服务业劳动生产率减少了3.48万元/人，位次下降了5位。

劳动生产率较低，位次仍排在全国第30位。

社会生活信息化水平下降。移动互联网用户数比上年下降了1.05%，万人移动互联网用户数减少了95.46户，位次下降了3位。

甘肃创新发展主要指标及位次

总人口2501万人；地区生产总值9016.70亿元，居全国第27位；人均生产总值3.60万元，居全国第31位；知识密集型服务业增加值1564.91亿元，居全国第27位；规模以上工业企业营业收入7588.41亿元，居全国第27位；高新技术企业数1215个，居全国第25位；高新技术企业总收入1983.22亿元，居全国第27位。

R&D经费内部支出109.64亿元，居全国第26位，与生产总值比值1.22%，居全国第22位；R&D经费中基础研究经费支出16.10亿元，居全国第21位；企业R&D经费内部支出52.13亿元，居全国第26位；地方财政科技支出32.07亿元，居全国第28位。

大专以上学历人数362.93万人，居全国第27位；R&D人员数2.68万人年，居全国第26位；R&D人员中基础研究人员数0.67万人年，居全国第22位；企业R&D人员数0.86万人年，居全国第26位。

高技术产品出口额3.69亿美元，居全国第26位；技术市场输出技术成交额233.16亿元，居全国第20位；发明专利拥有量0.83万件，居全国第25位；移动互联网用户数2298.62万户，居全国第26位。

科技企业孵化器数77个，居全国第22位；科技企业孵化器在孵企业数2513个，居全国第23位；科技企业孵化器累计毕业企业数1588个，居全国第25位。

表3-28 甘肃各级评价指标和位次与上年比较

指标名称	评价值 当年	评价值 上年	位次 当年	位次 上年
科技创新环境	54.76	55.62	22	20
科技人力资源	62.90	61.88	23	23
万人研究与发展（R&D）人员数	10.47	10.14	26	27
十万人博士毕业生数	2.86	2.70	16	17
万人大专以上学历人数	1570.84	1192.77	17	24
万人高等学校在校学生数	262.68	239.60	27	27
十万人创新中介从业人员数	1.77	1.75	19	18
科研物质条件	56.23	60.64	17	11
每名R&D人员研发仪器和设备支出	5.04	6.50	6	2
科学研究和技术服务业固定资产占比重	0.77	0.75	20	21
十万人累计孵化企业数	6.20	5.30	25	25
科技意识	42.44	42.26	22	19
万名就业人员专利申请数	21.46	19.30	27	23
科学研究和技术服务业平均工资比较系数	95.33	96.34	13	12
万人吸纳技术成交额	907.75	918.83	23	16
有R&D活动的企业占比重	21.57	22.79	21	19
科技活动投入	46.16	44.89	23	22
科技活动人力投入	76.93	70.80	23	22
万人R&D研究人员数	7.24	6.87	22	22
基础研究人员投入强度指数	0.39	0.39	9	10
企业R&D研究人员占比重	29.62	20.86	26	27
科技活动财力投入	32.98	33.78	24	22
R&D经费支出与GDP比值	1.22	1.26	22	21
基础研究经费投入强度指数	0.16	0.23	11	5
地方财政科技支出占地方财政支出比重	0.77	0.74	27	28
企业R&D经费支出占营业收入比重	0.69	0.67	25	24
企业技术获取和技术改造经费支出占企业营业收入比重	0.70	0.80	6	5
上市公司R&D经费投入强度指数	0.01	0.01	27	27
科技活动产出	54.19	52.12	21	20
科技活动产出水平	55.85	52.64	22	20
万人科技论文数	3.06	2.88	12	14
获国家级科技成果奖系数	9.64	17.62	7	3
万人发明专利拥有量	3.25	2.90	28	28
每万人口高价值发明专利拥有量	0.96	0.86	28	28
技术成果市场化	51.72	51.34	20	17
万人输出技术成交额	898.41	753.37	15	14
万元生产总值技术国际收入	0.34	0.27	22	21
高新技术产业化	60.50	58.96	21	21
高新技术产业化水平	34.48	29.50	20	23
高技术产业营业收入占工业营业收入比重	3.79	3.66	28	29
知识密集型服务业增加值占生产总值比重	17.36	15.48	7	8
高技术产品出口额占商品出口额比重	20.42	15.84	17	18
新产品销售收入占营业收入比重	7.62	7.28	27	26
高新技术产业化效益	86.52	88.42	13	6
高技术产业劳动生产率	94.86	93.63	23	24
高技术产业利润率	16.18	18.03	4	2
知识密集型服务业劳动生产率	52.34	55.82	24	19
科技促进经济社会发展	60.99	59.52	27	26
经济发展方式转变	45.30	43.83	28	28
劳动生产率	6.21	5.98	30	30
资本生产率	0.27	0.26	15	15
综合能耗产出率	10.61	10.59	24	24
装备制造业区位熵	18.19	17.07	28	27
环境改善	87.09	82.01	14	20
环境质量指数	55.67	55.88	10	7
环境污染治理指数	94.94	88.54	18	22
社会生活信息化	72.22	72.28	22	18
万人移动互联网用户数	8979.05	9074.52	23	20
信息传输、软件和信息技术服务业增加值占生产总值比重	2.82	2.78	15	15
电子商务销售额与GDP比值	0.06	0.06	26	28

青海科技创新分析

青海省科技系统按照省委、省政府部署要求，深入实施创新驱动发展战略，完善科技创新体制机制，打造战略科技力量，科技创新取得新进展。在今年的报告中，青海综合科技创新水平指数为49.09%，排在全国第28位，比上年上升1位，得分与上年相比，提高了4.92个百分点，增幅排在第2位。

一、高新技术产业化效益大幅提升

高技术产业利润总额比上年增长了134.07%，高技术产业利润率提高了5.53个百分点，位次上升了13位；高技术产业劳动生产率提高了11.86万元/人，位次上升了6位。

二、科研物质条件改善明显

研发仪器和设备支出比上年增长了52.81%，每名R&D人员研发仪器和设备支出增加了1.71万元，位次上升了9位；科学研究和技术服务业固定资产占比重提高了0.33个百分点，位次上升了7位；十万人累计孵化企业数增加了2.84个，位次上升了3位，排在西部地区第2位。

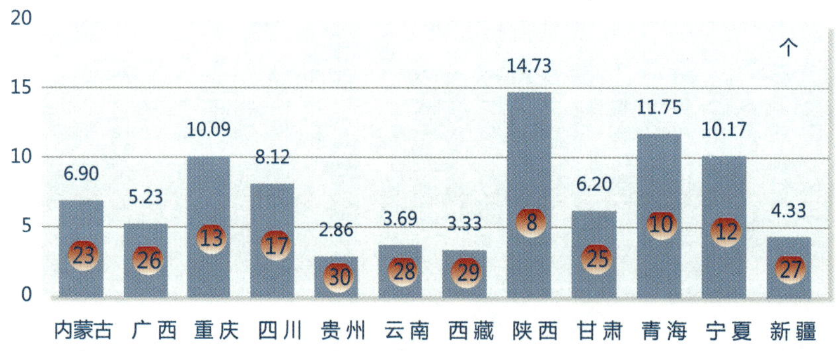

图3-96 西部地区十万人累计孵化企业数及位次

三、技术国际竞争力不断增强

技术国际收入比上年增长了214.21%，增速排在全国第2位，万元生产总值技术国际收入提高了0.16美元，位次上升了5位。

科技人力减少。R&D人员数比上年下降了19.22%，其中企业R&D人员数下降了34.55%，万人研究与发展（R&D）人员数减少了1.87人年；R&D研究人员数下降了16.47%，万人R&D研究人员数减少了0.84人年，位次下降了2位；虽然企业R&D研究人员有所增长，但占全社会R&D研究人员比重位次下降了1位；创新中介从业人员数下降了21.82%，十万人创新中介从业人员数位次下降了2位；十万人博士毕业生数和万人高等学校在校学生数仍排在全国第31位。

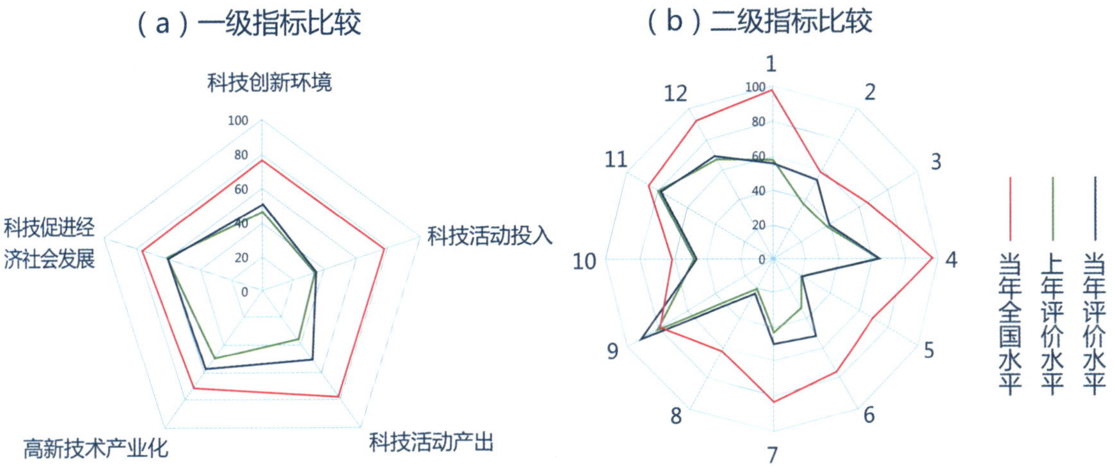

图3-97 青海一、二级评价指标与上年水平和全国水平比较

图例：1．科技人力资源　2．科研物质条件　3．科技意识　4．科技活动人力投入
5．科技活动财力投入　6．科技活动产出水平　7．技术成果市场化　8．高新技术产业化水平
9．高新技术产业化效益　10．经济发展方式转变　11．环境改善　12．社会生活信息化

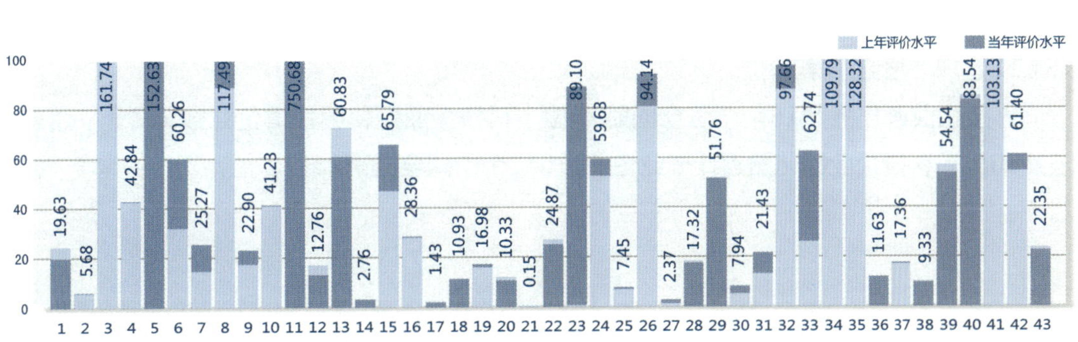

1.万人研究与发展（R&D）人员数　2.十万人博士毕业生数　3.万人大专以上学历人数　4.万人高等学校在校学生数　5.十万人创新中介从业人员数　6.每名R&D人员研发仪器和设备支出
7.科学研究和技术服务业固定资产占比重　8.十万人累计孵化企业数　9.万名就业人员专利申请数　10.科学研究和技术服务业平均工资比较系数　11.万人吸纳技术成交额　12.有R&D活动的企业占比重
13.万人R&D研究人员数　14.基础研究人员投入强度指数　15.企业R&D研究人员占比重　16.R&D经费支出与GDP比值　17.基础研究经费投入强度指数　18.地方财政科技支出占地方财政支出比重
19.企业R&D经费支出占营业收入比重　20.企业技术获取和技术改造经费支出占企业营业收入比重　21.上市公司R&D经费投入强度指数　22.万人科技论文数　23.获国家级科技成果奖系数
24.万人发明专利拥有量　25.每万人口高价值发明专利拥有量　26.万人输出技术成交额　27.万元生产总值技术国际收入　28.高技术产业营业收入占工业营业收入比重　29.知识密集型服务业增加值占生产总值比重
30.高技术产品出口额占商品出口额比重　31.新产品销售收入占营业收入比重　32.高技术产业劳动生产率　33.高技术产业利润率　34.知识密集型服务业劳动生产率　35.劳动生产率　36.资本生产率
37.综合能耗产出率　38.装备制造业区位熵　39.环境质量指数　40.环境污染治理指数　41.万人移动互联网用户数　42.信息传输、软件和信息技术服务业增加值占生产总值比重　43.电子商务销售额与GDP比值

图3-98 青海三级评价指标与上年水平比较

创新财力投入不足。R&D经费内部支出增长缓慢，研发投入强度仍排在全国第28位；企业研发投入强度仍排在全国第29位；地方财政科技支出占地方财政支出比重仍排在全国第30位；企业引进技术经费支出比上年下降了97.46%，企业技术改造经费支出下降了12.88%，企业技术获取和技术改造经费支出下降了11.19%，占企业营业收入比重减少了0.04个百分点，位次下降了5位。

科技意识有待增强。有R&D活动的企业数比上年下降了25.25%，占规模以上工业企业比重下降了4.16个百分点，位次下降了2位；技术市场吸纳技术成交额比上年下降了19.64%，万人吸纳技术成交额减少了364.15万元，位次下降了5位；科学研究和技术服务业平均工资的增长速度低于全社会平均工资的增长速度。

环境改善不理想。环境质量指数比上年下降了2.74个百分点，位次下降了6位；环境污染治理指数下降了1.97个百分点，位次下降了1位。

青海创新发展主要指标及位次

总人口593万人；地区生产总值3005.92亿元，居全国第30位；人均生产总值5.08万元，居全国第24位；知识密集型服务业增加值466.79亿元，居全国第30位；规模以上工业企业营业收入2443.49亿元，居全国第29位；高新技术企业数211个，居全国第30位；高新技术企业总收入762.30亿元，居全国第30位。

R&D经费内部支出21.32亿元，居全国第30位，与生产总值比值0.71%，居全国第28位；R&D经费中基础研究经费支出2.12亿元，居全国第30位；企业R&D经费内部支出10.37亿元，居全国第30位；地方财政科技支出10.56亿元，居全国第30位。

大专以上学历人数88.15万人，居全国第30位；R&D人员数0.44万人年，居全国第30位；R&D人员中基础研究人员数0.07万人年，居全国第30位；企业R&D人员数0.16万人年，居全国第30位。

高技术产品出口额0.06亿美元，居全国第31位；技术市场输出技术成交额10.56亿元，居全国第30位；发明专利拥有量0.18万件，居全国第30位；移动互联网用户数581.12万户，居全国第30位。

科技企业孵化器数15个，居全国第29位；科技企业孵化器在孵企业数528个，居全国第30位；科技企业孵化器累计毕业企业数662个，居全国第28位。

表3-29 青海各级评价指标和位次与上年比较

指标名称	评价值 当年	评价值 上年	位次 当年	位次 上年
科技创新环境	50.17	45.33	26	26
科技人力资源	55.56	57.37	30	26
万人研究与发展（R&D）人员数	7.85	9.72	29	29
十万人博士毕业生数	0.28	0.27	31	31
万人大专以上学历人数	1617.38	1375.34	16	17
万人高等学校在校学生数	149.94	148.60	31	31
十万人创新中介从业人员数	4.58	5.86	5	3
科研物质条件	54.21	36.25	18	27
每名R&D人员研发仪器和设备支出	3.62	1.91	18	27
科学研究和技术服务业固定资产占比重	0.76	0.43	21	28
十万人累计孵化企业数	11.75	8.91	10	13
科技意识	38.94	38.34	25	25
万名就业人员专利申请数	22.90	17.06	24	28
科学研究和技术服务业平均工资比较系数	82.46	81.42	24	24
万人吸纳技术成交额	1501.35	1865.50	13	8
有R&D活动的企业占比重	12.76	16.92	26	24
科技活动投入	32.39	32.03	29	29
科技活动人力投入	62.82	62.45	28	28
万人R&D研究人员数	4.26	5.10	30	28
基础研究人员投入强度指数	0.03	0.03	31	31
企业R&D研究人员占比重	46.06	32.83	20	19
科技活动财力投入	19.36	18.99	29	29
R&D经费支出与GDP比值	0.71	0.69	28	28
基础研究经费投入强度指数	0.01	0.02	28	29
地方财政科技支出占地方财政支出比重	0.55	0.56	30	30
企业R&D经费支出占营业收入比重	0.42	0.39	29	29
企业技术获取和技术改造经费支出占企业营业收入比重	0.26	0.30	23	18
上市公司R&D经费投入强度指数	0.00	0.00	30	30
科技活动产出	50.27	35.51	24	29
科技活动产出水平	51.62	31.94	24	30
万人科技论文数	2.49	2.71	19	16
获国家级科技成果奖系数	4.45	0.00	17	30
万人发明专利拥有量	3.28	2.90	27	27
每万人口高价值发明专利拥有量	0.89	0.79	30	30
技术成果市场化	48.26	40.86	26	25
万人输出技术成交额	188.28	161.91	25	25
万元生产总值技术国际收入	0.24	0.08	25	30
高新技术产业化	56.91	50.11	25	28
高新技术产业化水平	22.22	19.93	28	29
高技术产业营业收入占工业营业收入比重	5.19	5.48	23	23
知识密集型服务业增加值占生产总值比重	15.53	15.68	11	7
高技术产品出口额占商品出口额比重	3.18	1.90	30	31
新产品销售收入占营业收入比重	8.57	5.15	24	29
高新技术产业化效益	91.61	80.29	6	21
高技术产业劳动生产率	117.19	105.33	10	16
高技术产业利润率	9.41	3.89	16	29
知识密集型服务业劳动生产率	65.88	64.43	15	11
科技促进经济社会发展	59.48	58.98	29	27
经济发展方式转变	47.32	47.36	26	26
劳动生产率	10.27	10.11	20	20
资本生产率	0.12	0.12	31	31
综合能耗产出率	7.29	7.04	28	28
装备制造业区位熵	18.66	19.93	27	26
环境改善	77.74	79.86	27	24
环境质量指数	54.54	57.28	12	6
环境污染治理指数	83.54	85.50	27	26
社会生活信息化	69.03	66.61	26	25
万人移动互联网用户数	10313.24	10021.31	16	14
信息传输、软件和信息技术服务业增加值占生产总值比重	2.15	1.91	28	29
电子商务销售额与GDP比值	0.07	0.07	25	26

宁夏科技创新分析

宁夏科技系统深刻把握自治区科技创新的机遇与挑战，进一步增强机遇意识和斗争精神，全面实施科技强区行动，不断释放创新活力、优化创新生态，培育壮大创新主体，科技创新水平进一步提升。在今年的报告中，宁夏综合科技创新水平指数为61.34%，排在全国第18位，比上年上升了2位，得分与上年相比，提高了4.58个百分点，增幅排在第5位。

一、科技人力大幅增长

R&D研究人员数比上年增长了7.38%，万人R&D研究人员数位次上升了2位；企业R&D研究人员数增长了89.99%，占全社会R&D研究人员比重提高了33.72个百分点，位次上升了5位；大专以上学历人数增长了39.57%，万人大专以上学历人数增加了472.24人，位次上升了7位。

二、科研物质条件改善明显

研发仪器和设备支出比上年增长了59.58%，每名R&D人员研发仪器和设备支出增加了1.84万元，位次上升了8位；科技企业孵化器累计毕业企业数增长了66.41%，十万人累计孵化企业数增加了4.06个，位次上升了10位。

三、科技意识进一步增强

产业技术市场吸纳技术成交额比上年增长了123.50%，全国增长最快，万人吸纳技术成交额增加了937.88万元，位次上升了10位；国内三种专利申请数增长了31.23%，万名就业人员专利申请数增加了8.89件，位次保持在全国第15位；科学研究和技术服务业平均工资增长了17.64%，科学研究和技术服务业平均工资比较系数提高了10.54个百分点，位次上升了5位。

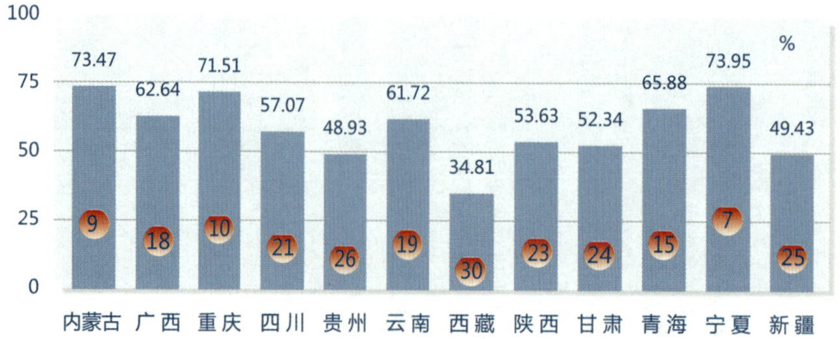

图3-99 西部地区知识密集型服务业劳动生产率及位次

四、高新技术产业化效益上涨

高技术产业利润总额比上年增长了78.11%，高技术产业利润率提高了4.83个百分点，位次上升了3位；知识密集型服务业劳动生产率提高了17.32万元/人，位次上升了10位，居西部地区第1位。

政府科技投入持续减少。地方财政科技支出比上年下降10.72%，占地方财政支出比重减少0.29个百分点，位次下降了3位。

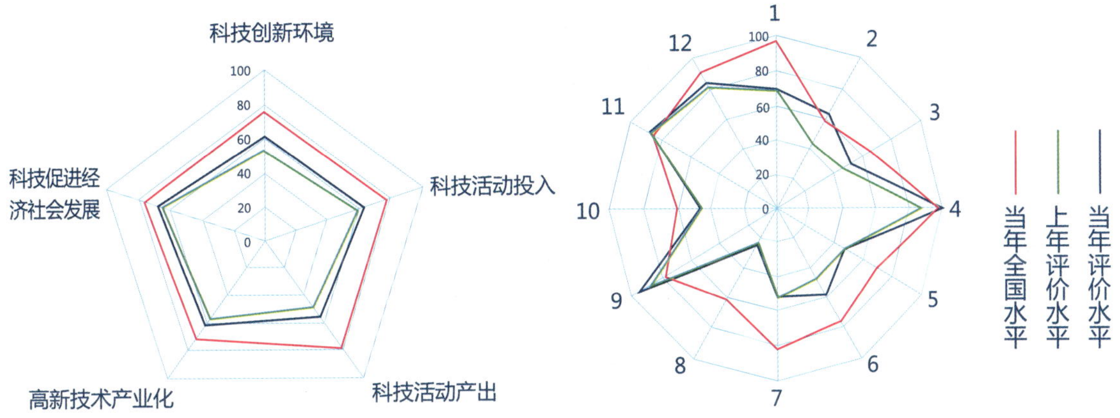

图3-100 宁夏一、二级评价指标与上年水平和全国水平比较

图例：1．科技人力资源　2．科研物质条件　3．科技意识　4．科技活动人力投入
5．科技活动财力投入　6．科技活动产出水平　7．技术成果市场化　8．高新技术产业化水平
9．高新技术产业化效益　10．经济发展方式转变　11．环境改善　12．社会生活信息化

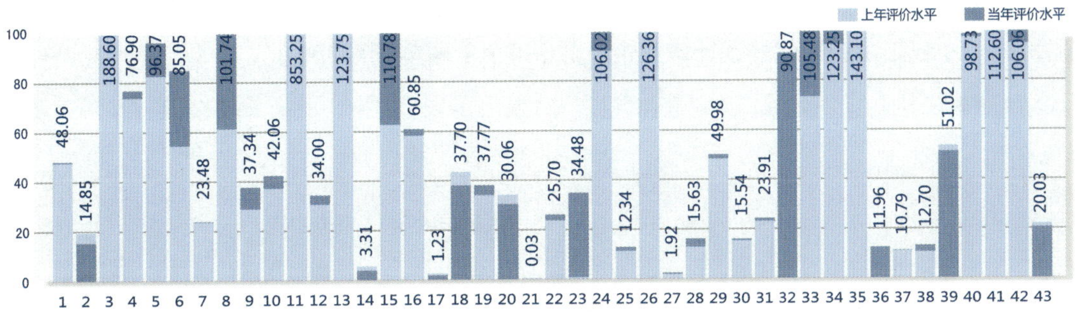

1.万人研究与发展（R&D）人员数　2.十万人博士毕业生数　3.万人大专以上学历人数　4.万人高等学校在校学生数　5.十万人创新中介从业人员数　6.每名R&D人员研发仪器和设备支出
7.科学研究和技术服务业固定资产占比重　8.十万人累计孵化企业数　9.万名就业人员专利申请数　10.科学研究和技术服务业平均工资比较系数　11.万人吸纳技术成交额　12.有R&D活动的企业占比重
13.万人R&D研究人员数　14.基础研究人员投入强度指数　15.企业R&D研究人员占比重　16.R&D经费支出与GDP比值　17.基础研究经费投入强度指数　18.地方财政科技支出占地方财政支出比重
19.企业R&D经费支出占营业收入比重　20.企业技术获取和技术改造经费支出占企业营业收入比重　21.上市公司R&D经费投入强度指数　22.万人科技论文数　23.获国家级科技成果奖系数
24.万人发明专利拥有量　25.每万人口高价值发明专利拥有量　26.万人输出技术成交额　27.万元生产总值技术国际收入　28.高技术产业营业收入占工业营业收入比重　29.知识密集型服务业增加值占生产总值比重
30.高技术产品出口额占商品出口额比重　31.新产品销售收入占营业收入比重　32.高技术产业劳动生产率　33.高技术产业利润率　34.知识密集型服务业劳动生产率　35.劳动生产率　36.资本生产率
37.综合能耗产出率　38.装备制造业区位熵　39.环境质量指数　40.环境污染治理指数　41.万人移动互联网用户数　42.信息传输、软件和信息技术服务业增加值占生产总值比重　43.电子商务销售额与GDP比值

图3-101 宁夏三级评价指标与上年水平比较

高新技术产业化水平有待提高。知识密集型服务业增加值增长缓慢，占生产总值比重位次下降了2位；高技术产业营业收入占工业营业收入比重和高技术产品出口额占商品出口额比重位次虽然有所上升，但位次仍然比较靠后，分别排在全国第25位和第27位；新产品销售收入占营业收入比重位次仍排在第22位。

技术国际竞争力较弱。万元生产总值技术国际收入位次比较靠后，排在全国第27位。

经济发展方式转变较为滞后。资本生产率、综合能耗产出率均排在全国第30位；装备制造业区位熵仍排在全国第25位。

环境改善不理想，环境质量指数位次比上年下降了7位。

电子商务销售额与GDP比值位次仍排在全国第27位。

宁夏创新发展主要指标及位次

总人口721万人；地区生产总值3920.56亿元，居全国第29位；人均生产总值5.46万元，居全国第20位；知识密集型服务业增加值587.80亿元，居全国第29位；规模以上工业企业营业收入4802.34亿元，居全国第28位；高新技术企业数288个，居全国第29位；高新技术企业总收入836.88亿元，居全国第29位。

R&D经费内部支出59.64亿元，居全国第28位，与生产总值比值1.52%，居全国第19位；R&D经费中基础研究经费支出3.29亿元，居全国第29位；企业R&D经费内部支出45.35亿元，居全国第27位；地方财政科技支出27.91亿元，居全国第29位。

大专以上学历人数124.89万人，居全国第29位；R&D人员数1.22万人年，居全国第28位；R&D人员中基础研究人员数0.13万人年，居全国第29位；企业R&D人员数0.83万人年，居全国第27位。

高技术产品出口额1.39亿美元，居全国第29位；技术市场输出技术成交额16.81亿元，居全国第28位；发明专利拥有量0.37万件，居全国第29位；移动互联网用户数712.71万户，居全国第29位。

科技企业孵化器数23个，居全国第28位；科技企业孵化器在孵企业数767个，居全国第28位；科技企业孵化器累计毕业企业数644个，居全国第29位。

表3-30 宁夏各级评价指标和位次与上年比较

指标名称	评价值 当年	评价值 上年	位次 当年	位次 上年
科技创新环境	61.72	53.95	17	21
科技人力资源	69.37	68.73	19	19
万人研究与发展（R&D）人员数	19.23	18.98	18	18
十万人博士毕业生数	0.74	0.96	25	21
万人大专以上学历人数	1886.05	1413.81	8	15
万人高等学校在校学生数	269.14	258.10	23	17
十万人创新中介从业人员数	2.89	2.48	10	11
科研物质条件	63.41	43.23	9	20
每名R&D人员研发仪器和设备支出	5.10	3.26	5	13
科学研究和技术服务业固定资产占比重	0.70	0.70	23	22
十万人累计孵化企业数	10.17	6.11	12	22
科技意识	49.81	44.95	16	17
万名就业人员专利申请数	37.34	28.45	15	15
科学研究和技术服务业平均工资比较系数	84.12	73.58	23	28
万人吸纳技术成交额	1706.49	768.61	12	22
有R&D活动的企业占比重	34.00	30.18	11	10
科技活动投入	62.35	57.67	18	17
科技活动人力投入	100.00	85.05	1	13
万人R&D研究人员数	8.66	8.07	18	20
基础研究人员投入强度指数	0.03	0.05	30	29
企业R&D研究人员占比重	77.55	43.83	9	14
科技活动财力投入	46.21	45.94	18	18
R&D经费支出与GDP比值	1.52	1.45	19	19
基础研究经费投入强度指数	0.01	0.02	29	28
地方财政科技支出占地方财政支出比重	1.89	2.17	15	12
企业R&D经费支出占营业收入比重	0.94	0.84	20	21
企业技术获取和技术改造经费支出占企业营业收入比重	0.75	0.85	4	4
上市公司R&D经费投入强度指数	0.00	0.00	31	31
科技活动产出	54.69	47.93	20	21
科技活动产出水平	57.18	46.13	20	22
万人科技论文数	2.57	2.33	17	19
获国家级科技成果奖系数	1.72	0.00	27	30
万人发明专利拥有量	5.83	5.06	18	18
每万人口高价值发明专利拥有量	1.48	1.29	23	24
技术成果市场化	50.96	50.64	24	23
万人输出技术成交额	252.73	225.61	23	22
万元生产总值技术国际收入	0.19	0.13	27	28
高新技术产业化	60.24	55.62	22	25
高新技术产业化水平	24.13	22.29	27	26
高技术产业营业收入占工业营业收入比重	4.69	3.69	25	28
知识密集型服务业增加值占生产总值比重	14.99	14.45	13	11
高技术产品出口额占商品出口额比重	6.22	5.91	27	28
新产品销售收入占营业收入比重	9.56	9.07	22	22
高新技术产业化效益	96.35	88.96	4	5
高技术产业劳动生产率	109.04	109.66	13	13
高技术产业利润率	15.82	10.99	5	8
知识密集型服务业劳动生产率	73.95	56.63	7	17
科技促进经济社会发展	66.35	65.55	19	18
经济发展方式转变	47.13	46.94	27	27
劳动生产率	11.45	11.02	14	15
资本生产率	0.12	0.12	30	30
综合能耗产出率	4.53	4.52	30	30
装备制造业区位熵	25.40	20.17	25	25
环境改善	89.19	88.57	9	7
环境质量指数	51.02	53.48	20	13
环境污染治理指数	98.73	97.34	9	10
社会生活信息化	84.01	82.27	9	9
万人移动互联网用户数	11259.95	10833.80	6	6
信息传输、软件和信息技术服务业增加值占生产总值比重	3.71	3.32	9	8
电子商务销售额与GDP比值	0.06	0.06	27	27

新疆科技创新分析

新疆科技系统认真贯彻落实习近平总书记关于科技创新的重要论述，聚焦总目标，完整准确贯彻新时代党的治疆方略，深入实施创新驱动发展战略和人才强区战略，聚焦短板弱项持续发力，广泛激发社会创造潜能，全面提升科技创新能力。在今年的报告中，新疆综合科技创新水平指数为43.66%，仍排在全国第30位，得分与上年相比，提高了6.06个百分点，增幅排在第1位。

一、企业技术获取和技术改造经费支出大幅增长

企业引进技术经费支出比上年增长了27倍多，企业购买境内技术经费支出增长了10倍多，企业技术获取和技术改造经费支出占企业营业收入比重提高了0.04个百分点，位次上升了4位。

二、高新技术产业化效益大幅提升

高技术产业利润总额比上年增长了198.20%，增速排在全国第2位，高技术产业利润率提高了5.61个百分点，位次上升了9位；高技术产业劳动生产率提高了25.97万元/人，位次上升了8位；知识密集型服务业劳动生产率提高了9.89万元/人，位次上升了5位。

三、社会生活信息化水平进一步提高

移动互联网用户数比上年增长了10.33%，万人移动互联网用户数增加了1011.30户，位次上升了6位；信息传输、软件和信息技术服务业增加值增长了117.18%，占生产总值比重提高了1.23个百分点，位次上升了7位；电子商务销售额与GDP比值位次上升了1位。

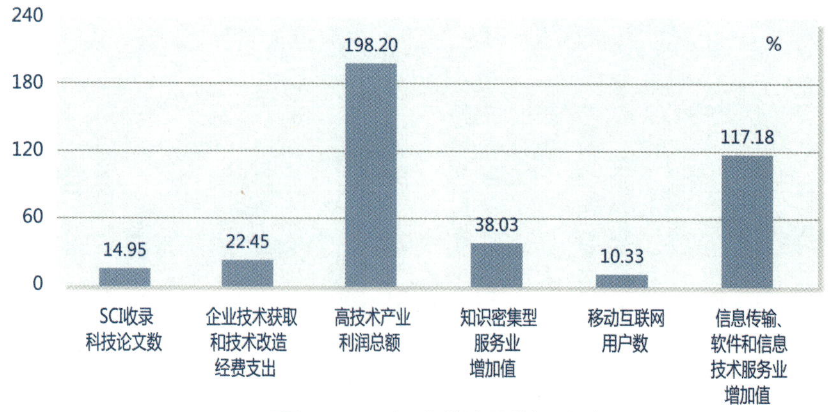

图3-102 部分指标增长速度

新疆综合科技创新水平位次得不到提升的主要原因有以下几个方面。

创新科研人员不足。R&D人员数增长缓慢，万人研究与发展（R&D）人员数位次排在全国第30位；万人R&D研究人员数位次排在全国第29位；万人大专以上学历人数位次下降了1位。

创新财力投入减少。R&D经费内部支出比上年下降了3.96%，与GDP比值减少了0.02个百分点，位次排在全国第30位；地方财政科技支出占地方财政支出比重减少了0.02个百分点，位次下降了1位；企业R&D经费内部支出下降了11.19%，占营业收入比重下降了0.05个百分点，位次排在全国第30位。

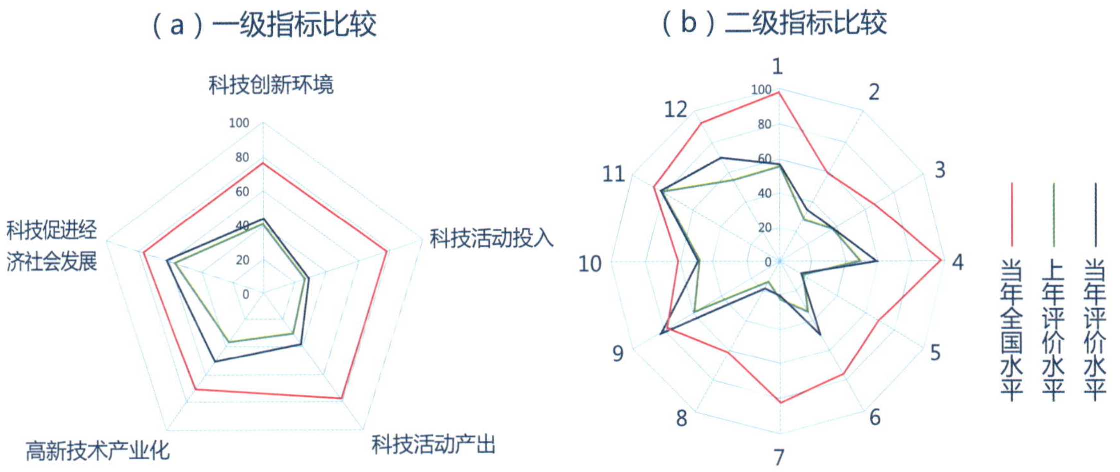

图3-103 新疆一、二级评价指标与上年水平和全国水平比较

图例：1．科技人力资源　2．科研物质条件　3．科技意识　4．科技活动人力投入
5．科技活动财力投入　6．科技活动产出水平　7．技术成果市场化　8．高新技术产业化水平
9．高新技术产业化效益　10．经济发展方式转变　11．环境改善　12．社会生活信息化

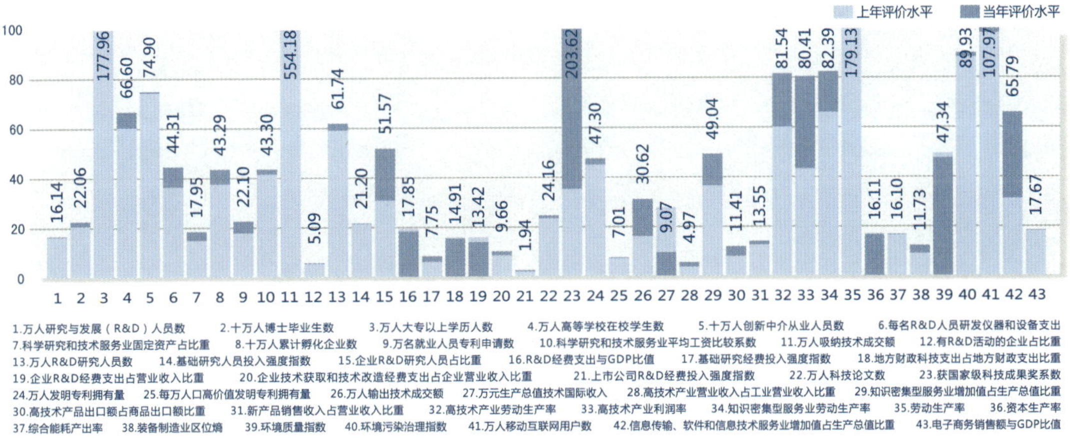

图3-104 新疆三级评价指标与上年水平比较

专利产出水平较低。发明专利拥有量全国增长最慢，万人发明专利拥有量位次下降至全国第30位。

技术成果转化减少。技术国际收入比上年下降了66.25%，万元生产总值技术国际收入减少了1.82美元，位次下降了7位；万人输出技术成交额位次排在全国第30位。

高新技术产业化水平有待提高。高技术产业营业收入占工业营业收入比重全国最低；新产品销售收入增长缓慢，占营业收入比重仍排在全国第30位；高技术产品出口额占商品出口额比重仍排在全国第29位。

企业科技意识薄弱。有R&D活动的企业数占规模以上工业企业比重全国最低。

新疆创新发展主要指标及位次

总人口2590万人；地区生产总值13797.58亿元，居全国第24位；人均生产总值5.36万元，居全国第21位；知识密集型服务业增加值2030.03亿元，居全国第24位；规模以上工业企业营业收入11683.60亿元，居全国第24位；高新技术企业数768个，居全国第28位；高新技术企业总收入3208.11亿元，居全国第24位。

R&D经费内部支出61.57亿元，居全国第27位，与生产总值比值0.45%，居全国第30位；R&D经费中基础研究经费支出8.36亿元，居全国第26位；企业R&D经费内部支出39.19亿元，居全国第28位；地方财政科技支出41.25亿元，居全国第24位。

大专以上学历人数427.48万人，居全国第23位；R&D人员数1.41万人年，居全国第27位；R&D人员中基础研究人员数0.36万人年，居全国第26位；企业R&D人员数0.48万人年，居全国第28位。

高技术产品出口额5.63亿美元，居全国第25位；技术市场输出技术成交额15.11亿元，居全国第29位；发明专利拥有量0.57万件，居全国第27位；移动互联网用户数2359.17万户，居全国第25位。

科技企业孵化器数29个，居全国第27位；科技企业孵化器在孵企业数1608个，居全国第26位；科技企业孵化器累计毕业企业数946个，居全国第27位。

表3-31 新疆各级评价指标和位次与上年比较

指标名称	评价值 当年	评价值 上年	位次 当年	位次 上年
科技创新环境	43.41	40.75	30	30
科技人力资源	55.74	55.06	29	29
万人研究与发展（R&D）人员数	6.46	6.32	30	30
十万人博士毕业生数	1.10	1.01	20	20
万人大专以上学历人数	1779.56	1487.69	11	10
万人高等学校在校学生数	233.09	210.60	28	28
十万人创新中介从业人员数	2.25	2.23	13	13
科研物质条件	33.56	27.52	28	30
每名R&D人员研发仪器和设备支出	2.66	2.16	27	25
科学研究和技术服务业固定资产占比重	0.54	0.43	26	27
十万人累计孵化企业数	4.33	3.71	27	27
科技意识	36.82	34.89	29	31
万名就业人员专利申请数	22.10	17.32	26	27
科学研究和技术服务业平均工资比较系数	86.60	82.55	21	22
万人吸纳技术成交额	1108.35	699.25	18	24
有R&D活动的企业占比重	5.09	4.81	31	31
科技活动投入	27.93	25.46	30	30
科技活动人力投入	57.67	47.51	30	30
万人R&D研究人员数	4.32	4.12	29	30
基础研究人员投入强度指数	0.21	0.21	19	18
企业R&D研究人员占比重	36.10	21.30	25	26
科技活动财力投入	15.19	16.01	30	30
R&D经费支出与GDP比值	0.45	0.47	30	30
基础研究经费投入强度指数	0.08	0.05	20	23
地方财政科技支出占地方财政支出比重	0.75	0.77	28	27
企业R&D经费支出占营业收入比重	0.34	0.38	30	30
企业技术获取和技术改造经费支出占企业营业收入比重	0.24	0.20	24	28
上市公司R&D经费投入强度指数	0.02	0.01	17	19
科技活动产出	37.09	29.00	29	30
科技活动产出水平	48.58	34.06	27	29
万人科技论文数	2.42	2.30	20	20
获国家级科技成果奖系数	10.18	1.74	6	27
万人发明专利拥有量	2.60	2.46	30	29
每万人口高价值发明专利拥有量	0.84	0.80	31	29
技术成果市场化	19.85	21.41	30	30
万人输出技术成交额	61.24	31.11	30	30
万元生产总值技术国际收入	0.91	2.73	16	9
高新技术产业化	49.54	35.86	30	31
高新技术产业化水平	17.43	12.79	30	31
高技术产业营业收入占工业营业收入比重	1.49	0.95	31	31
知识密集型服务业增加值占生产总值比重	14.71	10.82	16	30
高技术产品出口额占商品出口额比重	4.56	2.96	29	29
新产品销售收入占营业收入比重	5.42	4.83	30	30
高新技术产业化效益	81.65	58.93	21	31
高技术产业劳动生产率	97.85	71.89	21	29
高技术产业利润率	12.06	6.45	9	18
知识密集型服务业劳动生产率	49.43	39.54	25	30
科技促进经济社会发展	61.27	55.79	26	29
经济发展方式转变	49.23	48.98	25	25
劳动生产率	14.33	13.86	9	9
资本生产率	0.16	0.16	29	29
综合能耗产出率	6.76	6.71	29	29
装备制造业区位熵	23.47	16.91	26	28
环境改善	81.41	80.46	22	23
环境质量指数	47.34	49.22	24	20
环境污染治理指数	89.93	88.27	21	23
社会生活信息化	69.85	54.96	25	31
万人移动互联网用户数	10796.57	9785.27	9	15
信息传输、软件和信息技术服务业增加值占生产总值比重	2.30	1.08	24	31
电子商务销售额与GDP比值	0.05	0.05	28	29

二、区域科技与经济社会协调发展相关性分析

（一）科技活动投入与科技活动产出

图3-105中纵横两条红线分别为“科技活动投入”和“科技活动产出”全国水平线，它们将散点图划分为4个象限：位于第Ⅰ象限的地区为科技活动投入和科技活动产出均高于全国水平的地区；位于第Ⅱ象限的地区为科技活动投入低于全国水平，但科技活动产出高于全国水平的地区；位于第Ⅲ象限的地区为科技活动投入和科技活动产出均低于全国水平的地区；位于第Ⅳ象限的地区为科技活动投入高于全国水平，但科技活动产出低于全国水平的地区。

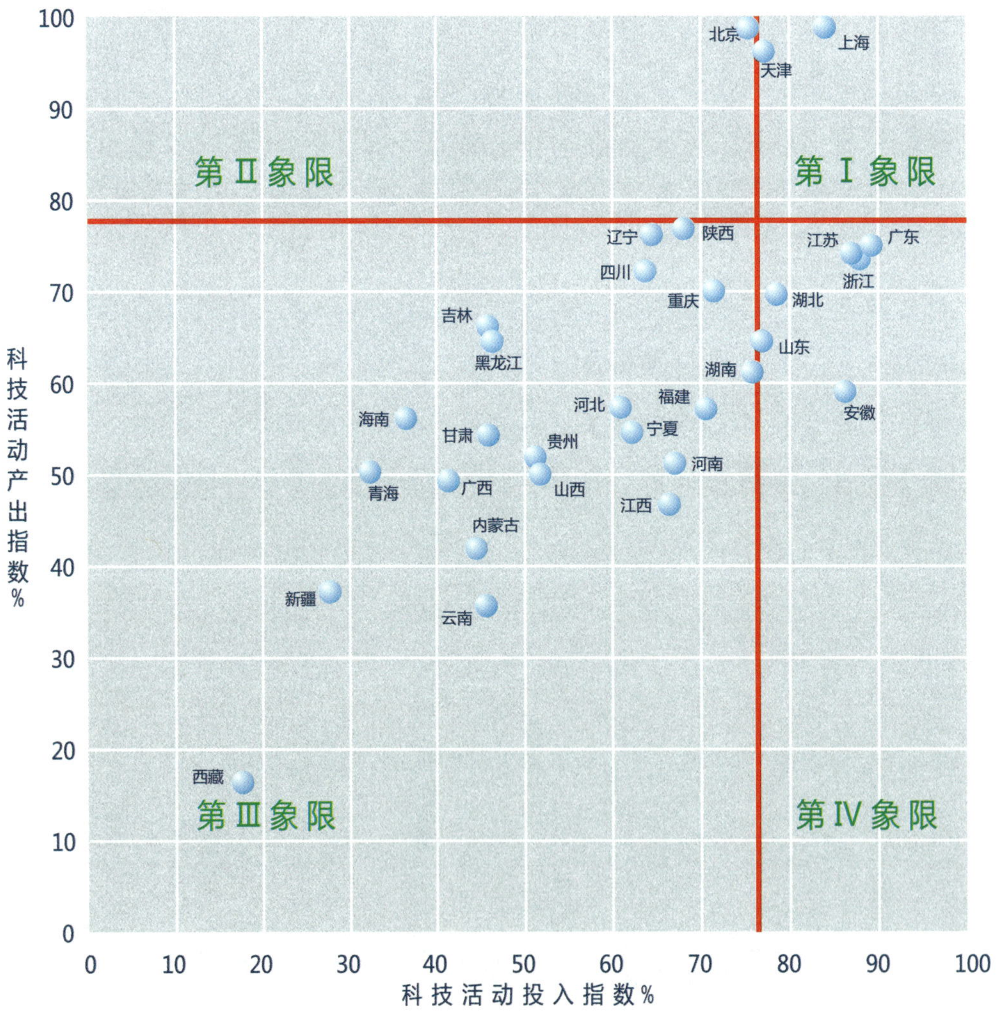

图3-105 科技活动投入与科技活动产出示意

（二）科技活动投入与科技促进经济社会发展

图3-106中纵横两条红线分别为“科技活动投入”和“科技促进经济社会发展”全国水平线，它们将散点图划分为4个象限：位于第Ⅰ象限的地区为科技活动投入和科技促进经济社会发展均高于全国水平的地区；位于第Ⅱ象限的地区为科技活动投入低于全国水平，但科技促进经济社会发展高于全国水平的地区；位于第Ⅲ象限的地区为科技活动投入和科技促进经济社会发展均低于全国水平的地区；位于第Ⅳ象限的地区为科技活动投入高于全国水平，但科技促进经济社会发展低于全国水平的地区。

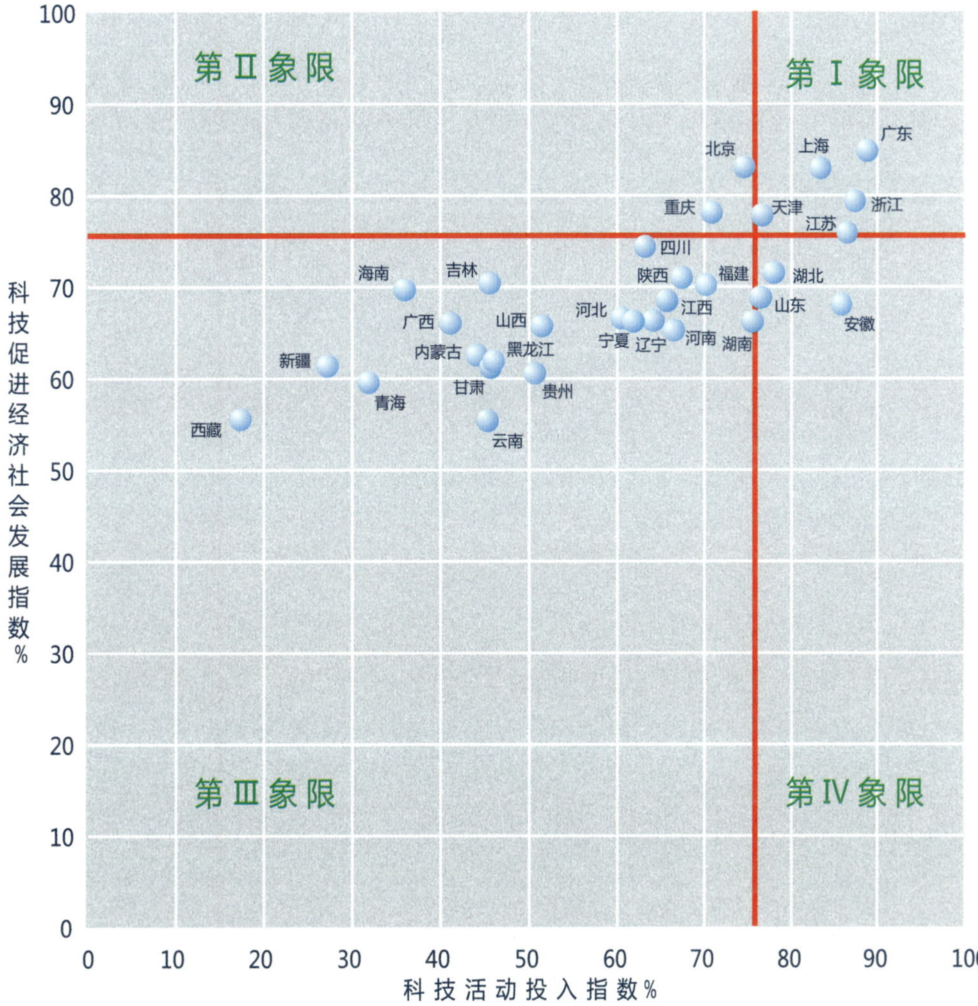

图3-106 科技活动投入与科技促进经济社会发展示意

（三）科技活动产出与科技促进经济社会发展

图3-107中纵横两条红线分别为“科技活动产出”和“科技促进经济社会发展”全国水平线，它们将散点图划分为4个象限：位于第Ⅰ象限的地区为科技活动产出和科技促进经济社会发展均高于全国水平的地区；位于第Ⅱ象限的地区为科技活动产出低于全国水平，但科技促进经济社会发展高于全国水平的地区；位于第Ⅲ象限的地区为科技活动产出和科技促进经济社会发展均低于全国水平的地区；位于第Ⅳ象限的地区为科技活动产出高于全国水平，但科技促进经济社会发展低于全国水平的地区。

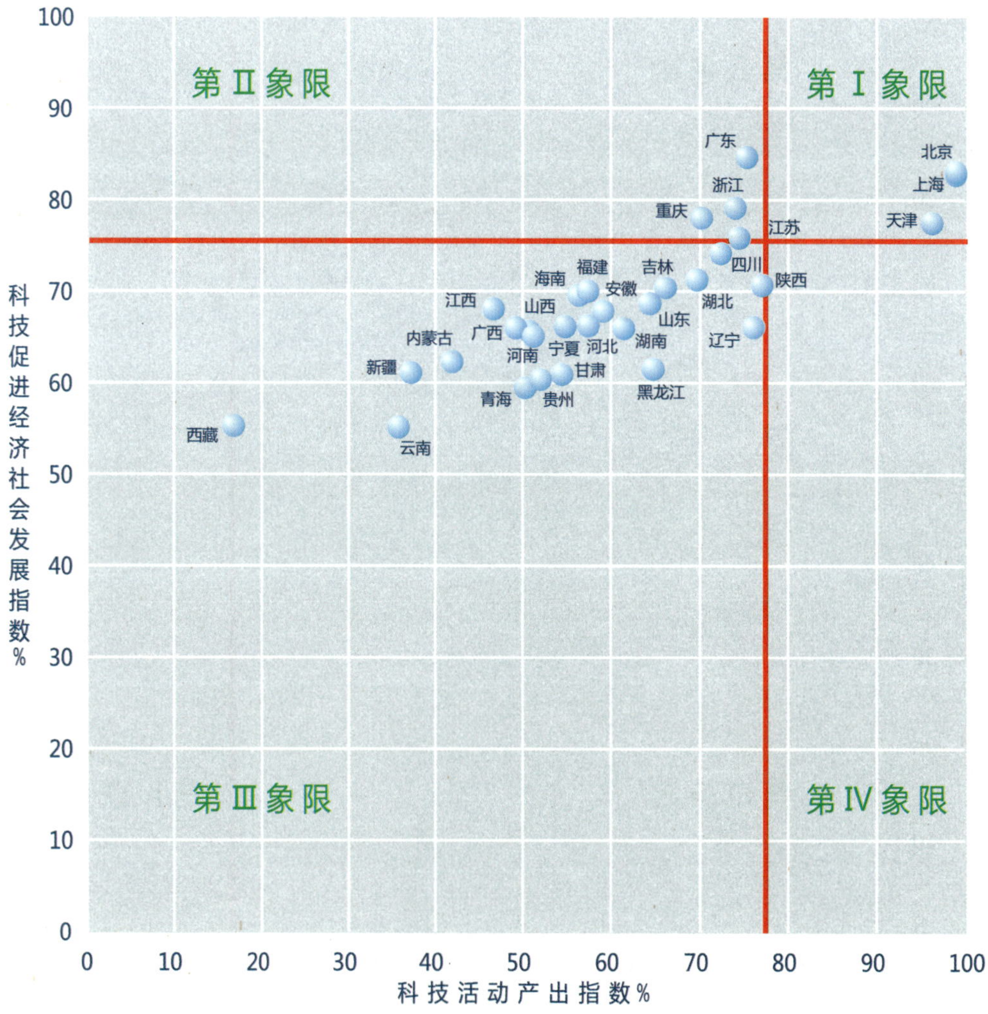

图3-107 科技活动产出与科技促进经济社会发展示意

（四）高新技术产业化水平与高新技术产业化效益

图3-108中纵横两条红线分别为“高新技术产业化水平”和“高新技术产业化效益”全国水平线，它们将散点图划分为4个象限：位于第Ⅰ象限的地区为高新技术产业化水平和高新技术产业化效益均高于全国水平的地区；位于第Ⅱ象限的地区为高新技术产业化水平低于全国水平，但高新技术产业化效益高于全国水平的地区；位于第Ⅲ象限的地区为高新技术产业化水平和高新技术产业化效益均低于全国水平的地区；位于第Ⅳ象限的地区为高新技术产业化水平高于全国水平，但高新技术产业化效益低于全国水平的地区。

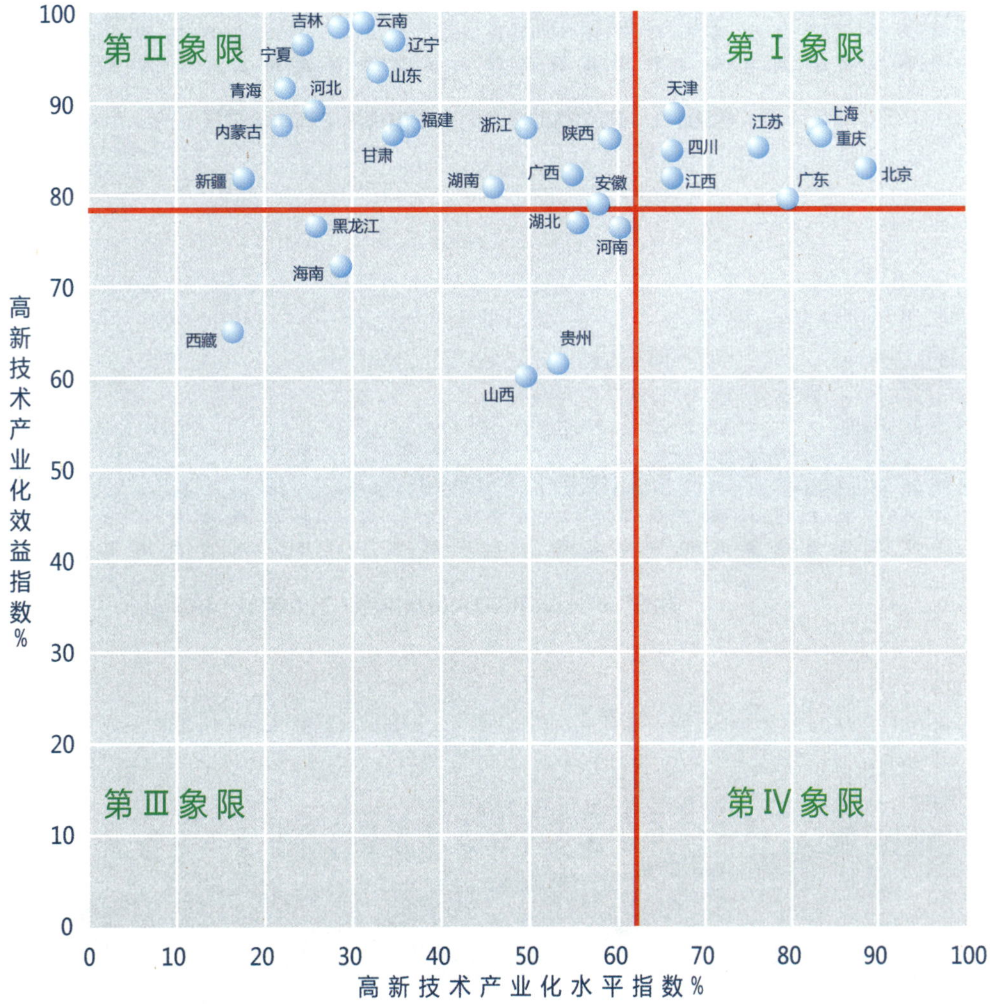

图3-108 高新技术产业化水平与高新技术产业化效益示意

附录1　区域部分规模指标排序

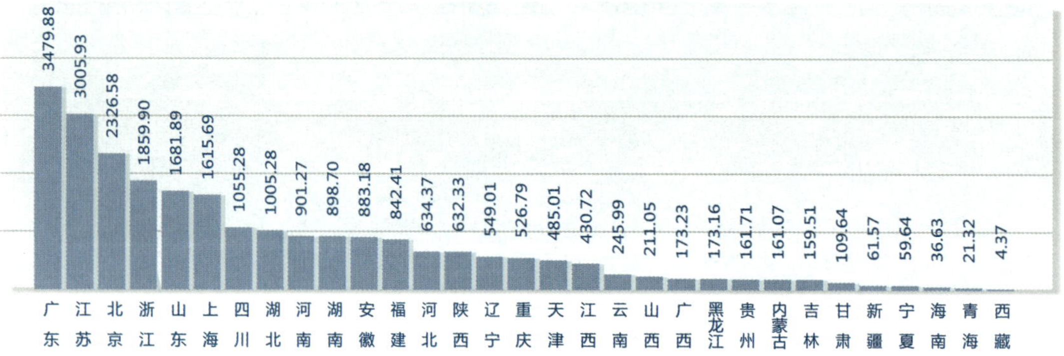

附图1-1　区域R&D经费内部支出排序（当年价亿元）

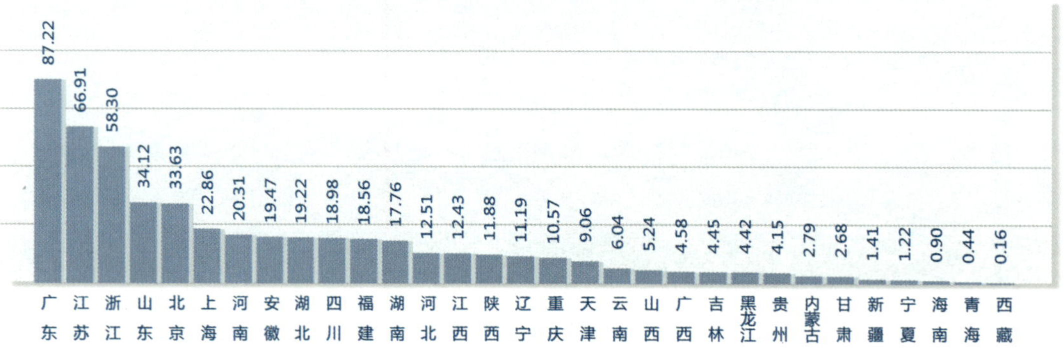

附图1-2　区域R&D人员数排序（万人年）

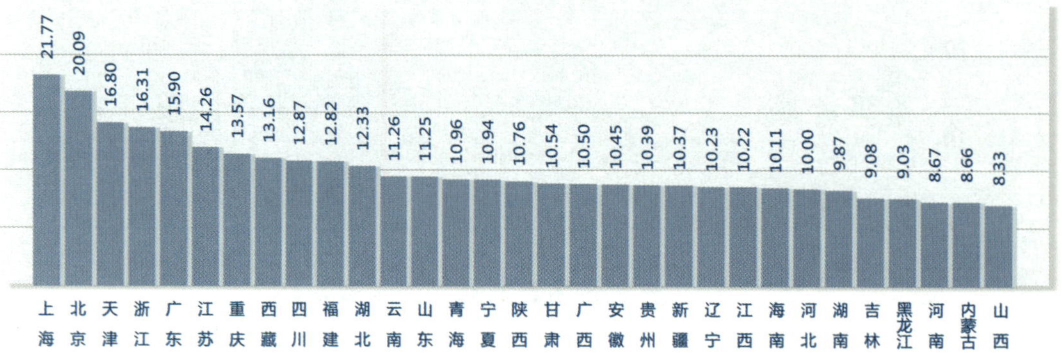

附图1-3　区域科学研究和技术服务业就业人员人均工资排序（万元）

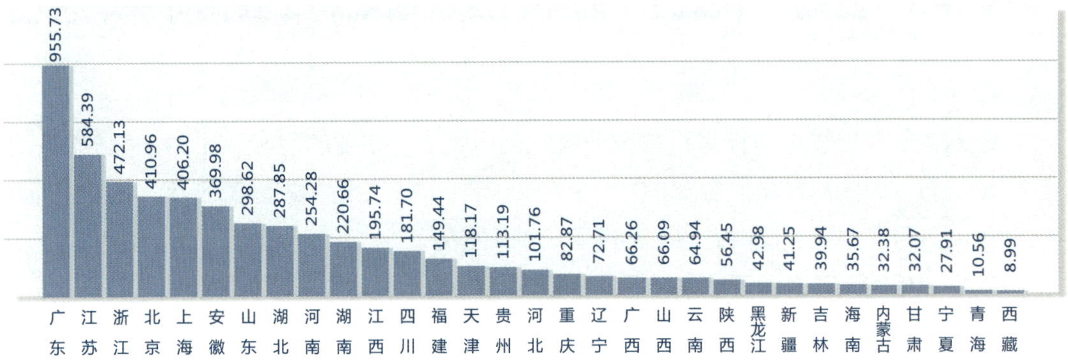

附图1-4 区域地方财政科技支出排序（亿元）

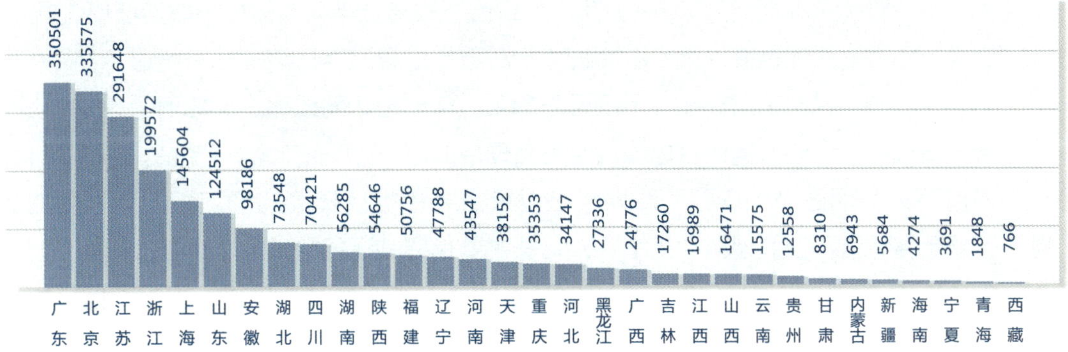

附图1-5 区域发明专利拥有量排序（件）

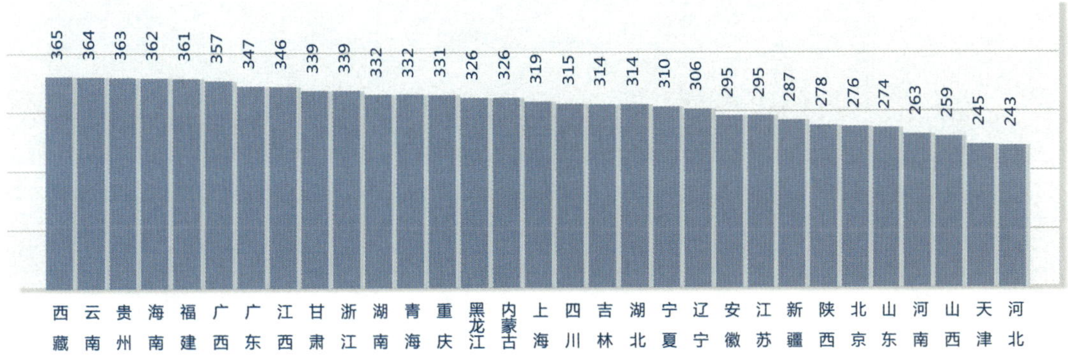

附图1-6 区域城市空气达到二级以上天数排序（天）

附录2 区域“十三五”时期科技发展规划主要指标实现程度

定期监测科技发展目标对科技管理科学化具有十分重要的意义。本附录根据部分地区“十三五”时期科技发展主要指标，对2020年（“十三五”规划第五年）这些指标的实现程度进行了测算，仅供各地区科技管理部门参考。

规划目标的测算需要考虑到期初值和期末目标值，因此测算方法为：

$$R.D=\frac{X_t-X_0}{X_d-X_0}\times 100\%$$

其中：$R.D$为实现程度；X_d为目标值；X_0为上一规划时期期末实际值，在此为2015年实际值；X_t为本规划时期实际值，在此为2020年实际值。

当$X_t=X_0$时，实现程度为0，说明在“十三五”的第五年，该指标未取得任何进展；

当$X_t<X_0$时，实现程度为负，说明在“十三五”的第五年，该指标有所退步；

当$X_t\geqslant X_d$时，说明该指标在“十三五”的第五年已经达到或超过目标值；

当$X_0\geqslant X_d$时，说明该指标目标值设定不合理，此时$R.D=X_t/X_d\times 100\%$。

通过下列各地区“十三五”时期科技发展主要指标目标值的确定和实现程度的测算，可显示各地区科技管理科学化水平和这些主要指标的运行状况。

需要指出的是，本附录只对在各地区公布的“十三五”时期科技发展主要指标中指标含义较为明确者进行了测算。

北京

序号	指标名称	目标值	2015年	2020年	实现程度(%)
1	全社会研究与试验发展(R&D)经费支出占GDP比重（%）	6.0	5.59	6.44	107.41
2	基础研究经费占研究与试验发展(R&D)经费比重（%）	13.0	13.80	16.04	123.36
3	规模以上工业企业研发投入占企业销售收入比重（%）	1.3	1.29	1.25	-763.51
4	输出到京外的技术合同成交额占比重（%）	70.0	81.90	72.74	103.92
5	万人发明专利拥有量（件）	80.0	61.29	153.30	491.87
6	PCT专利申请量年均增长率（%）	25.0	28.69	13.03	52.11

天津

序号	指标名称	目标值	2015年	2020年	实现程度(%)
1	综合科技创新水平位次（位）	3.0	3.00	3.00	—
2	全社会研发支出占地区生产总值比重（%）	3.5	4.69	3.44	98.39
3	万名劳动力中研发人员数（人年）	150.0	138.63	140.09	12.88
4	国家高新技术企业数（个）	5000.0	2204.00	7350.00	184.05
5	万人发明专利拥有量（件）	18.0	11.95	27.51	257.31
6	三大检索系统收录的科技论文数（万篇）	3.0	1.55	2.69	78.96

河北

序号	指标名称	目标值	2015年	2020年	实现程度(%)
1	综合科技创新水平位次（位）	15.0	24.00	20.00	—
2	研究与试验发展经费投入强度（%）	2.5	1.33	1.75	36.12
3	规上工业企业研发投入占主营业务收入比例（%）	1.2	0.63	1.12	86.67
4	万名就业人员中研发人员数（人年）	50.0	25.39	34.07	35.24
5	高新技术企业数（个）	4000.0	1605.00	9230.00	318.37
6	万人发明专利拥有量（件）	8.0	1.65	4.57	46.03
7	技术输出成交额占京津冀比重（%）	10.0	0.99	6.97	66.39

山西

序号	指标名称	目标值	2015年	2020年	实现程度(%)
1	R&D经费支出占地区生产总值比重（%）	2.50	1.12	1.20	5.51
2	研发人员（R&D人员）全时当量（万人年）	6.72	4.29	5.24	39.14
3	国家工程技术研究中心（个）	3.00	1.00	1.00	0.00
4	高新技术企业数（个）	1000.00	715.00	3162.00	858.60
5	发明专利拥有量（万件）	1.30	0.81	1.65	170.89
6	万人发明专利拥有量（件）	3.70	2.21	4.72	168.46

内蒙古

序号	指标名称	目标值	2015年	2020年	实现程度(%)
1	综合科技实力全国排名（位）	20.00	23.00	27.00	—
2	研究与试验发展经费占地区生产总值比重（%）	2.20	1.05	0.93	-10.70
3	企业R&D经费占全社会R&D经费总量比例（%）	85.00	87.19	80.32	94.49
4	规上企业研发投入占主营业务收入比例（%）	0.85	0.63	0.74	50.60
5	R&D人员总量（万人年）	6.35	3.82	2.79	-40.92
6	万名就业人员中研发人力投入（人年）	48.00	26.13	22.47	-16.72
7	知识密集型服务业增加值占地区生产总值比重（%）	20.00	8.39	11.80	29.42
8	国家高新技术企业数（个）	1000.00	234.00	1049.00	106.40
9	国家级高新区数（个）	5.00	2.00	3.00	33.33
10	国家级科技企业孵化器数（个）	12.00	7.00	13.00	120.00
11	发明专利申请量占申请总量的比重（%）	30.00	25.39	20.52	-105.85
12	万人发明专利拥有量（件）	3.00	1.22	2.89	93.81

辽宁

序号	指标名称	目标值	2015年	2020年	实现程度(%)
1	R&D经费占GDP比重（%）	2.5	1.80	2.19	55.26
2	R&D活动人员当量（万人年）	12.5	8.54	11.19	67.03

吉林

序号	指标名称	目标值	2015年	2020年	实现程度(%)
1	研发（R&D）经费投入强度（%）	1.5	1.41	1.30	-131.04
2	企业R&D经费支出比重（%）	65.0	60.93	48.68	-300.61
3	研发（R&D）人员投入总量（万人年）	5.2	4.93	4.45	-176.33
4	万人发明专利拥有量（件）	4.2	2.80	7.19	313.62
5	吉林省登记科技成果数量（项）	1000.0	816.00	526.00	-157.61

黑龙江

序号	指标名称	目标值	2015年	2020年	实现程度(%)
1	研究与试验发展经费投入强度（%）	2.0	1.35	1.26	-13.00
2	国家级高新技术企业数（个）	1100.0	684.00	1898.00	291.83
3	科技企业孵化器数量（个）	150.0	121.00	198.00	265.52
4	万人发明专利拥有量（件）	6.7	3.40	8.62	158.19
5	登记科技成果数（项）	1800.0	1612.00	1160.00	-240.43

上海

序号	指标名称	目标值	2015年	2020年	实现程度(%)
1	研发（R&D）经费支出占地区生产总值比例（%）	4	3.48	4.17	133.74
2	基础研究经费支出占R&D经费支出比例（%）	10	8.22	7.94	-15.72
3	万人研发人员全时当量（人年）	75	71.13	91.88	536.18
4	知识密集型服务业增加值占地区生产总值比重（%）	37	30.76	37.21	103.43
5	PCT专利申请量（件）	1300	1060.00	3558.00	1040.83
6	万人发明专利拥有量（件）	40	28.97	58.52	267.95

江苏

序号	指标名称	目标值	2015年	2020年	实现程度(%)
1	全社会研发投入占地区生产总值比例（%）	2.8	2.53	2.93	146.43
2	万名就业人员中研发人员数（人年）	140.0	109.34	136.74	89.38
3	高新技术企业数（个）	15000.0	10587.00	32734.00	501.86
4	万人发明专利拥有量（件）	20.0	14.19	34.40	347.78

浙江

序号	指标名称	目标值	2015年	2020年	实现程度(%)
1	R&D经费占地区生产总值比重（%）	2.8	2.32	2.88	116.50
2	企业R&D经费支出占主营业务收入比重（%）	1.6	1.35	1.78	170.23
3	万名就业人员中R&D人员数（人年）	120.0	97.68	151.15	239.57
4	知识密集型服务业增加值占地区生产总值比重（%）	15.0	14.72	19.04	1558.47
5	高新技术企业数（个）	15000.0	6283.00	21943.00	179.65
6	全社会劳动生产率（万元/人）	17.0	11.49	16.75	95.51
7	国际专利（PCT）申请量（件）	2000.0	931.00	4307.00	315.81
8	万人发明专利拥有量（件）	17.0	12.81	30.85	431.02

安徽

序号	指标名称	目标值	2015年	2020年	实现程度(%)
1	R&D投入占GDP比例（%）	2.5	1.81	2.28	68.51
2	高新技术企业数（个）	5000.0	3100.00	8444.00	281.26
3	规模以上工业企业建研发机构比例（%）	40.0	16.28	30.36	59.38
4	发明专利授权数（件）	15000.0	11180.00	21432.00	268.38
5	PCT专利申请量（件）	300.0	125.00	615.00	280.00
6	万人发明专利拥有量（件）	10.0	4.24	16.08	205.69

福建

序号	指标名称	目标值	2015年	2020年	实现程度(%)
1	研究与试验发展经费投入占地区生产总值比重（%）	2.0	1.47	1.92	84.81
2	万名劳动力中研发人员投入（人年）	63.0	45.72	84.14	222.36
3	高新技术企业数（个）	3000.0	1996.00	6433.00	441.93
4	万人发明专利拥有量（件）	7.5	4.65	12.20	265.05

江西

序号	指标名称	目标值	2015年	2020年	实现程度(%)
1	科技创新综合水平位次（位）	+2.0～3.0	20.00	16.00	—
2	R&D投入占GDP比例（%）	2.0	1.03	1.68	66.58
3	规上企业R&D经费支出与主营业务收入比例（%）	1.0	0.45	0.95	90.86
4	全社会R&D人员数（万人年）	5.5	4.65	12.43	920.20
5	万人R&D人员全时当量（人年）	15.0	10.20	27.51	360.35
6	万人R&D研究人员全时当量（人年）	10.0	4.83	9.59	92.14
7	企业R&D人员占全社会R&D人员比重（%）	75.0	67.29	80.81	175.39
8	高新技术产业增加值（亿元）	+100.0%	1870.00	3681.89	96.89
9	高新技术产业增加值占工业增加值比重（%）	30.0	25.72	38.20	291.67
10	高新技术企业数（个）	+1000.0	1082.00	7043.00	596.10
11	专利申请数（万件）	10.0	3.69	10.97	115.44
12	专利授权数（万件）	6.0	2.42	8.02	156.47
13	万人发明专利拥有量（件）	2.0	1.17	3.76	310.84

山东

序号	指标名称	目标值	2015年	2020年	实现程度(%)
1	全社会R&D经费支出占GDP比重（%）	2.6	2.58	2.30	-1507.86
2	规上企业R&D经费支出占主营业务收入比重（%）	1.1	0.89	1.57	319.18
3	万名就业人员中研发人员数（人年）	60.0	44.91	61.92	112.70
4	高新技术产业产值占规上工业总产值比重（%）	38.0	32.50	45.10	229.09
5	高新技术企业数（个）	8000.0	3809.00	14560.00	256.53
6	PCT国际专利申请量（件）	1000.0	837.00	3418.00	1583.44
7	万人发明专利拥有量（件）	14.0	4.84	12.25	80.88

河南

序号	指标名称	目标值	2015年	2020年	实现程度(%)
1	科技创新综合水平位次（位）	15.0	21.00	17.00	—
2	研究与试验发展经费投入强度（%）	2.5	1.17	1.64	35.09
3	规模以上企业研发投入占主营业务收入比例（%）	1.0	0.50	1.41	182.14
4	万名就业人员中研发人员数（人年）	50.0	23.94	41.58	67.69
5	万人发明专利拥有量（件）	6.0	1.85	4.38	60.94

湖北

序号	指标名称	目标值	2015年	2020年	实现程度(%)
1	全社会研发投入占地区生产总值比例（%）	2.5	1.85	2.31	71.33
2	规模以上企业研发投入占主营业务收入比例（%）	1.0	0.94	1.49	967.94
3	万名就业人员研发人力投入（人年）	55.0	37.04	58.93	121.87
4	高新技术产业增加值占地区生产总值比重（%）	23.0	17.02	19.75	45.68
5	高新技术企业数（个）	8000.0	3242.00	10266.00	147.63
6	国家级高新区数（个）	10.0	7.00	12.00	166.67
7	万人发明专利拥有量（件）	10.0	4.27	12.80	148.93

湖南

序号	指标名称	目标值	2015年	2020年	实现程度(%)
1	研究与试验发展（R&D）经费投入强度（%）	2.5	1.45	2.15	66.88
2	万名就业人员研发人力投入（人年）	18.0	28.86	54.13	300.75
3	高新技术产业增加值占地区生产总值比重（%）	30.0	21.21	23.46	25.59
4	高新技术企业数（个）	4800.0	1771.00	8525.00	222.98
5	专利申请量年均增长率（%）	18.0	19.48	18.73	104.04
6	专利授权量年均增长率（%）	18.0	19.69	18.23	101.29
7	万人发明专利拥有量（件）	6.0	3.27	8.47	190.48

广东

序号	指标名称	目标值	2015年	2020年	实现程度(%)
1	研究与试验发展（R&D）投入占GDP比重（%）	2.8	2.41	3.14	186.78
2	万人研发人员全时当量（人年）	50.0	46.24	69.10	608.35
3	知识密集型服务业增加值占GDP比例（%）	20.0	16.11	19.94	98.48
4	高新技术产品出口额占出口额比重（%）	37.0	31.85	28.74	-60.42
5	高新技术产品产值占工业总产值比重（%）	50.0	39.17	52.54	123.42
6	高技术制造业增加值占规模以上工业增加值比重（%）	30.0	27.92	31.10	152.95
7	国家高新技术企业数（个）	28000.0	10649.00	52797.00	242.91
8	科技孵化器数（个）	800.0	326.00	1079.00	158.86
9	万人发明专利拥有量（件）	20.0	12.80	27.77	207.87

广西

序号	指标名称	目标值	2015年	2020年	实现程度(%)
1	研究与试验发展经费支出占地区生产总值比重（%）	2	0.72	0.78	5.15
2	万名就业人员中R&D人员（人年）	25	13.57	17.91	37.99
3	万人发明专利拥有量（件）	6	1.96	4.94	73.66

海南

序号	指标名称	目标值	2015年	2020年	实现程度(%)
1	R&D经费支出占GDP比重（%）	1.5	0.45	0.66	19.86
2	研究与试验发展人员数（万人）	1.5	1.29	0.90	-188.93
3	高新技术企业数（个）	600.0	168.00	1003.00	193.29
4	省级重点实验室、工程技术研究中心数（个）	130.0	90.00	118.00	70.00
5	PCT国际专利受理量（件）	80.0	10.00	47.00	52.86
6	专利授权总量（件）	28000.0	2061.00	8578.00	25.12
7	发明专利拥有量（件）	6500.0	2111.00	4274.00	49.28
8	万人发明专利拥有量（件）	4.5	2.32	4.22	87.39

重庆

序号	指标名称	目标值	2015年	2020年	实现程度(%)
1	研究与试验发展经费投入强度（%）	2.5	1.54	2.11	59.06
2	规上企业研发经费支出占主营业务收入比重（%）	1.2	0.97	1.62	279.81
3	万名就业人员中研发人员数（人年）	60.0	36.03	63.07	112.83
4	知识密集型服务业增加值占地区生产总值比重（%）	20.0	16.28	18.78	67.21
5	高新技术企业数（个）	3000.0	940.00	4183.00	157.43
6	万人发明专利拥有量（件）	8.6	4.25	11.02	155.52

四川

序号	指 标 名 称	目标值	2015年	2020年	实现程度(%)
1	全社会研发经费支出占地区生产总值比重（%）	2.0	1.66	2.17	150.03
2	规上企业R&D投入占主营业务收入比例（%）	0.8	0.58	0.92	154.67
3	万名就业人员中R&D人员数（人年）	32.0	24.11	40.01	201.42
4	高新技术企业数（个）	5000.0	2614.00	8061.00	228.29
5	万人发明专利拥有量（件）	7.5	3.50	8.41	122.83

贵州

序号	指 标 名 称	目标值	2015年	2020年	实现程度(%)
1	综合科技创新水平指数（%）	42.00	40.83	53.82	1109.97
2	R&D经费投入强度（%）	1.20	0.59	0.91	51.89
3	R&D人员全时当量（人年）	38000.00	23536.70	41496.40	124.17
4	万人研究与发展（R&D）人员数（人年）	10.00	6.67	10.76	122.70
5	高新技术企业数（个）	700.00	379.00	1838.00	454.52
6	专利申请数（万件）	17.00	1.83	4.92	20.37
7	发明专利申请数（件）	32000.00	7538.00	10693.00	12.90
8	专利授权数（万件）	5.00	1.41	3.50	58.12
9	发明专利授权数（件）	2400.00	1501.00	2268.00	85.32
10	万人发明专利拥有量（件）	2.50	1.54	3.26	178.49

云南

序号	指 标 名 称	目标值	2015年	2020年	实现程度(%)
1	全社会R&D经费支出占GDP的比重（%）	>1.5	0.73	1.00	35.39
2	规上企业研发投入占主营业务收入比例（%）	≥1.0	0.63	0.97	92.22
3	万名就业人员研发人力投入（人年）	>25.0	13.44	21.51	69.86
4	知识密集型服务业增加值占国内生产总值比例（%）	15.0	13.06	13.33	13.86
5	高技术产品出口额占商品出口额比重（%）	30.0	10.73	13.67	15.26
6	高新技术企业数（个）	≥1500.0	902.00	1671.00	128.60
7	被SCI、EI、CPCI-S收录的论文数（篇）	5000.0	4477.00	7948.00	663.67
8	万人发明专利拥有量（件）	≥3.5	1.60	3.30	89.36

西藏

序号	指 标 名 称	目标值	2015年	2020年	实现程度(%)
1	全社会R&D投入占GDP的比重（%）	0.6	0.30	0.23	-23.27
2	研发人员全时当量（人年）	2500.0	1129.70	1578.90	32.78
3	国家级高新技术企业（个）	40.0	22.00	87.00	361.11
4	专利申请量年均增长速度（%）	20.0	13.79	49.35	572.30
5	万人发明专利拥有量（件）	2.0	0.92	2.10	108.82

陕西

序号	指 标 名 称	目标值	2015年	2020年	实现程度(%)
1	综合科技创新水平指数（%）	68.0	65.66	71.60	253.80
2	全社会研发经费投入强度（%）	2.6	2.20	2.42	54.17
3	规上企业研发投入占主营业务收入比重（%）	1.1	0.88	1.10	99.55
4	万名从业人员的研发人力投入（人年）	60.0	44.72	56.44	76.70
5	知识密集型服务业增加值占地区生产总值比重（%）	12.0	11.13	15.20	469.09
6	万人发明专利拥有量（件）	10.0	5.97	13.82	194.85
7	百万人口SCI论文数（篇）	400.0	347.56	651.56	579.71

甘肃

序号	指 标 名 称	目标值	2015年	2020年	实现程度(%)
1	综合科技创新水平（位）	17.0	18.00	23.00	—
2	R&D投入占GDP的比例（%）	2.0	1.26	1.22	-6.18
3	财政科技投入占财政支出比重（%）	1.5	1.01	0.77	-48.65
4	企业研发投入占全社会研发投入比例（%）	75.0	58.76	47.55	-69.06
5	规模以上企业R&D投入占主营业务收入比例（%）	1.0	0.56	0.69	28.11
6	万名就业人员研发人力投入（人）	35.0	26.56	20.15	-75.99
7	高技术产品出口额（亿美元）	10.0	3.78	3.69	-1.40
8	高新技术企业数（个）	1000.0	319.00	1215.00	131.57
9	PCT国际申请量（件）	100.0	19.00	53.00	41.98
10	万人发明专利拥有量（件）	3.5	1.57	3.32	90.82

青海

序号	指标名称	目标值	2015年	2020年	实现程度(%)
1	研究与试验发展经费投入强度（%）	1.5	0.58	0.71	14.40
2	研发人员全时当量（人年）	6000.0	4007.70	4423.30	20.86
3	企业R&D人员占全社会R&D人员比重（%）	60.0	32.06	35.20	11.23
4	知识密集型服务业增加值占地区生产总值比例（%）	15.0	14.18	15.53	164.88
5	高新技术企业数（个）	200.0	102.00	211.00	111.22
6	万人发明专利拥有量（件）	2.0	1.11	3.12	226.00

宁夏

序号	指标名称	目标值	2015年	2020年	实现程度(%)
1	全社会R&D经费支出占GDP比重（%）	2.0	0.99	1.52	52.69
2	企业R&D经费投入（亿元）	64.0	20.05	45.35	57.57
3	国家级高新技术企业数（个）	100.0	62.00	288.00	594.74
4	科技企业孵化器数（个）	20.0	12.00	23.00	137.50
5	发明专利申请量（件）	4200.0	2626.00	2574.00	-3.30
6	发明专利授权量（件）	710.0	442.00	703.00	97.39
7	万人发明专利拥有量（件）	3.5	1.72	5.12	190.94

新疆

序号	指标名称	目标值	2015年	2020年	实现程度(%)
1	研究与试验发展经费支出与地区生产总值比例（%）	2.0	0.56	0.45	-7.81
2	财政科技投入占财政一般公共预算支出比重（%）	2.5	1.09	0.75	-24.82
3	规上企业研究与试验发展经费占主营收入比重（%）	1.0	0.45	0.34	-20.03
4	万名就业人员中研发人力投入（人年）	25.0	14.18	10.40	-34.92
5	高新技术企业数（个）	1000.0	414.00	768.00	60.41
6	万人发明专利拥有量（件）	2.5	1.30	2.19	74.48

附录3　区域科技创新评价简介

20世纪90年代初，为了对国内区域科技活动及经济社会领域科技创新状况实施定期评价，科技部开展了区域科技创新统计监测及综合评价研究。特别是“九五”期间逐步形成了较为规范的综合评价制度，取得了较好的效果。为了适应21世纪社会主义市场经济体制下科技领域改革与管理的需要，并与全面建成小康社会的总体目标相结合，2003年又对区域科技创新评价体系进行了较大幅度的修订。之后，每年都会根据党和国家工作重心的变化，以及相应的科技管理重心的变化对评价指标进行一定的修改和完善。近年来，随着国家创新调查制度的实施和完善，《中国区域科技创新评价报告》已被纳入国家创新调查系列报告中。

一、区域科技创新评价体系

科技创新指的是全社会研发活动的发展及由此对经济社会发展促进作用的提升。由“科学技术是第一生产力”的性质所决定，对区域科技创新水平进行评价需要与经济社会的大系统相关联。前者以后者为基础、为支撑，后者以前者为动力、为要素。

第一，科技创新离不开良好的外部环境和必要的物质技术条件，它包括：①有可能、有条件从事研发的人力资源；②科研物质条件，包括科研仪器设备的规模和水平，以及与科学研究或技术服务活动物资装备有关的建设与更新；③科技意识，即政府、企业和社会公众对科技创新活动的积极性、认可和支持。

第二，科技创新的原动力是科技活动投入，它包括：①全社会特别是工业企业科技活动人力投入水平；②全社会、工业企业、地方政府对科技活动财力支持的力度。

第三，科技创新水平最为直接的体现之一为科技活动产出，它包括：①科技活动产出水平，即论文、课题研究和实用技术的产出水平；②技术成果的市场化程度，即技术成果在国内和国家间的流动状况。

第四，科技创新通过科技成果的转化而形成生产力，最为突出的表现即高新技术产业化，它包括：①高技术产业和新产品的产出水平；②高新技术产业的劳动效率、附加价值水平及对经济规模和增长的贡献。

第五，科技创新的最终目标是促进经济社会发展，它包括：①促进经济发展方式转变的能力；②促进环境改善的力度；③促进社会生活信息化水平提高的作用。

据此建立的区域科技创新评价指标体系由科技创新环境、科技活动投入、科技活动产出、高新技术产业化和科技促进经济社会发展5个一级指标（要素指数）、12个二级指标和43个三级指标组成。由一级指标和二级指标形成的科技创新评价框架如附图3-1所示，科技创新评价指标体系及评价标准参见正文第7页附表2。

附图3-1 区域科技创新评价体系

评价体系中评价指标的确定遵从以下原则。

①公开性。均为政府统计部门公开发布的统计指标，便于社会各界进行核查和索引。

②标准化。均为以国家标准和部门标准计算的统计指标，不采用地方统计标准计算的统计指标，以保证指标口径的一致性。

③简洁化。使用规范的指标名称和规范的合成方法，不采用修匀方法平滑，以真实反映指标值的变化和波动。

④全面性。在每年度的评价中最大限度地吸收政府统计指标体系改革增设的与科技创新有关的新指标，并删除一些较为陈旧的、已不能很好地反映现实状况的指标。

二、评价方法

采用指数法对各级指标进行综合。各级评价值均可称为“指数”，综合方法如下。

①将各三级指标除以相应的评价标准，得到三级指标的评价值，即三级指标相应的指数，计算方法为：

$$d_{ijk}=\frac{x_{ijk}}{x_{..k}}\times 100\%$$

其中：x_{ijk}为第i个一级指标下、第j个二级指标下的第k个三级指标；$x_{..k}$为第k个三级指标相应的标准值；当$d_{ijk}\geqslant 100$时，取100为其上限值。

②二级指标评价值（二级指数）$d_{ij.}$由三级指标评价值加权综合而成，即

$$d_{ij.}=\sum_{k=1}^{n_j} w_{ijk}d_{ijk}$$

其中：w_{ijk}为各三级指标评价值相应的权数；n_j为第j个二级指标下设的三级指标的个数。

③一级指标评价值（一级指数）由二级指标评价值加权综合而成，即

$$d_{i.}=\sum_{j=1}^{n_i} w_{ij.}d_{ij.}$$

其中：$w_{ij.}$为各二级指标评价值相应的权数；n_i为第i个一级指标下设的二级指标的个数。

④总评价值（总指数）由一级指标加权综合而成，即

$$d=\sum_{i=1}^{n} w_{i.}d_{i.}$$

其中：$w_{i.}$为各一级指标评价值相应的权数；n为一级指标个数。

在各级指标评价中，如果多个地区评价值均为100%，应视为并列第1位。

三、评价标准

与全面建成小康社会的目标相联系，根据国内科技创新的总体水平和先进地区的发展水平，参照发达国家人均国内生产总值达到3000～4000美元（1980年美元价格，若换算成2010年美元价格为3500～5000美元）时科技与经济社会协调发展的状况，经测算最终确定了一套较为系统的“科技创新评价标准”。通过全国及区域科技创新水平与“评价标准”的比较，可反映出全国和各地区达到标准的程度。评价标准参见正文第7页附表2。

四、区域综合科技创新水平差异系数

区域综合科技创新水平差异系数反映了一区域内（不同地区间）或不同区域间科技创新水平的差异程度。采用标准差系数计算，数值越大表明差异越大，反之亦然。计算方法为：

$$V=\frac{\sigma}{\overline{d}}\times 100\%$$

其中：σ为标准差。计算方法为：

$$\sigma=\sqrt{\frac{1}{m}\sum_{r=1}^{m}(d^r-\overline{d})^2}$$

d^r为一区域内第r个地区或第r个区域的综合科技创新水平指数，$\overline{d}$为平均数，m为地区或区域个数。计算方法为：

①当计算各地区间综合科技创新水平差异系数时，d^r为第r个地区综合科技创新水平指数，$\overline{d}$为全国综合科技创新水平指数，$m=31$；

②当计算东部内、中部内、西部内、东北内综合科技创新水平差异系数时，d^r为第r个地区综合科技创新水平指数，$\overline{d}$分别为东部各地区、中部各地区、西部各地区、东北各地区综合科技创新水平指数的简单算术平均数，m分别为10、6、12、3；

③当计算区域综合科技创新水平差异系数时，d^r为东部地区、中部地区、西部地区和东北地区的综合科技创新水平指数，计算方法与地区综合科技创新水平指数一致，由区域各级指数综合得到，$\overline{d}$为以上4个区域综合科技创新水平指数的简单算术平均数，$m=4$ 。

附录4　区域科技创新评价指标解释

●万人研究与发展（R&D）人员数

R&D人员是科技创新最为重要的人力资源之一。万人R&D人员是反映科技创新人力资源水平的主要指标。R&D人员是指参与研究与试验发展项目研究、管理和辅助工作的人员，包括项目（课题）组人员、科技行政管理人员和直接为项目（课题）活动提供服务的辅助人员。进入21世纪以来，我国万人R&D人员数大致保持在20人年，沿海地区和中西部地区差距较大，综合各地区水平，将万人R&D人员数的评价标准确定为40人年。

●十万人博士毕业生数

“博士”是体现一个人具备较高学术研究能力的学位，是目前最高级别的学位。拥有博士学位意味着一个人有能力由学习阶段进入学术研究阶段。具备产出原创成果的能力或学力是博士学位的核心内涵，也是拥有博士学位的人最本质的特征。拥有博士毕业生的规模和水平是科技创新人力资源充裕与否的重要体现，也是反映一国、一地区或一城市是否具有较好的创新人力资源吸引力的重要指标。参照万人R&D研究人员标准，确定将每十万人中有5名博士毕业生作为评价标准。

●万人大专以上学历人数

科技人力资源与国民的受教育水平密切联系，万人大专以上学历人数是反映科技人力资源水平的重要指标。大专以上学历人数来源于政府统计部门的人口调查。参照万人专业技术人员数标准，将万人大专以上学历人数的评价标准确定为1000人。

●万人高等学校在校学生数

创新与教育是密不可分的。教育是知识和专业技能的直接来源，一定规模的在校生对当地创新活动的支持和影响不容忽视。在校生虽然不属于专业技术人员，但从近年来科技论文作者的构成看，在校生，特别是在校博士生和硕士生已逐渐成为科学研究的主力，成为重要的科技活动人力资源。参照万人大专以上学历人数标准，将万人高等学校在校学生数的评价标准确定为350人。

●十万人创新中介从业人员数

创新中介又称为科技中介、创新中介服务。依据联合国教科文组织《关于科技统计国际标准化建议案》，创新中介应是指与R&D活动相关并有助于科学技术知识的产生、传播和应用的活动，是现代服务业的重要组成部分。结合国内现实情况，本评价报告中创新中介从业人员数采用全国科技企业孵化器管理机构从业人员数、国家大学科技园管理机构从业人员数和国家级示范生产力促进中心人员数3项合计数。根据全国总体水平和发达地区水平，确定将每十万人中有创新中介从业人员3人作为评价标准。

每名R&D人员研发仪器和设备支出

用于研究与发展活动的科研仪器设备是科技活动重要的物质技术基础。该指标来源于《中国科技统计年鉴》中研究与开发机构、工业企业、高等学校R&D经费内部支出中的仪器和设备支出之和除以R&D活动人员数。

据测算，发达国家在人均国内生产总值达到3000～4000美元时，R&D人员的仪器和设备支出约为每年1万美元，按现时人民币对美元的汇率折算约为6万元人民币。因此，将此设为评价标准。

科学研究和技术服务业固定资产占比重

固定资产投资是提高科技创新水平的重要手段。从全国水平看，科学研究和技术服务业固定资产占全社会固定资产的比重不到1%。根据指标间数量关系估算，建设创新型国家R&D经费支出与GDP的比例应达到2.5%，科学研究与技术服务业固定资产占全社会固定资产的比重应达到3%。

十万人累计孵化企业数

科技企业孵化器是以促进科技成果转化、培养高新技术企业和企业家为宗旨的科技创业服务载体，其累计孵化企业数是科技创新环境的重要体现。该指标来源于《中国火炬统计年鉴》中全国科技企业孵化器孵化企业累计毕业数。根据全国总体水平和发达地区水平，确定将每十万人累计孵化企业10个作为评价标准。

万名就业人员专利申请数

注重发明创造、具有较强的专利意识是反映国民科技意识的重要方面。创新型国家目标为万人有效发明专利数3.3件。据测算，我国有效发明专利数约为3种专利申请数的1/5，而就业人员数约为人口数的1/2。我国专利申请的地区间差距较大，有些东部地区已经接近100件/万人。因此，将万名就业人员专利申请数100件作为评价标准。

科学研究和技术服务业平均工资比较系数

科学研究和技术服务业工资水平反映了政府及社会对从事科学研究和技术服务工作的劳动者劳动的认可程度。但由于各地区消费水平差异较大，因此，这一指标还需要用地区科学研究与技术服务业工资水平与全国该行业工资水平的比例进行修正，即

$$\text{科学研究和技术服务业平均工资比较系数} = \frac{\text{地区科学研究和技术服务业平均工资}}{\text{地区全社会平均工资}} \times \frac{\text{地区科学研究和技术服务业平均工资}}{\text{全国科学研究和技术服务业平均工资}} \times 100\%$$

根据我国京、津、沪、粤等发达地区的资料测算，这一比例系数的评价标准确定为200%较为合适。

万人吸纳技术成交额

吸纳技术成交额指的是各地区在技术市场上为购买技术成果所支出的费用。这一指标可以反映企业或机构对技术成果的需求意识。根据我国沿海发达地区历史资料进行测算，

这一指标的评价标准确定为200万元较为合适。

有R&D活动的企业占比重

企业是创新的主要场所，是新技术应用的主要用户。因此，有R&D活动的企业占比重可以反映一个地区技术创新活动的活跃程度。企业都应开展创新活动，因此，设定100%作为评价标准。

万人R&D研究人员数

万人R&D研究人员是反映科技活动人力投入水平的主要指标。与万人科技活动人员数、万人R&D活动人员数比较，这一指标具有较强的综合性，这是因为这一指标包含万人科技活动人员数、R&D活动人员占科技活动人员比重、R&D研究人员占R&D活动人员比重3个指标。

根据测算，到2020年我国R&D研究人员的总体规模应达到120万~160万人年。因此，评价标准确定为7人年。

基础研究人员投入强度指数

基础研究是R&D活动的基石，是提升原始创新能力的前提，是攻取智力资本的源泉。基础研究人员投入强度是基础研究人员投入与R&D活动人员投入之比，既可以体现原始创新水平，也可以体现对原始创新的重视程度。考虑到国内各地区的客观差异，更为客观评价各地区的状况，采用了加权指数方法，即以一地区基础研究人员投入与全国基础研究人员投入之比为权重。

$$\text{基础研究人员投入强度指数}=\frac{\text{基础研究人员投入}}{\text{R\&D活动人员投入}}\times\frac{\text{地区基础研究人员投入}}{\text{全国基础研究人员投入}}\times 100\%$$

企业R&D研究人员占比重

企业是科技创新的主体。企业R&D研究人员占全社会R&D研究人员的比重是衡量R&D活动人力投入比例关系的重要指标。中外学者公认这一比重至少应达到60%以上，我国许多地区的这一比重已十分接近，因此，将评价标准确定为70%。

R&D经费支出与GDP比值

R&D经费支出与GDP比值是衡量国家或地区科技投入强度最为重要、最为综合的指标。根据我国现阶段R&D经费投入趋势及发达国家在人均GDP达到3000~4000美元时这一比例所达到的水平，将评价标准确定为2.5%。

基础研究经费投入强度指数

基础研究经费投入强度是基础研究经费投入与R&D活动经费投入之比。考虑到国内各地区的客观差异，更为客观评价各地区的状况，采用了加权指数方法，即以一地区基础研究经费投入与全国基础研究经费投入之比为权重。

$$\text{基础研究经费投入强度指数}=\frac{\text{基础研究经费投入}}{\text{R\&D活动经费投入}}\times\frac{\text{地区基础研究经费投入}}{\text{全国基础研究经费投入}}\times 100\%$$

地方财政科技支出占地方财政支出比重

地方财政科技支出占地方财政支出比重是衡量地方政府科技投入力度的重要指标。根据我国现阶段科技经费增长态势及中央、地方、企业之间投入比例关系，将评价标准确定为5%。

企业R&D经费支出占营业收入比重

企业R&D经费支出占营业收入比重是衡量企业科技经费投入的重要指标。发达国家经验表明，若这一比例低于2%，企业创新将难以维持，一些发达国家的高技术产业这一比例高于6%。结合我国国情，将评价标准确定为2.5%。

企业技术获取和技术改造经费支出占企业营业收入比重

企业技术获取和技术改造经费支出包括引进技术经费支出、消化吸收经费支出、技术改造经费支出和购买境内技术经费支出。企业技术获取和技术改造经费支出占企业营业收入比重也是衡量企业创新能力和创新投入水平的重要指标。参照企业R&D经费支出占营业收入比重，也将评价标准确定为2.5%。

上市公司R&D经费投入强度指数

市场化程度对于创新发展具有十分重要的意义。上市公司R&D经费投入强度是国内上市公司（包括上交所和深交所4000多家公司）R&D经费内部支出占上市公司营业收入的比重，可以体现市场化对创新投入的作用。考虑到国内各地区的客观差异，更为客观评价各地区的状况，采用了加权指数方法，即以一地区上市公司R&D经费内部支出与全国上市公司R&D经费内部支出之比为权重。数据来源于上市公司年报。

$$\text{上市公司R\&D经费投入强度指数}=\frac{\text{上市公司R\&D经费内部支出}}{\text{上市公司营业收入}}\times\frac{\text{地区上市公司R\&D经费内部支出}}{\text{全国上市公司R\&D经费内部支出}}\times 100\%$$

万人科技论文数

科技论文数是对国外主要检索工具SCI收录的我国科技论文数和中国科学技术信息研究所从国家期刊管理部门批准正式出版、公开发行的刊物中选作统计源的期刊刊载的学术论文进行统计而得出的加权平均数。据测算，近年来我国科技论文规模有较大幅度增长，经测算将评价标准确定为10篇。

获国家级科技成果奖系数

包括国家自然科学奖、国家科学技术进步奖和国家技术发明奖。在计算时进行了以下技术处理。

首先，确定各获奖地区在所获奖项中相对的重要性。

其次，利用层次分析法计算各获奖地区在所获奖项中的参与系数。若某项奖的参与地区只有一个，则该地区的参与系数为1；若某项奖的参与地区有两个，则它们的参与系数分别为0.6667和0.3333，以此类推。

再次，参考各等级奖项所颁发的奖金金额确定等级权重，再将参与系数与等级权重相乘，得到该单位地区某项奖的当量。

最后，将该单位地区获得的各项奖的当量相加，再除以该地区R&D活动人员数（以万人为单位），即得到该地区获国家级科技成果奖系数。

这样就可以从重大科技成果的角度反映各地区科技活动直接产出的数量与质量。该项指标根据对发达地区水平测算后确定为5项当量/万人。

万人发明专利拥有量

专利的数量是反映一国或一地区科技活动质量的重要指标，发明专利的数量又是其中最为重要的指标。测度发明专利水平的指标可分为发明专利授权数和发明专利拥有量。前者反映的是一定时期（通常为一年）发明专利产生的数量；后者反映的是在某一时间点上发明专利的存量。国家“十二五”规划纲要中发明专利拥有量规划目标为3.3件，在国家“十三五”规划纲要中该指标的规划目标为12件，基于规划目标值的变化，以及各区域之间的实际状况，再考虑该指标的动态可比性，因此，将评价标准确定为5.5件。

每万人口高价值发明专利拥有量

高价值发明专利是指符合国家重点产业发展方向、专利质量较高、价值较高的有效发明专利，主要包括5种情况：一是战略性新兴产业的发明专利，二是在海外有同族专利权的发明专利，三是维持年限超过10年的发明专利，四是实现较高质押融资金额的发明专利，五是获得国家科学技术奖或中国专利奖的发明专利。国家“十四五”规划和2035年远景目标纲要提出，更好地保护和激励高价值专利，将“每万人口高价值发明专利拥有量”纳入经济社会发展主要指标，明确到2025年达到12件的预期目标。

万人输出技术成交额

技术市场的发展和技术成果交易的繁荣，对技术成果迅速转化为生产力具有十分重要的作用。根据近年来沿海发达地区技术市场输出技术成交额的平均水平，将该指标评价标准确定为200万元。

万元生产总值技术国际收入

技术国际收入主要指的是通过向他国转让专利、非专利发明、商标等知识产权，提供R&D服务和其他技术服务而获得的收入。按近年来在这一指标上表现较好的京、沪、粤三地的平均水平，将评价标准确定为10美元。

高技术产业营业收入占工业营业收入比重

高技术产业营业收入占工业营业收入比重反映了科技创新对产业结构的优化程度。高技术产业营业收入按照国家统计局国统字〔2017〕147号文件中制定的《高技术产业统计分类目录》的方法统计。这一指标的评价标准参考了发达国家及我国沿海发达地区水平，确定为30%。

知识密集型服务业增加值占生产总值比重

知识密集型服务业来源于《OECD科学技术和工业记分牌》。通过对OECD测算标准和相关文献进行研究，在我国“十三五”规划中，将知识密集型服务业定义为我国国民经济行业分类（GB/T 4754—2011）中的信息传输、软件和信息技术服务业，金融业，租赁和商务服务业，科学研究和技术服务业。根据我国发达地区水平，知识密集型服务业增加值占生产总值比重的评价标准确定为30%。

高技术产品出口额占商品出口额比重

高技术产品出口额是根据海关总署《高技术产品目录》从商品出口额中分离出的数据，按原产地进行统计。高技术产品出口额占商品出口额比重可以反映一国或一地区高技术产品的国际竞争力。评价标准参考了发达国家及我国沿海发达地区水平，确定为40%。

新产品销售收入占营业收入比重

新产品销售收入是按国家统计局规模以上工业企业科技活动统计指标中新产品的定义统计的销售收入，与营业收入比较可以反映我国工业企业采用新技术原理、新设计构思研制、生产的全新产品，或在结构、材质、工艺等某一方面比原有产品有明显改进，从而显著提高了产品性能或扩大了使用功能的产品对营业收入的影响。根据我国沿海发达地区水平，评价标准确定为40%。

高技术产业劳动生产率

高技术产业劳动生产率为高技术产业营业收入与高技术产业就业人员之比，反映了高技术产业劳动投入与产出之间的关系。根据我国近年来高技术产业经济效益状况，以及国民经济总体的劳动投入与产出水平，评价标准确定为120万元（2010年价）/人。

高技术产业利润率

利润率是所有企业追求的目标。高技术产业利润率是指高技术产业利润总额与高技术产业营业收入的比率，是反映高技术产业经济效益的重要指标。根据发达国家高技术产业利润率水平并结合我国实际情况，将评价标准确定为15%。

知识密集型服务业劳动生产率

知识密集型服务业劳动生产率为知识密集型服务业增加值与知识密集型服务业就业人员之比，反映了知识密集型服务业劳动投入与产出之间的关系。联系到国民经济总体的劳动投入与产出水平之间的数量关系，评价标准确定为60万元（2010年价）/人。

劳动生产率

区别于劳动和资本对经济社会发展的作用，科技创新的作用体现为对集约型经济发展方式的促进。而集约型经济增长方式具体体现为人、财、物的节约和使用效率的提高。因此，科技创新评价体系设计了3个反映经济增长方式转变的指标，其中，就业人员劳动生产率反映的是劳动效率的提高，为生产总值与就业人员之比，评价标准为8万元（2010年价）/人。

资本生产率

资本生产率反映的是资本投入与经济产出之间的关系，即生产总值与资本投入之比。反映资本投入的指标为固定资本形成存量净额，由各地区基年（1952年）的固定资本形成存量净额、每年的固定资本形成和折旧额，用永续盘存法求得。

通过对发达国家资本生产率的测算，虽然普遍存在资本投入效益递减的规律，但在人均生产总值1000～4000美元的现代化起飞阶段，资本投入的效益是在不断提高的。美国、英国等欧美国家资本生产率普遍较高，在20世纪70年代至90年代末的20多年内，资本生产率基本保持在0.7～1.0（即每1货币单位的固定资本存量可创造0.7～1.0货币单位的GDP），而日本和亚洲四小龙大致保持在0.4～0.9。因此，取1作为评价标准。

综合能耗产出率

我国是一个能源相对短缺的国家，因此，提高能源使用效率具有十分重要的意义，科技创新则是重要手段。通过对发达国家在人均国内生产总值达到3000~4000美元时综合能耗产出率的测算，普遍达到6美元/千克标准煤的水平，换算为人民币，约合42元/千克标准煤。因此，以此作为评价标准。

装备制造业区位熵

装备制造业是为一国、一地区或一城市提供生产技术装备的支柱产业，是体现制造业技术水平的产业。装备制造业营业收入占工业营业收入比重反映的是装备制造业占本地区工业经济规模的份额，而装备制造业区位熵则是反映一地区装备制造业相对竞争优势的指标。区位熵以1（或100%）为临界值，小于1表示装备制造业相对优势有所下降；大于1表示相对优势提升；等于1表示相对优势不变。

环境质量指数

科技创新的终极目标是国民生活水平的提高和生存环境的优化。空气和水的质量是最为重要的方面。根据国家“十三五”规划纲要中有关废水中化学需氧量排放量、空气达到二级以上天数等规划目标，设计了反映环境状况的指标——环境质量指数：

环境质量指数=空气达到二级以上天数占比重（100%）× 0.6+化学需氧量实际排放率（100%）× 0.4。

环境污染治理指数

环境的改善体现为废水、废气和固体废物的治理。根据国家“十三五”规划纲要中有关目标，将反映这3个方面治理效果的指标加权综合而形成环境污染治理指数，以反映各级政府的环境保护努力程度。计算方法为：

环境污染治理指数=万元GDP用水达标率（100%）× 0.4+废水中氨氮排放达标率（100%）× 0.3+固体废物综合治理率（100%）× 0.3。

万人移动互联网用户数

移动互联网是科技发展直接的成果和体现。移动互联网用户数采用的是工业和信息化部统计并公布的数据。评价标准设定为10000人，即基本上达到人人都可以“上网”的水平。

信息传输、软件和信息技术服务业增加值占生产总值比重

信息传输、软件和信息技术服务业作为信息产业的重要载体，是知识密集型服务业的重要组成部分。根据我国国民经济行业分类（GB/T 4754—2011）标准的界定，该行业主要包括3个部分：①电信、广播电视和卫星传输服务；②互联网和相关服务；③软件和信息技术服务。根据全国总体水平和发达地区水平，将信息传输、软件和信息技术服务业增加值占生产总值比重的评价标准确定为3.5%。

电子商务销售额与GDP比值

随着互联网的普及，电子商务得到快速发展。电子商务的价值在于让消费者在网上购物、网上支付，节省了客户与企业的时间和空间，大大提高了交易效率，节省了大量宝贵时间，体现出社会生活信息化水平的快速提升。参照全国总体水平和发达地区水平，每亿元GDP电子商务销售额为0.3亿元。